ASCHENDORFFS SAMMLUNG
LATEINISCHER UND GRIECHISCHER
KLASSIKER

HOMER
ILIAS

Eingeleitet, ausgewählt
und kommentiert von
MANFRED KRETSCHMER

Text

Umschlagbild:
Kopf des Homer (Epimenides-Typus).
Römische Kopie eines griechischen Originals
aus dem 5. Jahrhundert v. Chr.
Die Abbildung zeigt eine moderne Nachbildung
der römischen Kopie in der Münchener Glyptothek.

In neuer Rechtschreibung

2., durchgesehene Auflage

© 2011 Aschendorff Verlag GmbH & Co. KG, Münster

Nachdruck 2025

Das Werk und seine Teile sind urheberrechtlich geschützt.
Jede Verwertung in anderen als den gesetzlich zugelassenen Fällen
bedarf deshalb der vorherigen schriftlichen Einwilligung des Verlages.

Printed in Europe

ISBN 978-3-402-02265-8

Inhalt

Vorwort 5

Einleitung

  A. Der geschichtliche Rahmen 7
  B. Entstehung der epischen Poesie bei den
     Griechen 10
  C. Homer 12
  D. Verbreitung der homerischen Gedichte....... 13
  E. Die ‚Homerische Frage'................... 17
  F. Nachleben Homers 19
  G. Die Ilias
     1. Der historische Kern der Ilias............. 22
     2. Kurze Inhaltsübersicht................... 31
     3. Die Handlung der Ilias,
        nach Tagen geordnet 32
     4. Inhalt der einzelnen Gesänge 35
  H. Die homerische Sprache
     1. Allgemeine Charakteristik................ 56
     2. Die wichtigsten Besonderheiten des
        epischen Dialekts 58
  I. Metrik................................... 77
  J. Prosodie................................. 80

Text

  Gesang A 87
  Gesang B 105
  Gesang Γ 114
  Gesang Z 122
  Gesang I................................... 129

Gesang Π	145
Gesang Σ	161
Gesang Τ	171
Gesang Χ	176
Gesang Ψ	192
Gesang Ω	200
Verzeichnis der Eigennamen	208
Literaturverzeichnis	245
Karte zur Ilias	257
Stammbäume	258

Vorwort

Die hiermit im Verlag Aschendorff erstmals vorgelegte Schulauswahl aus Homers Ilias soll dazu beitragen, im Griechischunterricht neben der Odyssee auch der Ilias die ihr zukommende Bedeutung zu geben. Sie wurde „pragmatisch" durch die Auswertung der Richtlinien und Lehrpläne der Bundesländer gewonnen und enthält die schönsten Partien der Ilias, in deren Mittelpunkt das Hauptmotiv vom Groll des Achilleus und dessen schlimmen Folgen steht. Es sind gleichzeitig diejenigen Gesänge, aus denen man das homerische Menschenbild besonders leicht erschließen kann und die deshalb am besten geeignet sind, die Schüler zu einer produktiven Auseinandersetzung herauszufordern.

Die Auswahl umfasst 3870 Verse aus den Gesängen A (ganz), B, Γ, Z, I, Π, Σ, T, X (ganz), Ψ und Ω. Der Text ist zitiert nach der textkritischen Ausgabe von *D. B. Monro* und *Th. W. Allen* (Oxford ³1920). Abweichungen erfolgen lediglich, wo dies die deutsche Auffassung von Interpunktion nahe legt.

Der Text wurde in kürzere Abschnitte aufgeteilt. Sie sollen die entmutigende Wirkung zu langer Passagen unterbinden, aber auch die Auswahl durch den Lehrer erleichtern. Die beigegebenen Überschriften können den Schülern einen ersten inhaltlichen Überblick vermitteln.

Bei der Konzeption der Einleitung wurde Odyssee-Lektüre durch die Schüler bewusst nicht vorausgesetzt. Die Abschnitte B–F, I und J konnten – teilweise leicht verändert – aus der im selben Verlag erschienenen Odyssee-Ausgabe von *H. Schnabel* (Münster 1971/1985) übernommen werden. Eine Ergänzung bildet der kurze Überblick über den geschichtlichen Rahmen (A). Wegen der überragenden Bedeutung Homers nicht nur für die griechische, sondern auch für die europäische Literatur erscheint mir diese ausführliche Einleitung gerechtfertigt.

Für gründliche Durchsicht des Manuskripts, vielfache inhaltliche und stilistische Anregungen schulde ich meinem Freund und Kollegen, Herrn StD a. D. Wilfried Hidde (Münster), herzlichen Dank.

Münster, im Januar 1990

M. Kretschmer

Vorwort zur 2. Auflage

Textgestaltung und Auswahl sind unverändert geblieben. In die Einleitung wurden die von Manfred Korfmann († 2005) und seinem Team vorgelegten Ergebnisse, deren Interpretation jedoch noch heftig umstritten ist, behutsam einbezogen. Im Literaturverzeichnis sind einige Streichungen vorgenommen und neue Veröffentlichungen angeführt, u. a. die eigenwillige Übersetzung von Raoul Schrott sowie seine provokante Publikation mit der These, Homer sei ein assyrischer Hofdichter in Adana (Südosttürkei) gewesen, die allerdings von der Forschung nicht akzeptiert wird.

Münster, im Mai 2009

M. Kretschmer

Einleitung

A. Der geschichtliche Rahmen

Die jüngere Forschung datiert die Entstehung der Homer zugeschriebenen Groß-Epen Ilias und Odyssee in die 1. Hälfte des 7. Jahrhunderts.[1] Die Ilias erzählt den Streit zwischen Agamemnon und Achill während der letzten Phase der Belagerung Trojas, die Odyssee die Heimkehr des Odysseus nach der Eroberung. In der Antike datierte man den Fall Trojas gewöhnlich an den Anfang des 12. Jhs.[2] Ilias und Odyssee berichten demnach von Geschehnissen und Schicksalen, die etwa fünf Jahrhunderte zurückliegen. Inwiefern diese Kunde „historisch" wahre Erinnerung darstellt, ist in der Forschung heftig umstritten.[3]

Der im Folgenden gegebene Abriss der griechischen Geschichte vom Beginn des 2. Jahrtausends v. Chr. bis zum 8. Jh. soll den Hintergrund für die Entstehung der Homer zugeschriebenen Groß-Epen verdeutlichen.

Gegen 2000 drangen Ioner und Achäer, die ersten griechisch-sprechenden Stämme, in die Balkanhalbinsel ein. Die Ioner wurden in Euböa, Attika und der nördlichen Peloponnes sesshaft. Später wanderten die Achäer nach Mittel- und Südgriechenland ein. Die Urbevölkerung wurde unterworfen. Mit ihrer Hilfe errichteten die Eindringlinge mächtige Zwingburgen, z. B. in Orchomenos, Theben, Athen, Tiryns und Mykene. Hier führte *H. Schliemann*[4] ab 1870 ertragreiche Grabungen durch, und seitdem nennt man diese Epoche (etwa 1600–1150) die Mykenische Zeit.

---

1   Näheres dazu S. 12.
2   S. 27.
3   S. 27ff.
4   Über ihn Näheres S. 23f.

Allmählich vermischte sich die Kultur der Eroberer mit der der Unterworfenen. Ackerbau und Viehzucht, Handel und Gewerbe bildeten die Lebensgrundlage der Menschen. Die monumentalen Kuppelgräber und die von Schliemann gefundenen, mit Goldmasken und Goldschmuck ausgestatteten Schachtgräber von Mykene geben Kunde von der Macht und dem Reichtum der Herrenschicht.

Zur Verwaltung ihrer Reiche verwendete sie die Linear B genannte Bilder- und Silbenschrift. Seit ihrer sensationellen Entzifferung durch *M. Ventris* und *J. Chadwick*[5] im Jahre 1952 besitzen wir ein viel lebendigeres Bild von den gesellschaftlichen Verhältnissen der Mykenischen Zeit.

Der Adel trieb einen intensiven Handel innerhalb Griechenlands und mit überseeischen Gebieten. Er reichte bis Rhodos, Zypern, Syrien sowie Süditalien. Aber auch Jagd, Seeraub und Krieg bildeten einen wichtigen Lebensinhalt der Achäer, wie sie sich selbst nannten. Kurz vor 1400 eroberten sie das geschwächte Kreta und zerstörten seine Paläste. Mit diesem Ereignis setzt die Blütezeit der Mykenischen Epoche ein. Die Archäologie konnte nachweisen, dass sie rund zwei Jahrhunderte andauerte.

Der Heldensage nach war gegen Ende dieses Zeitraumes Mykene Sitz des Königs Agamemnon. In der Ilias lebt die Erinnerung an diesen Herrscher fort.[6]

Seit etwa 1200 v. Chr. kam es im Zusammenhang mit der Ausbreitung der sog. Urnenfelderkultur in Europa zu starken Wanderungsbewegungen vieler Völker. Im Zuge dieser Bewegungen drangen erneut griechisch-sprachige Stämme in Griechenland ein (sog. Dorische Wanderung), die Nordwestgriechen in Böotien und Thessalien, die Dorer in den Süden der Peloponnes.

---

5 Siehe Literaturverzeichnis S. 248 und 254.
6 S. 22ff.

Überall verdrängten sie die vorgriechische oder achäische Bevölkerung in die unfruchtbaren Gebiete oder unterwarfen sie in jahrzehntelangen Kämpfen. Unter ihrem Ansturm brach die mykenische Welt noch vor 1100 zusammen.

Korinth, Argos und Sparta wurden zu Mittelpunkten dorischer Siedlung. Nur die Ioner Attikas und Euböas waren stark genug, die Andrängenden abzuwehren.

Die Dorische Wanderung bewirkte einen außerordentlichen geistigen, politischen und wirtschaftlichen Bruch und einen langfristigen Niedergang bis etwa 800 v. Chr. Wir sprechen von den „dunklen Jahrhunderten". Die Bezeichnung ist auch darum berechtigt, weil dieser Zeitraum durch archäologische und andere Quellen noch wenig aufgehellt werden konnte. Allerdings weisen neuere Funde darauf hin, dass vereinzelt[7] der Wiederaufschwung recht bald nach der Katastrophe einsetzte und zu erstaunlichem Wohlstand führte.

Aber diese Prosperität blieb sicherlich auf die Oberschicht beschränkt. Die übrige Bevölkerung war von einem starken Rückfall in einfachere ökonomische und soziale Verhältnisse betroffen. Ackerbau und Viehzucht bildeten die Lebensgrundlage. Der blühende Seehandel der Mykenischen Zeit kam zum Erliegen. Die Phöniker beherrschten nun den Handel nicht nur im östlichen Mittelmeerraum, sondern auch in der Ägäis.

Der König verlor nach und nach seine Macht an die erstarkte Aristokratie[8] und die Gemeindeversammlung. Ihm verblieben nur noch religiös-kultische Aufgaben. Kernzelle der Gesellschaft war nach wie vor die patriarchalisch (d. h. vaterrechtlich) orientierte Familie. Der Vater vertrat die Sippe auch gegenüber den Göttern.

---

7 Z. B. in Lefkandi auf Euböa.
8 Siehe im Kommentarband zu A 9, S. 20f.

In den Wirren der Dorischen Wanderung war auch die Kenntnis der Schrift[9] verlorengegangen, und so mussten die Griechen gleichsam ein zweites Mal schreiben lernen. Im 10. oder 9. Jh. übernahmen Inselioner (?) das phönikische Konsonantenalphabet und formten es zu einer leicht handhabbaren Vokal- und Buchstabenschrift um.

B. Entstehung der epischen Poesie bei den Griechen

In die Zeit der „dunklen Jahrhunderte" fällt die für die Entwicklung der griechischen Dichtung und Philosophie wichtige Kolonisation der kleinasiatischen Küstengebiete sowie der Inseln Lesbos, Chios und Samos. Sie wurden (im Norden) von Äolern und (im Süden bis Halikarnassos) von Ionern besiedelt. Die Grenze bildete die Stadt Smyrna. Die Archäologie konnte ihren Beginn auf das 11. Jh. datieren. Sicherlich spielte der Adel die führende Rolle. Die Heldentaten, die bei den schweren Kämpfen dieser Landnahme vollbracht wurden, gaben Stoff für unzählige Heldenlieder. Ein eigener Sängerstand hielt diese Sagenstoffe über die Ruhmestaten der Ahnen in dauernder Erinnerung.

Der Ruhm bei der Nachwelt war für den Griechen der heroischen Zeit die einzige Möglichkeit, unsterblich zu bleiben, und die Hoffnung auf ewigen Nachruhm spornte die Helden zu den höchsten Opfern an. Vgl. z. B. Hektors Worte (Il. X 304f.):

Μὴ μὰν ἀσπουδί γε καὶ ἀκλειῶς ἀπολοίμην,
ἀλλὰ μέγα ῥέξας τι καὶ ἐσσομένοισι πυθέσθαι.
Ferner Il. Z 357f.:
... ὡς καὶ ὀπίσσω
ἀνθρώποισι πελώμεθ' ἀοίδιμοι ἐσσομένοισι.

---

9 Siehe oben S. 8.

Bei den Griechen standen daher die Sänger in hohen Ehren,[10] ähnlich wie in England die Minstrels, in Frankreich die Troubadours und in Deutschland die Minnesänger.

Gesang und Tanz werden die Beigabe des Mahles genannt (Od. α 152; vgl. ϑ 99). Die Fürsten selbst pflegen die Sangeskunst (vgl. Il. I 189), und die dem Sänger Demodokos verliehene Gabe des Gesanges gilt als Ausgleich für das Fehlen seines Augenlichts (Od. ϑ 63f.):

τὸν πέρι Μοῦσα φίλησε, δίδου δ' ἀγαθόν τε κακόν τε·
ὀφθαλμῶν μὲν ἄμερσε, δίδου δ' ἡδεῖαν ἀοιδήν.

Aus den zahlreichen Sagen der Wanderzeit hebt sich neben der Argonautensage die vom Trojanischen Krieg besonders hervor.

Die Taten der Helden vor Troja und ihre Schicksale bei der Rückfahrt und bei der Ankunft in der Heimat wurden von sangeskundigen Dichtern zum Gegenstand von Liedern gemacht und bei festlichen Anlässen, von der Laute (ἡ φόρμιγξ, ἡ κίθαρις) begleitet, vorgetragen. So besingt Demodokos am Hof des Alkinoos den Streit zwischen Achill und Odysseus (Od. ϑ 75ff.) und dann auf Wunsch des Letzteren, wie die Griechen durch dessen List Troja erobert haben (Od. ϑ 492ff.). Bei den Feiern am Hof in Ithaka besingt Phemios die Rückkehr der siegreichen Helden (Od. α 326f.) und preist die Taten der Menschen und Götter (Od. α 337f.).

So entstanden schon bald nach jenen Kämpfen zahlreiche Sagen und Lieder, die mit der Zeit zu umfangreichen Epen vereinigt wurden. An den trojanischen Sagenkreis lehnte sich eine Menge größerer und kleinerer (sog. kyklischer) Epen an, unter denen dann Ilias und Odyssee alle anderen überragten.

---

10 Vgl. dazu Od. ϑ 479–481 und Od. ρ 383–386.

C. Homer

Dieser ganze Epenkreis wurde einem Dichter „Homer"
zugeschrieben. Über sein Leben wusste man schon im
Altertum nichts Bestimmtes. Überliefert sind nur einige
durchaus sagenhafte Lebensbeschreibungen des Dichters,
aus denen kein wahres Lebensbild zu gewinnen ist.

Nicht einmal seine Heimat ist bekannt. Viele Städte
Griechenlands und Kleinasiens behaupteten, seine Vaterstadt zu sein. Einige davon sind bei *Gellius* (Noct. Att. III
11) in dem Epigramm genannt:
Ἑπτὰ πόλεις διερίζουσιν περὶ ῥίζαν Ὁμήρου·
Σμύρνα, Ῥόδος, Κολοφών, Σαλαμίς, Χίος[11], Ἄργος,
Ἀθῆναι.

Aus der epischen Sprache mit ihrer Mischung von ionischen und äolischen Bestandteilen lässt sich der Schluss
ziehen, dass diese Dichtung an der kleinasiatischen Küste
entstanden ist, vielleicht in Smyrna (vgl. Abschnitt „Die
homerische Sprache" S. 56f.).

Über die Lebenszeit des Dichters konnten die Alten
nichts Zuverlässiges berichten. *Herodot* setzt sie in die Mitte
des 9. Jhs., zweifellos zu früh. Die beiden Epen, die Homer
zugeschrieben werden, sind nach heutigem Wissensstand
in der 1. Hälfte des 7. Jhs. entstanden. Das Grab des Dichters zeigte man auf der Kykladeninsel Ios.

Homer soll blind gewesen sein. Das ist offenbar herausgelesen aus dem von alters her dem Homer zugeschriebenen Hymnos auf den delischen Apollon, dessen Verfasser sich selbst (172f.) blind nennt:
τυφλὸς ἀνήρ, οἰκεῖ δὲ Χίῳ ἔνι παιπαλοέσσῃ,
τοῦ πᾶσαι μετόπισθεν ἀριστεύουσιν ἀοιδαί.
(vgl. *Thukydides* III 104,4–6)

---

[11] Überliefert ist auch die Lesart Ἴος.

Daher stammt auch die absonderliche Etymologie des Namens Homer (= ὁ μὴ ὁρῶν). Hinzu kommt die Blindheit des Phaiakensängers Demodokos (Od. ϑ 63f.; vgl. auch Od. ϑ 471–473), in dem Homer sich selbst gezeichnet haben soll. Gegen die Ansicht, der Dichter sei von Geburt an blind gewesen, spricht die Lebendigkeit und Farbenpracht der homerischen Schilderungen, auf die schon *Cicero* hinweist (Tusc. V 114): „Traditum est ... Homerum caecum fuisse; at eius picturam, non poesin videmus; quae regio, quae ora, qui locus Graeciae, quae species formaque pugnae, quae acies, quod remigium, qui motus hominum, qui ferarum non ita expictus est, ut, quae ipse non viderit, nos ut videremus, effecerit?"

Auch der römische Historiker *Velleius Paterculus* (um Christi Geburt) I 5,3, *Lukian* (2. Jh. n. Chr.) in seinen ‚Wahren Geschichten' (II 20) und der Grammatiker *Proklos* (5. Jh. n. Chr.) in seiner „Vita Homeri" bezeichnen die Sage von der Blindheit Homers als unsinnig.

D. Verbreitung der homerischen Gedichte

Die homerischen Gesänge wurden zunächst verbreitet durch Sänger, die sich Homeriden nannten und ihr Geschlecht auf Homer zurückführten. Ihnen folgten die sog. Rhapsoden (wahrscheinlich von ῥάπτειν ᾠδάς = Verse aneinanderreihen), fahrende Sänger, die bei Festen, besonders bei den großen Nationalspielen, mehr oder weniger umfangreiche Teile der homerischen Gedichte öffentlich vortrugen. Diese ersten Rhapsoden darf man wohl mit den Sängern Demodokos und Phemios aus der Odyssee vergleichen. Die Kunst des Rhapsoden bestand später nicht mehr im eigentlichen Gesang, sondern in einem feierlichen, durch die Kithara oder Phorminx untermalten Vortrag, der schließlich zum bloßen Rezitativ wurde.

Durch die Willkür bei der Auswahl und Verbindung einzelner Teile wurde der wirkliche Zusammenhang der Gedichte und die zeitliche Folge der Handlung fast völlig verwischt. Diesen Missstand beseitigte nach *Diogenes Laertios* I 57 für Athen *Solon* (594 v. Chr.): τά τε Ὁμήρου ἐξ ὑποβολῆς γέγραφε ῥαψῳδεῖσθαι, οἷον ὅπου ὁ πρῶτος ἔληξεν, ἐκεῖθεν ἄρχεσθαι τὸν ἐχόμενον. „Er (Solon) schrieb vor, die homerischen Gedichte sollten (bei den großen Festen) in der richtigen Reihenfolge (wörtlich: aus der Unterbrechung, Erwiderung heraus) vorgetragen werden, d. h., wo der erste Sänger aufgehört habe, (von) da sollte der nachfolgende beginnen." Eine ähnliche Vorschrift erließ der Tyrann *Hipparchos* (vgl. *Platon* Hipp. 228b). So wurde ein Auseinanderfallen der beiden Epen in eine Unmenge zusammenhangloser Lieder verhindert.

An einem Fest traten wohl mehrere solcher Rhapsoden auf, die der Versammlung eines der beiden Epen ganz oder doch in sich abgerundete Teile vortrugen. Sie waren zuweilen selbst Dichter und schoben neue Stücke in die beiden Hauptgedichte ein; auch kamen bei den häufig wiederholten Rezitationen mit oder ohne Absicht manche Abweichungen in die Gedichte hinein.

Für die Entstehung, Tradition und Beurteilung der frühgriechischen Heldendichtung konnte die Forschung aus dem Vergleich mit der Epik anderer Völker wichtige Erkenntnisse gewinnen. Bahnbrechend waren der Slavist *M. Murko* sowie der Homerforscher *M. Parry*[12] und seine Nachfolger. Parry sammelte in den Jahren 1933–1935 die noch heute lebendige Volksepik der Südslaven in Kroatien, Bosnien und Dalmatien und wertete sie aus. Die ermittelten Wesenszüge dieser sog. oral-poetry-Dichtung gelten erstaunlicherweise auch für die mehr als 2700 Jahre zurückliegenden Werke Homers. Es sind folgende:

---

12 Siehe Literaturverzeichnis S. 253.

- Der Sänger, der seine Kunst von einem Meister (oft seinem Vater) erlernt hat, trägt das Epos aus dem Gedächtnis vor.
- Im Mittelpunkt steht der Held.
- Seine Handlungsweise und seinen Lebensinhalt (vorwiegend Krieg, Jagd, Sport) bestimmt der ritterliche Kodex mit Tat, Ehre und Ruhm als entscheidenden Faktoren.
- Die Handlung spielt in einer vergangenen, der Gegenwart weit überlegenen Helden- oder Heroenzeit.

Charakteristisch für die epische Technik sind dabei folgende Merkmale:
- Der Sänger verwendet feste, ins Metrum sich fügende Bindungen, besonders die von Substantiv und Beiwort (Epitheton). Diese Bindungen ermöglichen durch Variation jeweils zahlreiche Spielarten und können so verschiedene Positionen im Vers einnehmen.
- Immer wiederkehrende Begriffe und Handlungen (z. B. Einleitung einer Rede, Mahlzeiten, Segeln, Anlegen der Rüstung, Kampf, Tod, Opfer, Leichenfeier) werden durch zahlreiche formelhafte Wortfügungen und Verse unter Anwendung eines bestimmten Vokabulars ausgedrückt.
- Gegenstände und lebende Wesen erhalten stehende Beiwörter (sog. Epitheta ornantia).
- Das Geschehen wird in (Einzel-)Versen, nicht in Strophen erzählt. Die 3. Person herrscht vor. Zahlreiche direkte Reden beleben als dramatisches Element die Darstellung.
- Dabei werden erteilte Aufträge oder Geschehnisse gern wörtlich wiederholt.
- Oft sind Einschübe notwendig, um den passenden Eingang oder Schluss des Vortrags zu erhalten, und nicht selten kommt es dabei zu „ungewollten" Wiederholungen.

Auf dem Hintergrund dieser Erkenntnisse kann es nicht verwundern, dass auch die „ursprüngliche" homerische Fassung von Ilias und Odyssee durch zahlreiche, oft störende Einschübe (sog. Interpolationen) entstellt wurde und verschiedene, voneinander abweichende Texte entstanden.

Diese Unordnung soll zuerst der Tyrann *Peisistratos* von Athen (560–527) behoben haben, indem er vier Gelehrte mit der Sichtung und Feststellung des Textes beauftragte. *Cicero* (de orat. III 34,137) gibt darüber die erste Nachricht: „Quis doctior eisdem temporibus illis aut cuius eloquentia litteris instructior fuisse traditur quam Pisistrati? qui primus Homeri libros confusos antea sic disposuisse dicitur, ut nunc habemus." Der von diesen Gelehrten festgelegte Text soll dann alle anderen verdrängt haben. Zunächst konnten sich daneben allerdings auch noch andere Fassungen halten. So musste *Aristoteles* für seinen königlichen Schüler Alexander (356–323) den Text der Ilias neu sichten.

Um die Kanonisierung des Textes beider Gedichte bemühten sich besonders im 3. und 2. Jh. v. Chr. die alexandrinischen Gelehrten, vor allem *Zenodot* von Ephesos (ca. 330–260), *Aristophanes* von Byzanz (ca. 257–180) und *Aristarch* von Samothrake (ca. 217–145). Dieser teilte die Epen, die vorher in größere, von den Rhapsoden vorgetragene Abschnitte (Rhapsodien) zerlegt waren, in je 24 Gesänge ein, die er mit den Buchstaben des griechischen Alphabets bezeichnete. Dabei nahm er auf den Inhalt oft keine Rücksicht. Seine heute noch üblichen Überschriften deuten meist nur einen Teil des Inhalts an, gewöhnlich den des Anfangs.

E. Die ‚Homerische Frage'

Soweit sich diese Frage mit der Entstehung und Überlieferung der homerischen Gedichte befasst, ist sie schon behandelt. Ob die beiden Großepen von dem einen Dichter Homer geschaffen sind, hat die Philologen seit zwei Jahrtausenden beschäftigt, und die gelehrte Forschung ist sich bis heute nicht darüber einig; allerdings wird nur selten noch die Ansicht vertreten, beide Epen seien von einem Dichter verfasst oder hätten doch von ihm ihre uns vorliegende Gestalt bekommen.

Nicht einmal für jedes einzelne der Gedichte gibt es eine allgemeine Übereinstimmung darüber, ob das ganze Werk von einem Dichter geschaffen ist und was davon im Einzelnen dem großen Homer zugesprochen werden kann oder muss. Für die Ilias ist man eher geneigt, sie dem einen Homer zuzuschreiben, der aber zu unterscheiden wäre von dem Dichter der Odyssee. So hat *K. Reinhardt*[13] den ‚jüngeren Geist' des Odysseedichters scharf von dem ‚begnadeten Homeros' getrennt; er soll nur nach dem Vorbild der Ilias gearbeitet haben. Zweifellos bestehen zwischen den beiden Epen große Unterschiede, die aber schon der inhaltliche Gegensatz mit sich bringt. Die Ilias, als das heroische Epos schlechthin, konzentriert sich ganz auf die Helden der Vorzeit und ihre Kämpfe. Die realen Bedingungen des Daseins, wie die Verpflegung des großen Heeres und die Verbindung mit der Heimat, werden kaum beachtet. Die Odyssee dagegen zeigt uns die Welt einer fast bürgerlich zu nennenden Wirklichkeit. Hier sind neben dem Helden und seinen Taten der Arbeiter und die Arbeit des Alltags dargestellt.

Die Ilias ist fast gänzlich auf die Bewunderung der übermenschlichen ἀρετή ihrer Helden eingestellt. Der Tap-

---

13 Siehe Literaturverzeichnis S. 253.

fere ist überall der Adelige, dem Kampf und Sieg, wenn nicht einziger, so doch eigentlicher Lebensinhalt sind. Man kann sich ihn kaum in dauerndem Frieden lebend vorstellen. Bei aller Gegensätzlichkeit der hohen Herren untereinander bilden sie doch gegenüber allem, was nicht ihres Standes ist, eine geschlossene Schicht. Nur die Thersitesszene[14] lässt eine jüngere Zeit erkennen, in der die Vormacht des Adels nicht mehr so unbestritten war.

Der Adel der Odyssee ist ebenfalls ein geschlossener Stand; aber er sieht seine Vorzüge nicht lediglich in kriegerischen Taten, sondern in einer feineren Lebensart. Untadelige Haltung in Glück und Unglück sind für die Vortrefflichkeit eines Helden ebenso wichtig wie bewundernswürdige Taten. Das Gemeinwesen der Phaiaken ist das Abbild einer ionischen Polis unter der Herrschaft eines Königs. Ithaka wird in der Abwesenheit des Königs durch eine vom Adel geleitete Volksversammlung regiert.

Den Gegensätzen im Inhalt entsprechen Unterschiede im Stil der beiden Epen. So sind die häufigen Gleichnisse in der Ilias als friedliche und wirklichkeitsnahe Gegenstücke in die idealisierte, kriegerische Welt der Heroen eingeschoben. Es gibt deren aber nur wenige in der Odyssee mit ihrer ‚unheroischen‘ Handlung.

Bei der Betonung der Unterschiede hat man doch wohl zu wenig beachtet, welche Möglichkeiten der Entwicklung einem schöpferischen Geist gegeben sind, wie man an Goethes ‚Faust‘ als einem eindringlichen Beispiel beobachten kann. Warum sollte nicht auch der Schöpfer der idealistisch-heroischen Ilias ein Menschenalter später imstande gewesen sein, die eher realistisch-bürgerliche Odyssee zu schaffen?

---

14 Il. B 211–277.

So hat *W. Schadewaldt*[15] Homer als den Schöpfer beider Dichtungen zu erweisen versucht. Für die Odyssee setzt er aber zwei Dichter voraus; den Dichter A, den er mit dem Schöpfer der Ilias gleichsetzt, und den Dichter B, der etwa eine Generation nach dem Dichter A gelebt haben und sein Schüler gewesen sein soll. Dieser Dichter B hätte dann seine Vor-, Zwischen- und Anbauten so geschickt und mit solcher Kunst in das ursprüngliche Gedicht eingefügt, dass daraus doch ein Ganzes, eben die Odyssee, entstanden sei.

Tatsächlich muss man gerade für den künstlerischen Aufbau der Odyssee, aber auch der Ilias, trotz mancher Widersprüche und Unebenheiten einen großen Dichter voraussetzen. Ob dieser Dichter Homer geheißen hat, spielt dabei eine untergeordnete Rolle.

Die ‚Homerische Frage' ist somit für die Lektüre nicht von entscheidender Bedeutung. Der Leser sollte vielmehr unbefangen die Schönheit der künstlerischen Gestaltung und den Wohllaut der Sprache auf sich wirken lassen.

F. Nachleben Homers

Das hohe Ansehen der homerischen Gedichte im Altertum erkennt man schon daran, dass so viele Städte den Dichter gern zu einem der Ihrigen gemacht hätten. Aus seinen Schöpfungen lernten die Griechen ihre Götter kennen (daneben aus der Theogonie *Hesiods*, 8. Jh. v. Chr.), so dass *Herodot* mit Recht sagen konnte (II 53): οὗτοι (Homer und Hesiod) δέ εἰσιν οἱ ποιήσαντες θεογονίην Ἕλλησι καὶ τοῖς θεοῖσι τὰς ἐπωνυμίας δόντες. Homers Gedichte wurden die Grundlage der hellenischen Erziehung; so behauptet *Platon* (Politeia 606 E), Homer habe

---

15 Siehe Literaturverzeichnis S. 253.

ganz Hellas erzogen. Die Jugend wurde gründlich mit den homerischen Gedichten vertraut gemacht. Bemerkenswert dafür ist die Äußerung des Nikeratos bei *Xenophon* (Symp. 3,5), sein Vater habe ihn gezwungen, den ganzen Homer auswendig zu lernen, und er könne jetzt noch die ganze Ilias und Odyssee aus dem Gedächtnis vortragen.

Auch für die Erwachsenen waren die beiden Epen bevorzugter Lesestoff. Hier lernte der Grieche die Lebensgewohnheiten seiner Ahnen kennen. Hier las er, dass selbst Könige körperliche Arbeit nicht scheuten (z. B. Laertes im letzten Gesang der Odyssee), dass vornehme Frauen (vgl. Andromache), ja selbst göttliche Wesen (Kalypso, Kirke) die Kunst des Webens übten. Viele Verse aus den Gedichten wurden daher geradezu sprichwörtlich, andere dadurch berühmt, dass bekannte Männer sie gern zitierten. So war der Lieblingsvers *Alexanders des Großen* (Il. Γ 179):

ἀμφότερον, βασιλεύς τ' ἀγαθὸς κρατερός τ' αἰχμητής.

Auch bei epochalen Ereignissen zitierte man Homer. Als der jüngere *Scipio* die rauchenden Trümmer Karthagos betrachtete, sprach er bei dem Gedanken an den einstigen Untergang des römischen Reiches die Worte Hektors (Il. Z 448f.):

ἔσσεται ἦμαρ, ὅτ' ἄν ποτ' ὀλώλῃ Ἴλιος ἱρὴ
καὶ Πρίαμος καὶ λαὸς ἐϋμμελίω Πριάμοιο.

Bei der Nachricht von der Ermordung des Tib. Gracchus, die ihn vor Numantia erreichte, soll Scipio den Odysseevers α 47 zitiert haben:

ὣς ἀπόλοιτο καὶ ἄλλος, ὅτις τοιαῦτά γε ῥέζοι.

Der zum Tode verurteilte *Sokrates* spricht im Hinblick auf den Tag seiner Hinrichtung den Vers (Il. I 363):

ἤματί κε τριτάτῳ Φθίην ἐρίβωλον ἱκοίμην.

Es ließen sich noch viele Beispiele anführen.

Alle späteren griechischen Dichter stehen mehr oder weniger unter dem Einfluss Homers, *Hesiod* so gut wie die Lyriker und die Tragiker, welche die von ihm berührten

Sagen zum Gegenstand ihrer Dramen machten. Nach *Athenaios* (um 200 n. Chr.) VIII, p. 347 e hat *Aischylos* daher seine Tragödien als τεμάχη (= Stückchen) vom großen Mahl Homers bezeichnet. Aber auch Philosophie, Rhetorik, bildende Kunst, Geschichte und Geographie schöpften aus Homer wie aus einem unversieglichen Strom. *Xenophon* lässt daher (Symp. 4,6) den Nikeratos sagen: ἴστε γὰρ δήπου, ὅτι Ὅμηρος ὁ σοφώτατος πεποίηκε σχεδὸν περὶ πάντων τῶν ἀνθρωπίνων.

Wie hoch das Ansehen Homers in Rom war, darf man daraus schließen, dass am Beginn der lateinischen Literatur der Dichter *Livius Andronicus* (um 240 v. Chr.) die Odyssee im saturnischen Versmaß übertrug; der Anfang lautete: „Viróm mihi, Camoéna, insecé (= dic) versútom", während *Horaz* (65–8 v. Chr.) de arte poet. 141f. so übersetzt:

Dic mihi, Musa, virum, captae post tempora Troiae
qui mores hominum multorum vidit et urbes.

Die ‚Odusia' des Livius wurde noch z. Z. des Horaz als römisches Schulbuch benutzt. Die Übersetzung der Ilias, ‚Homerus Latinus' genannt, stammt aus dem ersten vorchristlichen Jahrhundert. Beide Übersetzungen sind stark gekürzte Auszüge, die nur den Hauptinhalt des Originals wiedergeben. Der Homerus Latinus z. B. enthält nur 1075 Hexameter, während die Ilias 16 000 Verse zählt.

Es blieb aber in Rom nicht bei Übersetzungen. *Vergil*, einer der größten Dichter der römischen Literatur (70–19 v. Chr.), schuf in seinem Epos ‚Aeneïs' eine selbstständige Nachahmung Homers, deren schönste Stellen stark an das griechische Vorbild erinnern. Zur selben Zeit entwickelte Horaz in seiner ‚Ars poetica' in Anlehnung an Homer die Kunstgesetze der epischen Poesie.

Welchen Einfluss Homer auf die spätere Zeit ausgeübt hat, kann und soll hier nicht im Einzelnen aufgezählt werden. *Goethe* und *Schiller* und mit ihnen die deutschen Klassiker waren in der Götter- und Heroenwelt Homers zu Hause. „Eine Übernahme Homerischer Gestalten und Motive ist bis in unsere Tage auf allen Gebieten der Kunst nachweisbar, in der Plastik und Malerei, im Drama, in der Epik und im Roman, in lyrischer und balladenhafter Gestaltung, in der Oper und Operette, dem Oratorium und dem Ballett, neuerdings auch im Hörspiel und im Film. Ein Versuch, hier auch nur mit annähernder Vollständigkeit Namen und Titel zusammenzustellen, würde einen umfangreichen Band ergeben. Über all diesen vielfältigen Bemühungen hält sich in unverminderter Frische das Werk Homers selbst, immer aufs Neue gelesen und erlebt, nicht zu erschöpfen in der aus ihm quellenden Fülle menschlichen Lebens."[16]

G. Die Ilias

1. Der historische Kern der Ilias

Der Konflikt zwischen Agamemnon und Achill spielt sich auf dem Hintergrund der Kämpfe um die Festung Ilios (= Troja) ab. Die Frage nach der Geschichtlichkeit dieser Kämpfe bewegt die Menschen seit vielen Jahrhunderten. Schon im Altertum versuchten die Gelehrten zu ergründen, wann der Krieg um Troja stattfand und die Stadt von den Achäern zerstört wurde. Ihre Lage (siehe Karte am Ende des Textbandes) dagegen war Griechen und Römern immer bekannt, geriet aber im Mittelalter in Vergessenheit. Sie musste für die Neuzeit gleichsam wiedergefunden werden. Ihre Wiederentdeckung ist mit dem Namen *Heinrich Schliemann* (1822–1890), dem Begründer der modernen Archäologie, verbunden. Seine Homerbegeisterung und sein Wunsch, die historische Wahrheit der

---

16 D. *Ebener*, Homer, Ilias (Übersetzung, s. Literaturverzeichnis S. 247), S. LXXVI.

vom Dichter besungenen Ereignisse zu erweisen, führten ihn zur Entdeckung Trojas.

1868 kam er das erste Mal in die Troas, in das Land zwischen den Dardanellen und dem Idagebirge (im Nordwesten Kleinasiens). „Die wenigen Gelehrten, die damals an eine Existenz Trojas glaubten, lokalisierten den Ort in der Nähe des Dorfes Bunarbaschi. Für Schliemann kam dieser Platz jedoch nicht in Betracht, denn seine Lage und Beschaffenheit schienen nicht in Übereinstimmung mit den Schilderungen Homers zu stehen. Der einzige seiner Meinung nach in Frage kommende Platz war der Hügel Hissarlik. Am 9. April 1870 begann er mit den Ausgrabungen auf Hissarlik und setzte sie in sieben Kampagnen bis 1890 fort. Es war das erste Mal in der Geschichte der Archäologie, dass jemand nicht nur Kunstwerke aus der Erde bergen wollte, sondern eine ganze Stadt."[17] Und bald wurde es für Schliemann zur Gewissheit, dass in dem Ruinenhügel die Reste des homerischen Troja lägen.

Ursprünglich ragte der Hügel etwa nur 26 m aus der Ebene empor. Durch die spätere Bebauung wurde er allerdings erheblich aufgehöht. An drei Seiten ist er steil abfallend, im Südosten bietet er den bequemsten Zugang. Der Hügel liegt heute 7 km von der Westküste und 4,5 km von den Dardanellen entfernt. In der späten Bronzezeit erstreckte sich das Meer jedoch mehrere Kilometer in das Landesinnere nach Süden, so dass damals die Distanz von Troja zum Meer nur etwa 1,5 km betrug.

Die strategische und wirtschaftliche Bedeutung dieses Ortes ist offenkundig. Von dem befestigten Hügel aus war es möglich, den gesamten Handel zu Wasser und zu Lande zu kontrollieren, wohl auch Wegezölle zu erheben. Hierin liegt der entscheidende Grund dafür, dass die Burg immer wieder umkämpft war und mehrfach zerstört wurde.

17 *G. Saherwala*, Troja (s. Literaturverzeichnis S. 253), S. 13.

Schliemann entdeckte nicht nur eine, sondern sieben übereinander liegende Siedlungen.

Sein Mitarbeiter (seit 1882) und Nachfolger hieß *Wilhelm Dörpfeld.* Er fand noch zwei weitere Schichten, und auf ihn geht die heutige Einteilung in neun Schichten zurück. Nach Schliemanns Tod (1890) leitete Dörpfeld die Grabungen bis 1894.

Von 1932 bis 1938 erforschte unter *Carl William Blegen* eine Expedition der Universität Cincinnati (USA) den Hügel von Hissarlik noch einmal. Sie bestätigte die Existenz der neun Schichten und konnte sie aufgrund der verfeinerten Untersuchungsmethoden in insgesamt 46 Bauphasen untergliedern.

Seit 1988 wurden im Rahmen des Troia-Projekts des Instituts für Ur- und Vorgeschichte und Archäologie des Mittelalters der Eberhard-Karls-Universität Tübingen unter der Leitung von Manfred Korfmann († 2005) die Untersuchungen am Siedlungshügel Hissarlik weitergeführt. Das Team glaubt u.a. nachgewiesen zu haben, dass Ilios eine enge Beziehung zum Hethiterreich hatte und dass zur Festung eine weiträumige Unterstadt gehörte. Die Forschung ist allerdings, vor allem bei der letzten These, gespalten.

Die den neun Zerstörungsschichten zugeordneten Siedlungen (Troja I ... IX genannt) sollen kurz beschrieben werden:

Troja I war ein ummauerter Herrensitz von ca. 80 m Durchmesser und bestand etwa in der Zeit von 2900 bis 2450 v. Chr.[18] In dem ergrabenen Bereich wurden die

---

18 Die Chronologie von Troja I–V ist noch nicht endgültig geklärt. Neue Funde legen den Schluss nahe, dass es bereits vor Troja I eine Siedlung auf Hissarlik gab.

Der historische Kern der Ilias

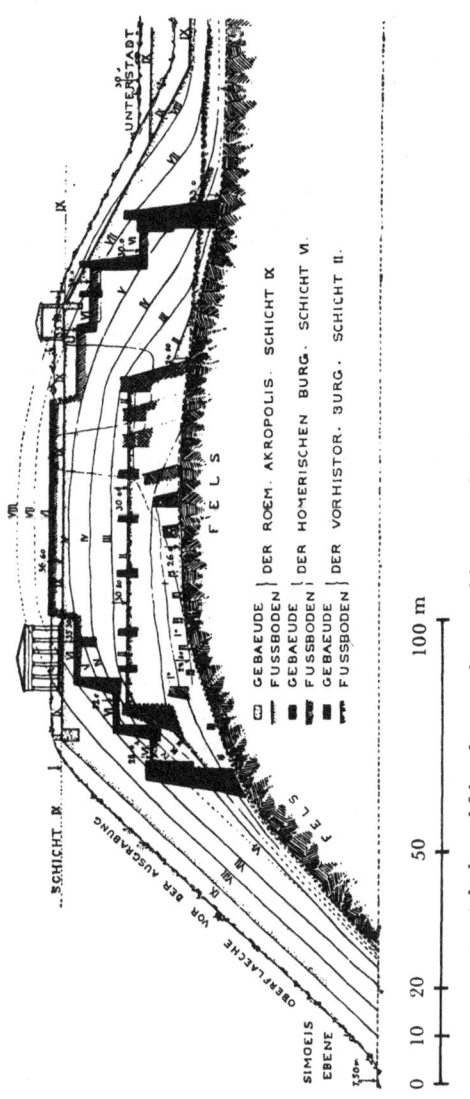

Schichtenabfolge des Hügels Hissarlik im Nord-Süd-Schnitt (nach W. Dörpfeld)

Grundmauern eines Megaron-Baus[19] gefunden, des ältesten dieser Art in Kleinasien. Troja I wurde durch einen Brand vernichtet. Troja II entstand ohne längere Unterbrechung über dem Schutt von Troja I. Es war bereits ein ansehnlicher Fürstensitz. Seine Siedlungsfläche betrug etwa 8800 qm, die Mauer erreichte einen Umfang von 330 m.

Die Funde belegen Handels- und Kulturbeziehungen mit Mesopotamien und Syrien. In der Schicht von Troja II fand Schliemann 1873 den berühmten „Schatz des Priamos" und den „Palast des Priamos". Auch diese Siedlung fiel einer Brandkatastrophe zum Opfer (gegen 2300).

Die Anlagen Troja III–V (2300–1700) waren weniger bedeutend. In ihnen fand sich kein Hinweis auf einen Herrschersitz.

Mit Troja VI (1700–1275) entstand wieder eine starke Festung. Sie bestand aus einem ummauerten Oval von 550 m Umfang und 20 000 qm Fläche. Die teilweise erhaltenen Mauern besitzen bis zu 20 m breite Türme und Tore. Sie schützten den Wohnsitz des Fürsten (?) und die Häuser der Vornehmen. Die Mehrzahl der Bevölkerung wohnte dagegen (nach Korfmann) in der noch nicht ausgegrabenen Unterstadt, die eine Fläche von ca. 200 000 m² umfasst. Die Funde legen den Schluss nahe, dass Troja VI von Neuankömmlingen errichtet wurde, die unter anderem auch das Pferd mitbrachten. Sie trieben Handel mit den mykenischen Achäern, mit Zypern und mit dem Inneren Kleinasiens.

Nach der Überzeugung *Dörpfelds* war Troja VI mit der Stadt des Priamos gleichzusetzen. Starke Brandspuren sowie der Vergleich mit den Burganlagen von Mykene und Tiryns bestärkten ihn in dieser Annahme. Neueren Grabungen zufolge wurde die Festung gegen 1275 durch ein heftiges Erdbeben (und nicht durch Feuer!) zerstört.

---

19 Siehe Anhang im Kommentarband (S. 492ff.).

Die Bewohner konnten sich offenbar größtenteils retten und errichteten auf den Trümmern eine neue Stadt, Troja VII. Zwei Bauphasen konnten nachgewiesen werden, Troja VIIa und VIIb. Troja VIIa hat nur kurze Zeit bestanden und wurde um 1225 durch eine Brandkatastrophe vernichtet. Diese Datierung passt erstaunlich gut zum Ansatz des *Eratosthenes* (3. Jh. v. Chr.), dem zufolge der Trojanische Krieg 1193–1183 stattfand. Darum hielt *C. W. Blegen* Troja VIIa für die homerische Stadt.

Troja VIIb ist eine völlig veränderte Siedlung. Sie konnte aufgrund der Keramikfunde wieder in zwei Phasen unterteilt werden. In der ersten Phase (Troja VIIb1) setzt sich die Kultur von Troja VIIa bruchlos fort. Dieser Umstand spricht gegen einen Bevölkerungswechsel. Die zweite Phase (Troja VIIb2) ist durch das Aufkommen einer ganz anders gearteten Keramik, der sogenannten „Buckelkeramik", gekennzeichnet. Die Träger dieser neuen Kultur waren vielleicht Thraker, die im Zusammenhang mit der Völkerwanderung um 1200 stehen.[20] Gegen 1100 wurde Troja VIIb2 durch Feuer verwüstet und verlassen. Es blieb über drei Jahrhunderte lang unbewohnt, bis sich im 8. Jh. v. Chr. äolische Griechen hier ansiedelten (Troja VIII). Sie nannten die Stadt Ἴλιον. Die oberste Schicht (Troja IX) gehört der hellenistischen und römischen Zeit an.

Mit dem Nachweis der Existenz von Ilios ist jedoch noch nicht erwiesen, dass es einen Trojanischen Krieg gegeben hat. Die Frage nach der Geschichtlichkeit des Krieges ist darum auch heute noch in der Wissenschaft heftig umstritten und völlig ungeklärt.

Im Folgenden nennen wir einige wichtige Argumente der Fachwissenschaft, die gegen die Annahme einer historischen Eroberung und Zerstörung von Troja durch das Heer Agamemnons und die sich daraus ergebende Datie-

---

20 Siehe oben S. 8f.

rung zwischen 1250 und 1180 vorgebracht wurden und werden.
- „Da die antiken (und die auf ihnen fußenden modernen) Berechnungen des Datums der Zerstörung von Troja auf unhaltbaren Prämissen basieren, somit hinfällig sind, kann der Umstand, dass innerhalb des Zeitraumes von etwa achtzig Jahren, in welchem sich die meisten antiken Ansetzungen bewegen, tatsächlich eine Siedlung auf dem Hügel von Hissarlik zerstört wurde, nur ein Zufall sein, und zwar einer, der angesichts der exponierten Lage des genannten Hügels im Bereiche des Hellespontes und angesichts der Häufigkeit von solchen Katastrophen gerade in der damaligen Zeit durchaus nichts Aufregendes an sich hat."[21]
- Ein militärisches Unternehmen der Achäer um 1200 v. Chr. gegen Troja ist aus folgenden Überlegungen wenig wahrscheinlich: Der Höhepunkt der mykenischen Kultur und Machtentfaltung liegt in der Zeit zwischen 1600 und 1300. In dem Jahrhundert danach ist das Reich von Mykene (ebenso wie andere Machtzentren) bereits zu sehr auf Defensive bedacht,[22] als dass es eine starke überseeische Stadt mit einem solchen Heeresaufgebot hätte angreifen können, wie es in der Ilias geschildert wird.[23] Noch vor 1100 brach die mykenische Welt unter dem Ansturm der von Norden eindringenden Dorer zusammen. Wenn Troja in den Jahrzehnten davor eingenommen und zerstört wurde, dann kann das nur durch aus dem Balkan vordringende Scharen geschehen sein. Der für die Phase Troja VIIb2 nachgewiesene Kulturbruch (siehe oben S. 27) untermauert diese Hypothese.
- Wenn es einen Krieg um Troja gegeben hat, kommen

---

21 *F. Hampl*, Die Ilias ..., S. 42.
22 Z. B. *K. P. Kontorlis*, Die mykenische Kultur, S. 13–16.
23 Ilias B 494–759.

als Stadtburgen des Priamos nur Troja VI oder VIIa in Betracht, da Troja VIIb wegen des zu späten Zeitpunktes der Zerstörung (gegen 1100) ausscheidet.
Troja VI fand sein Ende durch Erdbeben und nicht durch Eroberung. Die aus den Funden sich ergebende Siedlungskontinuität zwischen Troja VI und VIIa stützt diese Annahme und spricht gegen eine Vertreibung oder gar Ausrottung der Bevölkerung.
Ist also Troja VIIa das homerische Troja?
Sollte es durch Achäer (oder andere) in Schutt und Asche gelegt worden sein (was nicht bewiesen ist), müssten sie einen Kriegsgrund gehabt haben. Der Sage zufolge war dieser Grund, Rache zu nehmen für die geraubte Helena. Welcher Anlass lag „wirklich" vor? Die übliche Annahme lautet: Es kam den Achäern darauf an, sich anstelle der Troer an den Meerengen festzusetzen und die Kontrolle über den Schwarzmeerhandel an sich zu reißen. Diese Hypothese wird durch die Bodenfunde sehr in Frage gestellt. Ihnen zufolge überlebten die Bewohner die Katastrophe in großer Zahl und bauten die Stadt wieder auf (siehe oben S. 27).
Die Reste von Troja VIIb1 beweisen das eindeutig. Troja VIIa kann von Eroberern allenfalls geplündert, aber nicht annektiert und neu besiedelt worden sein.
- Den (sicher übertriebenen) Angaben der Ilias zufolge müsste Troja Raum für etwa 50 000 Troer und Bundesgenossen geboten haben. Die Burg von Troja VI und VIIa konnte aber nur wenige hundert Menschen fassen, und die Existenz einer ausgedehnten Unterstadt (südlich der Burg) wird von mehreren Forschern bestritten.

Hat also der Krieg um Troja überhaupt nicht stattgefunden, und beruht alles, was die Ilias sagt, auf reiner Phantasie?

Eine mögliche Entstehungsgeschichte der Sage schildert *F. Hampl*[24]: „Kämpfe, die zu verschiedenen Zeiten und an verschiedenen Orten: in Nord- und Mittelgriechenland, auf Kreta, in den kleinasiatischen Küstengebieten stattfanden, führten zunächst zur Ausbildung lokaler Heldensagen, die schließlich alle in der einen Sage vom trojanischen Krieg aufgingen. (...) Zum vollen Verständnis der Tatsache, dass gerade Troja zum Mittelpunkt einer großen Sage wurde, werden wir freilich noch etwas anderes berücksichtigen müssen: die mächtigen Ruinen von Troja VI/VIIa, die lange Jahrhunderte nach dem Völkersturm des 13. und 12. Jahrhunderts[25] noch offen und weithin sichtbar und übrigens seit etwa 1100 v. Chr. völlig verödet dalagen, waren die einzigen im Gesichtskreis der griechischen Kolonisten, die sich mit den mutterländischen Ruinen von Mykene, Tiryns usw. vergleichen ließen, und mussten also die sagenfreudigen Griechen, die den ostägäischen Raum, vom Mutterland herkommend, besiedelten, förmlich einladen, ihnen im Kreis ihrer Heldenlieder einen würdigen Platz zuzuweisen und sie dabei in eine enge Beziehung zu den genannten mutterländischen Ruinenstätten zu setzen.

Inwieweit die Sage ihre endgültige Gestalt dem Dichter verdankt, von dem wir annehmen dürfen, dass er die Gegend von Ilion, wohl auf Grund persönlicher Beziehungen zu einem dortigen dardanischen Fürstengeschlecht, aus eigener Anschauung kannte, lässt sich nicht sicher ausmachen, doch ist es durchaus möglich, dass dichterische Konzeption hier eine bedeutsame Rolle spielte."

Bei allem Respekt indes vor der Frage nach dem historischen Kern der Ilias – sie ist letzten Endes zweitrangig. Wie vertrauenswürdig die epische Tradition der Ilias hin-

---

24 *F. Hampl*, Die Ilias ..., S. 49f.
25 Siehe S. 27.

sichtlich der Ereignisse und Verhältnisse der bronzezeitlichen mykenischen Welt auch sein mag, die Bedeutung und Größe Homers liegt nicht in ihr begründet, sondern wesentlich im sittlichen Gehalt dieser Dichtung und in ihrer künstlerischen Vollendung: „Was uns ... angeht, sind Menschlichkeit, Gefühle und Gesinnung der Geschöpfe des Dichters. Es sind die unveränderlichen Eigenschaften der menschlichen Natur, die heute so viel bedeuten wie je zuvor. Der Tod eines Kriegers, die Plünderung einer Stadt in vergangenen Zeiten mögen uns gleichgültig sein. Aber Hektors Unglück und die Tragödie Trojas erschüttern uns noch immer und beeinflussen dadurch unser Handeln. Homer nach historischen Fakten zu durchsuchen ist so vergeblich, wie in den Texten der mykenischen Täfelchen ein Versmaß finden zu wollen, das sie zur Dichtkunst erhebt. Geschichte und Dichtung gehören verschiedenen Welten an."[26]

2. Kurze Inhaltsübersicht

Die Ilias erzählt nicht die Eroberung Trojas durch die Achäer, sondern ein Teilgeschehen aus dem letzten Kriegsjahr: den Groll Achills und seine schlimmen Folgen.

Da Agamemnon Achill die diesem als Kriegsbeute zugefallene Briseïs wegnimmt, bleibt Achill, in seiner Ehre tief gekränkt, mit seinen Myrmidonen dem Kampf fern. Zugleich bittet er seine Mutter Thetis, bei Zeus für eine Niederlage der Achäer einzutreten, bis ihm Genugtuung widerfahren sei (Gesang A). Auch eine Gesandtschaft der führenden Helden, die Agamemnons Angebot reichlicher Sühnegeschenke übermittelt, lehnt er unerbittlich ab (I). Erst nachdem Hektor Achills besten Freund Patroklos im Kampf erschlagen hat (Π), wird er umgestimmt. In dem

---

26 *J. Chadwick*, Die mykenische Welt, S. 249.

leidenschaftlichen Verlangen nach Rache entsagt er seinem Groll (T). Gerüstet mit den von Hephaistos auf Bitten der Thetis gefertigten neuen Waffen (Σ), tritt er Hektor entgegen und tötet ihn im Zweikampf (X). Leichenspiele zu Ehren des Patroklos (Ψ) und die Rückgabe von Hektors Leichnam an seinen greisen Vater Priamos (Ω) schließen das Epos ab.

3. Die Handlung der Ilias, nach Tagen geordnet[27]

1.–9.	Seuche im Heer der Achäer	A 1–53
10.	Volksversammlung. Streit der Könige. Thetis' Besuch bei Achill. Rückführung der Chryseïs.	A 54–476
11.	Rückkehr der Gesandtschaft aus Chryse	A 477–487
9.–20.	Die Götter schmausend bei den Äthiopen, während Achill jetzt untätig grollt	A 424. 488–492
21.	Rückkehr der Götter zum Olymp. Thetis bei Zeus	A 493–611
21./22.	Agamemnons Traum	B 1–47
22.	*Erster Kampftag* Ratsversammlung und Volksversammlung der Achäer; Rüstung und Auszug zur Schlacht (B). Teichoskopie; Zweikampf zwischen Paris und Menelaos (Γ). Vertragsbruch durch Pandaros; Agamemnons Heerschau (Δ). Heldentaten des Diomedes (E). Hektors Gang zur Stadt und Begrüßung der Andromache; unterdessen Begegnung von Glaukos und Diomedes (Z). Zweikampf	

---

27 Nach P. *Cauer*, Homers Ilias, S. 558–560.

	zwischen Hektor und Aias; Beratung auf beiden Seiten (H)	B 48–H 380
23.	Vergeblicher Friedensvorschlag der Troer. Bestattung der Gefallenen . . .	H 381–432
24.	Befestigung des griechischen Lagers . . .	H 433–482
25.	*Zweiter Kampftag.* Götterversammlung. Von Mittag (Θ 68) an sind die Achäer im Nachteil	Θ 1–488
25./26.	Beratung auf beiden Seiten; Nachtwachen. Gesandtschaft an Achill. Des Diomedes und Odysseus Abenteuer mit Dolon	Θ 489–K 579
26.	*Dritter Kampftag.* Von Mittag (Λ 86) an Heldentaten des Agamemnon. Er und andere Führer werden verwundet. Patroklos' Botengang (Λ 604); sein Verweilen bei Nestor. Kampf um die Mauer (M), nachher an den Schiffen (N). Zeus' Betörung und Schlaf, unterdessen Wendung zugunsten der Achäer (Λ). Nach seinem Erwachen erneute Niederlagen, bis nur noch Aias standhält (Ξ). Rettendes Eingreifen des Patroklos, dann, als Mittag vorüber ist (Π 779), sein Übermut und Fall (Π). Kampf um seinen Leichnam, wobei sich Menelaos auszeichnet (P). Achills Klage; sein Auftreten gegen die Troer (Σ)	Λ 1–Σ 242
26./27.	Thetis bei Hephaistos; Herstellung der neuen Waffen	Σ 243–617
27.	*Vierter Kampftag.* Volksversammlung; Versöhnung zwischen Achill und Agamemnon (T). Götterversammlung; Begegnung zwischen Achill und Äneas (Y). Achills Wüten am Fluss;	

	Teilnahme von Göttern am Kampf (Φ).	
	Hektors Fall (X). Totenklage um	
	Patroklos und Siegesfreude	T 1 – Ψ 58
27./28.	Patroklos erscheint dem Achill im Traum	Ψ 59–108
28.	Totenopfer für Patroklos..............	Ψ 109–216
28./29.	Verbrennung der Leiche..............	Ψ 217–225
29.	Die Kampfspiele am Grab............	Ψ 226–Ω 3
29./30.	Achill schlaflos in seinem Schmerz	Ω 3–12
30.-38.	Misshandlung des toten Hektor durch Achill,	
	neun Tage lang (Ω 107)	Ω 12–30
38.	Einschreiten der Götter am zwölften Tag	
	(Ω 31. 413) nach Hektors Tod.	
	Priamos macht sich auf den Weg....	Ω 31–351
38./39.	Priamos bei Achill...................	Ω 352–694
39.	Der König bringt die Leiche zur Stadt.	
	Klagelieder der Frauen	Ω 695–776
39.-47.	Herbeischaffen des Holzes zur Bestattung	Ω 777–784
48.	Verbrennung Hektors	Ω 785–787
49.	Errichtung des Grabmals	Ω 788–804

4. Inhalt der einzelnen Gesänge[28]

A (1)

Nach Anrufung der Göttin, sie möge den Zorn des Peliden und seine schlimmen Folgen besingen (1–7), erzählt der Dichter zurückgreifend, wie Apollons Priester Chryses ins Lager der Griechen kam, um seine Tochter loszukaufen, aber von Agamemnon harte Abweisung erfuhr, und wie dann auf seine Bitte der Gott zur Strafe eine Pest ins Lager gesandt hat (8–52). Nachdem das Sterben neun Tage gedauert hat, beruft Achill eine Heeresversammlung ein, in der, von ihm ermutigt, Kalchas den Grund von Apollons Zorn offenbart. Agamemnon, in heftiger Erregung, verlangt Ersatz für Chryseïs, die er herausgeben soll, und kündigt, als Achill widerspricht, an, dass er gerade von ihm die Briseïs, die jener als Ehrengabe aus der Beute erhalten hat, sich holen werde (53–187). – Achill will das Schwert ziehen, wird aber durch Athene zurückgehalten (188–222). – Er antwortet mit Schmähungen gegen den Atriden und erklärt nun bestimmt, was er schon vorher angedroht hat, dass er sich vom Kampf zurückziehen wolle. Vergebens sucht Nestor zu vermitteln; beide bleiben dabei, einander des Übermutes zu bezichtigen (223–303).

Nachdem die Versammlung aufgehoben ist, wird die Tochter des Chryses zur Heimfahrt eingeschifft, im Heer ein großes Sühneopfer veranstaltet; zwei Herolde kommen zu Achill, um Briseïs von ihm zu fordern, und er lässt sie ziehen (304–348). Dann ruft er durch Gebet seine göttliche Mutter herbei, klagt ihr sein Leid und erhält das Versprechen, dass sie ihm von Zeus Genugtuung erwirken wolle (348–430). Inzwischen wird Chryseïs unter Odysseus' Führung ihrem Vater wiedergebracht; am folgenden Morgen kehrt die Gesandtschaft aus Chryse zurück (430–487).

Während Achill weiter grollt, kommt Thetis zu Zeus und bittet ihn, so lange die Griechen im Kampf unterliegen zu lassen, bis sie den Gekränkten durch Wiederherstellung seiner Ehre versöhnen; ungern sagt der Herrscher dies zu (488–530). Gleich darauf in der Versammlung der Götter ist er genötigt, seinen Entschluss

---

28 Nach *P. Cauer*, Homers Ilias, S. 560–582.

der eigenen Gemahlin gegenüber zu verteidigen; dem Zank zwischen beiden macht Hephaistos durch heiteren Zuspruch ein Ende, und die Olympier schmausen nun ungestört bis zum Abend (531–611).

B (2)

In der Nacht sendet Zeus dem Atriden einen Traum, der ihm die Eroberung der Stadt in nahe Aussicht stellt und rät, mit gesamter Macht anzugreifen (1–47). Am nächsten Morgen lässt Agamemnon eine allgemeine Versammlung einberufen, teilt aber zuvor im Rat der Ältesten seinen Traum und den danach gefassten Entschluss sowie seine Absicht mit, die Leute zunächst auf die Probe zu stellen (48–83). Das gelingt schlecht; sein Vorschlag, nach Hause zu fahren, wird mit Begeisterung aufgenommen, schon wogt die Menge den Schiffen zu, um sie ins Wasser zu ziehen: da kommt Athene vom Olymp herab und veranlasst den Odysseus, die Davoneilenden noch einmal zu sammeln (84–210). Während die Übrigen abwartend sitzen, erhebt Thersites heftige Vorwürfe gegen Agamemnons Leitung, wird jedoch von Odysseus mit Wort und Schlag zur Ruhe verwiesen (211–277). Dann tritt dieser selbst auf, erinnert an das Wunder vor der Abfahrt von Aulis und mahnt zum Ausharren. Die kampflustige Stimmung, die er hervorgerufen hat, sucht Nestor noch zu verstärken und schließt daran den Rat, die Krieger nach Sippen und Stämmen zu ordnen. Dies billigt Agamemnon und befiehlt allgemeine Rüstung zum bevorstehenden Kampf (278–393).

Während überall bei den Schiffen ein schnelles Mahl bereitet wird, nehmen die Fürsten beim Oberkönig an dem Opfer für Zeus teil; dem sich anschließenden Schmaus macht Nestor ein Ende, auf dessen Antrieb jetzt Agamemnon das Signal zum Sammeln geben lässt (394–454). In drei Gleichnissen wird das Bild der sich drängenden Scharen, in einem weiteren der Anblick der sie ordnenden Führer geschildert (455–483).

Nachdem der Dichter die Musen gebeten hat, seinem Gedächtnis zu Hilfe zu kommen (484–493), gibt er eine geographisch geordnete Übersicht der im griechischen Heer vereinigten Kontingente (494–785). – Die Troer sind gerade zur Beratung um Priamos versammelt, als Iris in der Gestalt des Polites, des Sohnes des Hektor, die Nachricht bringt, dass die Feinde heranrücken, und zugleich dem Hektor rät, die Masse der Bundesgenossen nach Stämmen zu ordnen; dies geschieht an einem Hügel vor der Stadt (786–815). So hat der Erzähler die Gelegenheit, auch die Streitkräfte auf troischer Seite zu schildern (816–877).

Γ (3)

Als beide Heere einander nahe sind, weicht Alexandros (= Paris) zuerst vor Menelaos zurück, fordert ihn dann aber, durch Hektor zurechtgewiesen, zu entscheidendem Zweikampf auf. Der Vorschlag wird angenommen und Waffenstillstand geschlossen (1–120). Helena, durch Iris auf die Stadtmauer gerufen, erklärt dem Priamos die einzelnen Führergestalten, die man im Feld sieht (sog. Teichoskopie: 121–244). Durch den Herold hinabgerufen, vollzieht der König mit Agamemnon zusammen das Vertragsopfer, kehrt darauf in die Stadt zurück (245–313). Der Kampf verläuft für Alexandros ungünstig; im entscheidenden Augenblick aber reißt ihn Aphrodite heraus und entführt ihn in seine Wohnung (314–382). Nun ruft sie Helena, die erst sich weigert, dann, als sie ihr doch gefolgt ist, dem Paris mit Vorwürfen begegnet, zuletzt aber seiner Zärtlichkeit nachgibt (383–447). Unterdessen sucht Menelaos wütend nach dem entkommenen Feind; Agamemnon verlangt von den Troern Anerkennung des Sieges (448–461).

Δ (4)

In der Götterversammlung regt Zeus die Frage an, ob man es nicht zum Frieden kommen lassen wolle, gibt aber dem heftigen Verlangen der Hera, dass Ilios zerstört werde, nach und schickt Athene hinab, um einen Bruch des Vertrages herbeizuführen (1–72). Sie nimmt die Gestalt eines Troers an und verleitet den Bogenschützen Pandaros, aus dem Versteck auf den arglosen Menelaos zu schießen. Die Wunde ist nur leicht und wird auf Agamemnons Befehl durch Machaon versorgt; nun schicken sich beide Heere zu neuem Kampf an (73–222).

Agamemnon mustert, durch die Reihen schreitend, die Seinen; er lobt Idomeneus, die beiden Aias, Nestor tadelt unvorsichtig Menestheus und Odysseus, dann den Diomedes (223–421). Nachdem der Dichter beide Heere, die schweigenden Griechen und die schreienden Troer, wie sie, von Athene und von Ares angetrieben, anrücken und zusammenstoßen, in Gleichnissen beschrieben hat (422–456), erzählt er mehrere Einzelkämpfe (457–538) und deutet zuletzt ein Gesamtbild des Schlachtgetümmels an (539–544).

E (5)

Inmitten weiterer Einzelkämpfe wird Ares von Athene veranlasst, den Kampfplatz zu verlassen und vom Fluss her zuzusehen (1–83). Diomedes wird von Pandaros verwundet, kämpft aber erfolgreich weiter, da ihn Athene ermutigt und ihm die Augen hell gemacht hat, damit er Götter und Menschen unterscheide (84–165). – Äneas ruft den Pandaros zu neuem, diesmal gemeinsamem Angriff gegen den Tydiden auf. Dieser hält, die Besorgnis seines Wagenlenkers Sthenelos verachtend, ruhig stand, tötet den Schützen und bringt durch einen Steinwurf auch seinen Beschützer Äneas zu Fall, dem dann aber Aphrodite zu Hilfe kommt (166–317). Diomedes erbeutet die Rosse des Äneas und verwundet die Göttin; diese fährt auf dem Wagen des Ares zum Olymp zurück, wird dort von ihrer Mutter Dione getröstet, von Athene verspottet (318–430).

Apollon weist den auch gegen ihn andringenden Diomedes zurück und entführt den Äneas in seinen Tempel auf die Pergamos, während, von ihm herbeigerufen, Ares die Troer zum Kampf ermuntert (431–469). In gleichem Sinne wirkt der Führer der Lykier, Sarpedon, durch dessen Vorwürfe Hektor zu kräftigerem Vorgehen getrieben wird (470–505); bald kehrt Äneas, neu gestärkt, durch Apollons Hilfe in den Kampf zurück (506–518). – Auch die Griechen kämpfen tapfer; trotzdem sind die Troer jetzt im Vorteil, weil Ares (594) dem Hektor beisteht. Vor ihm weicht Diomedes zurück; auch Aias wird im Vordringen gehemmt (519–626). Der Fall von Zeus' Sohn Sarpedon, der den Herakliden Tlepolemos tötet, doch, zugleich selbst von jenem schwer verwundet, aus dem Kampf getragen wird, vermag die Troer nicht aufzuhalten (627–710).

Da kommen vom Olymp aus Hera und Athene mit Einwilligung des Götterkönigs zu Hilfe (711–779). Hera in Stentors Gestalt ruft laut, um die Griechen anzufeuern; Athene steigt zu Diomedes auf den Wagen und gibt ihm Kraft, sogar den Ares zu verwunden, dass dieser furchtbar schreiend zum Himmel auffährt (780–867). Während Zeus den Klagenden zwar schilt, aber doch der Pflege des Arztes Paiëon übergibt, kehren die beiden Göttinnen zum Olymp zurück (868–909).

Z (6)

In einer Reihe von Einzelkämpfen sind die Griechen im Vorteil (1–71). Da rät der Seher Helenos seinem Bruder Hektor, in die Stadt zu gehen und einen Bittgang der Frauen zum Tempel der Athene zu veranlassen (72–118). – Unterdessen begegnen sich im Felde Diomedes und der Lykier Glaukos, erkennen sich als Enkel von Gastfreunden, wobei die Geschichte des Bellerophontes erzählt wird, und tauschen zum Zeichen friedlicher Gesinnung ihre Rüstungen (119–236).

Hektor kommt zu seiner Mutter. Nachdem sie vergebens versucht hat, ihn zu kurzer Rast zurückzuhalten, führt sie den Auftrag des Sehers aus (237–311). Des Helden nächster Gang ist zu Alexandros, der seine scharfe Mahnung, er solle in den Kampf zurückkehren, willig aufnimmt; Helenas Aufforderung zu bleiben lehnt Hektor freundlich ab (312–368). Dann eilt er in sein eigenes Haus, um Andromache zu begrüßen; er trifft sie dort nicht, aber bald nachher in der Nähe des Tores. Während sie ihn mit zärtlichen Vorwürfen zurückzuhalten sucht, bemüht er sich, die Geängstete zu trösten, und gewinnt selber frischen Mut aus dem Anblick seines Knaben (369–502). – Noch innerhalb des Tores holt ihn Paris ein, der nun voll Kampflust ist und durch seinen Eifer auch den Groll des Bruders überwindet (503–529).

H (7)

Hektor und Paris greifen wirksam in die Schlacht ein (1–16). Apollon und Athene verabreden, dass ein neuer Einzelkampf eine Unterbrechung bringen soll; ihren Ratschluss vernimmt Helenos, und, durch ihn veranlasst, tritt Hektor vor und fordert den Tapfersten der Griechen zum Zweikampf heraus (17–91). Zuerst wagt niemand, sich zu stellen; Menelaos, der es unternehmen will, wird von seinem Bruder zurückgehalten. Als darauf aber Nestor die Feigheit der Jüngeren gescholten hat, erklären sich viele bereit; durchs Los wird der ältere Aias bestimmt (92–205). – Der Kampf verläuft unentschieden, wenn auch der griechische Held mit der Lanze wie mit dem Steinwurf im Vorteil ist. Ehe sie die Schwerter ziehen, treten Herolde dazwischen und rufen zur Nachtruhe; durch Austausch von Geschenken wird das friedliche Ende des Waffenganges bekräftigt (206–312).

In einer Versammlung der griechischen Fürsten rät Nestor, die Gefallenen zu verbrennen und das Lager zu befestigen; auf troischer Seite wird beschlossen, einen Ausgleich vorzuschlagen, bei dem Paris Schadenersatz leisten, aber Helena behalten soll (313–380). Am nächsten Morgen kommt Idaios als Gesandter ins griechische Lager. Diomedes bewirkt durch kräftigen Einspruch, dass der Antrag abgewiesen wird; nur den erbetenen Waffenstillstand zur Verbrennung der Toten bewilligt Agamemnon (381–413). – Sogleich beginnt man von beiden Seiten mit den Arbeiten für die Bestattung, die an diesem Tag beendet wird (414–432). Am folgenden Tag schließen die Griechen ihr Lager durch Mauer und Graben ab; sie erregen durch dieses Werk den Unwillen Poseidons, dem Zeus deshalb anheimstellt, den Bau bald wieder zu zerstören (433–463).

Am Abend kommen Schiffe an, die das griechische Heer mit Wein versorgen; die Nacht durch wird auf beiden Seiten geschmaust, während Zeus durch seinen Donner schlimme Absichten erkennen lässt (464–482).

Θ (8)

In einer Versammlung auf dem Olymp verbietet am folgenden Morgen Zeus den Göttern die Teilnahme am Kampf, fährt dann selber zum Ida, um von dort aus zuzuschauen (1–52).

Den Vormittag über stehen die Parteien gleich; dann entscheidet die Waage des Schicksals zuungunsten der Achäer, denen Zeus durch Blitz und Donner Furcht einjagt (53–77). Alle, auch die ersten Helden, fliehen, während Nestor dadurch aufgehalten wird, dass sein Pferd getötet wird; Diomedes nimmt ihn auf seinen Wagen, fährt dem Hektor entgegen und durchbohrt dessen Wagenlenker (78–129). Um einen völligen Sieg des Tydiden zu verhindern, lässt Zeus unmittelbar vor ihm einen Blitz niederfahren. Nun wendet auch er sich auf Nestors Zureden zur Flucht, wenn auch zögernd. Hektors Hohn ruft ihn wieder zum Kampf; aber noch dreimal (170) donnert Zeus, um ihn zurückzutreiben. Voll Siegeshoffnung folgt Hektor (130–197). – Heras Aufforderung, den Griechen zu helfen, weist Poseidon aus Furcht vor Zeus zurück (198–211).

Von der Mitte des Schiffslagers aus ruft Agamemnon laut die Seinen zum Widerstand auf; er erhält ein günstiges Zeichen von Zeus (212–252). Nun sind für eine Weile die Griechen im Vorteil. Einzelne ihrer Helden töten einzelne Gegner; Teukros zielt wiederholt auf Hektor. Als er dessen neuen Wagenlenker durch einen Pfeilschuss erlegt hat, wird er von ihm selbst mit einem Feldstein schwer getroffen (253–334).

Aufs Neue treibt Hektor die Griechen vor sich her (335–349). Hera und Athene machen sich zu Wagen vom Olymp auf, um ihren Freunden zu helfen; Zeus aber lässt sie durch Iris zurückhalten. Verstimmt nehmen sie wieder im Kreise der Götter Platz und müssen, nachdem auch Zeus dorthin gekommen ist, noch Spott und weitere Drohung von ihm vernehmen (350–484). – Von den Griechen ersehnt, bricht die Nacht herein (485–488).

Die Troer lagern die Nacht durch im Feld und sichern sich durch zahlreiche Wachtfeuer gegen einen Überfall sowie gegen heimliche Flucht ihrer Feinde (489–565).

I (9)

Während der Nacht beruft Agamemnon eine Versammlung ein und schlägt nun ernstlich vor zu fliehen; doch nachdem Diomedes kraftvoll widersprochen hat, wird dieser Gedanke verworfen. Auf Nestors Rat werden an den Befestigungen entlang Wachen aufgestellt (1–88). – Die Fürsten versammeln sich dann zu engerem Rat. Nestor verlangt Versöhnung mit Achill; der Atride ist dazu bereit und nennt die reichen Geschenke, die er dem Gekränkten bieten will. Aias und Odysseus mit Achills altem Erzieher Phoinix gehen sogleich als Gesandte ab (89–181). Vom Peliden werden sie freundlich aufgenommen (182–224).

Zuerst spricht Odysseus, schildert die Not der Griechen und berichtet, was Agamemnon zur Sühne geben will (225–306). Achill lehnt ab: er sei es müde, die Hauptarbeit zu tun, ohne Dank dafür zu ernten, und gedenke, schon am nächsten Tag mit den Seinen nach Phthia heimzufahren; auch Phoinix möge ihm folgen (307–429). – Jetzt nimmt dieser das Wort: er erinnert den Helden an die Kindheit, die er unter seiner Leitung verlebt hat, weist ihn mahnend darauf hin, wie ‚die Göttinnen der Bitte' hinkend der raschen Verblendung folgen (502–512), und erzählt zur Warnung die Geschichte des hartherzigen Meleagros (430–605). Achill bleibt noch ungerührt und winkt dem Patroklos, für Phoinix das Lager zu bereiten (606–622). – Voll Unmut wendet sich Aias an Odysseus: sie wollen den Versuch aufgeben und weggehen. Unmerklich läuft seine Rede in eine erneute Bitte aus, die von Achill aufs Neue, wenn auch minder schroff als vorher, damit abgewiesen wird, dass er die erlittene Beschimpfung nicht vergessen könne. So nehmen die beiden Gesandten wirklich Abschied, während Phoinix bei den Myrmidonen bleibt (622–668).

Im Kreise der Fürsten ruft der Bescheid Bestürzung hervor; aber die entschlossene Sprache des Diomedes bewirkt wieder einen Umschlag der Stimmung (669–713).

K (10)

Agamemnon und Menelaos, von Sorge wach gehalten, kommen zusammen; sie wecken Nestor, Odysseus, Diomedes u. a., um zunächst gemeinsam die Wachen zu inspizieren (1–179). Nachdem sie diese gut auf ihren Posten gefunden haben, halten sie außerhalb von Mauer und Graben eine Beratung, in der auf Nestors Anregung beschlossen wird, dass Diomedes und Odysseus als Späher ins feindliche Lager gehen sollen (180–271). Unterwegs sendet ihnen Athene ein günstiges Vogelzeichen (272–298). – Gleichzeitig hat im Rat der Troer Hektor zu etwas Ähnlichem aufgefordert und Dolon es unternommen, über die Absichten der Griechen Kunde zu bringen (299–337). Er begegnet jenen beiden, wird von ihnen festgehalten, über die Verhältnisse im troischen Lager ausgefragt, dann von Diomedes getötet (338–468). Am Ziel angelangt, finden sie seine Angaben bestätigt; sie richten unter den schlafenden Thrakern ein Blutbad an und kehren, nachdem Athene zum Aufbruch gemahnt hat, auf den Pferden des mitermordeten Königs Rhesos zum griechischen Lager zurück, während sich drüben, wo man jetzt das Geschehene bemerkt, lauter Jammer erhebt (469–531). – Den Fürsten, von denen Nestor zuerst auf ihr Herannahen aufmerksam wird, berichten Odysseus und Diomedes über den Erfolg ihres Ganges, nehmen dann ein Bad und setzen sich zum Schmaus (532–579).

Λ (11)

Am Morgen führen von der einen Seite Agamemnon, von der anderen die Fürsten der Troer die Heere zum Kampf (1–83). Nachdem dieser lange unentschieden gewesen ist, gewinnen um Mittag die Griechen das Übergewicht, besonders durch das kühne Vordringen des Atriden (84–180). Ihm gegenüber sich zurückzuhalten und seinen Weggang vom Schlachtfeld abzuwarten, wird Hektor von Zeus veranlasst (181–217).

Da wird Agamemnon verwundet und fährt zu den Schiffen zurück (218–283). Sofort nimmt Hektor seinen Vorteil wahr (284–309), wird aber von Odysseus und Diomedes zurückgedrängt; ein wuchtiger Lanzenwurf des Tydiden raubt ihm für einen Augenblick das Bewusstsein (310–367). Nun wird dieser selbst durch einen Pfeilschuss von Paris kampfunfähig gemacht (368–400). Odysseus bleibt allein, wird von den Troern umringt, verwundet und hart bedrängt, bis auf sein Rufen Menelaos und Aias herbeikommen, von denen der eine ihn aus dem Kampf geleitet (487), der andere, selbst vordringend, wieder eine Wendung zugunsten der Griechen herbeiführt (401–501). – An einer anderen Stelle kämpft unterdessen Hektor; hier kommen die Griechen dadurch in Nachteil, dass Paris' Pfeil den Arzt Machaon trifft, den dann Nestor auf seinem Wagen davonfährt (502–520). Darauf begibt sich Hektor zu der Stelle des Schlachtfeldes, wo Aias den Troern gegenübersteht, der sich jetzt, von diesen verfolgt, kämpfend zurückzieht (521–574). Eurypylos, der ihm zu Hilfe kommt, wird dabei selbst von Paris verwundet (575–595).

Achill hat gesehen, wie auf Nestors Wagen ein Verwundeter aus dem Kampf fuhr, und schickt seinen Freund Patroklos, um sich zu erkundigen, wer es gewesen sei. Patroklos trifft die beiden schon beim Trunke sitzend; er sieht den Machaon und will gleich zurückeilen, wird aber von Nestor noch festgehalten. Dieser sagt ihm, wie schlimm es für die Griechen stehe, erzählt ausführlich (670–761) von einem Kampf zwischen Pyliern und Eleern, den er in seiner Jugend mitgemacht hat, und schließt daran Vorwürfe gegen Achilleus, die Patroklos ausrichten soll, und die Bitte, dass er wenigstens den Freund in den Kampf schicken und ihm seine Rüstung leihen möge, um die Feinde zu täuschen (596–803). – Auf dem Rückweg begegnet Patroklos dem verwundeten Eurypylos und mag ihn, obwohl er selbst in Eile ist, nicht ohne Hilfe lassen: er geleitet ihn in die Lagerhütte und pflegt seine Wunde (804–848).

M (12)

Gegenstand der Kämpfe des zwölften Gesanges ist die Mauer, welche die Griechen vor kurzem erbaut hatten und die später von Poseidon und Apollon wieder völlig zerstört wurde (1–33). Auf den Rat des Polydamas lassen die Troer ihre Streitwagen zurück und gehen zu Fuß in fünf Abteilungen zum Sturm vor

(34–107). Nur Asios, der Sohn des Hyrtakos, will zu Wagen eines der Tore nehmen, wird aber von beiden Lapithen, die es bewachen, zurückgeworfen (108–174). Eine Reihe weiterer Einzelkämpfe deutet der Dichter an (175–194). Durch ein ungünstiges Vogelzeichen, vor dem Polydamas warnt, lässt sich Hektor nicht abschrecken, sondern dringt mit den Seinen gegen die Mauer an, die unter Führung der beiden Aias tapfer verteidigt wird (195–289).

An einer anderen Stelle führen Sarpedon und Glaukos die Lykier zum Angriff; Menestheus, der gegenübersteht, ruft den Telamonier Aias und seinen Bruder Teukros zu Hilfe herbei (290–369). Ihr Eintreffen bleibt nicht ohne Wirkung: Glaukos wird verwundet; und obwohl Sarpedon eine Zinne der Mauer herabreißt, kommt doch der Kampf zum Stehen (370–435).

Den Ruhm, die Befestigung zu durchbrechen, hat Zeus dem Hektor vorbehalten, der mit einem Steinwurf ein Tor sprengt und hindurchstürmt; die Griechen fliehen den Schiffen zu (436–471).

N (13)

Während Zeus auf die Vorgänge vor Ilios nicht achtet, kommt Poseidon von Samothrake herüber (1–38) und greift zugunsten der Griechen ein, indem er zuerst, in Kalchas' Gestalt, die beiden Aias anspricht und wunderbar mit Kraft erfüllt, dann andere Führer zu frischem Kampf ermuntert (39–124). So gelingt es, die fliehenden Scharen wieder zum Stehen zu bringen und den vordringenden Hektor aufzuhalten; im Verlauf der Einzelkämpfe, die nun folgen, fällt Poseidons Enkel Amphimachos (125–205).

Hierdurch gereizt, treibt der Gott aufs Neue die Danaer zum Kampf an, zunächst den Idomeneus. Nachdem dieser in der Lagerhütte die Rüstung angelegt hat, begegnet er seinem Gefährten Meriones, der sich eine neue Lanze holen will. Beide zusammen treten nun frisch in die Schlacht ein, und zwar auf dem linken Flügel (206–327). – Der Streit entbrennt hitziger, auf troischer Seite von Zeus, auf der anderen von Poseidon gefördert (328–360). Idomeneus tötet Othryoneus, den Freier der Kassandra, und den Hyrtakiden Asios; mutig tritt ihm Deïphobos entgegen, aber ohne Erfolg, weshalb er noch den Äneas zu Hilfe holt (361–467). Diesem vereinten Angriff gegenüber sammelt auch Idomeneus Genossen um sich; im Handgemenge stehen er und Äneas eine Zeitlang im Mittelpunkt (468–515). – Eine Reihe von Einzelkämpfen wird dadurch eröffnet, dass Deïphobos den Sohn des Kriegsgottes, Askalaphos, durch einen Speerwurf tötet (518f.); Meriones, Antilochos, Menelaos, von den Troern Äneas, Helenos, Paris nehmen wirksam am Gefecht teil (516–672).

Während es so auf dem Flügel zugeht, vermag Hektor da, wo er hereingebrochen ist, in der Mitte der Linie (312), nicht vorwärts zu kommen, weil tapfere Scharen unter Führung des Telamoniers und des Lokrers Aias Widerstand leisten (673–722). Auf Polydamas' Rat geht Hektor persönlich zurück, um die troischen Mannschaften zu sammeln. Sein Bruder Paris und mehrere tüchtige Führer gesellen sich ihm zu, und er rückt so, an der Spitze eines geschlossenen Heerhaufens, von neuem vor (723–807). – Aias, durch ein günstiges Vogelzeichen noch ermutigt, begrüßt den Gegner mit lautem Zuruf, und unter beiderseitigem Schlachtgeschrei halten die Griechen dem Angriff stand (808–837).

Ξ (14)

Nestor wird durch das Geschrei veranlasst, aus seiner Lagerhütte zu treten, wo er noch mit Machaon beim Trunk sitzt; da sieht er die Mauer niedergeworfen und die Griechen schwer bedrängt. Als er zu Agamemnon gehen will, begegnen ihm drei verwundete Fürsten – Agamemnon selbst, Odysseus und Diomedes –, die ebenfalls Umschau halten wollen. Der Atride ist mutlos und regt aufs Neue den Gedanken der Flucht an, den aber Odysseus kräftig zurückweist. Diomedes schlägt vor, sie sollten, obwohl verwundet, ins Kampfgetümmel gehen, um die Lässigen anzufeuern (1–132). – Indem sie diesen Rat befolgen, kommt Poseidon in Gestalt eines alten Mannes ihnen nach und ermutigt durch Zuspruch den König und durch lauten Schlachtruf das Heer (133–152).

Hera sieht vom Olymp aus, wie Poseidon für die Griechen tätig ist, während Zeus auf dem Ida sitzend dem Kampf zuschaut; sie beschließt, ihren Gemahl in einen Schlafzustand zu versetzen, schmückt sich dazu sorgfältig und erbittet von Aphrodite ihren Zaubergürtel (153–223). Dann sucht sie auf Lemnos den Schlafgott auf und gewinnt ihn durch Versprechungen, mit ihr zum Ida zu kommen (224–282). Beim Anblick der Gattin wird Zeus von Liebe ergriffen und hält sie in zärtlicher Umarmung fest (283–351). Während er im Schlummer liegt, eilt der Schlafgott auf das Schlachtfeld hinab, dem Poseidon die Botschaft zu bringen; unter dessen Führung treten nun die Griechen mit lautem Geschrei den anstürmenden Troern entgegen (352–401).

Hektor wird durch einen Steinwurf des Telamoniers niedergestreckt und ohnmächtig aus dem Kampf getragen (402–439). Hüben wie drüben wird mancher Tapfere getötet, dessen Fall dann der Sieger mit höhnendem Wort (454. 470. 479. 501) begleitet. Bald gelingt es den Griechen, unter denen hier der Lokrer Aias (442. 520) sich durch Gewandtheit auszeichnet, die Troer zurückzutreiben (440–522).

O (15)

Als Zeus erwacht und die Troer sieht, bedroht er die Gattin heftig, die ihn getäuscht hat, lässt sich aber durch ihren Schwur, dass Poseidon ohne ihr Zutun den Griechen helfe, begütigen und bittet sie, Iris und Apollon herbeizurufen; dabei deutet er den künftigen Verlauf der Ereignisse bis zum Fall von Ilios an (1–77). Hera findet auf dem Olymp die Versammlung der Götter und erzählt von dem Zorn und den Drohungen des Zeus, erwähnt auch, dass Ares' Sohn Askalaphos gefallen ist. Jener will wütend sogleich in den Kampf eilen, wird aber von Athene zurückgehalten. (78–141). – Iris und Apollon kommen zu Zeus; Erstere wird von ihm zu Poseidon geschickt mit dem Befehl, er solle das Schlachtfeld verlassen, was jener, wenn auch widerstrebend, tut (142–219). Apollon erhält den Auftrag, Hektor mit neuer Kraft zu erfüllen; als der Held, von dem Gott geleitet, in die Schlacht zurückkehrt, erschrecken die Griechen (220–280).

Nur ein Teil von ihnen (305) tritt den neu andringenden Troern mutig entgegen; aber auch sie vermögen der Gewalt des Gottes, der die Ägis schwingt, nicht zu widerstehen und wenden sich nach kurzem Kampf zur Flucht, während Apollon durch Niedertreten der Grabenränder und der Mauer den verfolgenden Troern die Bahn frei macht (281–366). In solcher Bedrängnis betet Nestor zu Zeus, und dieser donnert, was Achäer wie auch Troer als günstiges Zeichen deuten (367–389). – Jetzt erst verlässt Patroklos den Eurypylos, um zu Achill zurückzukehren (390–404).

Dicht vor den Schiffen kommt der Kampf zum Stehen. Teukros, von Aias ermutigt (436), versucht vergebens, Hektor zu verwunden; Aias ermahnt wiederholt (502. 561) die Griechen zur Tapferkeit. Einzelne Erfolge werden von beiden Seiten erzielt, zuletzt von Antilochos (405–591). Aber Zeus will dem Hektor, der bald sterben soll, noch einmal Ruhm verleihen; so gelingt es diesem, die Griechen von den vordersten Schiffen zurückzutreiben (592–673). Der Telamonier Aias allein hält vorn stand, erst von einem Schiff auf das andre springend und mit langem Speer die Feinde abwehrend, dann, als Hektor das Schiff des Protesilaos anpackt und in Brand stecken will, nur dieses verteidigend (674–746).

Π (16)

Patroklos erbittet und erhält von Achill die Erlaubnis, in dessen Rüstung mit den Myrmidonen in die Schlacht einzutreten; doch soll er umkehren, sobald die Schiffe frei gemacht sind (1–100). Inzwischen ist auch Aias zum Rückzug genötigt worden, und von dem Schiff des Protesilaos lodert die Flamme auf; nun treibt Achill selber zur Eile (101–129). Während Patroklos die Waffen anlegt, Automedon den Streitwagen zurechtmacht, leitet Achill die Ausrüstung seiner Mannen, die unter fünf Anführer verteilt sind, und steigert durch eine Ansprache ihre Kampflust (130–220). Dann wendet er sich an Zeus mit Trankopfer und Gebet, dass der Freund siegreich und wohlbehalten heimkehren möge (220–256).

Dieser stürmt jetzt mit den Myrmidonen vor; der Brand wird gelöscht, und die Troer müssen sich so weit zurückziehen, dass die Schiffe frei werden (257–305). Die Schlacht löst sich für eine Weile in Einzelkämpfe auf, deren Ergebnis aber bald ist, dass die Troer, während Hektor (367. 382f.) mit schnellen Pferden enteilt, in wildem Gedränge (369f.) durch den Graben fliehen (306–393). Patroklos treibt einen Teil der Feinde wieder den Schiffen zu, schneidet ihnen die Flucht ab und tötet viele (394–418). – Ihm tritt der Lykierfürst Sarpedon, ein Sohn des Zeus, entgegen; sein Vater möchte ihn gern retten, doch Hera besteht darauf, dass er sein Schicksal erfülle: so fällt er von Patroklos' Hand, vermag aber noch die Sorge für seinen Leichnam dem Glaukos ans Herz zu legen (419–507). Dieser, selbst verwundet, betet zu Apollon, der ihm neue Kraft verleiht. Nun entbrennt ein heißer Kampf um den toten Sarpedon, wobei auf der einen Seite Hektor, Äneas, Polydamas, auf der anderen – außer Patroklos – die beiden Aias und Meriones hervortreten (508–643). Endlich löst Zeus die Flucht der Troer und Lykier aus; Sarpedons Waffen werden von den Griechen erbeutet, seinen Leib aber gibt Apollon auf Zeus' Befehl den Zwillingsbrüdern Schlaf und Tod, dass sie ihn in die Heimat tragen (644–683).

Durch den Erfolg übermütig gemacht, fährt Patroklos fort, Feinde zu erschlagen; er dringt bis an die Stadt vor und will die Mauer erstürmen, wird aber von Apollon zurückgescheucht (684–711). Jetzt kehrt Hektor, der mitgeflohen war, in den Kampf zurück. Sein Wagenlenker Kebriones wird von Patroklos getötet, der Leichnam nach langem Ringen zu den Griechen herübergezogen (712–783). – Als Patroklos aber nicht abläßt vom Morden, naht ihm Apollon und trifft ihn mit schwerem Schlag, dass die Waffen von seinem Leib abfallen; Euphorbos verwundet ihn im Rücken, den letzten, tödlichen Stoß führt Hektor. Den Spott des Siegers erwidert der Sterbende noch mit der Prophezeiung, dass auch ihm das Ende nahe sei. Hektor eilt dem Automedon nach, der auf Achills Wagen davongefahren ist (784–867).

P (17)

Euphorbos, der von dem toten Patroklos nicht ablassen will, wird von Menelaos durchbohrt, vor dem nun alle Troer zurückschrecken (1–69). Da kommt Hektor heran, der auf Apollons Rat die Verfolgung des Automedon aufgegeben hat, und nimmt die Waffen des Patroklos weg; Menelaos zieht sich zurück, ruft aber zum Schutz des Leichnams noch rechtzeitig den Telamonier herbei (70–139). Durch eine scharfe Rede von Glaukos wird Hektor angestachelt, er eilt den Gefährten nach, welche die erbeutete

Rüstung zur Stadt führen, und legt diese an. Zeus, seines nahen Todes gedenkend, verleiht ihm noch einmal erhöhte Kraft. Aufs Schlachtfeld zurückgekehrt, feuert er die Troer zu entschlossenem Vorgehen an, während Aias und Menelaos sich genötigt sehen, noch mehr Helden zur Hilfe herbeizurufen (140–261). – In tapferem Kampf werden die Troer zurückgedrängt, kommen aber durch das Eingreifen des von Apollon herbeigerufenen Äneas wieder in Vorteil. Nebel (269. 368) umgibt die Kämpfenden, die auf beiden Seiten zäh standhalten (262–423).

Unterdessen stehen Achills Rosse abseits und weinen um Patroklos; Zeus, von Mitleid mit den unsterblichen Tieren bewegt, erfüllt sie mit frischer Kraft, dass sie den Automedon ins Getümmel zurücktragen, wo er sich als Wagenlenker den Alkimedon zugesellt (424–483). Sogleich versuchen Hektor und Äneas, das Gespann zu erbeuten, werden aber von Automedon mit Hilfe der beiden Aias zurückgetrieben (483–542).

Der Kampf um Patroklos entbrennt aufs Neue, durch Athene und Phöbos, beide in menschlicher Gestalt, von entgegengesetzten Seiten angefeuert, von Zeus endlich zugunsten der Troer gewendet (543–596). Selbst Idomeneus flieht. Aias, der die schlimme Lage erkennt, betet zu Zeus, dass er den Nebel entferne (649); so kann Menelaos, auf Aias' Rat, den Antilochos aufsuchen, der dem Peliden die Trauerbotschaft bringen soll (597–699). – Menelaos selber kehrt zu dem Leichnam zurück, den jetzt er und Meriones aufheben und davonzutragen beginnen, während die beiden Aias den Schwarm der Feinde abwehren. Durch drei Gleichnisse wird diese Situation beschrieben (700–761).

Σ (18)

Achilleus bricht bei der Kunde, die ihm Antilochos bringt, in wilden Schmerz aus, so dass die Mutter in der Tiefe des Meeres sein Jammern hört (35). Mit ihren göttlichen Schwestern kommt sie hervor, nach seinem Kummer zu fragen. In dem Entschluss, an Hektor Rache zu nehmen, lässt er sich durch die Warnung, dass er darauf bald selber sterben müsse, nicht wankend machen, verspricht aber bis zum anderen Tag zu warten, damit ihm Hephaistos erst neue Waffen schmieden könne (1–147).

Bevor aber Hektor den Leichnam des Patroklos erbeuten kann, kommt Iris, von Hera gesandt, zu Achill und veranlasst ihn, durch sein bloßes Erscheinen und seine gewaltige Stimme, vom Lagergraben aus, die Feinde zurückzuscheuchen (148–221). Dies gelingt: die Troer fliehen, und der Tote wird geborgen; durch beschleunigten Sonnenuntergang verschafft Hera den Griechen Ruhe (222–242). In einer troischen Heeresversammlung wird trotz der Warnung des Polydamas auf Hektors Rat beschlossen, außerhalb der Stadt zu bleiben (243–314). – Achill lässt den Körper des Verstorbenen waschen, salben und einkleiden und klagt um ihn mit seinen Myrmidonen die ganze Nacht durch (314–355). – Es folgt ein kurzes Göttergespräch: den Vorwurf ihres Gemahls, dass sie den Wiedereintritt Achills in den Kampf durchgesetzt habe, erwidert Hera mit einem trotzigen Bekenntnis ihres Hasses gegen die Troer (356–368).

In derselben Nacht kommt Thetis zu Hephaistos, wird freundlich aufgenommen und trägt ihre Bitte vor, dass der Gott ihrem Sohn neue Waffen verfertigen möge; das wird bereitwillig zugesagt (369–467). Hephaistos macht sich sogleich an die Arbeit, stellt zuerst den Schild mit kunstvollen Bildern her, dann Panzer, Helm und Beinschienen; mit den neuen Waffen verlässt Thetis den Olymp (468–617).

T (19)

Am frühen Morgen bringt Thetis ihrem Sohn die Waffen und sichert den Körper des Patroklos gegen Verwesung (1–39). In einer Heeresversammlung, die Achill beruft, versöhnt er sich mit Agamemnon, der die Schuld an ihrem Streit der Ate (91ff.) zuschreibt und bereit ist, sofort die versprochenen Geschenke zu geben (40–144). Achill will auf der Stelle in den Kampf ziehen, lässt sich aber durch zweimalige Rede des Odysseus bestimmen zu warten, bis die Mannschaften gegessen haben (145–237). Inzwischen lässt Agamemnon die Geschenke herbeischaffen und übergibt sie dem Peliden; Opfer und Schwur, dass Briseïs unberührt geblieben sei, bekräftigen die Versöhnung (238–275).

Während sich die Leute zur Mahlzeit in Richtung auf die Schiffe zerstreuen, werden die Geschenke in Achills Lagerhütte gebracht. Briseïs klagt um den Toten, ebenso aufs Neue Achill selber, den die Fürsten vergebens gebeten haben, Speise zu sich zu nehmen (276–339). – Athene, von Zeus beauftragt, stärkt ihn mit Nektar und Ambrosia. Er legt die Rüstung an, besteigt den Streitwagen und fordert seine Rosse auf, ihn besser als Patroklos wieder heimzubringen, worauf das eine der Tiere ihm ein nahes Ende vorhersagt (340–424).

Y (20)

Da Zeus den Göttern gestattet, sich am Kampf zu beteiligen und die Partei ihrer Wahl zu unterstützen, machen sich die Olympier zum Schlachtfeld auf; ihr Kommen wird von Blitz und Erdbeben begleitet (1–74). – Äneas wird durch Apollon veranlasst, dem Peliden entgegenzugehen (75–111). Als Hera dies sieht, verlangt sie, dass auch Achill von Göttern unterstützt werde, während Poseidon einen Kampf zwischen den Unsterblichen vermeiden möchte; auf seinen Rat setzen sich alle am Schutzwall des Herakles nieder, um unsichtbar dem Streit der Menschen zuzusehen (112–155).

Achill und Äneas treffen zusammen; sie greifen zuerst mit Worten einander an, wobei Äneas (215ff.) seinen Stammbaum mitteilt, dann mit Lanze, Schwert und Feldstein (156–287). Als der Pelide nahe daran ist, seinen Gegner zu erschlagen, regt Poseidon den Gedanken an, ihn als künftigen Herrscher der Troer zu erretten; und da auch Hera nicht eigentlich widerspricht, so entführt er ihn selbst durch die Luft in den Rücken des troischen Heeres, so dass der erstaunte Achill sich andere Opfer suchen muss (288–352).

Während dieser nun die Griechen zum Kampf anfeuert, sucht Hektor den Seinen Mut zuzusprechen; er will selber den gefährlichen Feind besiegen, wird aber für diesmal durch Apollon zurückgehalten (353–380). Achill tötet drei Troer, darauf den Priamiden Polydoros (381–418). Um den Bruder zu rächen, tritt ihm – zum ersten Male Auge in Auge – Hektor entgegen, wird jedoch nach kurzem Kampf von Apollon in einer Wolke davongetragen (419–454). Der andere fährt im Morden fort; zwei Gleichnisse malen das Bild der Verheerung, die er anrichtet (455–503).

Φ (21)

Achill treibt einen Teil der Feinde in den Fluss Xanthos, tötet auch hier viele und nimmt zwölf Jünglinge gefangen, zum Totenopfer für Patroklos (1–33). Hier trifft er Priamos' Sohn Lykaon, den er früher gefangen und in die Sklaverei verkauft hatte, jetzt aber erbarmungslos erschlägt (34–135), und den Paioner Asteropaios, der ihm entgegenzutreten wagt, doch nach kurzem Kampf fällt (136–199).

Als Achill gegen die Paioner weiter wütet, hemmt die Menge der Leichen den Lauf des Skamandros, so dass dieser den Helden bittet, sich anderswohin zu wenden (200–232). Da die Bitte erfolglos bleibt, tritt der Fluss über seine Ufer und sucht den Übermütigen zu fassen; dieser, ernstlich bedrängt, betet zu Zeus und wird durch Poseidon und Athene ermutigt (233–298). Aber die Überschwemmung dauert fort, ja, von Skamandros gerufen, schließt sich Simoeis mit seinen Fluten an (299–327). Da sieht Hera die höchste Not des Peliden und lässt durch Hephaistos die beiden Flüsse zurücktreiben (328–382).

Jetzt beginnt der früher vorbereitete Götterkampf: Ares (391ff.) wird von Athene niedergeworfen, desgleichen Aphrodite (423ff.), die den Stöhnenden wegführen will. Poseidons Herausforderung nimmt Phöbos in Bescheidenheit nicht an (435ff.); Artemis, die ihn deswegen verspottet (470ff.), wird von Hera gezüchtigt, nachher von Leto getröstet, die inzwischen von Hermes (497ff.) ermächtigt worden ist, sich, wenn sie wolle, des Sieges über ihn zu rühmen. Zuletzt kehren alle Götter außer Apollon zum Olymp zurück (383–520).

Während Achill die Troer vor sich her treibt, lässt Priamos das Tor für die Fliehenden öffnen (520–543). Um den Bedrängten zu helfen, verleiht Apollon erst dem Agenor Mut, den Heranstürmenden zu erwarten, und lenkt diesen dann, selber in Agenors Gestalt fliehend, von der Stadt ab (544–611).

X (22)

Als der Gott sich ihm zu erkennen gegeben hat, wendet sich Achill wieder der Stadt zu (1–20). Hier steht Hektor, den von der

Mauer herab Vater und Mutter vergebens anflehen hereinzukommen; auch eigene schwache Gedanken drängt er zurück und hält stand (21–130). Als er aber den furchtbaren Feind in flammender Rüstung erblickt, packt ihn die Furcht, und er flieht an der Stadtmauer entlang (131–166).

Im Rat der Götter fragt Zeus noch einmal, ob Hektor nicht gerettet werden solle; Athene widerspricht heftig und erhält die Erlaubnis einzugreifen (166–187). Unterdessen flieht Hektor weiter, schon zum vierten Male um die Stadt herum; da hebt Zeus die Waage des Schicksals, und sein Fall ist beschlossen (188–213). Athene naht ihm in trügerischer Absicht in seines Bruders Deïphobos Gestalt und ermutigt ihn zum Kampf (214–246). – Nachdem er den Gegner erwartet und vergebens die Vereinbarung vorgeschlagen hat, dass der Sieger den Leib des Fallenden ausliefern solle, werfen beide ihre Lanzen, ohne Erfolg. Dem Peliden wird sie von Athene zurückgebracht, Hektor sieht sich umsonst nach Deïphobos um. So geht er mit dem Schwert auf Achill los; der aber durchbohrt ihm die Kehle. Er spottet der Bitten wie der ernsten Prophezeiung des Sterbenden; an dem Körper des Toten lassen achäische Männer ihre Wut aus. Achill zieht ihm die Rüstung ab und schleift ihn, an seinen Wagen gebunden, durch den Staub dahin (247–404).

Jammernd sehen die Eltern das Entsetzliche. Andromache, durch lautes Klagegeschrei der Troer aus ihrer Wohnung aufgeschreckt, eilt herbei und fällt bei dem Anblick in Ohnmacht. Wieder zum Bewusstsein gekommen, klagt auch sie laut um ihr und ihres Sohnes Schicksal (405–515).

Ψ (23)

Achill veranstaltet mit seinen Myrmidonen eine Totenklage um Patroklos und gibt ihnen dann einen Leichenschmaus, während er selbst im Kreis der Fürsten das Bad zwar ablehnt, doch am Mahl teilnimmt (1–58). In der Nacht erscheint Patroklos dem Schlafenden und bittet um baldige Bestattung (59–110). – Nachdem am folgenden Tag alles zur Verbrennung vorbereitet ist, schlachtet Achill am Scheiterhaufen zwölf Troer hin und gedenkt mit Genugtuung des verhassten Feindes, den die Hunde zerreißen sollen; doch wird Hektors Leib durch Apollon gegen Verletzung und Verwesung geschützt (110–191). Boreas und Zephyros erhören, von Iris benachrichtigt, Achills Gebet und entfachen das Feuer, das dann die ganze Nacht hindurch brennt (192–232). Am Morgen werden Patroklos' Gebeine herausgesucht und unter einem Grabhügel beigesetzt (233–257).

Nun lässt Achill Preise für die Wettspiele herbeibringen (257–261). Der erste Wettkampf ist der der Rennwagen, zu dem fünf Helden antreten; unter ihnen Nestors Sohn Antilochos, dem der Vater noch Ratschläge gibt (262–361). Dann beginnt die Fahrt (362–372). In deren Verlauf gewinnt Diomedes durch Athenes Beistand den Vorsprung vor Eumelos (373–401), Antilochos durch eigene List den vor Menelaos (402–447). Als die Wagen sich dem Ausgangspunkt wieder nähern, streitet man bei den Zuschauern darüber, wer der vorderste sei (448–498). Diomedes, Antilochos, Menelaos, Meriones, Eumelos kommen in dieser Folge an; Eumelos wird von Achill durch ein Geschenk außer der Reihe für seinen Unfall entschädigt (499–565). Es folgt eine scharfe, doch friedlich endende Auseinandersetzung zwischen Menelaos und Antilochos (566–615). Mit dem übrig gebliebenen fünften Preis ehrt Achill den greisen Nestor (615–652).

Im Faustkampf siegt Epeios über Euryalos (653–699). Der Ringkampf zwischen dem Telamonier Aias und Odysseus geht unentschieden aus (700–739). Im Wettlauf messen sich Aias, der Sohn des Oïleus, Odysseus und Antilochos, von denen der erste durch Athene zu Fall gebracht wird (740–797). Der Kampf in Waffen zwischen dem großen Aias und dem Tydiden droht einen ernsten Verlauf zu nehmen, so dass die Zuschauer Einhalt gebieten (798–825). Beim Diskoswurf siegt Polypoites (826–849). Als Pfeilschütze übertrifft Meriones noch den Teukros (850–883). Beim Speerwurf lässt es der Pelide nicht zum Kampf kommen, weil Agamemnon, der beste Speerwerfer, sich gemeldet hat (884–897).

Ω (24)

Nachdem Achill die folgende Nacht schlaflos verbracht hat, schleift er am Morgen den toten Hektor dreimal um den Grabhügel und setzt diese Misshandlung tagelang fort, bis auf Apollons Beschwerde Zeus die Thetis rufen lässt und durch sie dem Helden Befehl schickt, gegen Lösegeld den Leichnam herauszugeben (1–140). Durch Iris fordert gleichzeitig Zeus den Priamos auf, sich mit Geschenken zum Peliden zu begeben; dazu entschließt sich der Greis, trotz des Einspruchs der besorgten Königin, und lässt alle Vorbereitungen zur Fahrt treffen (141–280). Von Hekabes Segenswünschen geleitet und durch eigenes Gebet gestärkt, macht er sich mit dem Herold Idaios auf den Weg; Hermes in menschlicher Gestalt gesellt sich zu ihnen und führt sie, durch zwei Tore hindurch, bis zur Lagerhütte Achills (281–467).

Dieser, durch die Erscheinung wie durch die Rede des Unglücklichen tief bewegt, nimmt das Lösegeld an, lässt den Toten waschen und kleiden und gewährt (670) den erbetenen Waffenstillstand für die Bestattung. Priamos, der vorher durch Speise und Trank gestärkt worden ist, erhält ein Nachtlager in der Vorhalle (468–676). – Durch Hermes wieder geleitet, bringt er die teure Last in die Stadt, wo sogleich die Totenklage beginnt (677–722). Andromache, Hekabe, Helena rühmen und betrauern, eine jede in anderer Weise, den Verstorbenen (723–775). – Auf ihre Reden folgt nur noch ein kurzer Bericht über Hektors Bestattung (776–804).

H. Die homerische Sprache

1. Allgemeine Charakteristik

Die Sprache der homerischen Epen ist eine Kunstsprache, deren Grundstock das Ionische bildet, und zwar eine ältere Form des ionischen Dialekts. Daneben finden sich zahlreiche äolische Wörter und Formen.

Diese Dialektmischung ist nicht die Schöpfung Homers, sondern das Ergebnis einer langen Kunstübung mehrerer Generationen vor Homer. Am Anfang dieser Entwicklung steht das Heldenlied, das zum begleitenden Saiteninstrument „gesungen" wurde. In der Odyssee begegnen wir dem ἀοιδός der „heroischen" Zeit. Im griechischen Kleinasien des 9. und 8. Jhs. müssen wir eine Zunft oder einen Stand von „Rhapsoden" voraussetzen, die Heldenlieder und andere Sagenstoffe zu Epen verarbeiteten und ihre eigenen Dichtungen als Rezitatoren vortrugen.[29]

In diesen Epen haben sie neben den Wörtern und Formen ihrer eigenen Zeit zahlreiches altüberliefertes Sprachgut aufgenommen. Bei dem Übergang „vom Singen zum Sagen" mussten sie sich den Anforderungen des daktylischen Hexameters, der nun an die Stelle des kürzeren Liedverses trat, in der Wahl und Bildung ihres Wortschatzes anpassen. So entstand der epische Dialekt, den Homer schon als fertige Kunstsprache benutzt.

Die äolischen Bestandteile dieser Sprache erweisen sich besonders dadurch als relativ alt, dass sie vornehmlich in häufig wiederkehrenden Formeln erscheinen und an bestimmten Versstellen festsitzen. Diese Äolismen konnten nur in einem Grenzgebiet in die sonst ionische Sprache aufgenommen werden, wo ionische Hörer die äolischen Formen verstanden. Ionische Dichter haben den daktylischen Hexameter und das äolische Sprachgut von den benachbarten Äolern übernommen und zu dem epischen Dialekt entwickelt, den die homerischen Gedichte zeigen.

Im 9. Jh. verlief die äolisch-ionische Grenze in Kleinasien etwa auf der Linie Chios – Erythrai – Kolophon. Um 700 v. Chr. lag sie weiter nördlich. Damals wurde das vorher äolische Smyrna von Ionern aus Kolophon besetzt. In diesem ionisierten Smyrna könnte daher die Heimat Homers zu suchen sein.[30]

---

29 Siehe oben S. 10f.
30 Siehe oben S. 12.

2. Die wichtigsten Besonderheiten des epischen Dialekts

Mit der folgenden Zusammenstellung ist keine Vollständigkeit angestrebt. Anomala sind in den Kommentar aufgenommen. Eigennamen finden sich im Verzeichnis der Eigennamen (V. d. E.) am Ende des Textbandes, u. U. mit ihrer Flexion.

Für die Zitierung werden die hier genannten Gesetzmäßigkeiten und Regeln mit R gekennzeichnet.

Übersicht

I. Lautlehre (R 1–13)
II. Formenlehre
   Nomen
   Alte Endungen (R 14–17)
   A-Deklination (R 18–20)
   O-Deklination (R 21–24)
   Konsonantische Deklination (R 25–29)
   Adjektiva (R 30–34)
   Komparation (R 35–37)
   Pronomina (R 38–42)
   Verbum
   Endungen (R 43–47)
   Konjunktiv (R 48)
   Augment (R 49)
   Reduplikation (R 50)
   Verbum simplex und verbum compositum (R 51–52)
   Tempusbildung (R 53–56)
   Iterativa (R 57)
   Verba contracta (R 58)
   Verba auf -μι (R 59–64)
   Adverbien (R 65)
   Präpositionen (R 66–71)

III. Syntax
Verschiedene Besonderheiten (R 72–81)
Kasuslehre (R 82–85)
Verbum (R 86–98)

I. Lautlehre

Vom Attischen abweichend findet man:
1. η statt ᾱ auch nach ε, ι, ρ: Α 38 ζαθέην, 129 Τροίην, 55 ῞Ηρη,
2. η statt ε: Π 166 ἀρήϊος, Χ 159 ἱερήϊον.
3. Da im Ionischen vor geschwundenem ϝ Ersatzdehnung eintritt, finden wir
   a) ει statt ε (Σ 387 ξείνιος < *ξένϝιος),
   b) ου statt ο (Β 212 μοῦνος < *μόνϝος),
   c) αι statt α (Χ 308 αἰετός < *ἀϝjετός).
4. Attisch ττ im Inlaut ist ionisch σσ (Α 34 θάλασσα, 80 κρείσσων).
5. Statt der kontrahierten attischen hat Homer meist offene Formen: Α 2 ἄλγεα, 75 ἑκατηβελέταο, Β 36 φρονέοντα, τελέεσθαι.
6. ε + ο > ευ, nicht wie im Att. > ου: Α 37 μευ, Γ 162 ἵζευ, Ι 495 ποιεύμην.
7. Die metathesis quantitatum erscheint fakultativ: Π 686 Πηληϊάδαο neben Α 1 Πηληϊάδεω.
8. Die metathesis der Konsonanten findet sich bei muta cum liquida: Α 25 κρατερόν neben 178 καρτερός, 225 κραδίη = att. καρδία.
9. Prothetischer Vokal bei urspr. anlautendem ϝ: Π 494 ἐέλδεσθαι.
10. Guttural und Dental vor μ kann unverändert bleiben: Α 124 ἴδμεν, 479 ἴκμενος, Γ 18 κεκορυθμένος.
11. σ vor σ kann erhalten bleiben: Α 573 u. ö. ἔσσεται.
12. Dental vor σ schwindet manchmal nicht, sondern wird assimiliert: Β 44 ποσσί < * ποδσί.

13. Die *Psilose*: Im Homertext stehen neben Wörtern, die den aus dem Attischen bekannten Spiritus asper tragen oder mit aspiriertem Konsonanten geschrieben werden, poetische Formen (wie A 475 ἠέλιος oder A 27 αὖτις) und altertümliche Wörter (wie Ψ 217 ἄμυδις, verw. mit ἅμα), die im Gegensatz zu den bekannten attischen Formen den Spiritus lenis bzw. die Tenuis haben. Dieser Schwund des Hauchlautes (ψίλωσις) war bei den Äolern und Ionern Kleinasiens schon früh eingetreten. Da die im Homertext aspirierten Wörter auch im Attischen und in der hellenistischen Gemeinsprache (κοινή) aspiriert waren, liegt der Schluss nahe, dass der ursprüngliche Homertext durchweg Psilose gehabt hat. Durch Angleichung an die Umgangssprache, etwa auf attischem Gebiet, oder erst durch die alexandrinischen Gelehrten ist dann später die Aspiration in den Text eingesetzt worden.

II. Formenlehre
Nomen

Alte Endungen

14. -ι, -θι auf die Frage „Wo?" (A 113 οἴκοι, 30 τηλόθι, I 300 κηρόθι).
15. -θεν auf die Frage „Woher?" (A 195 οὐρανόθεν, 247 ἑτέρωθεν, 525 ἐμέθεν).
16. -δε, -σε auf die Frage „Wohin?" (A 19 οἴκαδε, 169 Φθίηνδε, Π 422 πόσε, Χ 407 τηλόσε, Γ 29 χαμᾶζε <*χαμᾶσ-δε, Σ 29 θύραζε < *θύρασ-δε).
17. -φι(ν)
   a) für gen. sep.: I 572 ἐξ Ἐρέβεσφιν, Π 246 ἀπὸ ναῦφι,
   b) für dat. soc.: I 618 ἅμα δ' ἠοῖ φαινομένηφι, I 384 σὺν ἵπποισιν καὶ ὄχεσφιν,

c) für loc.: Π 281 παρὰ ναῦφι, 487 ἀγέληφι,
d) für instrum.: A 38 ἶφι, Π 826 βίηφιν.

A-Deklination

18. Der nom. sg. endet manchmal auf den reinen Stamm: A 175 μητίετα, 498 εὐρύοπα, 511 νεφεληγερέτα, B 107 Θυέστα.
19. Der gen. pl. endet auf -άων, -έων (mit Synizese, s. M 32): A 273 βουλέων, I 330 τάων ἐκ πασέων.
20. Der dat. pl. endet auf -ῃσι, mit Elision auf -ῃσ' (meist -ῃς geschrieben), selten auf -αις: A 26 κοίλῃσιν, 297 σῇσι, 205 ᾗς ὑπεροπλίῃσι.

O-Deklination

21. Der gen. sg. endet auf -οιο (< οσjο), οο und -ου: A 19 Πριάμοιο, 28 θεοῖο, X 6 Ἰλίοο.
22. Der gen. und dat. dual. enden auf -οιϊν: A 257 μαρναμένοιϊν, Π 40 ὤμοιϊν.
23. Der dat. pl. endet auf -οισι(ν): A 5 οἰωνοῖσι, 42 σοῖσι, 45 ὤμοισιν.
24. Für υἱός (verw. got. sunus) finden sich drei Stämme:
    a) St. υἱο-: υἱοῦ usw.,
    b) St. υἱ-: υἷος, υἷι, υἷα, υἷες, – , υἱάσι, υἷας,
    c) St. υἱεϝ-: υἱέος, υἱέϊ (υἱεῖ), υἱέα, υἱέες, υἱέων, –, υἱέας.

Konsonantische Deklination

25. Der dat. pl. endet auf -εσ(σ)ι(ν) oder -σι(ν), das bei Dental- und σ-Stämmen -σσιν ergeben kann: A 4 κύνεσσιν, 288 πάντεσσι, Π 809 πόδεσσι neben 834 ποσσίν, A 77 ἔπεσιν neben 223 ἐπέεσσιν.

26. Die Verwandtschaftsbezeichnungen auf -ηρ haben neben der Voll- und Schwund- auch die Normalstufe: Γ 61 ἀνέρος, Π 716 ἀνέρι, 215 ἀνέρα, Β 1 ἀνέρες, Ω 466 μητέρος, Χ 53 μητέρι, Α 13 θύγατρα.
27. Die ι-Stämme haben Formen vom ι-Stamm neben dem ε(η)-Stamm: πόλις, πόλιος-πόληος, (πόλιι>) πόλῑ-πόληῐ (πόλει), πόλιν, πόλιες-πόληες, πολίων, πολίεσ(σ)ιν, πόλιας-πόλῑς neben πόληας-πόλεις.
28. Die ϝ-Stämme auf -εύς haben vor vokalischer Endung die Vollstufe -η(ϝ): βασιλῆος, -ῆϊ, -ῆα, -ῆες, -ήων, -ῆας. Eigennamen haben auch ε-Formen (Ὀδυσέος, Ὀδυσέα).
29. νηῦς hat νηός-νεός, νηΐ, νῆα, νῆες-νέες, νηῶν-νεῶν, νήεσσι-νέεσσι-νηυσί, νῆας-νέας.

Adjektiva

30. Vorgesetztes α kann verschiedene Bedeutungen haben (auch bei Substantiven, Adverbien und Verben):
    a) ἀ (< ν) privativum mit negierender Bedeutung: Α 92 ἀμύμων, 97 ἀεικής, 567 ἄαπτος,
    b) ἀ (oder ἀ < sm̥, ἀ durch Dissimilation?) copulativum mit intensivierender Bedeutung: Α 114 ἄλοχος, Γ 13 ἀελλής, 138 ἄκοιτις,
    c) ἀ protheticum, das ebenso wie ἐ proth. und ὀ proth. als bedeutungsloser Vorschlag besonders vor Liquiden und vor ϝ zu finden ist:
    Ι 208 ἀλοιφή, Χ 28 ἀμολγός, Α 41 ἐέλδωρ,
    Ι 365 ἐρυθρός, Α 321 ὀτρηρός, 528 ὀφρύς.
31. Adjektiva zweier Endungen bilden manchmal ein Femininum nach der A-Dekl.: Α 38 ζαθέην, 99 ἀπριάτην.
32. Adjektiva dreier Endungen werden bisweilen zweiendig gebraucht: Α 3 ἰφθίμους ψυχάς.
33. Adjektiva auf -υς bilden das fem. auf -εῖα, -έα und -έη: Γ 129 ὠκέα, Π 766 βαθέη.

34. πολύς hat nebeneinander alle Formen des masc. und neutr. der Stämme πολυ- und πολλο-: πολύς-πολλός, πολέες-πολλοί, πολέεσ(σ)ιν-πολέσιν-πολλοῖσιν, πολέας-πολλούς.

Komparation

35. Die Komparation auf -ίων, -ιστος ist häufiger als im Attischen: Γ 193 μείων, Α 105 πρώτιστος, Χ 76 οἴκτιστος.
36. Vom Attischen abweichende Steigerung zeigen: ἀγαθός – ἀρείων, λωΐων – κάρτιστος – βέλτερος, φέρτερος – φέρτατος, κακός – κακώτερος, χερείων, χερειότερος.
37. Im Attischen nicht gebräuchliche Komparativ- und Superlativformen werden auch von Substantiven gebildet: Α 122 κύδιστος, 325 ῥίγιον, Γ 41 κέρδιον, 108 ὁπλότερος.

Pronomina

38. Pronomen personale

sg. nom.	ἐγώ(ν)	σύ, τύνη	–
gen.	ἐμέο, ἐμεῖο, ἐμεῦ, ἐμέθεν	σέο, σεῖο, σεῦ, σέθεν	ἕο, εἷο, εὗ ἕθεν
dat.	ἐμοί	σοί, τοί	ἑοῖ, οἷ
acc.	ἐμέ	σέ	ἕ, μίν
dual. nom. und acc.	νῶϊ, νώ	σφῶϊ, σφώ	σφωέ (acc.)
gen. dat.	νῶϊν	σφῶϊν	σφωΐν
pl. nom.	ἡμεῖς, ἄμμες	ὑμεῖς, ὔμμες	–
gen.	ἡμέων, ἡμείων	ὑμέων, ὑμείων,	σφέων, σφείων, σφῶν

dat.	ἡμῖν, ἥμιν, ἧμιν, ἄμμι(ν)	ὑμῖν, ὕμιν ὕμμι(ν),	σφίσι(ν), σφί(ν)
acc.	ἡμέας, ἥμέας ἥμας, ἄμμε	ὑμέας, ὑμέας ὕμμε	σφέας, σφάς σφέ, μίν (acc. pl.)

39. Pronomen possessivum

a) sg.	ἐμός	σός, τεός	ὅς, ἑός
dual.	νωΐτερος	σφωΐτερος	–
pl.	ἡμέτερος, ἀμός	ὑμέτερος, ὑμός	σφέτερος, σφός

b) Bei Körperteilen und Verwandtschaftsbezeichnungen wird das pron. poss. oft durch φίλος vertreten.

40. Pronomen demonstrativum
a) Der Artikel ὁ, ἡ, τό mit den vom Attischen abweichenden Nebenformen: τοῖο (masc. neutr. gen sg.), τοῖιν (gen. dat. dual.), τοί, ταί (nom. pl.), τάων (gen. pl. fem.), τοῖσι(ν), τῇσι(ν), τῆς (dat. pl.). Adverb: τώς, ὡς, ὥς, τῷ (alter instrum.) = dadurch, darum, deshalb.
b) τόσ(σ)ος, τοσσόσδε, τοῖος = att. τοιόσ-δε,
c) κεῖνος häufiger als ἐκεῖνος (Ortsadv. κεῖθι, κεῖθεν, κεῖσε).

41. Pronomen relativum
a) ὅς, ἥ, ὅ mit den vom Attischen abweichenden Nebenformen: ὅο (gen. sg. masc.), οἷσι(ν), ᾗσι(ν) (dat. pl.), Adv. ὡς = wie.
b) Das akzentuierte demonstrativum (Artikel): ὅ, ἥ, τό, pl. τοί, ταί, τά.
c) Das verallgemeinernde Relativum hat die vom Attischen abweichenden Formen:

sg. ὅτις, ὅττι – ὅττεο, ὅτ(τ)ευ – ὅτεῳ – ὅττι
pl. ὅτινα, ἅσσα (neutr.) – ὅτεων – ὀτέοισι – ὅτινας, ἅσσα.

d) Nachgestelltes τε kann Verstärkung oder Verallgemeinerung ausdrücken: ὅς τε, ὅσος τε.
e) Neben ὅσος, ὁπόσος, ὁποῖος erscheint ὅσσος, ὁπ(π)όσ(σ)ος, ὁπποῖος.
f) ὅ und ὅτε werden als Konjunktion gebraucht = ὅτι dass, weil.
g) Adv. ὡς in Anastrophe (vgl. R 69) hinter seinem Beziehungswort mit Akzent, z. B. X 394 θεῷ ὥς = ὡς θεῷ.

42. Pronomen interrogativum (und indefinitum)
   a) τίς (τις) mit folgenden Nebenformen: sg. gen. τέο, τεῦ (τεο, τευ), dat. τέῳ (τεῳ); pl. gen. τέων, acc. neutr. ἅσσα.
   b) Das indirekte Interrogativum hat dieselben Formen wie das verallgemeinernde Relativum (s. R 41c).
   c) οὐδείς, μηδείς bilden nur οὐδέν, μηδέν. Sonst steht dafür οὔ τις, μή τις.
   d) Verallgemeinernd ist τίς τε = mancher.

Verbum

Endungen

43. Die 1. sg. coni. act. der Verben auf -ω zeigt -μι.
44. Die 2. sg.
   a) im ind. praes. act. der Verben auf -μι hat -σθα (der Ausgang -ης ist durch die alte Perfektendung -θα erweitert, vgl. οἶσθα < *Ϝοῖδθα),
   b) im coni. und opt. act. der Verben auf -ω hat -σθα,
   c) im imper. hat -θι,

d) im ind. med. -εαι,
e) im coni. med. -ηαι,
f) im aor. I med. -αο,
g) im impf. und aor. II med. -εο,
h) im imper. praes. med. -εο.
45. Die 3. sg. coni. act. der Verben auf -ω hat -σι. Der Ausgang -ῃσι hat ι subscr. erst nach dem Vorbild der kürzeren Form auf -ῃ (ind. -ει) erhalten; -ῃσι geht zurück auf -ητι mit der alten Endung -τι (noch erhalten in ἐσ-τί). Im Ion.-Att. wird -τι assibiliert zu -σι (διδόασι = dor. δίδοντι, φέρουσι = dor. φέροντι).
46. Die 1. pl. med. hat (aus metrischen Gründen) oft -μεσθα: A 140 μεταφρασόμεσθα, B 138 ἱκόμεσθα, Σ 341 καμόμεσθα.
47. Die 3. pl. hat
    a) im aor. pass. und im Wurzelaor. -ν statt -σαν (mit Kürzung des Stammvokals): A 57 ἤγερθεν (von ἀγείρειν), 251 τράφεν, 531 διέτμαγεν, 391 ἔβαν, 533 ἀνέσταν,
    b) im ind. med. perf. bzw. plqpf. (selten praes.) auch nach Vokalen -αται, -ατο statt -νται, -ντο, auch im opt. -οιατο: A 239 εἰρύαται, 251 ἐφθίατο, 257 πυθοίατο.

Konjunktiv

48. Der Konjunktiv hat häufig die älteren Formen mit kurzem Modusvokal: A 62 ἐρείομεν, B 232 μίσγεαι, 258 κιχήσομαι.
    Bei σ-Aoristen ist Verwechslung mit dem ind. fut. zu vermeiden! (z. B. B 72 θωρήξομεν, Π 60 ἐάσομεν)

Augment

49. Das Augment braucht nicht zu stehen: A 4 τεῦχε, 6 διαστήτην, 10 ὀλέκοντο.
    a) Verba mit urspr. anlautendem ϝ behalten das syllabische Augment: A 286 ἔειπες, I 273 ἀπηύρα < *ἀπέϝρα.
    b) Verba mit urspr. anlautendem Doppelkonsonant behalten diesen nach dem Augment bei und bilden keine Reduplikation: A 173 ἐπέσσυται.

Reduplikation

50. a) Neben der Präsens- und Perfektreduplikationen findet man einen reduplizierten aor. (meist II) mit und ohne Augment: A 100 πεπίθοιμεν, Τ 136 λελαθέσθαι,
    b) ebenso ein redupliziertes Futur: Χ 223 πεπιθήσω,
    c) urspr. mit ϝ und σ anlautende Stämme verlieren bei der Reduplikation diese Konsonanten, ohne zu kontrahieren: Β 272 ἔοργε < *ϝέϝοργε,
    d) die sog. attische Reduplikation kommt häufig vor: Β 146 ὤρορε, Γ 87 ὄρωρεν, Ψ 74 ἀλάλημαι, Ω 550 ἀκαχήμενος.

Verbum simplex und verbum compositum

51. Statt des Kompositums steht oft das Simplex: A 48 ἕζετο für καθέζετο, 19 ἱκέσθαι für ἀφικέσθαι, Γ 84 ἔχεσθαι für ἀπέχεσθαι.
52. Statt des Simplex steht andererseits häufig das Kompositum (allerdings oft mit verst. Bed.): A 19 ἐκπέρσαι, 65 ἐπιμέμφεται, 218 ἐπιπείθηται.

Tempusbildung

53. *Futur und Aorist* act. und med.
   a) Verba liquida bilden σ-Futur und σ-Aorist: A 136 ἄρσαντες, 409 ἔλσαι, Ω 450 κέρσαντες.
   b) δ- und σ-Stämme bilden oft Futur und Aorist mit σσ: I 619 φρασσόμεθα, 426 ἐφράσσαντο, A 523 τελέσσω, B 183 κόμισσε.
   Der Doppelkonsonant kann vereinfacht werden (A 83 φράσαι).
   Andererseits nehmen reine verba vocalia analog ein σσ an (A 486 τάνυσσν, 54 καλέσσατο).
   c) Asigmatisches Futur bilden καλέω und τελέω. Asigmatische Aoriste finden sich z. B. in A 40 ἔκηα (att. ἔκαυσα), I 215 ἔχευε (von χεῖν), Z 505 σεύατο (von σεύεσθαι).
   d) Das fut. pass. auf -θήσομαι fehlt im epischen Dialekt; dafür steht das fut. med. oder das sog. dritte Futur: B 36 τελέεσθαι, A 212 τετελεσμένον ἔσται.
54. *Aoriste*
   a) Wurzelaoriste haben kein Tempuszeichen: A 23 δέχθαι, I 565 παρ-κατ-έλεκτο.
   b) Sog. synkopierte Aoriste sind mit Schwundstufe gebildet: A 418 ἔπλεο, B 41 ἔγρετο, 71 ἀπο-πτάμενος.
   c) Der sog. *aoristus mixtus* hat neben dem Tempuszeichen σ des aor. I die Bindevokale ε und o des aor. II und steht oft im Sinn eines Imperfekts: A 428 ἀπεβήσετο, 496 ἀνεδύσετο, X 462 ἷξεν.
   d) Der Konjunktiv der Mediopassiva hat meist einen langen Stammvokal; im Plural steht dabei ein kurzer Modusvokal (vgl. R 7), auch im Wurzelaorist.
   e) Die (jüngere) Passivbildung auf -θην kommt nur im Konjunktiv vor mit metathesis quantitatum (R 7) oder Kontraktion.

55. *Perfekt und Plusquamperfekt*
  a) κ-Perfekt haben nur die verba vocalia (meist nur sg.): A 221 βεβήκει = att. ἐβεβήκει.
  b) Guttural- und Labialstämme haben keine Aspiration.
  c) Bei den Dentalia und Liquida fehlt das κ (I 475 ἀραρυῖα).
  d) Auch vokalische Stämme bilden Formen (bes. das Partizip) ohne κ: A 513 ἐμπεφυυῖα, I 582 βεβαώς, Π 44 κεκμηώς, B 134 βεβάασι, 170 ἑσταότα.
  e) Wurzelperfekta haben im Sg. Vollstufe (mit o-Ablaut), im Dual und Plural Schwundstufe (vgl. γέγονα mit Z 493 ἐγγεγάασιν).
  f) Vor der Endung -υῖα des part. perf. fem. wird die vorausgehende lange Silbe (viell. aus metrischen Gründen) gekürzt: I 270 ἰδυῖα < εἰδυῖα, 475 ἀραρυῖα <* ἀρηρυῖα.
  g) Einzelne alte Perfektstämme gehen in die Präsensflexion über: vgl. Z 382 ἄνωγας – 439 ἀνώγει – I 578 ἤνωγον.
  h) Einige Verben bilden das perf. med. mit Schwundstufe: Z 488 πεφυγμένος, Π 225 τετυγμένος.
56. Für die Bedeutung des Perfekts sind zwei Gruppen zu unterscheiden:
  a) Das sog. *perf. intensivum* (im Att. selten, bei Homer sehr häufig) steigert den Verbalbegriff. Die Intensivbedeutung ist aber oft verblasst, und dann hat dieser Typ rein präsentische Bedeutung; etwas Vergangenes ist nicht mehr mit ihm verknüpft. Das Plqpf. wird daher zum Präteritum der fortschreitenden Handlung, bekommt also Aoristbedeutung.
  b) Nicht immer kann man diesen Typ herleiten aus dem *resultativen Perfekt* (in der Prosa durchweg zu finden), das den Zustand bezeichnet, der sich aus einer vorhergehenden Handlung ergeben

hat: τέθνηκε, ‚er ist gestorben und ist nun tot';
οἶδα(perf. vom St ϝιδ in εἶδον) ‚ich habe (mir genau an-)gesehen und weiß nun.'

Iterativa

57. a) Verben auf -ω (ausgenommen die verba vocalia) fügen mit Bindevokal (ε oder α) das Infix – σκ – an den Präsens- oder Aoriststamm: A 490 πωλέσκετο, I 333 ἔχεσκεν, B 199 ὁμοκλήσασκε.
    b) Die verba vocalia und die Verben auf -μι setzen das Infix unmittelbar an den Stamm: Γ 180 ἔσκε, I 331 δόσκον.

Verba contracta

58. Die verba contracta bilden ihre Formen:
    a) unkontrahiert (s. R 5);
    b) kontrahiert; dabei abweichend vom Att. εο häufig > ευ (vgl. R 6): Σ 136 νεῦμαι;
    c) mit „epischer Zerdehnung" (vgl. M 37) fast nur bei Verben auf -αω, dabei αα statt ᾱ (ὁράασθαι = ὁρᾶσθα < ὁράεσθαι); οω oder ωο oder ωω statt ω (κομόωντες = κομῶντες < κομάοντες, μνωόμενος = μνώμενος < μναόμενος, ἡβώωσα = ἡβῶσα < ἡβάουσα). Die Verben auf -οω bilden oft Analogieformen zu denen auf -άω.

Verba auf –μι

59. a) Manche Verben auf -ω bilden Formen nach denen auf -μι (vgl. R 43).
    b) Abweichend vom Att. sind Formen wie A 273 ξύνιεν = att. συνίεσαν, 512 ἧστο = att. ἐκάθητο, X 510 κέονται = att. κεῖνται.

Die kleinen Verben auf -μι, abweichend vom Attischen:

60. εἰμί: sg. 2. ἐσσί, εἶς – pl. 1. εἰμέν – 3. ἔασιν – coni. 1. sg.
ἔω – 3. sg. ἔῃ, ἔῃσιν, ἦσιν – 3. pl. ἔωσιν – opt. 2. sg. ἔοις
– 3. sg. ἔοι
imper. 2. sg. ἔσσο – inf. ἔμεν, ἔ(μ)μεναι – part. ἐών,
ἐοῦσα, ἐόν
impf. 1. sg. ἔᾱ, ἦα (<* ἦσμ, cf. eram) = att. ἦν – 2 sg.
ἔησθα – 3. sg. ἔην, ἦεν, ἤην – 3. pl. ἔσαν
fut. 1. sg. ἔσ(σ)ομαι – 2. sg. ἔσ(σ)εαι – 3. sg. ἔσ(σ)εται,
ἐσσεῖται – 1. pl. ἐσόμεσθα – 3. pl. ἔσ(σ)ονται – part.
ἐ(σ)σόμενος
61. εἶμι: praes. ind. 2. sg. εἶσθα
coni. 2. sg. (κίῃς) – 1. pl. ἴομεν – opt. 3. sg. (κίοι) –
2. pl. (κίοιτε) – imper. (κίε) – inf. ἴμεν(αι) – part.
κιών, κιοῦσα, κιόν
impf. 1. sg. ἤια, ἤιον – 3. sg. ἤιεν, ἦεν, ἴεν (ἔκιεν) – 1.
pl. ᾔομεν (κίομεν) – 3. pl. ἤισαν, ἴσαν, ἤιον (κίον) –
fut. εἴσομαι
62. φημί: praes. ind. 2. sg. φῆσθα – coni. 3. sg. φήῃ, φῆσιν
– part. φάς – impf. 2. sg. ἔφης – 3. pl. ἔφαν – med.
(gleichbed. mit act.) ἐφάμην – ἔφατο – perf. πέφαται
63. οἶδα: ind. 1. pl. ἴδμεν – 3. pl. ἴσσασιν
coni. εἴδω und εἰδέω – εἴδῃς – εἴδῃ – εἴδομεν – εἴδετε –
εἴδωσιν – plqpf. ἤδεα – εἴδησθα, ἠείδης – ᾔδη, ᾔδεεν,
ἠείδη, ᾔδει – 3. pl. ἴσαν – part. fem. ἰδυῖα – inf. fut.
εἰδήσειν
64. κεῖμαι: praes. ind. 3. pl. κέαται, κέονται – coni. 3. sg.
κεῖται – impf. 3. pl. κείατο.

Adverbien

65. a) Zu Adverbien erstarrte Kasus: nom. auf -ς (ἅλις) – gen. auf -ου, -ης (αὐτοῦ, ἐξείης) – dat. auf -ῳ, -ῃ (βίῃ) – acc. auf -ον, -ην, -ιν (δηρόν, δήν, πάλιν) – loc. auf -ι (οἴκοι, ὕψι).
b) Adverbien auf -ξ (λάξ, πύξ, ὀδάξ) – auf -α (σάφα, τάχα, ὦκα) – auf -δον (βοτρυ-δόν, ἰλα-δόν) – auf -τι (μεγαλωσ-τί).

Präpositionen

66. Nebenformen für ἐν: ἐνί, εἰν, εἰνί – für ὑπέρ: ὑπείρ – für πρός: προτί, ποτί.
67. Die Präpositionen sind oft noch in ihrer urspr. adverbiellen Bedeutung verwendet, z. B. A 481, Z 509 ἀμφί, I 296, 350 ἐν, Z 320, 419 περί.
68. *Tmesis:* Daher stehen die Präpositionen häufig vom Verb getrennt, mit dem sie ein Kompositum bilden, z. B. A 39 ἐπὶ νηὸν ἔρεψα, 40 κατὰ πίονα μηρί᾽ ἔκηα, 48 μετὰ δ᾽ ἰὸν ἔηκε.
69. *Anastrophe:* Stehen die Präpositionen hinter dem zugehörigen Nomen, dann erhalten einsilbige Präpositionen den Akzent, zweisilbige ziehen ihn nach vorn (A 162 ᾧ ἔπι). Der Akzent wird nicht verschoben, wenn der Endvokal der Präposition elidiert ist (s. M 20), z. B. B 39 θήσειν ... ἐπ᾽ ἄλγεα.
70. Der Kasusgebrauch bzw. die Bedeutung der Präpositionen weicht mehrfach vom Attischen ab: A 222 μετὰ δαίμονας, 503 μετ᾽ ἀθανάτοισιν, B 45 ἀμφὶ ὤμοισιν, Π 825 πίδακος ἀμφ᾽ ὀλίγης.
71. ἔνι, ἔπι, μέτα, πάρα, πέρι = ἔνεστι (ἔνεισι), ἔπεστι, μέτεστι, πάρεστι, περίεστι (bzw. -εισι). – ἄνα = ἀνάστηθι.

III. Syntax

Verschiedene Besonderheiten

72. *Parataxe:* Das Epos kennt keinen komplizierten Periodenbau. Es bevorzugt die einfache Aneinanderreihung von Hauptsätzen. Diese Parataxe ist einerseits bedingt durch das höhere Alter der epischen Sprache gegenüber der späteren Prosa. Andererseits sind kurze Hauptsätze für den mündlichen Vortrag und das Verständnis eher geeignet als längere Perioden.
73. τε, eigtl. „auch", ist meist zur metrisch bequemen, aber bedeutungslosen Partikel verblasst (A 63, 86, 218).
74. a) ὁ δέ dient oft lediglich zur Fortführung des vorhergehenden Gedankens (A 139, Π 106).
    b) δέ, ἀλλά und αὐτάρ dienen oft zur Einleitung des nachgestellten Hauptsatzes: A 58, 133, 184, 194.
75. καὶ τότε (A 478), καὶ τότε δή (A 92, 494) und δὴ τότε (A 476) = τότε δή („da nun",) dienen zur Einleitung eines Nachsatzes (meist nach Temporalsatz), um diesen mit dem Vordersatz zu verbinden und um anzudeuten, dass wie das eine so auch das andere eingetreten ist.
76. Der *Artikel* fehlt fast völlig (A 1, 5, 7). Wo er erscheint, hat er meist noch demonstrative Kraft (vgl. A 9, 12, 29). Im Nebensatz ist er zum pron. rel. entwickelt (vgl. R 41 b).
77. Oft steht der sog. *poetische Plural* statt des Singulars ohne erkennbaren Bedeutungsunterschied: A 55 ἐπὶ φρεσί, 83 ἐν στήθεσσιν, 315 ἑκατόμβας.
78. Umgekehrt kann der Singular kollektive Bedeutung haben: A 51 βέλος ἐφιείς, 357 δάκρυ χέων.

79. Nach einem neutr. pl. als Subjekt kann das Prädikat (manchmal unter dem Zwang des Metrums) im Plural stehen: B 36, 135, Σ 463.
80. Häufiger als in att. Prosa begegnen prädikative Adj., die die Reihenfolge, den Ort, die Zeit oder die Art und Weise bezeichnen. Wir geben ein solches Adj. i. D. gern als Adverbiale wieder: A 424, 472, 497, B 2, Z 394.
81. Ein nachgestelltes Attribut steht nicht selten betont am Anfang des nächsten Verses, manchmal mit erläuterndem Relativsatz (A 2, B 112, Z 314, I 271, Π 8).

Kasuslehre

82. Oft steht neben dem Dual ein Plural: A 200 ὄσσε φάανθεν, Γ 18 δοῦρε δύω κεκορυθμένα χαλκῷ, Γ 239f. ἐσπέσθην ... ἔποντο, Π 139 ἄλκιμα δοῦρε.
83. Auf die Fragen: „Wo?", „Woher?", „Wohin?" steht der bloße Kasus (ohne Präposition):
    a) Der Genitiv (des Bereichs) steht auf die Frage „Wo?" (A 197, I 219, X 26), der gen. sep. auf die Frage „Woher?" (A 49).
    b) Der Dativ (als Locativus) steht auf die Frage „Wo?" (A 24, 107, 217, Π 231).
    c) Bei Verben wie „legen, stellen, setzen, fallen" wird dabei die erreichte Ruhelage, nicht die Richtung ausgedrückt (vgl. lat. pono, loco etc.): A 55, 245, Z 453, 482.
    d) Der Akkusativ (der Richtung) steht nach Verben der Bewegung: A 139 ὅν, 317 οὐρανόν, 322 κλισίην.
84. Der acc. neutr. sg. oder pl. von Adjektiven und Pronomina wird bes. häufig als Adverb gebraucht (ist jedoch urspr. ein Akk. des Inhalts): A 35 πολλά, 64 ὅ τι τόσσον, 102 εὐρύ, 364 βαρύ.

85. In der Konstruktion καθ' ὅλον καὶ κατὰ μέρος folgt auf die Angabe des Ganzen der Teil im gleichen Kasus: Α 362 τί δέ σε φρένας ἵκετο πένθος, Π 289 τὸν βάλε δεξιὸν ὦμον.

Verbum

86. *Genera:* Das Medium (bes. der med. Aorist II, aber auch der Aorist I) steht zuweilen in aktivem Sinn: Α 587 ἴδωμαι, Γ 154 εἴδοντο, öfter aber in intransitiver und passiver Bedeutung: Β 195 χολωσάμενος, Π 708 πέρθαι, Σ 337 κτάμενος.
Manchmal hat das Medium verstärkenden Sinn: Α 33 ἔφατο, 56 ὁρᾶτο, 523 μελήσεται.

Tempora

87. a) Das Imperfekt steht häufig in der Erzählung (wo in der Prosa der Aorist stehen würde), um die Handlung in ihrem Verlauf zu schildern (Π 2 παρίστατο); bes. oft begegnet es vor der direkten und indirekten Rede: Α 33 ἔφατο, 92 ηὔδα.
 b) Der ind. aor. wird bei Vorgängen gebraucht, die eingetreten sind und noch bis in die Gegenwart hineinreichen (vgl. das engl. present perfect): Α 418 ἔπλεο, 506 ἔπλετο.
88. a) Zum Futur tritt oft κεν (ἄν) ohne bes. Bedeutung: Α 139 κεν κεχολώσεται, 523 κε ... μελήσεται.
 b) Das part. fut. hat fast immer finale Bedeutung. Es drückt das vom Subj. des Satzes Gewollte aus. Der rein temporale Gebrauch ist jünger:
Α 13 λυσόμενος, 153 μαχησόμενος, 207 παύσουσα.
89. Das Plusquamperfekt steht oft zur Bezeichnung der unverzüglich eintretenden Handlung: Α 221 βεβήκει, Β 93 δεδήει, Ι 573 ὀρώρει.

Modi

90. Der Konjunktiv, bes. in Verbindung mit κεν (ἄν), hat als Modus der Erwartung oft futurischen (prospektiven) Sinn: A 137 κεν ... ἔλωμαι, 262 ἴδωμαι. Andererseits hat der ind. fut. oft ἄν (s. R 88a).
91. Der Konj. im Vergleichssatz hat durchweg kein κεν(ἄν): B 147, Z 506f.
92. Der Vergleichssatz hat meist iterativen Sinn, bes. die Formel ὡς δ᾽ ὅτε: X 93, 162f., 189.
93. In Iterativsätzen und iterat. Relativsätzen der Gegenwart, ebenso in Konditional- und Temporalsätzen sowie im Eventualis der Gegenwart steht oft der Konjunktiv ohne κεν (ἄν): A 80, 543, Π 245, 260.
94. Im potentialen Vordersatz und im Finalsatz kann dagegen κεν (ἄν) stehen, ebenso im Wunschsatz: A 32, B 123, Π 84, X 220.
95. Der pot. Opt. kann auch die Möglichkeit in der Vergangenheit bezeichnen: A 232, 271f., Γ 220, T 90.

Infinitiv

96. Der Infinitiv hat im Aktiv häufig noch die volle Endung -μεναι, verkürzt -μεν: A 78 χολωσέμεν (= att. χολώσειν), 98 δόμεναι (= att. δοῦναι), 117 ἔμμεναι (= att. εἶναι), 151 ἐλθέμεναι (= att. ἐλθεῖν), 277 ἐριζέμεναι (= att. ἐρίζειν).
97. Der Infinitiv vertritt oft einen Imperativ oder Optativ der zweiten, seltener der dritten Person: A 20 δέχεσθαι, 582 καθάπτεσθαι.
98. Abhängig von Verben der Bewegung hat der Infinitiv (wie in att. Prosa) finalen oder konsekutiven Sinn: A 8 μάχεσθαι, 443 ἀγέμεν, B 183 θέειν.

I. Metrik

Bei der Zitierung werden Metrik und Prosodie mit M bezeichnet.

Übersicht

Versfuß (M 1)
Hebung und Senkung (M 2)
Metrum (M 3)
Hexameter (M 4-9)
Diärese (M 10)
Zäsur (M 11-12)

In der griechischen Poesie wird der Rhythmus (ῥυθμός = Fluss) durch den geordneten Wechsel von langen und kurzen Silben (M 13–17) bestimmt (nicht, wie im Deutschen, durch den Wortakzent). Die griechische Metrik (μετρική sc. τέχνη) „misst" daher die Silben, sie ist *quantitierend* (im Gegensatz zur akzentuierenden deutschen Metrik).

1. Die kleinste metrische Einheit ist der *Versfuß*.
2. Die „betonte" Silbe eines Wortes im Versfuß heißt *Hebung*, die „unbetonte" *Senkung* (vom Heben und Senken der Stimme); die Griechen nannten hingegen die „betonte" Silbe θέσις, die „unbetonte" ἄρσις (vom Senken und Heben des Fußes zur Markierung des Taktes).
3. Das *Metrum* (μέτρον) besteht im jambischen (∪-) und trochäischen (-∪) Versmaß aus je zwei Füßen, im daktylischen (-∪∪) aus einem Fuß.
4. Das homerische Epos verwendet einen Langvers, der aus sechs Daktylen (δάκτυλος) besteht. Da Metrum und Versfuß hier zusammenfallen, nennt man ihn den daktylischen Hexameter.

5. Das letzte Metrum in diesem Vers ist aber unvollständig. Einen solchen Vers nennt man katalektisch (καταλήγειν = aufhören). Das epische Versmaß ist demnach der *katalektische daktylische Hexameter:*

   $-\cup\cup\ -\cup\cup\ -\cup\cup\ -\cup\cup\ -\cup\cup\ -\overline{\cup}$

6. Die letzte Silbe des Verses kann lang und kurz sein; man nennt sie daher *syllaba anceps.*

7. Jeder *Daktylus* ($-\cup\cup$) kann durch einen *Spondēus* ($--$) ersetzt werden. Das Schema hat dann entsprechend die Form: $-\overline{\cup\cup}-\overline{\cup\cup}-\overline{\cup\cup}-\overline{\cup\cup}-\overline{\cup\cup}-\overline{\cup}$. Dadurch wird eine größere Abwechslung im Rhythmus erreicht. Die antiken Metriker haben 32 Variationsmöglichkeiten festgestellt.

8. Ein Vers mit Spondēus im 5. Fuß heißt στίχος σπονδειάζων oder σπονδειακός *(versus spondiacus);* er kommt bei Homer relativ selten vor.

9. Der Langvers ist gegliedert, einerseits um dem vortragenden Rhapsoden bei einem Sinneinschnitt Atempausen zu bieten, andererseits um einer Eintönigkeit beim Vortrag vorzubeugen. Man unterscheidet nach der Art des Einschnitts die Diärese und die Zäsur.

10. *Diärese* (διαίρεσις) nennt man den Zusammenfall von Wortende und Metrumende. Am häufigsten ist die Diärese nach dem 4. Versfuß oder Metrum, die wegen ihrer Beliebtheit in der hellenistischen Bukolik (d. h. Hirtendichtung) die *bukolische Diärese* genannt wird. Rund 60 Prozent aller Homerverse haben diesen Einschnitt. Nach dieser Diärese verbleibt ein Versstück ($-\cup\cup-\overline{\cup}$), das in der Lyrik gern als metrische Klausel verwandt und ἀδώνειον oder *adonēus* (nach dem Klageruf ὢ τὸν Ἄδωνιν) genannt wird.

11. *Zäsur* (τομή, caesura) heißt der Einschnitt, wenn das Wortende in das Innere des Versfußes fällt. Bei der Benennung der verschiedenen Zäsuren zählt man nach Halbfüßen und unterscheidet folgende Formen:
a) Die Trithemimeres (τριθημιμερής) nach dem 3. Halbfuß (A 2, 4, 7). Sie begegnet meist als Nebenzäsur.
b) Die Penthemimeres (πενθημιμερής) nach dem 5. Halbfuß, die ein sog. ἡμιεπές (= eine Pentameterhälfte) abtrennt (A 1, 8, 11).
c) Die Hephthemimeres (ἐφθημιμερής) nach dem 7. Halbfuß, die meist mit einer Trithemimeres verbunden ist (A 3, 7, 10).
Bei diesen Zäsuren liegt der Einschnitt nach der Hebung. Ein solcher Einschnitt heißt „männlich" (oder „stumpf"), nach einer in der Senkung stehenden Silbe heißt er „weiblich" (oder „klingend").
12. Weiblich schließende Wörter trennen den Versfuß in einen scheinbaren Trochäus und eine Kürze (-∪/∪). Der Einschnitt dieser Art im 3. Versfuß wird daher die Zäsur κατὰ τρίτον τροχαῖον genannt (A 5 οἰωνοῖσί τε πᾶσι, ebenso 9). Im 4. Metrum ist nach der ersten Kürze (also nicht beim Spondēus) ein Worteinschnitt verboten (sog. Hermannsche Brücke).

Neben diesen Hauptzäsuren gibt es noch andere Möglichkeiten. Manche Verse können verschieden gedeutet werden. In nachhomerischer Zeit wurden die Variationen durch strenge Regeln beträchtlich eingeschränkt. In dieser Hinsicht ist auch der lateinische Hexameter vom homerischen verschieden.

J. Prosodie

Übersicht

Quantitäten (M 13–14b)
Position (M 14b–17)
Hiat (M 18–19)
Elision (M 20)
Aphärese (M 21)
Krasis (M 22)
Synalöphe (M 23)
Besonderheiten (M 24–26)
Scheinhiat (M 27)
Apokope (M 28)
Synkope (M 29)
Hyphärese (M 30)
Diärese (M 31)
Synizese (M 32)
metrische Kürzung (M 33)
metrische Dehnung (M 34)
kurze Endsilben in der Hebung (M 35)
Akephalie (M 36)
epische Zerdehnung (M 37)

Die Lehre von der Länge und Kürze der Silben, also von den *Quantitäten* (χρόνοι), nennt man *Prosodie* (προσῳδία).
13. Eine Silbe ist *kurz*, wenn ihr Vokal kurz ist und diesem nicht mehr als ein Konsonant folgt.
14. Eine Silbe ist *lang*
   a) *naturā* (φύσει), wenn sie einen langen Vokal oder Diphthong enthält;
   b) *positione*, wenn auf ihren kurzen Vokal ein Doppelkonsonant (ζ, ξ, ψ) oder mehr als ein einfacher Konsonant folgen. Die Griechen bezeichneten sie

(fälschlich) als θέσει lang (d. h. „durch Setzung", also willkürliche Regel eines Dichters, wohl Homers). Die lateinische Übersetzung von θέσις durch *positio* („Stellung") entspricht dem Sachverhalt besser. Man kann beobachten, dass der Vokal vor einer „Position" tatsächlich in der Aussprache länger ist als ein Vokal vor einfachem Konsonanten. Man nennt daher solche Silben *Positionslängen*, z. B. A 2 ἄλγε᾽ -∪, A 3 πολλάς --, Ἄϊδι προΐαψεν ∪∪-∪∪-∪.

15. Folgt einem kurzen Vokal *muta + liquida*, dann braucht die Positionswirkung nicht einzutreten. Im Gegensatz zum klassischen lateinischen Hexameter behandelt Homer diese aber in der Regel wie jede andere Konsonantenverbindung: A 13 λυσόμενός τε θύγατρα, 17 ἐΰ -κνήμῑδες Ἀχαιοί, auch in der Wortfuge. z. B. A 6 δὴ τὰ πρῶτα. Ausnahmen finden sich in der Senkung: A 609 Ζεὺς δὲ πρὸς ὃν λέχος, X 31 δειλοῖσῑ βροτοῖσιν.
16. Andererseits wirkt *einfaches* Ϝ, λ, μ, ν, ρ, σ im Anlaut und im Wortinnern auf den vorhergehenden Vokal sehr oft wie ein Doppelkonsonant (A 233 ἐπὶ μέγαν, 396 ἐνὶ μεγάροισιν, Π 228 τό ῥα, X 236 ὃς ἔτλης). Es sind Dauerlaute, die beliebig lang angehalten werden können. In vielen Fällen ist die Positionskraft allerdings etymologisch begründet, sei es durch ein urspr. anlautendes σ wie Σ 402 δὲ ῥόος (St. σροϜ-, vgl. mhd. S[t]rom) oder Ψ 196 δέπαϊ λιτάνευεν (St. σλιτ-). In der Komposition und bei der Augmentierung erscheint die Liquida dann verdoppelt: Γ 34 ἔλλαβε. Auch δ wirkt positionsbildend, wenn es für δϜ steht: A 515 ἔπῑ δ(Ϝ)έος, Γ 172 ἐκυρέ, δ(Ϝ)εινός τε.
17. *Versteckte Position* entsteht durch ein im Text nicht mehr sichtbares Ϝ. Sie kommt aber fast ausschließlich vor, wenn die vorhergehende kurze Silbe in der

Hebung steht: Γ 172 φίλε ἑκυρέ (<*σϝεκυρέ), Ι 220 Πάτροκλον ὃν ἑταῖρον (< *σϝεταῖρον), Ι 357 Διῒ ῥέξας (<* ϝρέξας). Diese Position ist bei Homer nicht konsequent durchgeführt, so Α 609 Ζεὺς δὲ πρὸς ὃν λέχος, Α 147 ἱερὰ ῥέξας.

18. Der *Hiat* (χασμῳδία), d. h. das Zusammentreffen von vokalischem Auslaut mit vokalischem Anlaut, wird tunlichst gemieden.

19. *Hiatkürzung* nennt man die Kürzung einer mit langem Vokal oder Diphthong schließenden Silbe vor vokalischem Anlaut, wenn sie in der Senkung steht (vocalis ante vocalem corripitur): Α 14 ἑκηβόλοῠ Ἀπόλλωνος, 17 ἄλλοῐ ἐϋκνήμιδες Ἀχαιοί, 37 κλῦθί μεῠ ἀργυρότοξ˘. Bei den Kurzdiphthongen (ει, οι, αι, ευ, ου, αυ) wurde wahrscheinlich das ι bzw. υ konsonantisch gesprochen und zum folgenden Vokal gezogen: Α 33 καὶ ἐπείθετο wäre also ka/je/pei/the/to zu lesen, 37 κλῦθί μευ ἀργυρότοξ˘ als kly/thi/me/war/gy/ro/tox. Vereinzelt tritt die Hiatkürzung auch im Wortinnern auf, so Σ 105 οἶος οὔ τις (∪∪−∪).

Zur Vermeidung des Hiats dienen:

20. Die *Elision* (elisio, ἔκθλιψις), d. h. die Ausstoßung eines kurzen Endvokals (und von ι- Diphthongen) vor folgendem Vokal: Α 3 δ᾽ ἰφθίμους, 8 τίς τ᾽ ἄρ. Α 2 μυρί᾽ Ἀχαιοῖς zeigt, dass der Vokalzusammenstoß, der nach der Elision noch besteht, offenbar nicht mehr als Hiat galt. Elision des ι-Diphthongs z. B. in Α 170 οὐδέ σ(οι) ὀίω.

21. Die *Aphärese* (ἀφαίρεσις), das Abwerfen eines anlautenden Vokals nach vokalischem Auslaut.

22. Die *Krasis* (κρᾶσις), die Zusammenziehung eines aus- und anlautenden Vokals zu einem neuen Laut nach

den Regeln der Kontraktion. Das Zeichen der Krasis ist die κορωνίς („Krümmung"), die äußerlich dem spiritus lenis gleicht (A 96 τοὔνεκα < τοῦ ἕνεκα, B 238 χἠμεῖς < καὶ ἡμεῖς).

23. Die *Synalöphe* (συναλοιφή) ist die Verschmelzung (oder Verschleifung) eines auslautenden Vokals mit einem anlautenden, wobei beide Vokale ihren eigenen Klang behalten; sie werden aber so kurz gesprochen, dass sie nur *eine* Länge bilden. In der Schrift ist diese Verschleifung gewöhnlich nicht erkennbar. Im Kommentar wird auf sie hingewiesen, und/oder sie wird durch einen unten stehenden Bogen angedeutet (vgl. M 32): A 340 δὴ‿αὖτε.
24. Die Verwendung fakultativer Schlusskonsonanten, vor allem ν: ἐστί(ν), κε(ν), ἐγώ(ν), seltener σ: οὕτω(ς), ἀμφί(ς).
25. Die Verwendung bedeutungsgleicher Wörter oder Wortformen: A 271 κεῖνος neben ἐκεῖνος, ἄρα neben ἄρ und ῥα, Ψ 145 κεῖσε neben ἐκεῖσε.
26. Trotz aller dieser prosodischen Möglichkeiten kommen noch zahlreiche Hiate vor, besonders in der Zäsur und in der Diärese, z. B. A 1 Πηληϊάδεω ’Αχιλῆος, T 93 ἄρα ἤ γε.
27. Auszunehmen davon ist der sog. *Scheinhiat*, in dem der Vokalzusammenstoß nur scheinbar auftritt, weil ein urspr. ϝ oder σ im Text nicht mehr zu sehen ist, z. B. A 75 ἑκατηβελέταο (ϝ)άνακτος, B 165 μηδὲ (σ)έα νῆας (σ)άλαδ᾽ ἑλκέμεν. Homer hat das ϝ wohl nicht mehr gesprochen, hat es aber (wie auch das σ) in seinen metrischen Auswirkungen wie einen Konsonanten berücksichtigt (vgl. M 16 und 17).

Weitere prosodische Eigentümlichkeiten des epischen Hexameters sollen Wörter, deren Silbenfolge sich nicht im Vers unterbringen lässt, dem Metrum gefügig machen. Dazu gehören:

28. Die *Apokope* (ἀποκοπή), d. h., die Präpositionen ἀνά, κατά, παρά werfen ihren kurzen Endvokal vor *konsonantischem* Anlaut ab (im Gegensatz zur *Elision* wo der Endvokal vor vokalischem Anlaut schwindet, s. M 20). ἄν und κάτ assimilieren dann ihren Endkonsonanten an den folgenden Konsonanten, nicht nur in der Komposition (Π 111 ἀναπνεῦσαι > ἀμπνεῦσαι, Χ 273 ἀναπεπαλών > ἀμπεπαλών, Α 593 κατέπεσον > κάππεσον, 606 κατακείοντες > κακκείοντες, Ι 364 κατέλιπον > κάλλιπον), sondern auch sonst (Π 726 ἀνὰ πόνον > ἂμ πόνον, Β 160, 176, Π 109 u. ö. κὰδ δέ, Π 106 κὰπ φάλαρ'); sehr häufig ist die Apokope bei ἄρα > ἄρ (vgl. M 25).
29. Die *Synkope* (συγκοπή „Zusammenschlagen"), d. h., ein kurzer Vokal zwischen zwei Konsonanten wird ausgestoßen, so dass die beiden Konsonanten zusammenprallen (vgl. R 54b), z. B. Α 202 τίπτε < τί ποτε.
30. Die *Hyphärese* (ὑφαίρεσις „Unterschlagung"): Vor kurzem Vokal kann ein kurzer Vokal ausgestoßen werden.
31. Die *Diärese* (διαίρεσις „Trennung"), d. h., zwei Vokale, die sonst einen Diphthong bilden, werden getrennt gesprochen; dadurch entstehen zwei Kürzen, die besser für das Versmaß verwendbar sind als eine Länge. Zeichen der Diärese ist das Trema auf dem zweiten Vokal: Α 7 Ἀτρεΐδης, Α 17 ἐϋκνήμιδες. Allerdings stellt diese „Trennung" eigtl. den lautgeschichtlich früheren Zustand wieder her, da zwischen den „wieder" getrennten Vokalen früher ein Konsonant stand (Ἀτρεΐδης <* ἈτρεϜίδης, ἐΰ <* ἐσύ).

32. Die *Synizese* (συνίζησις „Sich-Zusammensetzen") ist (umgekehrt) die metrisch bedingte einsilbige Aussprache zweier aufeinander folgender Vokale, z. B. A 1 Πηληϊάδεω, B 96 σφέας, Σ 431 πασέων, wo -εων diphthongisch, etwa wie *jōn*, zu lesen ist. Zu dem Bogen unter εω vgl. M 23.
33. *Metrische Kürzung* nennt man die Vereinfachung eines Doppelkonsonanten vor allem in Eigennamen (A 1 Ἀχιλῆος, 138 Ὀδυσῆος), aber auch sonst.
34. *Metrische Dehnung* tritt auf bei Wörtern, deren Silbenfolge (z. B. vier Kürzen) sich nicht im Hexameter unterbringen lässt, z. B. ἀθάνατος, bei dem das erste α gedehnt wird, um -⏑⏑ zu erhalten, muss vor einem konsonantisch anlautenden Wort stehen, damit die letzte Silbe lang gemessen werden kann; dabei wird ᾰ, ῐ, ῠ zu ᾱ, ῑ, ῡ, ε>ει, ο>ου (selten οι): A 14 Ἀπόλλωνος, A 398 ἀθανάτοισιν, T 88 εἰν ἀγορῇ (-⏑⏑-) statt ἐν ἀγορῇ (⏑⏑⏑-), A 10 νοῦσον statt νόσον, 44 Οὐλύμποιο statt Ὀλύμποιο, 537 ἠγνοίησεν statt ἠγνόησεν, Ψ 215 πνοιῇ statt πνοῇ. Die ältere Form der metrischen Dehnung scheint allerdings die Längung durch Konsonanten zu sein (vgl. dazu M 16). Wahrscheinlich handelt es sich dabei um die Verteilung eines geeigneten Konsonanten (einer Liquida) auf zwei Silben; das erscheint dann in der Schrift als Doppelkonsonant: I 362 ἐννοσίγαιος. Umstritten bleibt noch, nach welchen Gesetzen die epischen Dichter die Silben auswählen, die sie durch diese Längung metrisch brauchbar machen.
35. *Zulassung kurzer Endsilben* in der Hebung, besonders vor der Zäsur, deren Pause dann offenbar der Silbe zugezählt wird: A 45 ἀμφηρεφέᾱ τε φαρέτρην, 226 πόλεμόν ἅμα, Ψ 240 ἀριφραδέᾱ δὲ τέτυκται.
36. *Kurze Silbe am Versanfang* (also metrische Länge), ohne dass „metrische Dehnung" vorliegt (sog. στίχος

ἀκέφαλος „Vers ohne Kopf"), z. B. X 379 ἐπεὶ δὴ τόνδ' ἄνδρα.

37. *Epische Zerdehnung* nennt man die künstliche Auflösung einer (durch Kontraktion entstandenen) Länge durch Vor- oder Nachsetzen eines der Länge lautlich entsprechenden Kurzvokals unter dem Verszwang. Sie erscheint fast nur bei Verbalformen der Kontrakta auf -αω und (seltener) -οω (vgl. R 58c). Sprachgeschichtlich ist die Erscheinung noch nicht einwandfrei geklärt. Wahrscheinlich sind die von den älteren Dichtern offen gesprochenen Formen in der Umgangssprache allmählich kontrahiert worden. Bei der schriftlichen Fixierung drangen diese kontrahierten Formen in den Text ein. Die Rhapsoden mussten nun im Vortrag die kontrahierten Vokale zerlegen wegen der zweisilbigen Messung. Diese Zerlegung wurde dann auch im Schriftbild festgehalten.

Es könnte sich aber auch um eine Vorstufe der Kontraktion handeln, in der die verschieden klingenden Vokale assimiliert wurden. Erst später wäre dann die Kontraktion dieser gleich lautenden Vokale eingetreten.

Text

Gesang A

ΛΟΙΜΟΣ. ΜΗΝΙΣ

Proömium

Μῆνιν ἄειδε, θεά, Πηληϊάδεω Ἀχιλῆος
οὐλομένην, ἣ μυρί' Ἀχαιοῖς ἄλγε' ἔθηκε,
πολλὰς δ' ἰφθίμους ψυχὰς Ἄϊδι προΐαψεν
ἡρώων, αὐτοὺς δὲ ἑλώρια τεῦχε κύνεσσιν
5 οἰωνοῖσί τε πᾶσι, Διὸς δ' ἐτελείετο βουλή,
ἐξ οὗ δὴ τὰ πρῶτα διαστήτην ἐρίσαντε
Ἀτρεΐδης τε ἄναξ ἀνδρῶν καὶ δῖος Ἀχιλλεύς.

Beleidigung des Chryses und Pest

Τίς τ' ἄρ σφωε θεῶν ἔριδι ξυνέηκε μάχεσθαι;
Λητοῦς καὶ Διὸς υἱός· ὁ γὰρ βασιλῆϊ χολωθεὶς
10 νοῦσον ἀνὰ στρατὸν ὦρσε κακήν, ὀλέκοντο δὲ λαοί,
οὕνεκα τὸν Χρύσην ἠτίμασεν ἀρητῆρα
Ἀτρεΐδης· ὁ γὰρ ἦλθε θοὰς ἐπὶ νῆας Ἀχαιῶν
λυσόμενός τε θύγατρα φέρων τ' ἀπερείσι' ἄποινα,
στέμματ' ἔχων ἐν χερσὶν ἑκηβόλου Ἀπόλλωνος
15 χρυσέῳ ἀνὰ σκήπτρῳ, καὶ λίσσετο πάντας Ἀχαιούς,
Ἀτρεΐδα δὲ μάλιστα δύω, κοσμήτορε λαῶν·
„Ἀτρεΐδαι τε καὶ ἄλλοι ἐϋκνήμιδες Ἀχαιοί,
ὑμῖν μὲν θεοὶ δοῖεν Ὀλύμπια δώματ' ἔχοντες
ἐκπέρσαι Πριάμοιο πόλιν, εὖ δ' οἴκαδ' ἱκέσθαι·
20 παῖδα δ' ἐμοὶ λύσαιτε φίλην, τὰ δ' ἄποινα δέχεσθαι,
ἁζόμενοι Διὸς υἱὸν ἑκηβόλον Ἀπόλλωνα."

Ἔνθ' ἄλλοι μὲν πάντες ἐπευφήμησαν Ἀχαιοὶ
αἰδεῖσθαί θ' ἱερῆα καὶ ἀγλαὰ δέχθαι ἄποινα·

ἀλλ' οὐκ Ἀτρεΐδῃ Ἀγαμέμνονι ἥνδανε θυμῷ,
25 ἀλλὰ κακῶς ἀφίει, κρατερὸν δ' ἐπὶ μῦθον ἔτελλε·
„μή σε, γέρον, κοίλῃσιν ἐγὼ παρὰ νηυσὶ κιχείω
ἢ νῦν δηθύνοντ' ἢ ὕστερον αὖτις ἰόντα,
μή νύ τοι οὐ χραίσμῃ σκῆπτρον καὶ στέμμα θεοῖο·
τὴν δ' ἐγὼ οὐ λύσω· πρίν μιν καὶ γῆρας ἔπεισιν
30 ἡμετέρῳ ἐνὶ οἴκῳ, ἐν Ἄργεϊ, τηλόθι πάτρης,
ἱστὸν ἐποιχομένην καὶ ἐμὸν λέχος ἀντιόωσαν·
ἀλλ' ἴθι, μή μ' ἐρέθιζε, σαώτερος ὥς κε νέηαι."

Ὣς ἔφατ', ἔδεισεν δ' ὁ γέρων καὶ ἐπείθετο μύθῳ·
βῆ δ' ἀκέων παρὰ θῖνα πολυφλοίσβοιο θαλάσσης·
35 πολλὰ δ' ἔπειτ' ἀπάνευθε κιὼν ἠρᾶθ' ὁ γεραιὸς
Ἀπόλλωνι ἄνακτι, τὸν ἠΰκομος τέκε Λητώ·
„κλῦθί μευ, ἀργυρότοξ', ὃς Χρύσην ἀμφιβέβηκας
Κίλλαν τε ζαθέην Τενέδοιό τε ἶφι ἀνάσσεις,
Σμινθεῦ, εἴ ποτέ τοι χαρίεντ' ἐπὶ νηὸν ἔρεψα,
40 ἢ εἰ δή ποτέ τοι κατὰ πίονα μηρί' ἔκηα
ταύρων ἠδ' αἰγῶν, τόδε μοι κρήηνον ἐέλδωρ·
τείσειαν Δαναοὶ ἐμὰ δάκρυα σοῖσι βέλεσσιν."

Ὣς ἔφατ' εὐχόμενος, τοῦ δ' ἔκλυε Φοῖβος Ἀπόλλων,
βῆ δὲ κατ' Οὐλύμποιο καρήνων χωόμενος κῆρ,
45 τόξ' ὤμοισιν ἔχων ἀμφηρεφέα τε φαρέτρην·
ἔκλαγξαν δ' ἄρ' ὀϊστοὶ ἐπ' ὤμων χωομένοιο,
αὐτοῦ κινηθέντος· ὁ δ' ἤϊε νυκτὶ ἐοικώς.
ἕζετ' ἔπειτ' ἀπάνευθε νεῶν, μετὰ δ' ἰὸν ἕηκε·
δεινὴ δὲ κλαγγὴ γένετ' ἀργυρέοιο βιοῖο·
50 οὐρῆας μὲν πρῶτον ἐπῴχετο καὶ κύνας ἀργούς,
αὐτὰρ ἔπειτ' αὐτοῖσι βέλος ἐχεπευκὲς ἐφιεὶς
βάλλ'· αἰεὶ δὲ πυραὶ νεκύων καίοντο θαμειαί.

Heeresversammlung

Ἐννῆμαρ μὲν ἀνὰ στρατὸν ᾤχετο κῆλα θεοῖο,
τῇ δεκάτῃ δ' ἀγορήνδε καλέσσατο λαὸν Ἀχιλλεύς·
55 τῷ γὰρ ἐπὶ φρεσὶ θῆκε θεά, λευκώλενος Ἥρη·
κήδετο γὰρ Δαναῶν, ὅτι ῥα θνήσκοντας ὁρᾶτο.

1. ΙΛΙΑΔΟΣ Α

οἱ δ' ἐπεὶ οὖν ἤγερθεν ὁμηγερέες τ' ἐγένοντο,
τοῖσι δ' ἀνιστάμενος μετέφη πόδας ὠκὺς Ἀχιλλεύς·
„Ἀτρεΐδη, νῦν ἄμμε παλιμπλαγχθέντας ὀΐω
60 ἂψ ἀπονοστήσειν, εἴ κεν θάνατόν γε φύγοιμεν,
εἰ δὴ ὁμοῦ πόλεμός τε δαμᾷ καὶ λοιμὸς Ἀχαιούς·
ἀλλ' ἄγε δή τινα μάντιν ἐρείομεν ἢ ἱερῆα,
ἢ καὶ ὀνειροπόλον, καὶ γάρ τ' ὄναρ ἐκ Διός ἐστιν,
ὅς κ' εἴποι, ὅ τι τόσσον ἐχώσατο Φοῖβος Ἀπόλλων,
65 εἴτ' ἄρ' ὅ γ' εὐχωλῆς ἐπιμέμφεται εἴθ' ἑκατόμβης,
αἴ κέν πως ἀρνῶν κνίσης αἰγῶν τε τελείων
βούλεται ἀντιάσας ἡμῖν ἀπὸ λοιγὸν ἀμῦναι."

Ἤτοι ὅ γ' ὣς εἰπὼν κατ' ἄρ' ἕζετο· τοῖσι δ' ἀνέστη
Κάλχας Θεστορίδης, οἰωνοπόλων ὄχ' ἄριστος,
70 ὃς ᾔδη τά τ' ἐόντα τά τ' ἐσσόμενα πρό τ' ἐόντα,
καὶ νήεσσ' ἡγήσατ' Ἀχαιῶν Ἴλιον εἴσω
ἣν διὰ μαντοσύνην, τήν οἱ πόρε Φοῖβος Ἀπόλλων·
ὅ σφιν ἐϋφρονέων ἀγορήσατο καὶ μετέειπεν·
„ὦ Ἀχιλεῦ, κέλεαί με, Διῒ φίλε, μυθήσασθαι
75 μῆνιν Ἀπόλλωνος, ἑκατηβελέταο ἄνακτος·
τοιγὰρ ἐγὼν ἐρέω· σὺ δὲ σύνθεο καί μοι ὄμοσσον
ἦ μέν μοι πρόφρων ἔπεσιν καὶ χερσὶν ἀρήξειν·
ἦ γὰρ ὀΐομαι ἄνδρα χολωσέμεν, ὃς μέγα πάντων
Ἀργείων κρατέει καί οἱ πείθονται Ἀχαιοί·
80 κρείσσων γὰρ βασιλεὺς, ὅτε χώσεται ἀνδρὶ χέρηϊ·
εἴ περ γάρ τε χόλον γε καὶ αὐτῆμαρ καταπέψῃ,
ἀλλά τε καὶ μετόπισθεν ἔχει κότον, ὄφρα τελέσσῃ,
ἐν στήθεσσιν ἑοῖσι· σὺ δὲ φράσαι, εἴ με σαώσεις."

Τὸν δ' ἀπαμειβόμενος προσέφη πόδας ὠκὺς Ἀχιλλεύς·
85 „θαρσήσας μάλα εἰπὲ θεοπρόπιον, ὅ τι οἶσθα·
οὐ μὰ γὰρ Ἀπόλλωνα Διῒ φίλον, ᾧ τε σύ, Κάλχαν,
εὐχόμενος Δαναοῖσι θεοπροπίας ἀναφαίνεις,
οὔ τις ἐμεῦ ζῶντος καὶ ἐπὶ χθονὶ δερκομένοιο
σοὶ κοίλης παρὰ νηυσὶ βαρείας χεῖρας ἐποίσει
90 συμπάντων Δαναῶν, οὐδ' ἢν Ἀγαμέμνονα εἴπῃς,
ὃς νῦν πολλὸν ἄριστος Ἀχαιῶν εὔχεται εἶναι."

Καὶ τότε δὴ θάρσησε καὶ ηὔδα μάντις ἀμύμων·
„οὔτ' ἄρ' ὅ γ' εὐχωλῆς ἐπιμέμφεται οὐθ' ἑκατόμβης,
ἀλλ' ἕνεκ' ἀρητῆρος, ὃν ἠτίμησ' Ἀγαμέμνων
95 οὐδ' ἀπέλυσε θύγατρα καὶ οὐκ ἀπεδέξατ' ἄποινα,
τοὔνεκ' ἄρ' ἄλγε' ἔδωκεν ἑκηβόλος ἠδ' ἔτι δώσει·
οὐδ' ὅ γε πρὶν Δαναοῖσιν ἀεικέα λοιγὸν ἀπώσει,
πρίν γ' ἀπὸ πατρὶ φίλῳ δόμεναι ἑλικώπιδα κούρην
ἀπριάτην ἀνάποινον, ἄγειν θ' ἱερὴν ἑκατόμβην
100 ἐς Χρύσην· τότε κέν μιν ἱλασσάμενοι πεπίθοιμεν."

Offener Streit zwischen Agamemnon und Achill

Ἤτοι ὅ γ' ὣς εἰπὼν κατ' ἄρ' ἕζετο· τοῖσι δ' ἀνέστη
ἥρως Ἀτρεΐδης εὐρὺ κρείων Ἀγαμέμνων
ἀχνύμενος· μένεος δὲ μέγα φρένες ἀμφὶ μέλαιναι
πίμπλαντ', ὄσσε δέ οἱ πυρὶ λαμπετόωντι ἐΐκτην·
105 Κάλχαντα πρώτιστα κάκ' ὀσσόμενος προσέειπε·
„μάντι κακῶν, οὐ πώ ποτέ μοι τὸ κρήγυον εἶπας·
αἰεί τοι τὰ κάκ' ἐστὶ φίλα φρεσὶ μαντεύεσθαι,
ἐσθλὸν δ' οὔτε τί πω εἶπας ἔπος οὔτ' ἐτέλεσσας·
καὶ νῦν ἐν Δαναοῖσι θεοπροπέων ἀγορεύεις,
110 ὡς δὴ τοῦδ' ἕνεκά σφιν ἑκηβόλος ἄλγεα τεύχει,
οὕνεκ' ἐγὼ κούρης Χρυσηΐδος ἀγλά' ἄποινα
οὐκ ἔθελον δέξασθαι, ἐπεὶ πολὺ βούλομαι αὐτὴν
οἴκοι ἔχειν· καὶ γάρ ῥα Κλυταιμνήστρης προβέβουλα
κουριδίης ἀλόχου, ἐπεὶ οὔ ἑθέν ἐστι χερείων,
115 οὐ δέμας οὐδὲ φυήν, οὔτ' ἂρ φρένας οὔτε τι ἔργα.
ἀλλὰ καὶ ὧς ἐθέλω δόμεναι πάλιν, εἰ τό γ' ἄμεινον·
βούλομ' ἐγὼ λαὸν σῶν ἔμμεναι ἢ ἀπολέσθαι·
αὐτὰρ ἐμοὶ γέρας αὐτίχ' ἑτοιμάσατ', ὄφρα μὴ οἶος
Ἀργείων ἀγέραστος ἔω, ἐπεὶ οὐδὲ ἔοικε·
120 λεύσσετε γὰρ τό γε πάντες, ὅ μοι γέρας ἔρχεται ἄλλῃ."

Τὸν δ' ἠμείβετ' ἔπειτα ποδάρκης δῖος Ἀχιλλεύς·
„Ἀτρεΐδη κύδιστε, φιλοκτεανώτατε πάντων,
πῶς γάρ τοι δώσουσι γέρας μεγάθυμοι Ἀχαιοί;
οὐδέ τί που ἴδμεν ξυνήϊα κείμενα πολλά·
125 ἀλλὰ τὰ μὲν πολίων ἐξεπράθομεν, τὰ δέδασται,

λαοὺς δ' οὐκ ἐπέοικε παλίλλογα ταῦτ' ἐπαγείρειν.
ἀλλὰ σὺ μὲν νῦν τήνδε θεῷ πρόες· αὐτὰρ Ἀχαιοὶ
τριπλῇ τετραπλῇ τ' ἀποτείσομεν, αἴ κέ ποθι Ζεὺς
δῷσι πόλιν Τροίην εὐτείχεον ἐξαλαπάξαι."
130 Τὸν δ' ἀπαμειβόμενος προσέφη κρείων Ἀγαμέμνων·
„μὴ δὴ οὕτως, ἀγαθός περ ἐών, θεοείκελ' Ἀχιλλεῦ,
κλέπτε νόῳ, ἐπεὶ οὐ παρελεύσεαι οὐδέ με πείσεις.
ἦ ἐθέλεις, ὄφρ' αὐτὸς ἔχῃς γέρας, αὐτὰρ ἔμ' αὔτως
ἧσθαι δευόμενον, κέλεαι δέ με τήνδ' ἀποδοῦναι;
135 ἀλλ' εἰ μὲν δώσουσι γέρας μεγάθυμοι Ἀχαιοί,
ἄρσαντες κατὰ θυμόν, ὅπως ἀντάξιον ἔσται·
εἰ δέ κε μὴ δώωσιν, ἐγὼ δέ κεν αὐτὸς ἕλωμαι
ἢ τεὸν ἢ Αἴαντος ἰὼν γέρας, ἢ Ὀδυσῆος
ἄξω ἑλών· ὁ δέ κεν κεχολώσεται, ὅν κεν ἵκωμαι.
140 ἀλλ' ἤτοι μὲν ταῦτα μεταφρασόμεσθα καὶ αὖτις,
νῦν δ' ἄγε νῆα μέλαιναν ἐρύσσομεν εἰς ἅλα δῖαν,
ἐν δ' ἐρέτας ἐπιτηδὲς ἀγείρομεν, ἐς δ' ἑκατόμβην
θείομεν, ἂν δ' αὐτὴν Χρυσηΐδα καλλιπάρῃον
βήσομεν· εἷς δέ τις ἀρχὸς ἀνὴρ βουληφόρος ἔστω,
145 ἢ Αἴας ἢ Ἰδομενεὺς ἢ δῖος Ὀδυσσεὺς
ἠὲ σύ, Πηλεΐδη, πάντων ἐκπαγλότατ' ἀνδρῶν,
ὄφρ' ἡμῖν ἑκάεργον ἱλάσσεαι ἱερὰ ῥέξας."
Τὸν δ' ἄρ' ὑπόδρα ἰδὼν προσέφη πόδας ὠκὺς Ἀχιλλεύς·
„ὤ μοι, ἀναιδείην ἐπιειμένε, κερδαλεόφρον,
150 πῶς τίς τοι πρόφρων ἔπεσιν πείθηται Ἀχαιῶν
ἢ ὁδὸν ἐλθέμεναι ἢ ἀνδράσιν ἶφι μάχεσθαι;
οὐ γὰρ ἐγὼ Τρώων ἕνεκ' ἤλυθον αἰχμητάων
δεῦρο μαχησόμενος, ἐπεὶ οὔ τί μοι αἴτιοί εἰσιν·
οὐ γάρ πώ ποτ' ἐμὰς βοῦς ἤλασαν οὐδὲ μὲν ἵππους,
155 οὐδέ ποτ' ἐν Φθίῃ ἐριβώλακι βωτιανείρῃ
καρπὸν ἐδηλήσαντ', ἐπεὶ ἦ μάλα πολλὰ μεταξὺ
οὔρεά τε σκιόεντα θάλασσά τε ἠχήεσσα·
ἀλλὰ σοί, ὦ μέγ' ἀναιδές, ἅμ' ἑσπόμεθ', ὄφρα σὺ χαίρῃς,
τιμὴν ἀρνύμενοι Μενελάῳ σοί τε, κυνῶπα,

160 πρὸς Τρώων· τῶν οὔ τι μετατρέπῃ οὐδ' ἀλεγίζεις·
καὶ δή μοι γέρας αὐτὸς ἀφαιρήσεσθαι ἀπειλεῖς,
ᾧ ἔπι πολλὰ μόγησα, δόσαν δέ μοι υἷες Ἀχαιῶν.
οὐ μὲν σοί ποτε ἶσον ἔχω γέρας, ὁππότ' Ἀχαιοὶ
Τρώων ἐκπέρσωσ' εὖ ναιόμενον πτολίεθρον·
165 ἀλλὰ τὸ μὲν πλεῖον πολυάϊκος πολέμοιο
χεῖρες ἐμαὶ διέπουσ'· ἀτὰρ ἤν ποτε δασμὸς ἵκηται,
σοὶ τὸ γέρας πολὺ μεῖζον, ἐγὼ δ' ὀλίγον τε φίλον τε
ἔρχομ' ἔχων ἐπὶ νῆας, ἐπεί κε κάμω πολεμίζων.
νῦν δ' εἶμι Φθίηνδ', ἐπεὶ ἦ πολὺ φέρτερόν ἐστιν
170 οἴκαδ' ἴμεν σὺν νηυσὶ κορωνίσιν, οὐδέ σ' ὀΐω
ἐνθάδ' ἄτιμος ἐὼν ἄφενος καὶ πλοῦτον ἀφύξειν."

Τὸν δ' ἠμείβετ' ἔπειτα ἄναξ ἀνδρῶν Ἀγαμέμνων·
„φεῦγε μάλ', εἴ τοι θυμὸς ἐπέσσυται, οὐδέ σ' ἔγωγε
λίσσομαι εἵνεκ' ἐμεῖο μένειν· πάρ' ἔμοιγε καὶ ἄλλοι,
175 οἵ κέ με τιμήσουσι, μάλιστα δὲ μητίετα Ζεύς.
ἔχθιστος δέ μοί ἐσσι διοτρεφέων βασιλήων·
αἰεὶ γάρ τοι ἔρις τε φίλη πόλεμοί τε μάχαι τε·
εἰ μάλα καρτερός ἐσσι, θεός που σοὶ τό γ' ἔδωκεν·
οἴκαδ' ἰὼν σὺν νηυσί τε σῇς καὶ σοῖς ἑτάροισι
180 Μυρμιδόνεσσιν ἄνασσε, σέθεν δ' ἐγὼ οὐκ ἀλεγίζω,
οὐδ' ὄθομαι κοτέοντος· ἀπειλήσω δέ τοι ὧδε·
ὡς ἔμ' ἀφαιρεῖται Χρυσηΐδα Φοῖβος Ἀπόλλων,
τὴν μὲν ἐγὼ σὺν νηΐ τ' ἐμῇ καὶ ἐμοῖς ἑτάροισι
πέμψω, ἐγὼ δέ κ' ἄγω Βρισηΐδα καλλιπάρῃον
185 αὐτὸς ἰὼν κλισίηνδε, τὸ σὸν γέρας, ὄφρ' ἐῢ εἰδῇς,
ὅσσον φέρτερός εἰμι σέθεν, στυγέῃ δὲ καὶ ἄλλος
ἶσον ἐμοὶ φάσθαι καὶ ὁμοιωθήμεναι ἄντην."

Athene verhindert ein Blutbad.

Ὣς φάτο· Πηλεΐωνι δ' ἄχος γένετ', ἐν δέ οἱ ἦτορ
στήθεσσιν λασίοισι διάνδιχα μερμήριξεν,
190 ἢ ὅ γε φάσγανον ὀξὺ ἐρυσσάμενος παρὰ μηροῦ
τοὺς μὲν ἀναστήσειεν, ὁ δ' Ἀτρεΐδην ἐναρίζοι,
ἦε χόλον παύσειεν ἐρητύσειέ τε θυμόν.

ἧος ὁ ταῦϑ' ὥρμαινε κατὰ φρένα καὶ κατὰ ϑυμόν,
ἕλκετο δ' ἐκ κολεοῖο μέγα ξίφος, ἦλϑε δ' Ἀϑήνη
195 οὐρανόϑεν· πρὸ γὰρ ἧκε ϑεά, λευκώλενος Ἥρη,
ἄμφω ὁμῶς ϑυμῷ φιλέουσά τε κηδομένη τε·
στῆ δ' ὄπιϑεν, ξανϑῆς δὲ κόμης ἕλε Πηλεΐωνα
οἴῳ φαινομένη· τῶν δ' ἄλλων οὔ τις ὁρᾶτο·
ϑάμβησεν δ' Ἀχιλλεύς, μετὰ δ' ἐτράπετ', αὐτίκα δ' ἔγνω
200 Παλλάδ' Ἀϑηναίην· δεινὼ δέ οἱ ὄσσε φάανϑεν·
καί μιν φωνήσας ἔπεα πτερόεντα προσηύδα·
„τίπτ' αὖτ', αἰγιόχοιο Διὸς τέκος, εἰλήλουϑας;
ἦ ἵνα ὕβριν ἴδῃ Ἀγαμέμνονος Ἀτρεΐδαο;
ἀλλ' ἔκ τοι ἐρέω, τὸ δὲ καὶ τελέεσϑαι ὀΐω·
205 ᾗς ὑπεροπλίῃσι τάχ' ἄν ποτε ϑυμὸν ὀλέσσῃ."

Τὸν δ' αὖτε προσέειπε ϑεά, γλαυκῶπις Ἀϑήνη·
„ἦλϑον ἐγὼ παύσουσα τὸ σὸν μένος, αἴ κε πίϑηαι,
οὐρανόϑεν· πρὸ δέ μ' ἧκε ϑεά, λευκώλενος Ἥρη,
ἄμφω ὁμῶς ϑυμῷ φιλέουσά τε κηδομένη τε·
210 ἀλλ' ἄγε λῆγ' ἔριδος, μηδὲ ξίφος ἕλκεο χειρί·
ἀλλ' ἤτοι ἔπεσιν μὲν ὀνείδισον, ὡς ἔσεταί περ·
ὧδε γὰρ ἐξερέω, τὸ δὲ καὶ τετελεσμένον ἔσται·
καί ποτέ τοι τρὶς τόσσα παρέσσεται ἀγλαὰ δῶρα
ὕβριος εἵνεκα τῆσδε· σὺ δ' ἴσχεο, πείϑεο δ' ἡμῖν."

215 Τὴν δ' ἀπαμειβόμενος προσέφη πόδας ὠκὺς Ἀχιλλεύς·
„χρὴ μὲν σφωΐτερόν γε, ϑεά, ἔπος εἰρύσσασϑαι
καὶ μάλα περ ϑυμῷ κεχολωμένον· ὣς γὰρ ἄμεινον·
ὅς κε ϑεοῖς ἐπιπείϑηται, μάλα τ' ἔκλυον αὐτοῦ."

Ἦ, καὶ ἐπ' ἀργυρέῃ κώπῃ σχέϑε χεῖρα βαρεῖαν,
220 ἂψ δ' ἐς κουλεὸν ὦσε μέγα ξίφος, οὐδ' ἀπίϑησε
μύϑῳ Ἀϑηναίης· ἡ δ' Οὔλυμπόνδε βεβήκει
δώματ' ἐς αἰγιόχοιο Διὸς μετὰ δαίμονας ἄλλους.

Fortgang des Streites

Πηλεΐδης δ' ἐξαῦτις ἀταρτηροῖς ἐπέεσσιν
Ἀτρεΐδην προσέειπε, καὶ οὔ πω λῆγε χόλοιο·

„οἰνοβαρές, κυνὸς ὄμματ' ἔχων, κραδίην δ' ἐλάφοιο,
οὔτε ποτ' ἐς πόλεμον ἅμα λαῷ ὑωρηχϋῆναι
οὔτε λόχονδ' ἰέναι σὺν ἀριστήεσσιν Ἀχαιῶν
τέτληκας ϋυμῷ· τὸ δέ τοι κὴρ εἴδεται εἶναι.
ἦ πολὺ λώϊόν ἐστι κατὰ στρατὸν εὐρὺν Ἀχαιῶν
δῶρ' ἀποαιρεῖσϋαι, ὅς τις σέϋεν ἀντίον εἴπῃ·
δημοβόρος βασιλεύς, ἐπεὶ οὐτιδανοῖσιν ἀνάσσεις·
ἦ γὰρ ἄν, Ἀτρεΐδη, νῦν ὕστατα λωβήσαιο.
ἀλλ' ἔκ τοι ἐρέω καὶ ἐπὶ μέγαν ὅρκον ὀμοῦμαι·
ναὶ μὰ τόδε σκῆπτρον, τὸ μὲν οὔ ποτε φύλλα καὶ ὄζους
φύσει, ἐπεὶ δὴ πρῶτα τομὴν ἐν ὄρεσσι λέλοιπεν,
οὐδ' ἀναϋηλήσει· περὶ γάρ ῥά ἑ χαλκὸς ἔλεψε
φύλλα τε καὶ φλοιόν· νῦν αὖτέ μιν υἷες Ἀχαιῶν
ἐν παλάμῃς φορέουσι δικασπόλοι, οἵ τε ϋέμιστας
πρὸς Διὸς εἰρύαται· ὁ δέ τοι μέγας ἔσσεται ὅρκος·
ἦ ποτ' Ἀχιλλῆος ποϋὴ ἵξεται υἷας Ἀχαιῶν
σύμπαντας· τότε δ' οὔ τι δυνήσεαι ἀχνύμενός περ
χραισμεῖν, εὖτ' ἂν πολλοὶ ὑφ' Ἕκτορος ἀνδροφόνοιο
ϋνήσκοντες πίπτωσι· σὺ δ' ἔνδοϋι ϋυμὸν ἀμύξεις
χωόμενος, ὅ τ' ἄριστον Ἀχαιῶν οὐδὲν ἔτεισας."

Vergeblicher Schlichtungsversuch Nestors

Ὣς φάτο Πηλεΐδης, ποτὶ δὲ σκῆπτρον βάλε γαίῃ
χρυσείοις ἥλοισι πεπαρμένον, ἕζετο δ' αὐτός·
Ἀτρεΐδης δ' ἑτέρωϋεν ἐμήνιε· τοῖσι δὲ Νέστωρ
ἡδυεπὴς ἀνόρουσε, λιγὺς Πυλίων ἀγορητής,
τοῦ καὶ ἀπὸ γλώσσης μέλιτος γλυκίων ῥέεν αὐδή·
τῷ δ' ἤδη δύο μὲν γενεαὶ μερόπων ἀνϋρώπων
ἐφϋίαϋ', οἵ οἱ πρόσϋεν ἅμα τράφεν ἠδ' ἐγένοντο
ἐν Πύλῳ ἠγαϋέῃ, μετὰ δὲ τριτάτοισιν ἄνασσεν·
ὅ σφιν ἐϋφρονέων ἀγορήσατο καὶ μετέειπεν·
„ὦ πόποι, ἦ μέγα πένϋος Ἀχαιΐδα γαῖαν ἱκάνει·
ἦ κεν γηϋήσαι Πρίαμος Πριάμοιό τε παῖδες
ἄλλοι τε Τρῶες μέγα κεν κεχαροίατο ϋυμῷ,
εἰ σφῶϊν τάδε πάντα πυϋοίατο μαρναμένοιϊν,

οἳ περὶ μὲν βουλὴν Δαναῶν, περὶ δ' ἐστὲ μάχεσθαι.
ἀλλὰ πίθεσθ'· ἄμφω δὲ νεωτέρω ἐστὸν ἐμεῖο·
260 ἤδη γάρ ποτ' ἐγὼ καὶ ἀρείοσιν ἠέ περ ὑμῖν
ἀνδράσιν ὡμίλησα, καὶ οὔ ποτέ μ' οἵ γ' ἀθέριζον.
οὐ γάρ πω τοίους ἴδον ἀνέρας οὐδὲ ἴδωμαι,
οἷον Πειρίθοόν τε Δρύαντά τε, ποιμένα λαῶν,
Καινέα τ' Ἐξάδιόν τε καὶ ἀντίθεον Πολύφημον,
265 Θησέα τ' Αἰγεΐδην, ἐπείκελον ἀθανάτοισι·
κάρτιστοι δὴ κεῖνοι ἐπιχθονίων τράφεν ἀνδρῶν·
κάρτιστοι μὲν ἔσαν καὶ καρτίστοις ἐμάχοντο,
φηρσὶν ὀρεσκῴοισι, καὶ ἐκπάγλως ἀπόλεσσαν.
καὶ μὲν τοῖσιν ἐγὼ μεθομίλεον ἐκ Πύλου ἐλθών,
270 τηλόθεν ἐξ ἀπίης γαίης· καλέσαντο γὰρ αὐτοί·
καὶ μαχόμην κατ' ἔμ' αὐτὸν ἐγώ· κείνοισι δ' ἂν οὔ τις
τῶν, οἳ νῦν βροτοί εἰσιν ἐπιχθόνιοι, μαχέοιτο·
καὶ μέν μευ βουλέων ξύνιεν πείθοντό τε μύθῳ.
ἀλλὰ πίθεσθε καὶ ὕμμες, ἐπεὶ πείθεσθαι ἄμεινον·
275 μήτε σὺ τόνδ' ἀγαθός περ ἐὼν ἀποαίρεο κούρην,
ἀλλ' ἔα, ὥς οἱ πρῶτα δόσαν γέρας υἷες Ἀχαιῶν·
μήτε σύ, Πηλεΐδη, ἔθελ' ἐριζέμεναι βασιλῆϊ
ἀντιβίην, ἐπεὶ οὔ ποθ' ὁμοίης ἔμμορε τιμῆς
σκηπτοῦχος βασιλεύς, ᾧ τε Ζεὺς κῦδος ἔδωκεν.
280 εἰ δὲ σὺ καρτερός ἐσσι, θεὰ δέ σε γείνατο μήτηρ,
ἀλλ' ὅ γε φέρτερός ἐστιν, ἐπεὶ πλεόνεσσιν ἀνάσσει.
Ἀτρεΐδη, σὺ δὲ παῦε τεὸν μένος· αὐτὰρ ἔγωγε
λίσσομ' Ἀχιλλῆϊ μεθέμεν χόλον, ὃς μέγα πᾶσιν
ἕρκος Ἀχαιοῖσιν πέλεται πολέμοιο κακοῖο."
285 Τὸν δ' ἀπαμειβόμενος προσέφη κρείων Ἀγαμέμνων·
„ναὶ δὴ ταῦτά γε πάντα, γέρον, κατὰ μοῖραν ἔειπες·
ἀλλ' ὅδ' ἀνὴρ ἐθέλει περὶ πάντων ἔμμεναι ἄλλων,
πάντων μὲν κρατέειν ἐθέλει, πάντεσσι δ' ἀνάσσειν,
πᾶσι δὲ σημαίνειν, ἅ τιν' οὐ πείσεσθαι ὀΐω·
290 εἰ δέ μιν αἰχμητὴν ἔθεσαν θεοὶ αἰὲν ἐόντες,
τοὔνεκά οἱ προθέουσιν ὀνείδεα μυθήσασθαι;"
Τὸν δ' ἄρ' ὑποβλήδην ἠμείβετο δῖος Ἀχιλλεύς·

„ἦ γάρ κεν δειλός τε καὶ οὐτιδανὸς καλεοίμην,
εἰ δὴ σοὶ πᾶν ἔργον ὑπείξομαι, ὅττι κεν εἴπῃς·
295 ἄλλοισιν δὴ ταῦτ' ἐπιτέλλεο, μὴ γὰρ ἔμοιγε
σήμαιν'· οὐ γὰρ ἔγωγ' ἔτι σοὶ πείσεσθαι ὀΐω.
ἄλλο δέ τοι ἐρέω, σὺ δ' ἐνὶ φρεσὶ βάλλεο σῇσι·
χερσὶ μὲν οὔ τοι ἔγωγε μαχήσομαι εἵνεκα κούρης
οὔτε σοὶ οὔτε τῳ ἄλλῳ, ἐπεί μ' ἀφέλεσθέ γε δόντες·
300 τῶν δ' ἄλλων, ἅ μοί ἐστι θοῇ παρὰ νηῒ μελαίνῃ,
τῶν οὐκ ἄν τι φέροις ἀνελὼν ἀέκοντος ἐμεῖο·
εἰ δ' ἄγε μὴν πείρησαι, ἵνα γνώωσι καὶ οἵδε·
αἶψά τοι αἷμα κελαινὸν ἐρωήσει περὶ δουρί."

Heimgeleit der Chryseïs und Entsühnung des Heeres.
Agamemnon lässt Briseïs aus Achills Lagerhütte holen.

Ὣς τώ γ' ἀντιβίοισι μαχεσσαμένω ἐπέεσσιν
305 ἀνστήτην, λῦσαν δ' ἀγορὴν παρὰ νηυσὶν Ἀχαιῶν·
Πηλεΐδης μὲν ἐπὶ κλισίας καὶ νῆας ἐΐσας
ἤϊε σύν τε Μενοιτιάδῃ καὶ οἷς ἑτάροισιν·
Ἀτρεΐδης δ' ἄρα νῆα θοὴν ἅλαδε προέρυσσεν,
ἐν δ' ἐρέτας ἔκρινεν ἐείκοσιν, ἐς δ' ἑκατόμβην
310 βῆσε θεῷ, ἀνὰ δὲ Χρυσηΐδα καλλιπάρῃον
εἷσεν ἄγων· ἐν δ' ἀρχὸς ἔβη πολύμητις Ὀδυσσεύς.

Οἱ μὲν ἔπειτ' ἀναβάντες ἐπέπλεον ὑγρὰ κέλευθα,
λαοὺς δ' Ἀτρεΐδης ἀπολυμαίνεσθαι ἄνωγεν·
οἱ δ' ἀπελυμαίνοντο καὶ εἰς ἅλα λύματα βάλλον,
315 ἔρδον δ' Ἀπόλλωνι τεληέσσας ἑκατόμβας
ταύρων ἠδ' αἰγῶν παρὰ θῖν' ἁλὸς ἀτρυγέτοιο·
κνίση δ' οὐρανὸν ἷκεν ἑλισσομένη περὶ καπνῷ.

Ὣς οἱ μὲν τὰ πένοντο κατὰ στρατόν· οὐδ' Ἀγαμέμνων
λῆγ' ἔριδος, τὴν πρῶτον ἐπηπείλησ' Ἀχιλῆϊ,
320 ἀλλ' ὅ γε Ταλθύβιόν τε καὶ Εὐρυβάτην προσέειπε,
τώ οἱ ἔσαν κήρυκε καὶ ὀτρηρὼ θεράποντε·
„ἔρχεσθον κλισίην Πηληϊάδεω Ἀχιλῆος·
χειρὸς ἑλόντ' ἀγέμεν Βρισηΐδα καλλιπάρῃον·
εἰ δέ κε μὴ δώῃσιν, ἐγὼ δέ κεν αὐτὸς ἕλωμαι

ἐλθὼν σὺν πλεόνεσσι· τό οἱ καὶ ῥίγιον ἔσται."
   Ὣς εἰπὼν προΐει, κρατερὸν δ' ἐπὶ μῦθον ἔτελλε·
τὼ δ' ἀέκοντε βάτην παρὰ θῖν' ἁλὸς ἀτρυγέτοιο,
Μυρμιδόνων δ' ἐπί τε κλισίας καὶ νῆας ἱκέσθην.
τὸν δ' εὗρον παρά τε κλισίῃ καὶ νηῒ μελαίνῃ
ἥμενον· οὐδ' ἄρα τώ γε ἰδὼν γήθησεν Ἀχιλλεύς.
τὼ μὲν ταρβήσαντε καὶ αἰδομένω βασιλῆα
στήτην, οὐδέ τί μιν προσεφώνεον οὐδ' ἐρέοντο·
αὐτὰρ ὁ ἔγνω ᾗσιν ἐνὶ φρεσὶ φώνησέν τε·
„χαίρετε, κήρυκες, Διὸς ἄγγελοι ἠδὲ καὶ ἀνδρῶν,
ἆσσον ἴτ'· οὔ τί μοι ὔμμες ἐπαίτιοι, ἀλλ' Ἀγαμέμνων,
ὃ σφῶϊ προΐει Βρισηΐδος εἵνεκα κούρης.
ἀλλ' ἄγε, διογενὲς Πατρόκλεες, ἔξαγε κούρην
καί σφωϊν δὸς ἄγειν· τὼ δ' αὐτὼ μάρτυροι ἔστων
πρός τε θεῶν μακάρων πρός τε θνητῶν ἀνθρώπων,
καὶ πρὸς τοῦ βασιλῆος ἀπηνέος, εἴ ποτε δὴ αὖτε
χρειὼ ἐμεῖο γένηται ἀεικέα λοιγὸν ἀμῦναι
τοῖς ἄλλοις· ἦ γὰρ ὅ γ' ὀλοιῇσι φρεσὶ θύει,
οὐδέ τι οἶδε νοῆσαι ἅμα πρόσσω καὶ ὀπίσσω,
ὅππως οἱ παρὰ νηυσὶ σόοι μαχέοιντο Ἀχαιοί."
   Ὣς φάτο, Πάτροκλος δὲ φίλῳ ἐπεπείθεθ' ἑταίρῳ,
ἐκ δ' ἄγαγε κλισίης Βρισηΐδα καλλιπάρῃον,
δῶκε δ' ἄγειν· τὼ δ' αὖτις ἴτην παρὰ νῆας Ἀχαιῶν·
ἡ δ' ἀέκουσ' ἅμα τοῖσι γυνὴ κίεν.

Achill betet zu seiner Mutter Thetis und klagt ihr sein Leid.

                                            Αὐτὰρ Ἀχιλλεὺς
δακρύσας ἑτάρων ἄφαρ ἕζετο νόσφι λιασθείς
θῖν' ἔφ' ἁλὸς πολιῆς, ὁρόων ἐπ' ἀπείρονα πόντον·
πολλὰ δὲ μητρὶ φίλῃ ἠρήσατο χεῖρας ὀρεγνύς·
„μῆτερ, ἐπεί μ' ἔτεκές γε μινυνθάδιόν περ ἐόντα,
τιμήν πέρ μοι ὄφελλεν Ὀλύμπιος ἐγγυαλίξαι
Ζεὺς ὑψιβρεμέτης· νῦν δ' οὐδέ με τυτθὸν ἔτεισεν·
ἦ γάρ μ' Ἀτρεΐδης εὐρὺ κρείων Ἀγαμέμνων
ἠτίμησεν· ἑλὼν γὰρ ἔχει γέρας, αὐτὸς ἀπούρας."

Ὣς φάτο δάκρυ χέων, τοῦ δ' ἔκλυε πότνια μήτηρ
ἡμένη ἐν βένθεσσιν ἁλὸς παρὰ πατρὶ γέροντι·
καρπαλίμως δ' ἀνέδυ πολιῆς ἁλὸς ἠΰτ' ὀμίχλη,
360 καί ῥα πάροιθ' αὐτοῖο καθέζετο δάκρυ χέοντος,
χειρί τέ μιν κατέρεξεν, ἔπος τ' ἔφατ' ἔκ τ' ὀνόμαζε·
„τέκνον, τί κλαίεις; τί δέ σε φρένας ἵκετο πένθος;
ἐξαύδα, μὴ κεῦθε νόῳ, ἵνα εἴδομεν ἄμφω."
Τὴν δὲ βαρὺ στενάχων προσέφη πόδας ὠκὺς Ἀχιλλεύς·
365 „οἶσθα· τίη τοι ταῦτα ἰδυίῃ πάντ' ἀγορεύω;
ᾠχόμεθ' ἐς Θήβην, ἱερὴν πόλιν Ἠετίωνος,
τὴν δὲ διεπράθομέν τε καὶ ἤγομεν ἐνθάδε πάντα·
καὶ τὰ μὲν εὖ δάσσαντο μετὰ σφίσιν υἷες Ἀχαιῶν,
ἐκ δ' ἕλον Ἀτρεΐδῃ Χρυσηΐδα καλλιπάρῃον.
370 Χρύσης δ' αὖθ' ἱερεὺς ἑκατηβόλου Ἀπόλλωνος
ἦλθε θοὰς ἐπὶ νῆας Ἀχαιῶν χαλκοχιτώνων
λυσόμενός τε θύγατρα φέρων τ' ἀπερείσι' ἄποινα,
στέμματ' ἔχων ἐν χερσὶν ἑκηβόλου Ἀπόλλωνος
χρυσέῳ ἀνὰ σκήπτρῳ, καὶ λίσσετο πάντας Ἀχαιούς,
375 Ἀτρεΐδα δὲ μάλιστα δύω, κοσμήτορε λαῶν.
ἔνθ' ἄλλοι μὲν πάντες ἐπευφήμησαν Ἀχαιοὶ
αἰδεῖσθαί θ' ἱερῆα καὶ ἀγλαὰ δέχθαι ἄποινα·
ἀλλ' οὐκ Ἀτρεΐδῃ Ἀγαμέμνονι ἥνδανε θυμῷ,
ἀλλὰ κακῶς ἀφίει, κρατερὸν δ' ἐπὶ μῦθον ἔτελλε·
380 χωόμενος δ' ὁ γέρων πάλιν ᾤχετο· τοῖο δ' Ἀπόλλων
εὐξαμένου ἤκουσεν, ἐπεὶ μάλα οἱ φίλος ἦεν,
ἧκε δ' ἐπ' Ἀργείοισι κακὸν βέλος· οἱ δέ νυ λαοὶ
θνῆσκον ἐπασσύτεροι, τὰ δ' ἐπῴχετο κῆλα θεοῖο
πάντῃ ἀνὰ στρατὸν εὐρὺν Ἀχαιῶν· ἄμμι δὲ μάντις
385 εὖ εἰδὼς ἀγόρευε θεοπροπίας ἑκάτοιο.
αὐτίκ' ἐγὼ πρῶτος κελόμην θεὸν ἱλάσκεσθαι·
Ἀτρεΐωνα δ' ἔπειτα χόλος λάβεν, αἶψα δ' ἀναστὰς
ἠπείλησεν μῦθον, ὁ δὴ τετελεσμένος ἐστί·
τὴν μὲν γὰρ σὺν νηῒ θοῇ ἑλίκωπες Ἀχαιοὶ
390 ἐς Χρύσην πέμπουσιν, ἄγουσι δὲ δῶρα ἄνακτι·
τὴν δὲ νέον κλισίηθεν ἔβαν κήρυκες ἄγοντες

κούρην Βρισῆος, τήν μοι δόσαν υἷες Ἀχαιῶν.
ἀλλὰ σύ, εἰ δύνασαί γε, περίσχεο παιδὸς ἑῆος·
ἐλθοῦσ' Οὔλυμπόνδε Δία λίσαι, εἴ ποτε δή τι
395 ἢ ἔπει ὤνησας κραδίην Διὸς ἠὲ καὶ ἔργῳ.
πολλάκι γάρ σεο πατρὸς ἐνὶ μεγάροισιν ἄκουσα
εὐχομένης, ὅτ' ἔφησθα κελαινεφέϊ Κρονίωνι
οἴη ἐν ἀθανάτοισιν ἀεικέα λοιγὸν ἀμῦναι,
ὁππότε μιν ξυνδῆσαι Ὀλύμπιοι ἤθελον ἄλλοι,
400 Ἥρη τ' ἠδὲ Ποσειδάων καὶ Παλλὰς Ἀθήνη·
ἀλλὰ σὺ τόν γ' ἐλθοῦσα, θεά, ὑπελύσαο δεσμῶν,
ὦχ' ἑκατόγχειρον καλέσασ' ἐς μακρὸν Ὄλυμπον,
ὃν Βριάρεων καλέουσι θεοί, ἄνδρες δέ τε πάντες
Αἰγαίων'· ὁ γὰρ αὖτε βίην οὗ πατρὸς ἀμείνων.
405 ὅς ῥα παρὰ Κρονίωνι καθέζετο κύδεϊ γαίων·
τὸν καὶ ὑπέδεισαν μάκαρες θεοὶ οὐδ' ἔτ' ἔδησαν.
τῶν νῦν μιν μνήσασα παρέζεο καὶ λαβὲ γούνων,
αἴ κέν πως ἐθέλῃσιν ἐπὶ Τρώεσσιν ἀρῆξαι,
τοὺς δὲ κατὰ πρύμνας τε καὶ ἀμφ' ἅλα ἔλσαι Ἀχαιοὺς
410 κτεινομένους, ἵνα πάντες ἐπαύρωνται βασιλῆος,
γνῷ δὲ καὶ Ἀτρεΐδης εὐρὺ κρείων Ἀγαμέμνων
ἣν ἄτην, ὅ τ' ἄριστον Ἀχαιῶν οὐδὲν ἔτεισε."

Thetis verheißt ihrem Sohn die Hilfe des Zeus.

Τὸν δ' ἠμείβετ' ἔπειτα Θέτις κατὰ δάκρυ χέουσα·
„ὤ μοι τέκνον ἐμόν, τί νύ σ' ἔτρεφον αἰνὰ τεκοῦσα;
415 αἴθ' ὄφελες παρὰ νηυσὶν ἀδάκρυτος καὶ ἀπήμων
ἧσθαι, ἐπεί νύ τοι αἶσα μίνυνθά περ, οὔ τι μάλα δήν·
νῦν δ' ἅμα τ' ὠκύμορος καὶ ὀϊζυρὸς περὶ πάντων
ἔπλεο· τῶ σε κακῇ αἴσῃ τέκον ἐν μεγάροισι.
τοῦτο δέ τοι ἐρέουσα ἔπος Διὶ τερπικεραύνῳ
420 εἶμ' αὐτὴ πρὸς Ὄλυμπον ἀγάννιφον, αἴ κε πίθηται.
ἀλλὰ σὺ μὲν νῦν νηυσὶ παρήμενος ὠκυπόροισι
μήνι' Ἀχαιοῖσιν, πολέμου δ' ἀποπαύεο πάμπαν·
Ζεὺς γὰρ ἐς Ὠκεανὸν μετ' ἀμύμονας Αἰθιοπῆας
χθιζὸς ἔβη κατὰ δαῖτα, θεοὶ δ' ἅμα πάντες ἕποντο·

₄₂₅ δωδεκάτῃ δέ τοι αὖτις ἐλεύσεται Οὔλυμπόνδε,
καὶ τότ' ἔπειτά τοι εἶμι Διὸς ποτὶ χαλκοβατὲς δῶ,
καί μιν γουνάσομαι καί μιν πείσεσθαι ὀίω."
  Ὣς ἄρα φωνήσασ' ἀπεβήσετο, τὸν δὲ λίπ' αὐτοῦ
χωόμενον κατὰ θυμὸν ἐϋζώνοιο γυναικός,
₄₃₀ τήν ῥα βίῃ ἀέκοντος ἀπηύρων.

*Rückgabe der Chryseïs an ihren Vater,
Großopfer für Apollon und Rückfahrt*

                                 Αὐτὰρ Ὀδυσσεὺς
ἐς Χρύσην ἵκανεν ἄγων ἱερὴν ἑκατόμβην.
οἱ δ' ὅτε δὴ λιμένος πολυβενθέος ἐντὸς ἵκοντο,
ἱστία μὲν στείλαντο, θέσαν δ' ἐν νηῒ μελαίνῃ,
ἱστὸν δ' ἱστοδόκῃ πέλασαν προτόνοισιν ὑφέντες
₄₃₅ καρπαλίμως, τὴν δ' εἰς ὅρμον προέρεσσαν ἐρετμοῖς.
ἐκ δ' εὐνὰς ἔβαλον, κατὰ δὲ πρυμνήσι' ἔδησαν·
ἐκ δὲ καὶ αὐτοὶ βαῖνον ἐπὶ ῥηγμῖνι θαλάσσης,
ἐκ δ' ἑκατόμβην βῆσαν ἑκηβόλῳ Ἀπόλλωνι·
ἐκ δὲ Χρυσηῒς νηὸς βῆ ποντοπόροιο.
₄₄₀ τὴν μὲν ἔπειτ' ἐπὶ βωμὸν ἄγων πολύμητις Ὀδυσσεὺς
πατρὶ φίλῳ ἐν χερσὶ τίθει, καί μιν προσέειπεν·
„ὦ Χρύση, πρό μ' ἔπεμψεν ἄναξ ἀνδρῶν Ἀγαμέμνων
παῖδά τε σοὶ ἀγέμεν, Φοίβῳ θ' ἱερὴν ἑκατόμβην
ῥέξαι ὑπὲρ Δαναῶν, ὄφρ' ἱλασόμεσθα ἄνακτα,
₄₄₅ ὃς νῦν Ἀργείοισι πολύστονα κήδε' ἐφῆκεν."
  Ὣς εἰπὼν ἐν χερσὶ τίθει, ὁ δὲ δέξατο χαίρων
παῖδα φίλην· τοὶ δ' ὦκα θεῷ ἱερὴν ἑκατόμβην
ἑξείης ἔστησαν ἐΰδμητον περὶ βωμόν,
χερνίψαντο δ' ἔπειτα καὶ οὐλοχύτας ἀνέλοντο.
₄₅₀ τοῖσιν δὲ Χρύσης μεγάλ' εὔχετο χεῖρας ἀνασχών·
„κλῦθί μευ, ἀργυρότοξ', ὃς Χρύσην ἀμφιβέβηκας
Κίλλαν τε ζαθέην Τενέδοιό τε ἶφι ἀνάσσεις·
ἠμὲν δή ποτ' ἐμεῦ πάρος ἔκλυες εὐξαμένοιο,
τίμησας μὲν ἐμέ, μέγα δ' ἴψαο λαὸν Ἀχαιῶν·

455 ἠδ' ἔτι καὶ νῦν μοι τόδ' ἐπικρήηνον ἐέλδωρ·
ἤδη νῦν Δαναοῖσιν ἀεικέα λοιγὸν ἄμυνον."
Ὣς ἔφατ' εὐχόμενος, τοῦ δ' ἔκλυε Φοῖβος Ἀπόλλων.
αὐτὰρ ἐπεί ῥ' εὔξαντο καὶ οὐλοχύτας προβάλοντο,
αὐέρυσαν μὲν πρῶτα καὶ ἔσφαξαν καὶ ἔδειραν,
460 μηρούς τ' ἐξέταμον κατά τε κνίσῃ ἐκάλυψαν
δίπτυχα ποιήσαντες, ἐπ' αὐτῶν δ' ὠμοθέτησαν·
καῖε δ' ἐπὶ σχίζῃς ὁ γέρων, ἐπὶ δ' αἴθοπα οἶνον
λεῖβε· νέοι δὲ παρ' αὐτὸν ἔχον πεμπώβολα χερσίν.
αὐτὰρ ἐπεὶ κατὰ μῆρε κάη καὶ σπλάγχνα πάσαντο,
465 μίστυλλόν τ' ἄρα τἆλλα καὶ ἀμφ' ὀβελοῖσιν ἔπειραν,
ὤπτησάν τε περιφραδέως, ἐρύσαντό τε πάντα.
αὐτὰρ ἐπεὶ παύσαντο πόνου τετύκοντό τε δαῖτα,
δαίνυντ', οὐδέ τι θυμὸς ἐδεύετο δαιτὸς ἐΐσης.
αὐτὰρ ἐπεὶ πόσιος καὶ ἐδητύος ἐξ ἔρον ἕντο,
470 κοῦροι μὲν κρητῆρας ἐπεστέψαντο ποτοῖο,
νώμησαν δ' ἄρα πᾶσιν ἐπαρξάμενοι δεπάεσσιν·
οἱ δὲ πανημέριοι μολπῇ θεὸν ἱλάσκοντο
καλὸν ἀείδοντες παιήονα κοῦροι Ἀχαιῶν,
μέλποντες ἑκάεργον· ὁ δὲ φρένα τέρπετ' ἀκούων.
475 Ἦμος δ' ἠέλιος κατέδυ καὶ ἐπὶ κνέφας ἦλθε,
δὴ τότε κοιμήσαντο παρὰ πρυμνήσια νηός·
ἦμος δ' ἠριγένεια φάνη ῥοδοδάκτυλος Ἠώς,
καὶ τότ' ἔπειτ' ἀνάγοντο μετὰ στρατὸν εὐρὺν Ἀχαιῶν·
τοῖσιν δ' ἵκμενον οὖρον ἵει ἑκάεργος Ἀπόλλων·
480 οἱ δ' ἱστὸν στήσαντ' ἀνά θ' ἱστία λευκὰ πέτασσαν,
ἐν δ' ἄνεμος πρῆσεν μέσον ἱστίον, ἀμφὶ δὲ κῦμα
στείρῃ πορφύρεον μεγάλ' ἴαχε νηὸς ἰούσης·
ἡ δ' ἔθεεν κατὰ κῦμα διαπρήσσουσα κέλευθον.
αὐτὰρ ἐπεί ῥ' ἵκοντο κατὰ στρατὸν εὐρὺν Ἀχαιῶν,
485 νῆα μὲν οἵ γε μέλαιναν ἐπ' ἠπείροιο ἔρυσσαν
ὑψοῦ ἐπὶ ψαμάθοις, ὑπὸ δ' ἕρματα μακρὰ τάνυσσαν·
αὐτοὶ δὲ σκίδναντο κατὰ κλισίας τε νέας τε.

Thetis erlangt die Unterstützung des Zeus.

Αὐτὰρ ὁ μήνιε νηυσὶ παρήμενος ὠκυπόροισι
διογενὴς Πηλῆος υἱός, πόδας ὠκὺς Ἀχιλλεύς·
490 οὔτε ποτ' εἰς ἀγορὴν πωλέσκετο κυδιάνειραν
οὔτε ποτ' ἐς πόλεμον, ἀλλὰ φθινύθεσκε φίλον κῆρ
αὖθι μένων, ποθέεσκε δ' ἀϋτήν τε πτόλεμόν τε.
Ἀλλ' ὅτε δή ῥ' ἐκ τοῖο δυωδεκάτη γένετ' ἠώς,
καὶ τότε δὴ πρὸς Ὄλυμπον ἴσαν θεοὶ αἰὲν ἐόντες
495 πάντες ἅμα, Ζεὺς δ' ἦρχε· Θέτις δ' οὐ λήθετ' ἐφετμέων
παιδὸς ἑοῦ, ἀλλ' ἥ γ' ἀνεδύσετο κῦμα θαλάσσης,
ἠερίη δ' ἀνέβη μέγαν οὐρανὸν Οὔλυμπόν τε.
εὗρεν δ' εὐρύοπα Κρονίδην ἄτερ ἥμενον ἄλλων
ἀκροτάτῃ κορυφῇ πολυδειράδος Οὐλύμποιο·
500 καί ῥα πάροιθ' αὐτοῖο καθέζετο, καὶ λάβε γούνων
σκαιῇ, δεξιτερῇ δ' ἄρ' ὑπ' ἀνθερεῶνος ἑλοῦσα
λισσομένη προσέειπε Δία Κρονίωνα ἄνακτα·
„Ζεῦ πάτερ, εἴ ποτε δή σε μετ' ἀθανάτοισιν ὄνησα
ἢ ἔπει ἢ ἔργῳ, τόδε μοι κρήηνον ἐέλδωρ·
505 τίμησόν μοι υἱόν, ὃς ὠκυμορώτατος ἄλλων
ἔπλετ'· ἀτάρ μιν νῦν γε ἄναξ ἀνδρῶν Ἀγαμέμνων
ἠτίμησεν· ἑλὼν γὰρ ἔχει γέρας, αὐτὸς ἀπούρας.
ἀλλὰ σύ πέρ μιν τεῖσον, Ὀλύμπιε μητίετα Ζεῦ·
τόφρα δ' ἐπὶ Τρώεσσι τίθει κράτος, ὄφρ' ἂν Ἀχαιοὶ
510 υἱὸν ἐμὸν τείσωσιν ὀφέλλωσίν τέ ἑ τιμῇ."
Ὣς φάτο· τὴν δ' οὔ τι προσέφη νεφεληγερέτα Ζεύς,
ἀλλ' ἀκέων δὴν ἧστο· Θέτις δ' ὡς ἥψατο γούνων,
ὣς ἔχετ' ἐμπεφυυῖα, καὶ εἴρετο δεύτερον αὖτις·
„νημερτὲς μὲν δή μοι ὑπόσχεο καὶ κατάνευσον,
515 ἢ ἀπόειπ', ἐπεὶ οὔ τοι ἔπι δέος, ὄφρ' ἐῢ εἰδέω,
ὅσσον ἐγὼ μετὰ πᾶσιν ἀτιμοτάτη θεός εἰμι."
Τὴν δὲ μέγ' ὀχθήσας προσέφη νεφεληγερέτα Ζεύς·
„ἦ δὴ λοίγια ἔργ', ὅ τέ μ' ἐχθοδοπῆσαι ἐφήσεις
Ἥρῃ, ὅτ' ἄν μ' ἐρέθῃσιν ὀνειδείοις ἐπέεσσιν·
520 ἡ δὲ καὶ αὔτως μ' αἰεὶ ἐν ἀθανάτοισι θεοῖσι

νεικεῖ, καί τέ μέ φησι μάχῃ Τρώεσσιν ἀρήγειν.
ἀλλὰ σὺ μὲν νῦν αὖτις ἀπόστιχε, μή τι νοήσῃ
Ἥρη· ἐμοὶ δέ κε ταῦτα μελήσεται, ὄφρα τελέσσω·
εἰ δ' ἄγε τοι κεφαλῇ κατανεύσομαι, ὄφρα πεποίθῃς·
525 τοῦτο γὰρ ἐξ ἐμέθεν γε μετ' ἀθανάτοισι μέγιστον
τέκμωρ· οὐ γὰρ ἐμὸν παλινάγρετον οὐδ' ἀπατηλὸν
οὐδ' ἀτελεύτητον, ὅ τί κεν κεφαλῇ κατανεύσω."
Ἦ, καὶ κυανέῃσιν ἐπ' ὀφρύσι νεῦσε Κρονίων·
ἀμβρόσιαι δ' ἄρα χαῖται ἐπερρώσαντο ἄνακτος
530 κρατὸς ἀπ' ἀθανάτοιο· μέγαν δ' ἐλέλιξεν Ὄλυμπον.

Ehezwist auf dem Olymp

Τώ γ' ὣς βουλεύσαντε διέτμαγεν· ἡ μὲν ἔπειτα
εἰς ἅλα ἆλτο βαθεῖαν ἀπ' αἰγλήεντος Ὀλύμπου,
Ζεὺς δὲ ἑὸν πρὸς δῶμα· θεοὶ δ' ἅμα πάντες ἀνέσταν
ἐξ ἑδέων σφοῦ πατρὸς ἐναντίον· οὐδέ τις ἔτλη
535 μεῖναι ἐπερχόμενον, ἀλλ' ἀντίοι ἔσταν ἅπαντες.
ὣς ὁ μὲν ἔνθα καθέζετ' ἐπὶ θρόνου· οὐδέ μιν Ἥρη
ἠγνοίησεν ἰδοῦσ', ὅτι οἱ συμφράσσατο βουλὰς
ἀργυρόπεζα Θέτις, θυγάτηρ ἁλίοιο γέροντος·
αὐτίκα κερτομίοισι Δία Κρονίωνα προσηύδα·
540 "τίς δὴ αὖ τοι, δολομῆτα, θεῶν συμφράσσατο βουλάς;
αἰεί τοι φίλον ἐστὶν ἐμεῦ ἀπονόσφιν ἐόντα
κρυπτάδια φρονέοντα δικαζέμεν· οὐδέ τί πώ μοι
πρόφρων τέτληκας εἰπεῖν ἔπος, ὅττι νοήσῃς."
Τὴν δ' ἠμείβετ' ἔπειτα πατὴρ ἀνδρῶν τε θεῶν τε·
545 "Ἥρη, μὴ δὴ πάντας ἐμοὺς ἐπιέλπεο μύθους
εἰδήσειν· χαλεποί τοι ἔσοντ' ἀλόχῳ περ ἐούσῃ·
ἀλλ' ὃν μέν κ' ἐπιεικὲς ἀκουέμεν, οὔ τις ἔπειτα
οὔτε θεῶν πρότερος τόν γ' εἴσεται οὔτ' ἀνθρώπων·
ὃν δέ κ' ἐγὼν ἀπάνευθε θεῶν ἐθέλωμι νοῆσαι,
550 μή τι σὺ ταῦτα ἕκαστα διείρεο μηδὲ μετάλλα."
Τὸν δ' ἠμείβετ' ἔπειτα βοῶπις πότνια Ἥρη·
"αἰνότατε Κρονίδη, ποῖον τὸν μῦθον ἔειπες;
καὶ λίην σε πάρος γ' οὔτ' εἴρομαι οὔτε μεταλλῶ,
ἀλλὰ μάλ' εὔκηλος τὰ φράζεαι, ἅσσα θέλησθα.

555 νῦν δ' αἰνῶς δείδοικα κατὰ φρένα, μή σε παρείπῃ
ἀργυρόπεζα Θέτις, θυγάτηρ ἁλίοιο γέροντος·
ἠερίη γὰρ σοί γε παρέζετο καὶ λάβε γούνων·
τῇ σ' ὀΐω κατανεῦσαι ἐτήτυμον, ὡς Ἀχιλῆα
τιμήσῃς, ὀλέσῃς δὲ πολέας ἐπὶ νηυσὶν Ἀχαιῶν."
560 Τὴν δ' ἀπαμειβόμενος προσέφη νεφεληγερέτα Ζεύς·
„δαιμονίη, αἰεὶ μὲν ὀΐεαι, οὐδέ σε λήθω·
πρῆξαι δ' ἔμπης οὔ τι δυνήσεαι, ἀλλ' ἀπὸ θυμοῦ
μᾶλλον ἐμοὶ ἔσεαι· τὸ δέ τοι καὶ ῥίγιον ἔσται.
εἰ δ' οὕτω τοῦτ' ἐστίν, ἐμοὶ μέλλει φίλον εἶναι·
565 ἀλλ' ἀκέουσα κάθησο, ἐμῷ δ' ἐπιπείθεο μύθῳ,
μή νύ τοι οὐ χραίσμωσιν, ὅσοι θεοί εἰσ' ἐν Ὀλύμπῳ,
ἆσσον ἰόνθ', ὅτε κέν τοι ἀάπτους χεῖρας ἐφείω."
Ὣς ἔφατ', ἔδεισεν δὲ βοῶπις πότνια Ἥρη,
καί ῥ' ἀκέουσα καθῆστο, ἐπιγνάμψασα φίλον κῆρ·
570 ὄχθησαν δ' ἀνὰ δῶμα Διὸς θεοὶ Οὐρανίωνες.

Hephaistos stiftet wieder Versöhnung unter den Eltern.

Τοῖσιν δ' Ἥφαιστος κλυτοτέχνης ἦρχ' ἀγορεύειν,
μητρὶ φίλῃ ἐπὶ ἦρα φέρων, λευκωλένῳ Ἥρῃ·
„ἦ δὴ λοίγια ἔργα τάδ' ἔσσεται οὐδ' ἔτ' ἀνεκτά,
εἰ δὴ σφὼ ἕνεκα θνητῶν ἐριδαίνετον ὧδε,
575 ἐν δὲ θεοῖσι κολῳὸν ἐλαύνετον· οὐδέ τι δαιτὸς
ἐσθλῆς ἔσσεται ἦδος, ἐπεὶ τὰ χερείονα νικᾷ.
μητρὶ δ' ἐγὼ παράφημι, καὶ αὐτῇ περ νοεούσῃ,
πατρὶ φίλῳ ἐπὶ ἦρα φέρειν Διί, ὄφρα μὴ αὖτε
νεικείῃσι πατήρ, σὺν δ' ἡμῖν δαῖτα ταράξῃ.
580 εἴ περ γάρ κ' ἐθέλῃσιν Ὀλύμπιος ἀστεροπητὴς
ἐξ ἑδέων στυφελίξαι· ὁ γὰρ πολὺ φέρτατός ἐστιν·
ἀλλὰ σὺ τόν γ' ἐπέεσσι καθάπτεσθαι μαλακοῖσιν·
αὐτίκ' ἔπειθ' ἵλαος Ὀλύμπιος ἔσσεται ἡμῖν."
Ὣς ἄρ' ἔφη, καὶ ἀναΐξας δέπας ἀμφικύπελλον
585 μητρὶ φίλῃ ἐν χειρὶ τίθει, καί μιν προσέειπε·
„τέτλαθι, μῆτερ ἐμή, καὶ ἀνάσχεο κηδομένη περ,

μή σε φίλην περ ἐοῦσαν ἐν ὀφθαλμοῖσιν ἴδωμαι
θεινομένην, τότε δ' οὔ τι δυνήσομαι ἀχνύμενός περ
χραισμεῖν· ἀργαλέος γὰρ Ὀλύμπιος ἀντιφέρεσθαι·
590 ἤδη γάρ με καὶ ἄλλοτ' ἀλεξέμεναι μεμαῶτα
ῥῖψε ποδὸς τεταγὼν ἀπὸ βηλοῦ θεσπεσίοιο,
πᾶν δ' ἦμαρ φερόμην, ἅμα δ' ἠελίῳ καταδύντι
κάππεσον ἐν Λήμνῳ, ὀλίγος δ' ἔτι θυμὸς ἐνῆεν·
ἔνθα με Σίντιες ἄνδρες ἄφαρ κομίσαντο πεσόντα."
595 Ὣς φάτο, μείδησεν δὲ θεά, λευκώλενος Ἥρη,
μειδήσασα δὲ παιδὸς ἐδέξατο χειρὶ κύπελλον·
αὐτὰρ ὁ τοῖς ἄλλοισι θεοῖς ἐνδέξια πᾶσιν
οἰνοχόει γλυκὺ νέκταρ ἀπὸ κρητῆρος ἀφύσσων·
ἄσβεστος δ' ἄρ' ἐνῶρτο γέλως μακάρεσσι θεοῖσιν,
600 ὡς ἴδον Ἥφαιστον διὰ δώματα ποιπνύοντα.
Ὣς τότε μὲν πρόπαν ἦμαρ ἐς ἠέλιον καταδύντα
δαίνυντ', οὐδέ τι θυμὸς ἐδεύετο δαιτὸς ἐίσης,
οὐ μὲν φόρμιγγος περικαλλέος, ἣν ἔχ' Ἀπόλλων,
Μουσάων θ', αἳ ἄειδον ἀμειβόμεναι ὀπὶ καλῇ.
605 Αὐτὰρ ἐπεὶ κατέδυ λαμπρὸν φάος ἠελίοιο,
οἱ μὲν κακκείοντες ἔβαν οἶκόνδε ἕκαστος,
ἧχι ἑκάστῳ δῶμα περικλυτὸς ἀμφιγυήεις
Ἥφαιστος ποίησεν ἰδυίῃσι πραπίδεσσι·
Ζεὺς δὲ πρὸς ὃν λέχος ἤϊ' Ὀλύμπιος ἀστεροπητής,
610 ἔνθα πάρος κοιμᾶθ', ὅτε μιν γλυκὺς ὕπνος ἱκάνοι·
ἔνθα καθεῦδ' ἀναβάς, παρὰ δὲ χρυσόθρονος Ἥρη.

Gesang B

ΟΝΕΙΡΟΣ. ΔΙΑΠΕΙΡΑ.
ΒΟΙΩΤΕΙΑ Η ΚΑΤΑΛΟΓΟΣ ΝΕΩΝ

Zeus sendet Agamemnon einen betörenden Traum.

Ἄλλοι μέν ῥα θεοί τε καὶ ἀνέρες ἱπποκορυσταὶ
εὗδον παννύχιοι, Δία δ' οὐκ ἔχε νήδυμος ὕπνος,

ἀλλ' ὅ γε μερμήριξε κατὰ φρένα, ὡς Ἀχιλῆα
τιμήσῃ, ὀλέσῃ δὲ πολέας ἐπὶ νηυσὶν Ἀχαιῶν.
ἥδε δέ οἱ κατὰ θυμὸν ἀρίστη φαίνετο βουλή,
πέμψαι ἐπ' Ἀτρεΐδῃ Ἀγαμέμνονι οὖλον Ὄνειρον·
καί μιν φωνήσας ἔπεα πτερόεντα προσηύδα·
„βάσκ' ἴθι, οὖλε Ὄνειρε, θοὰς ἐπὶ νῆας Ἀχαιῶν·
ἐλθὼν ἐς κλισίην Ἀγαμέμνονος Ἀτρεΐδαο
πάντα μάλ' ἀτρεκέως ἀγορευέμεν, ὡς ἐπιτέλλω·
θωρῆξαί ἑ κέλευε κάρη κομόωντας Ἀχαιοὺς
πανσυδίῃ· νῦν γάρ κεν ἕλοι πόλιν εὐρυάγυιαν
Τρώων· οὐ γὰρ ἔτ' ἀμφὶς Ὀλύμπια δώματ' ἔχοντες
ἀθάνατοι φράζονται· ἐπέγναμψεν γὰρ ἅπαντας
Ἥρη λισσομένη, Τρώεσσι δὲ κήδε' ἐφῆπται."
Ὣς φάτο, βῆ δ' ἄρ' Ὄνειρος, ἐπεὶ τὸν μῦθον ἄκουσε·
καρπαλίμως δ' ἵκανε θοὰς ἐπὶ νῆας Ἀχαιῶν,
βῆ δ' ἄρ' ἐπ' Ἀτρεΐδην Ἀγαμέμνονα· τὸν δὲ κίχανεν
εὕδοντ' ἐν κλισίῃ, περὶ δ' ἀμβρόσιος κέχυθ' ὕπνος.
στῆ δ' ἄρ' ὑπὲρ κεφαλῆς Νηληΐῳ υἷι ἐοικώς,
Νέστορι, τόν ῥα μάλιστα γερόντων τῖ' Ἀγαμέμνων·
τῷ μιν ἐεισάμενος προσεφώνεε θεῖος Ὄνειρος·
„εὕδεις, Ἀτρέος υἱὲ δαΐφρονος ἱπποδάμοιο·
οὐ χρὴ παννύχιον εὕδειν βουληφόρον ἄνδρα,
ᾧ λαοί τ' ἐπιτετράφαται καὶ τόσσα μέμηλε·
νῦν δ' ἐμέθεν ξύνες ὦκα· Διὸς δέ τοι ἄγγελός εἰμι,
ὅς σεῦ ἄνευθεν ἐὼν μέγα κήδεται ἠδ' ἐλεαίρει.
θωρῆξαί σε κέλευσε κάρη κομόωντας Ἀχαιοὺς
πανσυδίῃ· νῦν γάρ κεν ἕλοις πόλιν εὐρυάγυιαν
Τρώων· οὐ γὰρ ἔτ' ἀμφὶς Ὀλύμπια δώματ' ἔχοντες
ἀθάνατοι φράζονται· ἐπέγναμψεν γὰρ ἅπαντας
Ἥρη λισσομένη, Τρώεσσι δὲ κήδε' ἐφῆπται
ἐκ Διός· ἀλλὰ σὺ σῇσιν ἔχε φρεσί, μηδέ σε λήθη
αἱρείτω, εὖτ' ἄν σε μελίφρων ὕπνος ἀνήῃ."
Ὣς ἄρα φωνήσας ἀπεβήσετο, τὸν δ' ἔλιπ' αὐτοῦ
τὰ φρονέοντ' ἀνὰ θυμόν, ἅ ῥ' οὐ τελέεσθαι ἔμελλον·
φῆ γὰρ ὅ γ' αἱρήσειν Πριάμου πόλιν ἤματι κείνῳ,

νήπιος, οὐδὲ τὰ ᾔδη, ἅ ῥα Ζεὺς μήδετο ἔργα·
θήσειν γὰρ ἔτ᾿ ἔμελλεν ἐπ᾿ ἄλγεά τε στοναχάς τε
40 Τρωσί τε καὶ Δαναοῖσι διὰ κρατερὰς ὑσμίνας·
ἔγρετο δ᾿ ἐξ ὕπνου, θείη δέ μιν ἀμφέχυτ᾿ ὀμφή·
ἕζετο δ᾿ ὀρθωθείς, μαλακὸν δ᾿ ἔνδυνε χιτῶνα,
καλὸν νηγάτεον, περὶ δὲ μέγα βάλλετο φᾶρος·
ποσσὶ δ᾿ ὑπὸ λιπαροῖσιν ἐδήσατο καλὰ πέδιλα,
45 ἀμφὶ δ᾿ ἄρ᾿ ὤμοισιν βάλετο ξίφος ἀργυρόηλον·
εἵλετο δὲ σκῆπτρον πατρώϊον, ἄφθιτον αἰεί·
σὺν τῷ ἔβη κατὰ νῆας Ἀχαιῶν χαλκοχιτώνων.

Agamemnon beruft den Rat der Geronten ein.

Ἠὼς μέν ῥα θεὰ προσεβήσετο μακρὸν Ὄλυμπον,
Ζηνὶ φόως ἐρέουσα καὶ ἄλλοις ἀθανάτοισιν·
50 αὐτὰρ ὁ κηρύκεσσι λιγυφθόγγοισι κέλευσε
κηρύσσειν ἀγορήνδε κάρη κομόωντας Ἀχαιούς·
οἱ μὲν ἐκήρυσσον, τοὶ δ᾿ ἠγείροντο μάλ᾿ ὦκα·
Βουλὴν δὲ πρῶτον μεγαθύμων ἷζε γερόντων
Νεστορέῃ παρὰ νηῒ Πυλοιγενέος βασιλῆος·
55 τοὺς ὅ γε συγκαλέσας πυκινὴν ἀρτύνετο βουλήν·
„κλῦτε, φίλοι· θεῖός μοι ἐνύπνιον ἦλθεν Ὄνειρος
ἀμβροσίην διὰ νύκτα· μάλιστα δὲ Νέστορι δίῳ
εἶδός τε μέγεθός τε φυήν τ᾿ ἄγχιστα ἐῴκει·
στῆ δ᾿ ἄρ᾿ ὑπὲρ κεφαλῆς καί με πρὸς μῦθον ἔειπεν·
60 ,εὕδεις, Ἀτρέος υἱὲ δαΐφρονος ἱπποδάμοιο·
οὐ χρὴ παννύχιον εὕδειν βουληφόρον ἄνδρα,
ᾧ λαοί τ᾿ ἐπιτετράφαται καὶ τόσσα μέμηλε·
νῦν δ᾿ ἐμέθεν ξύνες ὦκα· Διὸς δέ τοι ἄγγελός εἰμι,
ὅς σεῦ ἄνευθεν ἐὼν μέγα κήδεται ἠδ᾿ ἐλεαίρει·
65 θωρῆξαί σε κέλευσε κάρη κομόωντας Ἀχαιοὺς
πανσυδίῃ· νῦν γάρ κεν ἕλοις πόλιν εὐρυάγυιαν
Τρώων· οὐ γὰρ ἔτ᾿ ἀμφὶς Ὀλύμπια δώματ᾿ ἔχοντες
ἀθάνατοι φράζονται· ἐπέγναμψεν γὰρ ἅπαντας
Ἥρη λισσομένη, Τρώεσσι δὲ κήδε᾿ ἐφῆπται
70 ἐκ Διός· ἀλλὰ σὺ σῇσιν ἔχε φρεσίν.‘ ὣς ὁ μὲν εἰπὼν

ᾤχετ' ἀποπτάμενος, ἐμὲ δὲ γλυκὺς ὕπνος ἀνῆκεν.
ἀλλ' ἄγετ', αἴ κέν πως ϑωρήξομεν υἷας Ἀχαιῶν·
πρῶτα δ' ἐγὼν ἔπεσιν πειρήσομαι, ἣ ϑέμις ἐστί,
καὶ φεύγειν σὺν νηυσὶ πολυκλήϊσι κελεύσω·
75 ὑμεῖς δ' ἄλλοϑεν ἄλλος ἐρητύειν ἐπέεσσιν."
   Ἤτοι ὅ γ' ὣς εἰπὼν κατ' ἄρ' ἕζετο, τοῖσι δ' ἀνέστη
Νέστωρ, ὅς ῥα Πύλοιο ἄναξ ἦν ἠμαϑόεντος·
ὅ σφιν ἐϋφρονέων ἀγορήσατο καὶ μετέειπεν·
„ὦ φίλοι, Ἀργείων ἡγήτορες ἠδὲ μέδοντες,
80 εἰ μέν τις τὸν ὄνειρον Ἀχαιῶν ἄλλος ἔνισπε,
ψεῦδός κεν φαῖμεν καὶ νοσφιζοίμεϑα μᾶλλον·
νῦν δ' ἴδεν, ὃς μέγ' ἄριστος Ἀχαιῶν εὔχεται εἶναι·
ἀλλ' ἄγετ', αἴ κέν πως ϑωρήξομεν υἷας Ἀχαιῶν."

Heeresversammlung und Aufbruch zu den Schiffen

   Ὣς ἄρα φωνήσας βουλῆς ἐξ ἦρχε νέεσϑαι,
85 οἱ δ' ἐπανέστησαν πείϑοντό τε ποιμένι λαῶν
σκηπτοῦχοι βασιλῆες· ἐπεσσεύοντο δὲ λαοί.
ἠΰτε ἔϑνεα εἶσι μελισσάων ἀδινάων,
πέτρης ἐκ γλαφυρῆς αἰεὶ νέον ἐρχομενάων·
βοτρυδὸν δὲ πέτονται ἐπ' ἄνϑεσιν εἰαρινοῖσιν·
90 αἱ μέν τ' ἔνϑα ἅλις πεποτήαται, αἱ δέ τε ἔνϑα·
ὣς τῶν ἔϑνεα πολλὰ νεῶν ἄπο καὶ κλισιάων
ἠϊόνος προπάροιϑε βαϑείης ἐστιχόωντο
ἰλαδὸν εἰς ἀγορήν· μετὰ δέ σφισιν Ὄσσα δεδήει
ὀτρύνουσ' ἰέναι, Διὸς ἄγγελος· οἱ δ' ἀγέροντο.
95 τετρήχει δ' ἀγορή, ὑπὸ δὲ στεναχίζετο γαῖα
λαῶν ἱζόντων, ὅμαδος δ' ἦν· ἐννέα δέ σφεας
κήρυκες βοόωντες ἐρήτυον, εἴ ποτ' ἀϋτῆς
σχοίατ', ἀκούσειαν δὲ διοτρεφέων βασιλήων.
σπουδῇ δ' ἕζετο λαός, ἐρήτυϑεν δὲ καϑ' ἕδρας
100 παυσάμενοι κλαγγῆς· ἀνὰ δὲ κρείων Ἀγαμέμνων
ἔστη σκῆπτρον ἔχων, τὸ μὲν Ἥφαιστος κάμε τεύχων.
Ἥφαιστος μὲν δῶκε Διὶ Κρονίωνι ἄνακτι,
αὐτὰρ ἄρα Ζεὺς δῶκε διακτόρῳ ἀργεϊφόντῃ·

Ἑρμείας δὲ ἄναξ δῶκεν Πέλοπι πληξίππῳ,
105 αὐτὰρ ὁ αὖτε Πέλοψ δῶκ' Ἀτρέϊ, ποιμένι λαῶν·
Ἀτρεὺς δὲ ϑνῄσκων ἔλιπεν πολύαρνι Θυέστῃ,
αὐτὰρ ὁ αὖτε Θυέστ' Ἀγαμέμνονι λεῖπε φορῆναι,
πολλῇσιν νήσοισι καὶ Ἄργεϊ παντὶ ἀνάσσειν.
τῷ ὅ γ' ἐρεισάμενος ἔπε' Ἀργείοισι μετηύδα·
110 „ὦ φίλοι ἥρωες Δαναοί, ϑεράποντες Ἄρηος,
Ζεύς με μέγα Κρονίδης ἄτῃ ἐνέδησε βαρείῃ,
σχέτλιος, ὃς πρὶν μέν μοι ὑπέσχετο καὶ κατένευσεν
Ἴλιον ἐκπέρσαντ' εὐτείχεον ἀπονέεσϑαι,
νῦν δὲ κακὴν ἀπάτην βουλεύσατο, καί με κελεύει
115 δυσκλέα Ἄργος ἱκέσϑαι, ἐπεὶ πολὺν ὤλεσα λαόν.
οὕτω που Διὶ μέλλει ὑπερμενέϊ φίλον εἶναι,
ὃς δὴ πολλάων πολίων κατέλυσε κάρηνα
ἠδ' ἔτι καὶ λύσει· τοῦ γὰρ κράτος ἐστὶ μέγιστον.
αἰσχρὸν γὰρ τόδε γ' ἐστὶ καὶ ἐσσομένοισι πυϑέσϑαι,
120 μὰψ οὕτω τοιόνδε τοσόνδε τε λαὸν Ἀχαιῶν
ἄπρηκτον πόλεμον πολεμίζειν ἠδὲ μάχεσϑαι
ἀνδράσι παυροτέροισι, τέλος δ' οὔ πώ τι πέφανται·
εἴ περ γάρ κ' ἐϑέλοιμεν Ἀχαιοί τε Τρῶές τε,
ὅρκια πιστὰ ταμόντες, ἀριϑμηϑήμεναι ἄμφω,
125 Τρῶας μὲν λέξασϑαι, ἐφέστιοι ὅσσοι ἔασιν,
ἡμεῖς δ' ἐς δεκάδας διακοσμηϑεῖμεν Ἀχαιοί,
Τρώων δ' ἄνδρα ἕκαστοι ἑλοίμεϑα οἰνοχοεύειν,
πολλαί κεν δεκάδες δευοίατο οἰνοχόοιο.
τόσσον ἐγώ φημι πλέας ἔμμεναι υἷας Ἀχαιῶν
130 Τρώων, οἳ ναίουσι κατὰ πτόλιν· ἀλλ' ἐπίκουροι
πολλέων ἐκ πολίων ἐγχέσπαλοι ἄνδρες ἔασιν,
οἵ με μέγα πλάζουσι καὶ οὐκ εἰῶσ' ἐϑέλοντα
Ἰλίου ἐκπέρσαι εὖ ναιόμενον πτολίεϑρον.
ἐννέα δὴ βεβάασι Διὸς μεγάλου ἐνιαυτοί,
135 καὶ δὴ δοῦρα σέσηπε νεῶν καὶ σπάρτα λέλυνται·
αἱ δέ που ἡμέτεραί τ' ἄλοχοι καὶ νήπια τέκνα
ἥατ' ἐνὶ μεγάροις ποτιδέγμεναι· ἄμμι δὲ ἔργον
αὔτως ἀκράαντον, οὗ εἵνεκα δεῦρ' ἱκόμεσϑα.

ἀλλ' ἄγευ', ὡς ἂν ἐγὼ εἴπω, πειυώμεθα πάντες·
140 φεύγωμεν σὺν νηυσὶ φίλην ἐς πατρίδα γαῖαν·
οὐ γὰρ ἔτι Τροίην αἱρήσομεν εὐρυάγυιαν."
Ὣς φάτο, τοῖσι δὲ θυμὸν ἐνὶ στήθεσσιν ὄρινε
πᾶσι μετὰ πληθύν, ὅσοι οὐ βουλῆς ἐπάκουσαν·
κινήθη δ' ἀγορὴ φὴ κύματα μακρὰ θαλάσσης,
145 πόντου Ἰκαρίοιο, τὰ μέν τ' Εὖρός τε Νότος τε
ὤρορ' ἐπαΐξας πατρὸς Διὸς ἐκ νεφελάων.
ὡς δ' ὅτε κινήσῃ Ζέφυρος βαθὺ λήϊον ἐλθών,
λάβρος ἐπαιγίζων, ἐπί τ' ἠμύει ἀσταχύεσσιν,
ὣς τῶν πᾶσ' ἀγορὴ κινήθη· τοὶ δ' ἀλαλητῷ
150 νῆας ἔπ' ἐσσεύοντο, ποδῶν δ' ὑπένερθε κονίη
ἵστατ' ἀειρομένη· τοὶ δ' ἀλλήλοισι κέλευον
ἅπτεσθαι νηῶν ἠδ' ἑλκέμεν εἰς ἅλα δῖαν,
οὐρούς τ' ἐξεκάθαιρον· ἀϋτὴ δ' οὐρανὸν ἷκεν
οἴκαδε ἱεμένων· ὑπὸ δ' ᾕρεον ἕρματα νηῶν.

*Auf Bitten Heras veranlasst Athene den Odysseus,
die Davoneilenden noch einmal zu sammeln.*

155 Ἔνθα κεν Ἀργείοισιν ὑπέρμορα νόστος ἐτύχθη,
εἰ μὴ Ἀθηναίην Ἥρη πρὸς μῦθον ἔειπεν·
„ὢ πόποι, αἰγιόχοιο Διὸς τέκος, Ἀτρυτώνη,
οὕτω δὴ οἶκόνδε φίλην ἐς πατρίδα γαῖαν
Ἀργεῖοι φεύξονται ἐπ' εὐρέα νῶτα θαλάσσης,
160 κὰδ δέ κεν εὐχωλὴν Πριάμῳ καὶ Τρωσὶ λίποιεν
Ἀργείην Ἑλένην, ἧς εἵνεκα πολλοὶ Ἀχαιῶν
ἐν Τροίῃ ἀπόλοντο, φίλης ἀπὸ πατρίδος αἴης·
ἀλλ' ἴθι νῦν κατὰ λαὸν Ἀχαιῶν χαλκοχιτώνων·
σοῖς ἀγανοῖς ἐπέεσσιν ἐρήτυε φῶτα ἕκαστον,
165 μηδὲ ἔα νῆας ἅλαδ' ἑλκέμεν ἀμφιελίσσας."
Ὣς ἔφατ', οὐδ' ἀπίθησε θεά, γλαυκῶπις Ἀθήνη,
βῆ δὲ κατ' Οὐλύμποιο καρήνων ἀΐξασα·
καρπαλίμως δ' ἵκανε θοὰς ἐπὶ νῆας Ἀχαιῶν.
εὗρεν ἔπειτ' Ὀδυσῆα, Διὶ μῆτιν ἀτάλαντον,
170 ἑσταότ'. οὐδ' ὅ γε νηὸς ἐϋσσέλμοιο μελαίνης

ἅπτετ', ἐπεί μιν ἄχος κραδίην καὶ θυμὸν ἵκανεν·
ἀγχοῦ δ' ἱσταμένη προσέφη γλαυκῶπις Ἀθήνη·
„διογενὲς Λαερτιάδη, πολυμήχαν' Ὀδυσσεῦ,
οὕτω δὴ οἶκόνδε φίλην ἐς πατρίδα γαῖαν
175 φεύξεσθ' ἐν νήεσσι πολυκλήϊσι πεσόντες,
κὰδ δέ κεν εὐχωλὴν Πριάμῳ καὶ Τρωσὶ λίποιτε
Ἀργείην Ἑλένην, ἧς εἵνεκα πολλοὶ Ἀχαιῶν
ἐν Τροίῃ ἀπόλοντο, φίλης ἀπὸ πατρίδος αἴης;
ἀλλ' ἴθι νῦν κατὰ λαὸν Ἀχαιῶν, μηδ' ἔτ' ἐρώει,
180 σοῖς δ' ἀγανοῖς ἐπέεσσιν ἐρήτυε φῶτα ἕκαστον,
μηδὲ ἔα νῆας ἅλαδ' ἑλκέμεν ἀμφιελίσσας."

Ὣς φάθ', ὁ δὲ ξυνέηκε θεᾶς ὄπα φωνησάσης,
βῆ δὲ θέειν, ἀπὸ δὲ χλαῖναν βάλε· τὴν δὲ κόμισσε
κῆρυξ Εὐρυβάτης Ἰθακήσιος, ὅς οἱ ὀπήδει·
185 αὐτὸς δ' Ἀτρεΐδεω Ἀγαμέμνονος ἀντίος ἐλθὼν
δέξατό οἱ σκῆπτρον πατρώϊον, ἄφθιτον αἰεί·
σὺν τῷ ἔβη κατὰ νῆας Ἀχαιῶν χαλκοχιτώνων.

Ὅν τινα μὲν βασιλῆα καὶ ἔξοχον ἄνδρα κιχείη,
τὸν δ' ἀγανοῖς ἐπέεσσιν ἐρητύσασκε παραστάς·
190 „δαιμόνι', οὔ σε ἔοικε κακὸν ὣς δειδίσσεσθαι,
ἀλλ' αὐτός τε κάθησο καὶ ἄλλους ἵδρυε λαούς·
οὐ γάρ πω σάφα οἶσθ', οἷος νόος Ἀτρεΐωνος·
νῦν μὲν πειρᾶται, τάχα δ' ἴψεται υἷας Ἀχαιῶν.
ἐν βουλῇ δ' οὐ πάντες ἀκούσαμεν, οἷον ἔειπε;
195 μή τι χολωσάμενος ῥέξῃ κακὸν υἷας Ἀχαιῶν·
θυμὸς δὲ μέγας ἐστὶ διοτρεφέων βασιλήων,
τιμὴ δ' ἐκ Διός ἐστι, φιλεῖ δέ ἑ μητίετα Ζεύς."

Ὅν δ' αὖ δήμου τ' ἄνδρα ἴδοι βοόωντά τ' ἐφεύροι,
τὸν σκήπτρῳ ἐλάσασκεν ὁμοκλήσασκέ τε μύθῳ·
200 „δαιμόνι', ἀτρέμας ἧσο καὶ ἄλλων μῦθον ἄκουε,
οἳ σέο φέρτεροί εἰσι, σὺ δ' ἀπτόλεμος καὶ ἄναλκις,
οὔτε ποτ' ἐν πολέμῳ ἐναρίθμιος οὔτ' ἐνὶ βουλῇ.
οὐ μέν πως πάντες βασιλεύσομεν ἐνθάδ' Ἀχαιοί·
οὐκ ἀγαθὸν πολυκοιρανίη· εἷς κοίρανος ἔστω,

εἷς βασιλεύς, ᾧ δῶκε Κρόνου πάϊς ἀγκυλομήτεω
σκῆπτρόν τ' ἠδὲ θέμιστας, ἵνα σφίσι βουλεύῃσι."
Ὣς ὅ γε κοιρανέων δίεπε στρατόν· οἱ δ' ἀγορήνδε
αὖτις ἐπεσσεύοντο νεῶν ἄπο καὶ κλισιάων
ἠχῇ, ὡς ὅτε κῦμα πολυφλοίσβοιο θαλάσσης
αἰγιαλῷ μεγάλῳ βρέμεται, σμαραγεῖ δέ τε πόντος.

Schmährede des Thersites und seine Züchtigung durch Odysseus

Ἄλλοι μέν ῥ' ἕζοντο, ἐρήτυθεν δὲ καθ' ἕδρας·
Θερσίτης δ' ἔτι μοῦνος ἀμετροεπὴς ἐκολῴα,
ὃς ἔπεα φρεσὶ ᾗσιν ἄκοσμά τε πολλά τε ᾔδη,
μάψ, ἀτὰρ οὐ κατὰ κόσμον, ἐριζέμεναι βασιλεῦσιν,
ἀλλ' ὅ τι οἱ εἴσαιτο γελοίϊον Ἀργείοισιν
ἔμμεναι· αἴσχιστος δὲ ἀνὴρ ὑπὸ Ἴλιον ἦλθε·
φολκὸς ἔην, χωλὸς δ' ἕτερον πόδα· τὼ δέ οἱ ὤμω
κυρτώ, ἐπὶ στῆθος συνοχωκότε· αὐτὰρ ὕπερθε
φοξὸς ἔην κεφαλήν, ψεδνὴ δ' ἐπενήνοθε λάχνη.
ἔχθιστος δ' Ἀχιλῆϊ μάλιστ' ἦν ἠδ' Ὀδυσῆϊ·
τὼ γὰρ νεικείεσκε· τότ' αὖτ' Ἀγαμέμνονι δίῳ
ὀξέα κεκληγὼς λέγ' ὀνείδεα· τῷ δ' ἄρ' Ἀχαιοὶ
ἐκπάγλως κοτέοντο νεμέσσηθέν τ' ἐνὶ θυμῷ.
αὐτὰρ ὁ μακρὰ βοῶν Ἀγαμέμνονα νείκεε μύθῳ·
„Ἀτρεΐδη, τέο δὴ αὖτ' ἐπιμέμφεαι ἠδὲ χατίζεις;
πλεῖαί τοι χαλκοῦ κλισίαι, πολλαὶ δὲ γυναῖκες
εἰσὶν ἐνὶ κλισίῃς ἐξαίρετοι, ἅς τοι Ἀχαιοὶ
πρωτίστῳ δίδομεν, εὖτ' ἂν πτολίεθρον ἕλωμεν.
ἦ ἔτι καὶ χρυσοῦ ἐπιδεύεαι, ὅν κέ τις οἴσει
Τρώων ἱπποδάμων ἐξ Ἰλίου υἷος ἄποινα,
ὅν κεν ἐγὼ δήσας ἀγάγω ἢ ἄλλος Ἀχαιῶν,
ἠὲ γυναῖκα νέην, ἵνα μίσγεαι ἐν φιλότητι,
ἥν τ' αὐτὸς ἀπονόσφι κατίσχεαι; οὐ μὲν ἔοικεν
ἀρχὸν ἐόντα κακῶν ἐπιβασκέμεν υἷας Ἀχαιῶν.
ὦ πέπονες, κάκ' ἐλέγχε', Ἀχαιΐδες, οὐκέτ' Ἀχαιοί,
οἴκαδέ περ σὺν νηυσὶ νεώμεθα, τόνδε δ' ἐῶμεν
αὐτοῦ ἐνὶ Τροίῃ γέρα πεσσέμεν, ὄφρα ἴδηται
ἤ ῥά τί οἱ χἠμεῖς προσαμύνομεν, ἦε καὶ οὐκί·

ὃς καὶ νῦν Ἀχιλῆα, ἕο μέγ' ἀμείνονα φῶτα,
240 ἠτίμησεν· ἑλὼν γὰρ ἔχει γέρας, αὐτὸς ἀπούρας.
ἀλλὰ μάλ' οὐκ Ἀχιλῆϊ χόλος φρεσίν, ἀλλὰ μεθήμων·
ἦ γὰρ ἄν, Ἀτρεΐδη, νῦν ὕστατα λωβήσαιο."
  Ὣς φάτο νεικείων Ἀγαμέμνονα, ποιμένα λαῶν,
Θερσίτης· τῷ δ' ὦκα παρίστατο δῖος Ὀδυσσεύς,
245 καί μιν ὑπόδρα ἰδὼν χαλεπῷ ἠνίπαπε μύθῳ·
„Θερσῖτ' ἀκριτόμυθε, λιγύς περ ἐὼν ἀγορητής,
ἴσχεο, μηδ' ἔθελ' οἶος ἐριζέμεναι βασιλεῦσιν·
οὐ γὰρ ἐγὼ σέο φημὶ χερειότερον βροτὸν ἄλλον
ἔμμεναι, ὅσσοι ἅμ' Ἀτρεΐδης ὑπὸ Ἴλιον ἦλθον.
250 τῶ οὐκ ἂν βασιλῆας ἀνὰ στόμ' ἔχων ἀγορεύοις,
καί σφιν ὀνείδεά τε προφέροις, νόστον τε φυλάσσοις.
οὐδέ τί πω σάφα ἴδμεν, ὅπως ἔσται τάδε ἔργα,
ἢ εὖ ἦε κακῶς νοστήσομεν υἷες Ἀχαιῶν.
τῶ νῦν Ἀτρεΐδῃ Ἀγαμέμνονι, ποιμένι λαῶν,
255 ἧσαι ὀνειδίζων, ὅτι οἱ μάλα πολλὰ διδοῦσιν
ἥρωες Δαναοί· σὺ δὲ κερτομέων ἀγορεύεις.
ἀλλ' ἔκ τοι ἐρέω, τὸ δὲ καὶ τετελεσμένον ἔσται·
εἴ κ' ἔτι σ' ἀφραίνοντα κιχήσομαι, ὥς νύ περ ὧδε,
μηκέτ' ἔπειτ' Ὀδυσῆϊ κάρη ὤμοισιν ἐπείη,
260 μηδ' ἔτι Τηλεμάχοιο πατὴρ κεκλημένος εἴην,
εἰ μὴ ἐγώ σε λαβὼν ἀπὸ μὲν φίλα εἵματα δύσω,
χλαῖνάν τ' ἠδὲ χιτῶνα, τά τ' αἰδῶ ἀμφικαλύπτει,
αὐτὸν δὲ κλαίοντα θοὰς ἐπὶ νῆας ἀφήσω
πεπληγὼν ἀγορῆθεν ἀεικέσσι πληγῇσιν."
265   Ὣς ἄρ' ἔφη, σκήπτρῳ δὲ μετάφρενον ἠδὲ καὶ ὤμω
πλῆξεν· ὁ δ' ἰδνώθη, θαλερὸν δέ οἱ ἔκπεσε δάκρυ·
σμῶδιξ δ' αἱματόεσσα μεταφρένου ἐξυπανέστη
σκήπτρου ὕπο χρυσέου· ὁ δ' ἄρ' ἕζετο τάρβησέν τε,
ἀλγήσας δ' ἀχρεῖον ἰδὼν ἀπομόρξατο δάκρυ.
270 οἱ δὲ καὶ ἀχνύμενοί περ ἐπ' αὐτῷ ἡδὺ γέλασσαν·
ὧδε δέ τις εἴπεσκεν ἰδὼν ἐς πλησίον ἄλλον·
„ὦ πόποι, ἦ δὴ μυρί' Ὀδυσσεὺς ἐσθλὰ ἔοργε

βουλάς τ' ἐξάρχων ἀγαθὰς πόλεμόν τε κορύσσων·
νῦν δὲ τόδε μέγ' ἄριστον ἐν Ἀργείοισιν ἔρεξεν,
275 ὃς τὸν λωβητῆρα ἐπεσβόλον ἔσχ' ἀγοράων.
οὔ θήν μιν πάλιν αὖτις ἀνήσει θυμὸς ἀγήνωρ
νεικείειν βασιλῆας ὀνειδείοις ἐπέεσσιν."

Zum Inhalt von 278-877 siehe Einleitung S. 36f.

Gesang Γ

ΟΡΚΟΙ. ΤΕΙΧΟΣΚΟΠΙΑ.
ΑΛΕΞΑΝΔΡΟΥ ΚΑΙ ΜΕΝΕΛΑΟΥ ΜΟΝΟΜΑΧΙΑ

*Paris erklärt sich Hektor gegenüber zu einem Zweikampf
mit Menelaos um Helena bereit.*

Αὐτὰρ ἐπεὶ κόσμηθεν ἅμ' ἡγεμόνεσσιν ἕκαστοι,
Τρῶες μὲν κλαγγῇ τ' ἐνοπῇ τ' ἴσαν, ὄρνιθες ὥς,
ἠΰτε περ κλαγγὴ γεράνων πέλει οὐρανόθι πρό,
αἵ τ' ἐπεὶ οὖν χειμῶνα φύγον καὶ ἀθέσφατον ὄμβρον,
5 κλαγγῇ ταί γε πέτονται ἐπ' Ὠκεανοῖο ῥοάων,
ἀνδράσι Πυγμαίοισι φόνον καὶ κῆρα φέρουσαι·
ἠέριαι δ' ἄρα ταί γε κακὴν ἔριδα προφέρονται·
οἱ δ' ἄρ' ἴσαν σιγῇ μένεα πνείοντες Ἀχαιοί,
ἐν θυμῷ μεμαῶτες ἀλεξέμεν ἀλλήλοισιν.
10 Εὖτ' ὄρεος κορυφῇσι Νότος κατέχευεν ὀμίχλην,
ποιμέσιν οὔ τι φίλην, κλέπτῃ δέ τε νυκτὸς ἀμείνω,
τόσσον τίς τ' ἐπιλεύσσει, ὅσον τ' ἐπὶ λᾶαν ἵησιν·
ὣς ἄρα τῶν ὑπὸ ποσσὶ κονίσαλος ὄρνυτ' ἀελλὴς
ἐρχομένων· μάλα δ' ὦκα διέπρησσον πεδίοιο.
15 Οἱ δ' ὅτε δὴ σχεδὸν ἦσαν ἐπ' ἀλλήλοισιν ἰόντες,
Τρωσὶν μὲν προμάχιζεν Ἀλέξανδρος θεοειδής,
παρδαλέην ὤμοισιν ἔχων καὶ καμπύλα τόξα
καὶ ξίφος· αὐτὰρ δοῦρε δύω κεκορυθμένα χαλκῷ
πάλλων Ἀργείων προκαλίζετο πάντας ἀρίστους

ἀντίβιον μαχέσασθαι ἐν αἰνῇ δηϊοτῆτι.
  Τὸν δ' ὡς οὖν ἐνόησεν ἀρηΐφιλος Μενέλαος
ἐρχόμενον προπάροιθεν ὁμίλου μακρὰ βιβάντα,
ὥς τε λέων ἐχάρη μεγάλῳ ἐπὶ σώματι κύρσας,
εὑρὼν ἢ ἔλαφον κεραὸν ἢ ἄγριον αἶγα
πεινάων· μάλα γάρ τε κατεσθίει, εἴ περ ἂν αὐτὸν
σεύωνται ταχέες τε κύνες θαλεροί τ' αἰζηοί·
ὣς ἐχάρη Μενέλαος Ἀλέξανδρον θεοειδέα
ὀφθαλμοῖσιν ἰδών· φάτο γὰρ τείσεσθαι ἀλείτην·
αὐτίκα δ' ἐξ ὀχέων σὺν τεύχεσιν ἆλτο χαμᾶζε.
  Τὸν δ' ὡς οὖν ἐνόησεν Ἀλέξανδρος θεοειδὴς
ἐν προμάχοισι φανέντα, κατεπλήγη φίλον ἦτορ,
ἂψ δ' ἑτάρων εἰς ἔθνος ἐχάζετο κῆρ' ἀλεείνων.
ὡς δ' ὅτε τίς τε δράκοντα ἰδὼν παλίνορσος ἀπέστη
οὔρεος ἐν βήσσῃς, ὑπό τε τρόμος ἔλλαβε γυῖα,
ἂψ δ' ἀνεχώρησεν, ὦχρός τέ μιν εἷλε παρειάς,
ὣς αὖτις καθ' ὅμιλον ἔδυ Τρώων ἀγερώχων
δείσας Ἀτρέος υἱὸν Ἀλέξανδρος θεοειδής.
  Τὸν δ' Ἕκτωρ νείκεσσεν ἰδὼν αἰσχροῖς ἐπέεσσι·
„Δύσπαρι, εἶδος ἄριστε, γυναιμανές, ἠπεροπευτά,
αἴθ' ὄφελες ἄγονός τ' ἔμεναι ἄγαμός τ' ἀπολέσθαι·
καί κε τὸ βουλοίμην, καί κεν πολὺ κέρδιον ἦεν
ἢ οὕτω λώβην τ' ἔμεναι καὶ ὑπόψιον ἄλλων.
ἦ που καγχαλόωσι κάρη κομόωντες Ἀχαιοί,
φάντες ἀριστῆα πρόμον ἔμμεναι, οὕνεκα καλὸν
εἶδος ἔπ', ἀλλ' οὐκ ἔστι βίη φρεσὶν οὐδέ τις ἀλκή.
ἦ τοιόσδε ἐὼν ἐν ποντοπόροισι νέεσσι
πόντον ἐπιπλώσας, ἑτάρους ἐρίηρας ἀγείρας,
μιχθεὶς ἀλλοδαποῖσι γυναῖκ' εὐειδέ' ἀνῆγες
ἐξ ἀπίης γαίης, νυὸν ἀνδρῶν αἰχμητάων,
πατρί τε σῷ μέγα πῆμα πόληΐ τε παντί τε δήμῳ,
δυσμενέσιν μὲν χάρμα, κατηφείην δὲ σοὶ αὐτῷ;
οὐκ ἂν δὴ μείνειας ἀρηΐφιλον Μενέλαον;
γνοίης χ', οἵου φωτὸς ἔχεις θαλερὴν παράκοιτιν·
οὐκ ἄν τοι χραίσμῃ κίθαρις τά τε δῶρ' Ἀφροδίτης,

ἥ τε κόμη τό τε εἶδος, ὅτ' ἐν κονίῃσι μιγείης.
ἀλλὰ μάλα Τρῶες δειδήμονες· ἦ τέ κεν ἤδη
λάϊνον ἕσσο χιτῶνα κακῶν ἔνεχ', ὅσσα ἔοργας."
  Τὸν δ' αὖτε προσέειπεν Ἀλέξανδρος θεοειδής·
„Ἕκτορ, ἐπεί με κατ' αἶσαν ἐνείκεσας οὐδ' ὑπὲρ αἶσαν, -
αἰεί τοι κραδίη πέλεκυς ὥς ἐστιν ἀτειρής,
ὅς τ' εἶσιν διὰ δουρὸς ὑπ' ἀνέρος, ὅς ῥά τε τέχνῃ
νήϊον ἐκτάμνῃσιν, ὀφέλλει δ' ἀνδρὸς ἐρωήν·
ὣς σοὶ ἐνὶ στήθεσσιν ἀτάρβητος νόος ἐστί· -
μή μοι δῶρ' ἐρατὰ πρόφερε χρυσέης Ἀφροδίτης·
οὔ τοι ἀπόβλητ' ἐστὶ θεῶν ἐρικυδέα δῶρα,
ὅσσα κεν αὐτοὶ δῶσιν, ἑκὼν δ' οὐκ ἄν τις ἕλοιτο·
νῦν αὖτ' εἴ μ' ἐθέλεις πολεμίζειν ἠδὲ μάχεσθαι,
ἄλλους μὲν κάθισον Τρῶας καὶ πάντας Ἀχαιούς,
αὐτὰρ ἔμ' ἐν μέσσῳ καὶ ἀρηΐφιλον Μενέλαον
συμβάλετ' ἀμφ' Ἑλένῃ καὶ κτήμασι πᾶσι μάχεσθαι·
ὁππότερος δέ κε νικήσῃ κρείσσων τε γένηται,
κτήμαθ' ἑλὼν εὖ πάντα γυναῖκά τε οἴκαδ' ἀγέσθω·
οἱ δ' ἄλλοι φιλότητα καὶ ὅρκια πιστὰ ταμόντες
ναίοιτε Τροίην ἐριβώλακα, τοὶ δὲ νεέσθων
Ἄργος ἐς ἱππόβοτον καὶ Ἀχαιΐδα καλλιγύναικα."

*Hektor teilt den Griechen den Vorschlag des Paris mit,
und Menelaos nimmt den Zweikampf an.*

  Ὣς ἔφαθ', Ἕκτωρ δ' αὖτε χάρη μέγα μῦθον ἀκούσας,
καί ῥ' ἐς μέσσον ἰὼν Τρώων ἀνέεργε φάλαγγας,
μέσσου δουρὸς ἑλών· τοὶ δ' ἱδρύνθησαν ἅπαντες.
τῷ δ' ἐπετοξάζοντο κάρη κομόωντες Ἀχαιοὶ
ἰοῖσίν τε τιτυσκόμενοι λάεσσί τ' ἔβαλλον·
αὐτὰρ ὁ μακρὸν ἄϋσεν ἄναξ ἀνδρῶν Ἀγαμέμνων·
„ἴσχεσθ', Ἀργεῖοι, μὴ βάλλετε, κοῦροι Ἀχαιῶν·
στεῦται γάρ τι ἔπος ἐρέειν κορυθαίολος Ἕκτωρ."
  Ὣς ἔφαθ', οἱ δ' ἔσχοντο μάχης ἄνεῴ τ' ἐγένοντο
ἐσσυμένως· Ἕκτωρ δὲ μετ' ἀμφοτέροισιν ἔειπε·

„κέκλυτέ μευ, Τρῶες καὶ ἐϋκνήμιδες Ἀχαιοί,
μῦϑον Ἀλεξάνδροιο, τοῦ εἵνεκα νεῖκος ὄρωρεν.
ἄλλους μὲν κέλεται Τρῶας καὶ πάντας Ἀχαιοὺς
τεύχεα κάλ' ἀποϑέσϑαι ἐπὶ χϑονὶ πουλυβοτείρῃ,
90 αὐτὸν δ' ἐν μέσσῳ καὶ ἀρηΐφιλον Μενέλαον
οἴους ἀμφ' Ἑλένῃ καὶ κτήμασι πᾶσι μάχεσϑαι.
ὁππότερος δέ κε νικήσῃ κρείσσων τε γένηται,
κτήμαϑ' ἑλὼν εὖ πάντα γυναῖκά τε οἴκαδ' ἀγέσϑω·
οἱ δ' ἄλλοι φιλότητα καὶ ὅρκια πιστὰ τάμωμεν."
95 Ὣς ἔφαϑ', οἱ δ' ἄρα πάντες ἀκὴν ἐγένοντο σιωπῇ·
τοῖσι δὲ καὶ μετέειπε βοὴν ἀγαϑὸς Μενέλαος·
„κέκλυτε νῦν καὶ ἐμεῖο· μάλιστα γὰρ ἄλγος ἱκάνει
ϑυμὸν ἐμόν, φρονέω δὲ διακρινϑήμεναι ἤδη
Ἀργείους καὶ Τρῶας, ἐπεὶ κακὰ πολλὰ πέπασϑε
100 εἵνεκ' ἐμῆς ἔριδος καὶ Ἀλεξάνδρου ἕνεκ' ἀρχῆς·
ἡμέων δ' ὁπποτέρῳ ϑάνατος καὶ μοῖρα τέτυκται,
τεϑναίη· ἄλλοι δὲ διακρινϑεῖτε τάχιστα.
οἴσετε ἄρν', ἕτερον λευκόν, ἑτέρην δὲ μέλαιναν,
Γῇ τε καὶ Ἡελίῳ· Διὶ δ' ἡμεῖς οἴσομεν ἄλλον·
105 ἄξετε δὲ Πριάμοιο βίην, ὄφρ' ὅρκια τάμνῃ
αὐτός, ἐπεί οἱ παῖδες ὑπερφίαλοι καὶ ἄπιστοι,
μή τις ὑπερβασίῃ Διὸς ὅρκια δηλήσηται.
αἰεὶ δ' ὁπλοτέρων ἀνδρῶν φρένες ἠερέϑονται·
οἷς δ' ὁ γέρων μετέῃσιν, ἅμα πρόσσω καὶ ὀπίσσω
110 λεύσσει, ὅπως ὄχ' ἄριστα μετ' ἀμφοτέροισι γένηται."
Ὣς ἔφαϑ', οἱ δ' ἐχάρησαν Ἀχαιοί τε Τρῶές τε
ἐλπόμενοι παύσασϑαι ὀϊζυροῦ πολέμοιο.
καί ῥ' ἵππους μὲν ἔρυξαν ἐπὶ στίχας, ἐκ δ' ἔβαν αὐτοί,
τεύχεά τ' ἐξεδύοντο· τὰ μὲν κατέϑεντ' ἐπὶ γαίῃ
115 πλησίον ἀλλήλων, ὀλίγη δ' ἦν ἀμφὶς ἄρουρα·
Ἕκτωρ δὲ προτὶ ἄστυ δύω κήρυκας ἔπεμπε
καρπαλίμως ἄρνας τε φέρειν Πρίαμόν τε καλέσσαι·
αὐτὰρ ὁ Ταλϑύβιον προΐει κρείων Ἀγαμέμνων
νῆας ἔπι γλαφυρὰς ἰέναι, ἠδ' ἄρν' ἐκέλευεν
120 οἰσέμεναι· ὁ δ' ἄρ' οὐκ ἀπίϑησ' Ἀγαμέμνονι δίῳ.

Mauerschau (sog. Teichoskopie):
Helena zeigt und schildert dem Priamos vom Skäischen Tor aus
die Haupthelden der Griechen.

Ἶρις δ' αὖϑ' Ἑλένῃ λευκωλένῳ ἄγγελος ἦλϑεν,
εἰδομένη γαλόῳ, Ἀντηνορίδαο δάμαρτι,
τὴν Ἀντηνορίδης εἶχε κρείων Ἑλικάων,
Λαοδίκην, Πριάμοιο ϑυγατρῶν εἶδος ἀρίστην.
125 τὴν δ' εὗρ' ἐν μεγάρῳ· ἡ δὲ μέγαν ἱστὸν ὕφαινε,
δίπλακα πορφυρέην, πολέας δ' ἐνέπασσεν ἀέϑλους
Τρώων ϑ' ἱπποδάμων καὶ Ἀχαιῶν χαλκοχιτώνων,
οὓς ἔϑεν εἵνεκ' ἔπασχον ὑπ' Ἄρηος παλαμάων·
ἀγχοῦ δ' ἱσταμένη προσέφη πόδας ὠκέα Ἶρις·
130 „δεῦρ' ἴϑι, νύμφα φίλη, ἵνα ϑέσκελα ἔργα ἴδηαι
Τρώων ϑ' ἱπποδάμων καὶ Ἀχαιῶν χαλκοχιτώνων·
οἳ πρὶν ἐπ' ἀλλήλοισι φέρον πολύδακρυν Ἄρηα
ἐν πεδίῳ, ὀλοοῖο λιλαιόμενοι πολέμοιο,
οἱ δὴ νῦν ἕαται σιγῇ, πόλεμος δὲ πέπαυται,
135 ἀσπίσι κεκλιμένοι, παρὰ δ' ἔγχεα μακρὰ πέπηγεν.
αὐτὰρ Ἀλέξανδρος καὶ ἀρηΐφιλος Μενέλαος
μακρῇς ἐγχείῃσι μαχήσονται περὶ σεῖο·
τῷ δέ κε νικήσαντι φίλη κεκλήσῃ ἄκοιτις."
Ὣς εἰποῦσα ϑεὰ γλυκὺν ἵμερον ἔμβαλε ϑυμῷ
140 ἀνδρός τε προτέρου καὶ ἄστεος ἠδὲ τοκήων·
αὐτίκα δ' ἀργεννῇσι καλυψαμένη ὀϑόνῃσιν
ὁρμᾶτ' ἐκ ϑαλάμοιο τέρεν κατὰ δάκρυ χέουσα,
οὐκ οἴη, ἅμα τῇ γε καὶ ἀμφίπολοι δύ' ἕποντο,
Αἴϑρη, Πιτϑῆος ϑυγάτηρ, Κλυμένη τε βοῶπις·
145 αἶψα δ' ἔπειϑ' ἵκανον, ὅϑι Σκαιαὶ πύλαι ἦσαν.
Οἱ δ' ἀμφὶ Πρίαμον καὶ Πάνϑοον ἠδὲ Θυμοίτην
Λάμπον τε Κλυτίον ϑ' Ἱκετάονά τ', ὄζον Ἄρηος,
Οὐκαλέγων τε καὶ Ἀντήνωρ, πεπνυμένω ἄμφω,
ἥατο δημογέροντες ἐπὶ Σκαιῇσι πύλῃσι,
150 γήραϊ δὴ πολέμοιο πεπαυμένοι, ἀλλ' ἀγορηταὶ
ἐσϑλοί, τεττίγεσσιν ἐοικότες, οἵ τε καϑ' ὕλην

δενδρέῳ ἐφεζόμενοι ὄπα λειριόεσσαν ἱεῖσι·
τοῖοι ἄρα Τρώων ἡγήτορες ἧντ' ἐπὶ πύργῳ.
οἱ δ' ὡς οὖν εἴδονθ' Ἑλένην ἐπὶ πύργον ἰοῦσαν,
155 ἧκα πρὸς ἀλλήλους ἔπεα πτερόεντ' ἀγόρευον·
„οὐ νέμεσις Τρῶας καὶ ἐϋκνήμιδας Ἀχαιοὺς
τοιῇδ' ἀμφὶ γυναικὶ πολὺν χρόνον ἄλγεα πάσχειν·
αἰνῶς ἀθανάτῃσι θεῇς εἰς ὦπα ἔοικεν·
ἀλλὰ καὶ ὣς τοίη περ ἐοῦσ' ἐν νηυσὶ νεέσθω,
160 μηδ' ἡμῖν τεκέεσσί τ' ὀπίσσω πῆμα λίποιτο."
    Ὣς ἄρ' ἔφαν, Πρίαμος δ' Ἑλένην ἐκαλέσσατο φωνῇ·
„δεῦρο πάροιθ' ἐλθοῦσα, φίλον τέκος, ἵζευ ἐμεῖο,
ὄφρα ἴδῃ πρότερόν τε πόσιν πηούς τε φίλους τε –
οὔ τί μοι αἰτίη ἐσσί, θεοί νύ μοι αἴτιοί εἰσιν,
165 οἵ μοι ἐφώρμησαν πόλεμον πολύδακρυν Ἀχαιῶν –
ὥς μοι καὶ τόνδ' ἄνδρα πελώριον ἐξονομήνῃς,
ὅς τις ὅδ' ἐστὶν Ἀχαιὸς ἀνὴρ ἠΰς τε μέγας τε.
ἤτοι μὲν κεφαλῇ καὶ μείζονες ἄλλοι ἔασι,
καλὸν δ' οὕτω ἐγὼν οὔ πω ἴδον ὀφθαλμοῖσιν,
170 οὐδ' οὕτω γεραρόν· βασιλῆϊ γὰρ ἀνδρὶ ἔοικε."
    Τὸν δ' Ἑλένη μύθοισιν ἀμείβετο, δῖα γυναικῶν·
„αἰδοῖός τέ μοί ἐσσι, φίλε ἑκυρέ, δεινός τε·
ὡς ὄφελεν θάνατός μοι ἁδεῖν κακός, ὁππότε δεῦρο
υἱέϊ σῷ ἑπόμην, θάλαμον γνωτούς τε λιποῦσα
175 παῖδά τε τηλυγέτην καὶ ὁμηλικίην ἐρατεινήν.
ἀλλὰ τά γ' οὐκ ἐγένοντο· τὸ καὶ κλαίουσα τέτηκα.
τοῦτο δέ τοι ἐρέω, ὅ μ' ἀνείρεαι ἠδὲ μεταλλᾷς·
οὗτός γ' Ἀτρεΐδης εὐρὺ κρείων Ἀγαμέμνων,
ἀμφότερον βασιλεύς τ' ἀγαθὸς κρατερός τ' αἰχμητής·
180 δαὴρ αὖτ' ἐμὸς ἔσκε κυνώπιδος, εἴ ποτ' ἔην γε."
    Ὣς φάτο, τὸν δ' ὁ γέρων ἠγάσσατο φώνησέν τε·
„ὦ μάκαρ Ἀτρεΐδη, μοιρηγενές, ὀλβιόδαιμον,
ἦ ῥά νύ τοι πολλοὶ δεδμήατο κοῦροι Ἀχαιῶν.
ἤδη καὶ Φρυγίην εἰσήλυθον ἀμπελόεσσαν,
185 ἔνθα ἴδον πλείστους Φρύγας ἀνέρας αἰολοπώλους,
λαοὺς Ὀτρῆος καὶ Μυγδόνος ἀντιθέοιο,
οἵ ῥα τότ' ἐστρατόωντο παρ' ὄχθας Σαγγαρίοιο·

καὶ γὰρ ἐγὼν ἐπίκουρος ἐὼν μετὰ τοῖσιν ἐλέχϑην
ἤματι τῷ, ὅτε τ' ἤλϑον Ἀμαζόνες ἀντιάνειραι·
190 ἀλλ' οὐδ' οἳ τόσοι ἦσαν, ὅσοι ἑλίκωπες Ἀχαιοί."
Δεύτερον αὖτ' Ὀδυσῆα ἰδὼν ἐρέειν' ὁ γεραιός·
„εἴπ' ἄγε μοι καὶ τόνδε, φίλον τέκος, ὅς τις ὅδ' ἐστί·
μείων μὲν κεφαλῇ Ἀγαμέμνονος Ἀτρεΐδαο,
εὐρύτερος δ' ὤμοισιν ἰδὲ στέρνοισιν ἰδέσϑαι.
195 τεύχεα μέν οἱ κεῖται ἐπὶ χϑονὶ πουλυβοτείρῃ,
αὐτὸς δὲ κτίλος ὣς ἐπιπωλεῖται στίχας ἀνδρῶν·
ἀρνειῷ μιν ἔγωγε ἐΐσκω πηγεσιμάλλῳ,
ὅς τ' οἰῶν μέγα πῶϋ διέρχεται ἀργεννάων."
Τὸν δ' ἠμείβετ' ἔπειϑ' Ἑλένη Διὸς ἐκγεγαυῖα·
200 „οὗτος δ' αὖ Λαερτιάδης πολύμητις Ὀδυσσεύς,
ὃς τράφη ἐν δήμῳ Ἰϑάκης κραναῆς περ ἐούσης
εἰδὼς παντοίους τε δόλους καὶ μήδεα πυκνά."
Τὴν δ' αὖτ' Ἀντήνωρ πεπνυμένος ἀντίον ηὔδα·
„ὦ γύναι, ἦ μάλα τοῦτο ἔπος νημερτὲς ἔειπες·
205 ἤδη γὰρ καὶ δεῦρό ποτ' ἤλυϑε δῖος Ὀδυσσεὺς
σεῦ ἕνεκ' ἀγγελίης σὺν ἀρηϊφίλῳ Μενελάῳ·
τοὺς δ' ἐγὼ ἐξείνισσα καὶ ἐν μεγάροισι φίλησα,
ἀμφοτέρων δὲ φυὴν ἐδάην καὶ μήδεα πυκνά.
ἀλλ' ὅτε δὴ Τρώεσσιν ἐν ἀγρομένοισιν ἔμιχϑεν,
210 στάντων μὲν Μενέλαος ὑπείρεχεν εὐρέας ὤμους,
ἄμφω δ' ἑζομένω γεραρώτερος ἦεν Ὀδυσσεύς·
ἀλλ' ὅτε δὴ μύϑους καὶ μήδεα πᾶσιν ὕφαινον,
ἤτοι μὲν Μενέλαος ἐπιτροχάδην ἀγόρευε,
παῦρα μέν, ἀλλὰ μάλα λιγέως, ἐπεὶ οὐ πολύμυϑος
215 οὐδ' ἀφαμαρτοεπής· ἦ καὶ γένει ὕστερος ἦεν.
ἀλλ' ὅτε δὴ πολύμητις ἀναΐξειεν Ὀδυσσεύς,
στάσκεν, ὑπαὶ δὲ ἴδεσκε κατὰ χϑονὸς ὄμματα πήξας,
σκῆπτρον δ' οὔτ' ὀπίσω οὔτε προπρηνὲς ἐνώμα,
ἀλλ' ἀστεμφὲς ἔχεσκεν, ἀΐδρεϊ φωτὶ ἐοικώς·
220 φαίης κε ζάκοτόν τέ τιν' ἔμμεναι ἄφρονά τ' αὔτως.
ἀλλ' ὅτε δὴ ὄπα τε μεγάλην ἐκ στήϑεος εἵη

καὶ ἔπεα νιφάδεσσιν ἐοικότα χειμερίῃσιν,
οὐκ ἂν ἔπειτ' Ὀδυσῆΐ γ' ἐρίσσειε βροτὸς ἄλλος·
οὐ τότε γ' ὧδ' Ὀδυσῆος ἀγασσάμεθ' εἶδος ἰδόντες."
225 Τὸ τρίτον αὖτ' Αἴαντα ἰδὼν ἐρέειν' ὁ γεραιός·
„τίς τ' ἄρ' ὅδ' ἄλλος Ἀχαιὸς ἀνὴρ ἠΰς τε μέγας τε,
ἔξοχος Ἀργείων κεφαλήν τε καὶ εὐρέας ὤμους;"
Τὸν δ' Ἑλένη τανύπεπλος ἀμείβετο, δῖα γυναικῶν·
„οὗτος δ' Αἴας ἐστὶ πελώριος, ἕρκος Ἀχαιῶν·
230 Ἰδομενεὺς δ' ἑτέρωθεν ἐνὶ Κρήτεσσι θεὸς ὣς
ἕστηκ', ἀμφὶ δέ μιν Κρητῶν ἀγοὶ ἠγερέθονται.
πολλάκι μιν ξείνισσεν ἀρηΐφιλος Μενέλαος
οἴκῳ ἐν ἡμετέρῳ, ὁπότε Κρήτηθεν ἵκοιτο.
νῦν δ' ἄλλους μὲν πάντας ὁρῶ ἑλίκωπας Ἀχαιούς,
235 οὕς κεν ἐΰ γνοίην καί τ' οὔνομα μυθησαίμην·
δοιὼ δ' οὐ δύναμαι ἰδέειν κοσμήτορε λαῶν,
Κάστορά θ' ἱππόδαμον καὶ πὺξ ἀγαθὸν Πολυδεύκεα,
αὐτοκασιγνήτω, τώ μοι μία γείνατο μήτηρ.
ἢ οὐχ ἑσπέσθην Λακεδαίμονος ἐξ ἐρατεινῆς,
240 ἢ δεύρω μὲν ἕποντο νέεσσ' ἔνι ποντοπόροισι,
νῦν αὖτ' οὐκ ἐθέλουσι μάχην καταδύμεναι ἀνδρῶν,
αἴσχεα δειδιότες καὶ ὀνείδεα πόλλ', ἅ μοί ἐστιν."
Ὣς φάτο, τοὺς δ' ἤδη κάτεχεν φυσίζοος αἶα
ἐν Λακεδαίμονι αὖθι, φίλῃ ἐν πατρίδι γαίῃ.

Zum Inhalt von 245 bis 461 siehe Einleitung S. 37.

Gesang Δ

ΟΡΚΙΩΝ ΣΥΓΧΥΣΙΣ. ΑΓΑΜΕΜΝΟΝΟΣ ΕΠΙΠΩΛΗΣΙΣ

Gesang E

ΔΙΟΜΗΔΟΥΣ ΑΡΙΣΤΕΙΑ

Gesang Z

ΕΚΤΟΡΟΣ ΚΑΙ ΑΝΔΡΟΜΑΧΗΣ ΟΜΙΛΙΑ

Zum Inhalt von Δ 1 bis Ζ 311 siehe Einleitung S. 37–39.

Hektor im Palast des Paris

Ὣς αἱ μέν ῥ' εὔχοντο Διὸς κούρῃ μεγάλοιο,
Ἕκτωρ δὲ πρὸς δώματ' Ἀλεξάνδροιο βεβήκει
καλά, τά ῥ' αὐτὸς ἔτευξε σὺν ἀνδράσιν, οἳ τότ' ἄριστοι
315 ἦσαν ἐνὶ Τροίῃ ἐριβώλακι τέκτονες ἄνδρες,
οἵ οἱ ἐποίησαν θάλαμον καὶ δῶμα καὶ αὐλὴν
ἐγγύθι τε Πριάμοιο καὶ Ἕκτορος, ἐν πόλει ἄκρῃ.
ἔνθ' Ἕκτωρ εἰσῆλθε Διῒ φίλος, ἐν δ' ἄρα χειρὶ
ἔγχος ἔχ' ἑνδεκάπηχυ· πάροιθε δὲ λάμπετο δουρὸς
320 αἰχμὴ χαλκείη, περὶ δὲ χρύσεος θέε πόρκης.
τὸν δ' εὗρ' ἐν θαλάμῳ περικαλλέα τεύχε' ἔποντα,
ἀσπίδα καὶ θώρηκα, καὶ ἀγκύλα τόξ' ἀφόωντα·
Ἀργείη δ' Ἑλένη μετ' ἄρα δμῳῇσι γυναιξὶν
ἧστο, καὶ ἀμφιπόλοισι περικλυτὰ ἔργα κέλευε.
325 τὸν δ' Ἕκτωρ νείκεσσεν ἰδὼν αἰσχροῖς ἐπέεσσι·
„δαιμόνι', οὐ μὲν καλὰ χόλον τόνδ' ἔνθεο θυμῷ.
λαοὶ μὲν φθινύθουσι περὶ πτόλιν αἰπύ τε τεῖχος
μαρνάμενοι· σέο δ' εἵνεκ' ἀϋτή τε πτόλεμός τε
ἄστυ τόδ' ἀμφιδέδηε· σὺ δ' ἂν μαχέσαιο καὶ ἄλλῳ,
330 ὅν τινά που μεθιέντα ἴδοις στυγεροῦ πολέμοιο.
ἀλλ' ἄνα, μὴ τάχα ἄστυ πυρὸς δηΐοιο θέρηται."

Τὸν δ' αὖτε προσέειπεν Ἀλέξανδρος θεοειδής·
„Ἕκτορ, ἐπεί με κατ' αἶσαν ἐνείκεσας οὐδ' ὑπὲρ αἶσαν,
τοὔνεκά τοι ἐρέω· σὺ δὲ σύνθεο καί μευ ἄκουσον·
335 οὔ τοι ἐγὼ Τρώων τόσσον χόλῳ οὐδὲ νεμέσσι
ἥμην ἐν θαλάμῳ, ἔθελον δ' ἄχεϊ προτραπέσθαι.
νῦν δέ με παρειποῦσ' ἄλοχος μαλακοῖς ἐπέεσσιν
ὥρμησ' ἐς πόλεμον· δοκέει δέ μοι ὧδε καὶ αὐτῷ
λώϊον ἔσσεσθαι· νίκη δ' ἐπαμείβεται ἄνδρας.

340 ἀλλ' ἄγε νῦν ἐπίμεινον, Ἀρήϊα τεύχεα δύω·
ἢ ἴϋ', ἐγὼ δὲ μέτειμι· κιχήσεσθαι δέ σ' ὀΐω."
   Ὣς φάτο, τὸν δ' οὔ τι προσέφη κορυθαίολος Ἕκτωρ·
τὸν δ' Ἑλένη μύθοισι προσηύδα μειλιχίοισι·
„δᾶερ ἐμεῖο κυνὸς κακομηχάνου ὀκρυοέσσης,
345 ὥς μ' ὄφελ' ἤματι τῷ, ὅτε με πρῶτον τέκε μήτηρ
οἴχεσθαι προφέρουσα κακὴ ἀνέμοιο θύελλα
εἰς ὄρος ἢ εἰς κῦμα πολυφλοίσβοιο θαλάσσης,
ἔνθα με κῦμ' ἀπόερσε, πάρος τάδε ἔργα γενέσθαι.
αὐτὰρ ἐπεὶ τάδε γ' ὧδε θεοὶ κακὰ τεκμήραντο,
350 ἀνδρὸς ἔπειτ' ὤφελλον ἀμείνονος εἶναι ἄκοιτις,
ὃς ᾔδη νέμεσίν τε καὶ αἴσχεα πόλλ' ἀνθρώπων.
τούτῳ δ' οὔτ' ἂρ νῦν φρένες ἔμπεδοι οὔτ' ἄρ' ὀπίσσω
ἔσσονται· τῷ καί μιν ἐπαυρήσεσθαι ὀΐω.
ἀλλ' ἄγε νῦν εἴσελθε καὶ ἕζεο τῷδ' ἐπὶ δίφρῳ,
355 δᾶερ, ἐπεί σε μάλιστα πόνος φρένας ἀμφιβέβηκεν
εἵνεκ' ἐμεῖο κυνὸς καὶ Ἀλεξάνδρου ἕνεκ' ἄτης,
οἷσιν ἐπὶ Ζεὺς θῆκε κακὸν μόρον, ὡς καὶ ὀπίσσω
ἀνθρώποισι πελώμεθ' ἀοίδιμοι ἐσσομένοισι."
   Τὴν δ' ἠμείβετ' ἔπειτα μέγας κορυθαίολος Ἕκτωρ·
360 „μή με κάθιζ', Ἑλένη, φιλέουσά περ· οὐδέ με πείσεις·
ἤδη γάρ μοι θυμὸς ἐπέσσυται, ὄφρ' ἐπαμύνω
Τρώεσσ', οἳ μέγ' ἐμεῖο ποθὴν ἀπεόντος ἔχουσιν.
ἀλλὰ σύ γ' ὄρνυθι τοῦτον, ἐπειγέσθω δὲ καὶ αὐτός,
ὥς κεν ἔμ' ἔντοσθεν πόλιος καταμάρψῃ ἐόντα.
365 καὶ γὰρ ἐγὼν οἶκόνδε ἐλεύσομαι, ὄφρα ἴδωμαι
οἰκῆας ἄλοχόν τε φίλην καὶ νήπιον υἱόν.
οὐ γὰρ οἶδ', εἰ ἔτι σφιν ὑπότροπος ἵξομαι αὖτις,
ἢ ἤδη μ' ὑπὸ χερσὶ θεοὶ δαμόωσιν Ἀχαιῶν."

Hektor und Andromache

   Ὣς ἄρα φωνήσας ἀπέβη κορυθαίολος Ἕκτωρ·
370 αἶψα δ' ἔπειθ' ἵκανε δόμους εὖ ναιετάοντας,
οὐδ' εὗρ' Ἀνδρομάχην λευκώλενον ἐν μεγάροισιν,
ἀλλ' ἥ γε ξὺν παιδὶ καὶ ἀμφιπόλῳ ἐϋπέπλῳ

πύργῳ ἐφεστήκει γοόωσά τε μυρομένη τε.
Ἕκτωρ δ' ὡς οὐκ ἔνδον ἀμύμονα τέτμεν ἄκοιτιν,
375 ἔστη ἐπ' οὐδὸν ἰών, μετὰ δὲ δμῳῆσιν ἔειπεν·
„εἰ δ' ἄγε μοι, δμῳαί, νημερτέα μυθήσασθε·
πῇ ἔβη Ἀνδρομάχη λευκώλενος ἐκ μεγάροιο;
ἠέ πῃ ἐς γαλόων ἢ εἰνατέρων εὐπέπλων,
ἢ ἐς Ἀθηναίης ἐξοίχεται, ἔνθα περ ἄλλαι
380 Τρῳαὶ ἐϋπλόκαμοι δεινὴν θεὸν ἱλάσκονται;"
Τὸν δ' αὖτ' ὀτρηρὴ ταμίη πρὸς μῦθον ἔειπεν·
„Ἕκτορ, ἐπεὶ μάλ' ἄνωγας ἀληθέα μυθήσασθαι,
οὔτε πῃ ἐς γαλόων οὔτ' εἰνατέρων εὐπέπλων
οὔτ' ἐς Ἀθηναίης ἐξοίχεται, ἔνθα περ ἄλλαι
385 Τρῳαὶ ἐϋπλόκαμοι δεινὴν θεὸν ἱλάσκονται,
ἀλλ' ἐπὶ πύργον ἔβη μέγαν Ἰλίου, οὕνεκ' ἄκουσε
τείρεσθαι Τρῶας, μέγα δὲ κράτος εἶναι Ἀχαιῶν.
ἡ μὲν δὴ πρὸς τεῖχος ἐπειγομένη ἀφικάνει,
μαινομένῃ ἐϊκυῖα· φέρει δ' ἅμα παῖδα τιθήνη."
390 Ἦ ῥα γυνὴ ταμίη, ὁ δ' ἀπέσσυτο δώματος Ἕκτωρ
τὴν αὐτὴν ὁδὸν αὖτις ἐϋκτιμένας κατ' ἀγυιάς.
εὖτε πύλας ἵκανε διερχόμενος μέγα ἄστυ
Σκαιάς, τῇ ἄρ' ἔμελλε διεξίμεναι πεδίονδε,
ἔνθ' ἄλοχος πολύδωρος ἐναντίη ἦλθε θέουσα
395 Ἀνδρομάχη, θυγάτηρ μεγαλήτορος Ἠετίωνος,
Ἠετίων, ὃς ἔναιεν ὑπὸ Πλάκῳ ὑληέσσῃ,
Θήβῃ Ὑποπλακίῃ, Κιλίκεσσ' ἄνδρεσσιν ἀνάσσων·
τοῦ περ δὴ θυγάτηρ ἔχεθ' Ἕκτορι χαλκοκορυστῇ.
ἥ οἱ ἔπειτ' ἤντησ', ἅμα δ' ἀμφίπολος κίεν αὐτῇ
400 παῖδ' ἐπὶ κόλπῳ ἔχουσ' ἀταλάφρονα, νήπιον αὔτως,
Ἑκτορίδην ἀγαπητόν, ἀλίγκιον ἀστέρι καλῷ,
τόν ῥ' Ἕκτωρ καλέεσκε Σκαμάνδριον, αὐτὰρ οἱ ἄλλοι
Ἀστυάνακτ'· οἶος γὰρ ἐρύετο Ἴλιον Ἕκτωρ.
ἤτοι ὁ μὲν μείδησεν ἰδὼν ἐς παῖδα σιωπῇ·
405 Ἀνδρομάχη δέ οἱ ἄγχι παρίστατο δάκρυ χέουσα,
ἔν τ' ἄρα οἱ φῦ χειρὶ ἔπος τ' ἔφατ' ἔκ τ' ὀνόμαζε·
„δαιμόνιε, φθίσει σε τὸ σὸν μένος, οὐδ' ἐλεαίρεις

παῖδά τε νηπίαχον καὶ ἔμ' ἄμμορον, ἣ τάχα χήρη
σεῦ ἔσομαι· τάχα γάρ σε κατακτανέουσιν Ἀχαιοὶ
410 πάντες ἐφορμηθέντες· ἐμοὶ δέ κε κέρδιον εἴη
σεῦ ἀφαμαρτούσῃ χθόνα δύμεναι· οὐ γὰρ ἔτ' ἄλλη
ἔσται θαλπωρή, ἐπεὶ ἂν σύ γε πότμον ἐπίσπῃς,
ἀλλ' ἄχε'· οὐδέ μοι ἔστι πατὴρ καὶ πότνια μήτηρ.
ἤτοι γὰρ πατέρ' ἁμὸν ἀπέκτανε δῖος Ἀχιλλεύς,
415 ἐκ δὲ πόλιν πέρσεν Κιλίκων εὖ ναιετάουσαν,
Θήβην ὑψίπυλον· κατὰ δ' ἔκτανεν Ἠετίωνα,
οὐδέ μιν ἐξενάριξε, σεβάσσατο γὰρ τό γε θυμῷ,
ἀλλ' ἄρα μιν κατέκηε σὺν ἔντεσι δαιδαλέοισιν
ἠδ' ἐπὶ σῆμ' ἔχεεν· περὶ δὲ πτελέας ἐφύτευσαν
420 νύμφαι ὀρεστιάδες, κοῦραι Διὸς αἰγιόχοιο.
οἳ δέ μοι ἑπτὰ κασίγνητοι ἔσαν ἐν μεγάροισιν,
οἱ μὲν πάντες ἰῷ κίον ἤματι Ἄϊδος εἴσω·
πάντας γὰρ κατέπεφνε ποδάρκης δῖος Ἀχιλλεὺς
βουσὶν ἐπ' εἰλιπόδεσσι καὶ ἀργεννῇς ὀΐεσσι.
425 μητέρα δ', ἣ βασίλευεν ὑπὸ Πλάκῳ ὑληέσσῃ,
τὴν ἐπεὶ ἂρ δεῦρ' ἤγαγ' ἅμ' ἄλλοισι κτεάτεσσιν,
ἂψ ὅ γε τὴν ἀπέλυσε λαβὼν ἀπερείσι' ἄποινα,
πατρὸς δ' ἐν μεγάροισι βάλ' Ἄρτεμις ἰοχέαιρα.
Ἕκτορ, ἀτὰρ σύ μοί ἐσσι πατὴρ καὶ πότνια μήτηρ
430 ἠδὲ κασίγνητος, σὺ δέ μοι θαλερὸς παρακοίτης·
ἀλλ' ἄγε νῦν ἐλέαιρε καὶ αὐτοῦ μίμν' ἐπὶ πύργῳ,
μὴ παῖδ' ὀρφανικὸν θήῃς χήρην τε γυναῖκα·
λαὸν δὲ στῆσον παρ' ἐρινεόν, ἔνθα μάλιστα
ἀμβατός ἐστι πόλις καὶ ἐπίδρομον ἔπλετο τεῖχος.
435 τρὶς γὰρ τῇ γ' ἐλθόντες ἐπειρήσανθ' οἱ ἄριστοι
ἀμφ' Αἴαντε δύω καὶ ἀγακλυτὸν Ἰδομενῆα
ἠδ' ἀμφ' Ἀτρεΐδας καὶ Τυδέος ἄλκιμον υἱόν·
ἤ πού τίς σφιν ἔνισπε θεοπροπίων ἐῢ εἰδώς,
ἤ νυ καὶ αὐτῶν θυμὸς ἐποτρύνει καὶ ἀνώγει."
440 Τὴν δ' αὖτε προσέειπε μέγας κορυθαίολος Ἕκτωρ·
„ἦ καὶ ἐμοὶ τάδε πάντα μέλει, γύναι· ἀλλὰ μάλ' αἰνῶς
αἰδέομαι Τρῶας καὶ Τρῳάδας ἑλκεσιπέπλους,

αἴ κε κακὸς ὣς νόσφιν ἀλυσκάζω πολέμοιο·
οὐδέ με θυμὸς ἄνωγεν, ἐπεὶ μάθον ἔμμεναι ἐσθλὸς
445 αἰεὶ καὶ πρώτοισι μετὰ Τρώεσσι μάχεσθαι,
ἀρνύμενος πατρός τε μέγα κλέος ἠδ' ἐμὸν αὐτοῦ.
εὖ γὰρ ἐγὼ τόδε οἶδα κατὰ φρένα καὶ κατὰ θυμόν·
ἔσσεται ἦμαρ, ὅτ' ἄν ποτ' ὀλώλῃ Ἴλιος ἱρὴ
καὶ Πρίαμος καὶ λαὸς ἐϋμμελίω Πριάμοιο.
450 ἀλλ' οὔ μοι Τρώων τόσσον μέλει ἄλγος ὀπίσσω,
οὔτ' αὐτῆς Ἑκάβης οὔτε Πριάμοιο ἄνακτος
οὔτε κασιγνήτων, οἵ κεν πολέες τε καὶ ἐσθλοὶ
ἐν κονίῃσι πέσοιεν ὑπ' ἀνδράσι δυσμενέεσσιν,
ὅσσον σεῦ, ὅτε κέν τις Ἀχαιῶν χαλκοχιτώνων
455 δακρυόεσσαν ἄγηται, ἐλεύθερον ἦμαρ ἀπούρας·
καί κεν ἐν Ἄργει ἐοῦσα πρὸς ἄλλης ἱστὸν ὑφαίνοις,
καί κεν ὕδωρ φορέοις Μεσσηΐδος ἢ Ὑπερείης
πόλλ' ἀεκαζομένη, κρατερὴ δ' ἐπικείσετ' ἀνάγκη·
καί ποτέ τις εἴπῃσιν ἰδὼν κατὰ δάκρυ χέουσαν·
460 'Ἕκτορος ἥδε γυνή, ὃς ἀριστεύεσκε μάχεσθαι
Τρώων ἱπποδάμων, ὅτε Ἴλιον ἀμφιμάχοντο.'
ὥς ποτέ τις ἐρέει· σοὶ δ' αὖ νέον ἔσσεται ἄλγος
χήτεϊ τοιοῦδ' ἀνδρὸς ἀμύνειν δούλιον ἦμαρ.
ἀλλά με τεθνηῶτα χυτὴ κατὰ γαῖα καλύπτοι,
465 πρίν γέ τι σῆς τε βοῆς σοῦ θ' ἑλκηθμοῖο πυθέσθαι."
   Ὣς εἰπὼν οὗ παιδὸς ὀρέξατο φαίδιμος Ἕκτωρ·
ἂψ δ' ὁ πάϊς πρὸς κόλπον ἐϋζώνοιο τιθήνης
ἐκλίνθη ἰάχων, πατρὸς φίλου ὄψιν ἀτυχθείς,
ταρβήσας χαλκόν τε ἰδὲ λόφον ἱππιοχαίτην,
470 δεινὸν ἀπ' ἀκροτάτης κόρυθος νεύοντα νοήσας.
ἐκ δὲ γέλασσε πατήρ τε φίλος καὶ πότνια μήτηρ·
αὐτίκ' ἀπὸ κρατὸς κόρυθ' εἵλετο φαίδιμος Ἕκτωρ,
καὶ τὴν μὲν κατέθηκεν ἐπὶ χθονὶ παμφανόωσαν·
αὐτὰρ ὅ γ' ὃν φίλον υἱὸν ἐπεὶ κύσε πῆλέ τε χερσίν,
475 εἶπε δ' ἐπευξάμενος Διί τ' ἄλλοισίν τε θεοῖσι·
   "Ζεῦ ἄλλοι τε θεοί, δότε δὴ καὶ τόνδε γενέσθαι
παῖδ' ἐμόν, ὡς καὶ ἐγώ περ, ἀριπρεπέα Τρώεσσιν,

ὧδε βίην τ' ἀγαθὸν, καὶ Ἰλίου ἶφι ἀνάσσειν·
καί ποτέ τις εἴποι ‚πατρός γ' ὅδε πολλὸν ἀμείνων'
480 ἐκ πολέμου ἀνιόντα· φέροι δ' ἔναρα βροτόεντα
κτείνας δήϊον ἄνδρα, χαρείη δὲ φρένα μήτηρ."
  Ὣς εἰπὼν ἀλόχοιο φίλης ἐν χερσὶν ἔθηκε
παῖδ' ἑόν· ἡ δ' ἄρα μιν κηώδεϊ δέξατο κόλπῳ
δακρυόεν γελάσασα· πόσις δ' ἐλέησε νοήσας,
485 χειρί τέ μιν κατέρεξεν ἔπος τ' ἔφατ' ἔκ τ' ὀνόμαζε·
„δαιμονίη, μή μοί τι λίην ἀκαχίζεο θυμῷ·
οὐ γάρ τίς μ' ὑπὲρ αἶσαν ἀνὴρ Ἄϊδι προϊάψει·
μοῖραν δ' οὔ τινά φημι πεφυγμένον ἔμμεναι ἀνδρῶν,
οὐ κακόν, οὐδὲ μὲν ἐσθλόν, ἐπὴν τὰ πρῶτα γένηται.
490 ἀλλ' εἰς οἶκον ἰοῦσα τὰ σ' αὐτῆς ἔργα κόμιζε,
ἱστόν τ' ἠλακάτην τε, καὶ ἀμφιπόλοισι κέλευε
ἔργον ἐποίχεσθαι· πόλεμος δ' ἄνδρεσσι μελήσει
πᾶσι, μάλιστα δ' ἐμοί, τοὶ Ἰλίῳ ἐγγεγάασιν."
  Ὣς ἄρα φωνήσας κόρυθ' εἵλετο φαίδιμος Ἕκτωρ
495 ἵππουριν· ἄλοχος δὲ φίλη οἰκόνδε βεβήκει
ἐντροπαλιζομένη, θαλερὸν κατὰ δάκρυ χέουσα.
αἶψα δ' ἔπειθ' ἵκανε δόμους εὖ ναιετάοντας
Ἕκτορος ἀνδροφόνοιο, κιχήσατο δ' ἔνδοθι πολλὰς
ἀμφιπόλους, τῇσιν δὲ γόον πάσῃσιν ἐνῶρσεν.
500 αἱ μὲν ἔτι ζωὸν γόον Ἕκτορα ᾧ ἐνὶ οἴκῳ·
οὐ γάρ μιν ἔτ' ἔφαντο ὑπότροπον ἐκ πολέμοιο
ἵξεσθαι, προφυγόντα μένος καὶ χεῖρας Ἀχαιῶν.

Paris und Hektor kehren in die Schlacht zurück.

  Οὐδὲ Πάρις δήθυνεν ἐν ὑψηλοῖσι δόμοισιν,
ἀλλ' ὅ γ', ἐπεὶ κατέδυ κλυτὰ τεύχεα, ποικίλα χαλκῷ,
505 σεύατ' ἔπειτ' ἀνὰ ἄστυ, ποσὶ κραιπνοῖσι πεποιθώς.
ὡς δ' ὅτε τις στατὸς ἵππος, ἀκοστήσας ἐπὶ φάτνῃ,
δεσμὸν ἀπορρήξας θείῃ πεδίοιο κροαίνων,
εἰωθὼς λούεσθαι ἐϋρρεῖος ποταμοῖο,
κυδιόων· ὑψοῦ δὲ κάρη ἔχει, ἀμφὶ δὲ χαῖται
510 ὤμοις ἀΐσσονται· ὁ δ' ἀγλαΐηφι πεποιθώς,

ῥίμφα ἑ γοῦνα φέρει μετά τ' ἤϑεα καὶ νομὸν ἵππων·
ὣς υἱὸς Πριάμοιο Πάρις κατὰ Περγάμου ἄκρης
τεύχεσι παμφαίνων ὥς τ' ἠλέκτωρ ἐβεβήκει
καγχαλόων, ταχέες δὲ πόδες φέρον· αἶψα δ' ἔπειτα
515 Ἕκτορα δῖον ἔτετμεν ἀδελφεόν, εὖτ' ἄρ' ἔμελλε
στρέψεσϑ' ἐκ χώρης, ὅϑι ᾗ ὀάριζε γυναικί.
τὸν πρότερος προσέειπεν Ἀλέξανδρος ϑεοειδής·
„ἠϑεῖ', ἦ μάλα δή σε καὶ ἐσσύμενον κατερύκω
δηϑύνων, οὐδ' ἦλϑον ἐναίσιμον, ὡς ἐκέλευες;"
520 Τὸν δ' ἀπαμειβόμενος προσέφη κορυϑαίολος Ἕκτωρ·
„δαιμόνι', οὐκ ἄν τίς τοι ἀνήρ, ὃς ἐναίσιμος εἴη,
ἔργον ἀτιμήσειε μάχης, ἐπεὶ ἄλκιμός ἐσσι·
ἀλλὰ ἑκὼν μεϑιεῖς τε καὶ οὐκ ἐϑέλεις· τὸ δ' ἐμὸν κῆρ
ἄχνυται ἐν ϑυμῷ, ὅϑ' ὑπὲρ σέϑεν αἴσχε' ἀκούω
525 πρὸς Τρώων, οἳ ἔχουσι πολὺν πόνον εἵνεκα σεῖο.
ἀλλ' ἴομεν· τὰ δ' ὄπισϑεν ἀρεσσόμεϑ', αἴ κέ ποϑι Ζεὺς
δώῃ ἐπουρανίοισι ϑεοῖς αἰειγενέτῃσι
κρητῆρα στήσασϑαι ἐλεύϑερον ἐν μεγάροισιν,
ἐκ Τροίης ἐλάσαντας ἐϋκνήμιδας Ἀχαιούς."

Gesang H

ΕΚΤΟΡΟΣ ΚΑΙ ΑΙΑΝΤΟΣ ΜΟΝΟΜΑΧΙΑ.
ΝΕΚΡΩΝ ΑΝΑΙΡΕΣΙΣ

Gesang Θ

ΚΟΛΟΣ ΜΑΧΗ

Gesang I

ΠΡΕΣΒΕΙΑ ΠΡΟΣ ΑΧΙΛΛΕΑ. ΛΙΤΑΙ

Zum Inhalt von H 1 bis I 181 siehe Einleitung S. 39–42.

Die Gesandten begeben sich zu Achill und werden von ihm freundlich aufgenommen.

Τὼ δὲ βάτην παρὰ θῖνα πολυφλοίσβοιο θαλάσσης
πολλὰ μάλ' εὐχομένω γαιηόχῳ ἐννοσιγαίῳ
ῥηϊδίως πεπιθεῖν μεγάλας φρένας Αἰακίδαο.
185 Μυρμιδόνων δ' ἐπί τε κλισίας καὶ νῆας ἱκέσθην,
τὸν δ' εὗρον φρένα τερπόμενον φόρμιγγι λιγείῃ,
καλῇ δαιδαλέῃ, ἐπὶ δ' ἀργύρεον ζυγὸν ἦεν,
τὴν ἄρετ' ἐξ ἐνάρων πόλιν Ἠετίωνος ὀλέσσας·
τῇ ὅ γε θυμὸν ἔτερπεν, ἄειδε δ' ἄρα κλέα ἀνδρῶν.
190 Πάτροκλος δέ οἱ οἶος ἐναντίος ἧστο σιωπῇ,
δέγμενος Αἰακίδην, ὁπότε λήξειεν ἀείδων.
τὼ δὲ βάτην προτέρω, ἡγεῖτο δὲ δῖος Ὀδυσσεύς,
στὰν δὲ πρόσθ' αὐτοῖο· ταφὼν δ' ἀνόρουσεν Ἀχιλλεὺς
αὐτῇ σὺν φόρμιγγι, λιπὼν ἕδος, ἔνθα θάασσεν.
195 ὣς δ' αὔτως Πάτροκλος, ἐπεὶ ἴδε φῶτας, ἀνέστη.
τὼ καὶ δεικνύμενος προσέφη πόδας ὠκὺς Ἀχιλλεύς·
„χαίρετον· ἦ φίλοι ἄνδρες ἱκάνετον· ἦ τι μάλα χρεώ,
οἵ μοι σκυζομένῳ περ Ἀχαιῶν φίλτατοί ἐστον."
Ὣς ἄρα φωνήσας προτέρω ἄγε δῖος Ἀχιλλεύς,
200 εἷσεν δ' ἐν κλισμοῖσι τάπησί τε πορφυρέοισιν.
αἶψα δὲ Πάτροκλον προσεφώνεεν ἐγγὺς ἐόντα·
„μείζονα δὴ κρητῆρα, Μενοιτίου υἱέ, καθίστα,
ζωρότερον δὲ κέραιε, δέπας δ' ἔντυνον ἑκάστῳ·
οἱ γὰρ φίλτατοι ἄνδρες ἐμῷ ὑπέασι μελάθρῳ."
205 Ὣς φάτο, Πάτροκλος δὲ φίλῳ ἐπεπείθεθ' ἑταίρῳ.
αὐτὰρ ὅ γε κρεῖον μέγα κάββαλεν ἐν πυρὸς αὐγῇ,
ἐν δ' ἄρα νῶτον ἔθηκ' ὄϊος καὶ πίονος αἰγός,
ἐν δὲ συὸς σιάλοιο ῥάχιν τεθαλυῖαν ἀλοιφῇ.
τῷ δ' ἔχεν Αὐτομέδων, τάμνεν δ' ἄρα δῖος Ἀχιλλεύς.

210 καὶ τὰ μὲν εὖ μίστυλλε καὶ ἀμφ' ὀβελοῖσιν ἔπειρε,
πῦρ δὲ Μενοιτιάδης δαῖεν μέγα, ἰσόθεος φώς.
αὐτὰρ ἐπεὶ κατὰ πῦρ ἐκάη καὶ φλὸξ ἐμαράνθη,
ἀνθρακιὴν στορέσας ὀβελοὺς ἐφύπερθε τάνυσσε,
πάσσε δ' ἁλὸς θείοιο κρατευτάων ἐπαείρας.
215 αὐτὰρ ἐπεί ῥ' ὤπτησε καὶ εἰν ἐλεοῖσιν ἔχευε,
Πάτροκλος μὲν σῖτον ἑλὼν ἐπένειμε τραπέζῃ
καλοῖς ἐν κανέοισιν, ἀτὰρ κρέα νεῖμεν Ἀχιλλεύς.
αὐτὸς δ' ἀντίον ἷζεν Ὀδυσσῆος θείοιο
τοίχου τοῦ ἑτέροιο, θεοῖσι δὲ θῦσαι ἀνώγει
220 Πάτροκλον, ὃν ἑταῖρον· ὁ δ' ἐν πυρὶ βάλλε θυηλάς.
οἱ δ' ἐπ' ὀνείαθ' ἑτοῖμα προκείμενα χεῖρας ἴαλλον.

Der Überredungsversuch des Odysseus

Αὐτὰρ ἐπεὶ πόσιος καὶ ἐδητύος ἐξ ἔρον ἕντο,
νεῦσ' Αἴας Φοίνικι· νόησε δὲ δῖος Ὀδυσσεύς,
πλησάμενος δ' οἴνοιο δέπας δείδεκτ' Ἀχιλῆα·
225 „χαῖρ', Ἀχιλεῦ· δαιτὸς μὲν ἐΐσης οὐκ ἐπιδευεῖς
ἠμὲν ἐνὶ κλισίῃ Ἀγαμέμνονος Ἀτρεΐδαο
ἠδὲ καὶ ἐνθάδε νῦν· πάρα γὰρ μενοεικέα πολλὰ
δαίνυσθ'· ἀλλ' οὐ δαιτὸς ἐπηράτου ἔργα μέμηλεν,
ἀλλὰ λίην μέγα πῆμα, διοτρεφές, εἰσορόωντες
230 δείδιμεν· ἐν δοιῇ δὲ σαωσέμεν ἢ ἀπολέσθαι
νῆας ἐϋσσέλμους, εἰ μὴ σύ γε δύσεαι ἀλκήν.
ἐγγὺς γὰρ νηῶν καὶ τείχεος αὖλιν ἔθεντο
Τρῶες ὑπέρθυμοι τηλεκλειτοί τ' ἐπίκουροι,
κηάμενοι πυρὰ πολλὰ κατὰ στρατόν, οὐδ' ἔτι φασὶ
235 σχήσεσθ', ἀλλ' ἐν νηυσὶ μελαίνῃσιν πεσέεσθαι.
Ζεὺς δέ σφι Κρονίδης ἐνδέξια σήματα φαίνων
ἀστράπτει· Ἕκτωρ δὲ μέγα σθένεϊ βλεμεαίνων
μαίνεται ἐκπάγλως, πίσυνος Διί, οὐδέ τι τίει
ἀνέρας οὐδὲ θεούς· κρατερὴ δέ ἑ λύσσα δέδυκεν.
240 ἀρᾶται δὲ τάχιστα φανήμεναι Ἠῶ δῖαν·
στεῦται γὰρ νηῶν ἀποκόψειν ἄκρα κόρυμβα
αὐτάς τ' ἐμπρήσειν μαλεροῦ πυρός, αὐτὰρ Ἀχαιοὺς

δηώσειν παρὰ τῇσιν ὀρινομένους ὑπὸ καπνοῦ.
ταῦτ᾽ αἰνῶς δείδοικα κατὰ φρένα, μή οἱ ἀπειλὰς
245 ἐκτελέσωσι θεοί, ἡμῖν δὲ δὴ αἴσιμον εἴη
φθίσθαι ἐνὶ Τροίῃ ἑκὰς Ἄργεος ἱπποβότοιο.
ἀλλ᾽ ἄνα, εἰ μέμονάς γε καὶ ὀψέ περ υἷας Ἀχαιῶν
τειρομένους ἐρύεσθαι ὑπὸ Τρώων ὀρυμαγδοῦ.
αὐτῷ τοι μετόπισθ᾽ ἄχος ἔσσεται, οὐδέ τι μῆχος
250 ῥεχθέντος κακοῦ ἔστ᾽ ἄκος εὑρεῖν· ἀλλὰ πολὺ πρὶν
φράζευ, ὅπως Δαναοῖσιν ἀλεξήσεις κακὸν ἦμαρ.
ὦ πέπον, ἦ μὲν σοί γε πατὴρ ἐπετέλλετο Πηλεὺς
ἤματι τῷ, ὅτε σ᾽ ἐκ Φθίης Ἀγαμέμνονι πέμπε·
,τέκνον ἐμόν, κάρτος μὲν Ἀθηναίη τε καὶ Ἥρη
255 δώσουσ᾽, αἴ κ᾽ ἐθέλωσι, σὺ δὲ μεγαλήτορα θυμὸν
ἴσχειν ἐν στήθεσσι· φιλοφροσύνη γὰρ ἀμείνων·
ληγέμεναι δ᾽ ἔριδος κακομηχάνου, ὄφρα σε μᾶλλον
τίωσ᾽ Ἀργείων ἠμὲν νέοι ἠδὲ γέροντες.'
ὣς ἐπέτελλ᾽ ὁ γέρων, σὺ δὲ λήθεαι· ἀλλ᾽ ἔτι καὶ νῦν
260 παῦε, ἔα δὲ χόλον θυμαλγέα· σοὶ δ᾽ Ἀγαμέμνων
ἄξια δῶρα δίδωσι μεταλλήξαντι χόλοιο.
εἰ δὲ σὺ μέν μευ ἄκουσον, ἐγὼ δέ κέ τοι καταλέξω,
ὅσσα τοι ἐν κλισίῃσιν ὑπέσχετο δῶρ᾽ Ἀγαμέμνων·
ἕπτ᾽ ἀπύρους τρίποδας, δέκα δὲ χρυσοῖο τάλαντα,
265 αἴθωνας δὲ λέβητας ἐείκοσι, δώδεκα δ᾽ ἵππους
πηγοὺς ἀθλοφόρους, οἳ ἀέθλια ποσσὶν ἄροντο.
οὔ κεν ἀλήϊος εἴη ἀνήρ, ᾧ τόσσα γένοιτο,
οὐδέ κεν ἀκτήμων ἐριτίμοιο χρυσοῖο,
ὅσσ᾽ Ἀγαμέμνονος ἵπποι ἀέθλια ποσσὶν ἄροντο.
270 δώσει δ᾽ ἑπτὰ γυναῖκας ἀμύμονα ἔργα ἰδυίας,
Λεσβίδας, ἅς, ὅτε Λέσβον ἐϋκτιμένην ἕλες αὐτός,
ἐξέλεθ᾽, αἳ τότε κάλλει ἐνίκων φῦλα γυναικῶν.
τὰς μέν τοι δώσει, μετὰ δ᾽ ἔσσεται, ἣν τότ᾽ ἀπηύρα,
κούρη Βρισῆος· ἐπὶ δὲ μέγαν ὅρκον ὀμεῖται
275 μή ποτε τῆς εὐνῆς ἐπιβήμεναι ἠδὲ μιγῆναι,
ἣ θέμις ἐστίν, ἄναξ, ἥ τ᾽ ἀνδρῶν ἥ τε γυναικῶν.
ταῦτα μὲν αὐτίκα πάντα παρέσσεται· εἰ δέ κεν αὖτε

ἄστυ μέγα Πριάμοιο θεοὶ δώωσ' ἀλαπάξαι,
νῆα ἅλις χρυσοῦ καὶ χαλκοῦ νηήσασθαι
280 εἰσελθών, ὅτε κεν δατεώμεθα ληΐδ' Ἀχαιοί,
Τρωϊάδας δὲ γυναῖκας ἐείκοσιν αὐτὸς ἑλέσθαι,
αἵ κε μετ' Ἀργείην Ἑλένην κάλλισται ἔωσιν.
εἰ δέ κεν Ἄργος ἱκοίμεθ' Ἀχαιϊκόν, οὖθαρ ἀρούρης,
γαμβρός κέν οἱ ἔοις· τείσει δέ σε ἶσον Ὀρέστῃ,
285 ὅς οἱ τηλύγετος τρέφεται θαλίῃ ἔνι πολλῇ.
τρεῖς δέ οἵ εἰσι θύγατρες ἐνὶ μεγάρῳ εὐπήκτῳ,
Χρυσόθεμις καὶ Λαοδίκη καὶ Ἰφιάνασσα,
τάων ἥν κ' ἐθέλῃσθα, φίλην ἀνάεδνον ἄγεσθαι
πρὸς οἶκον Πηλῆος· ὁ δ' αὖτ' ἐπὶ μείλια δώσει
290 πολλὰ μάλ', ὅσσ' οὔ πώ τις ἑῇ ἐπέδωκε θυγατρί·
ἑπτὰ δέ τοι δώσει εὖ ναιόμενα πτολίεθρα,
Καρδαμύλην Ἐνόπην τε καὶ Ἱρὴν ποιήεσσαν
Φηράς τε ζαθέας ἠδ' Ἄνθειαν βαθύλειμον,
καλήν τ' Αἴπειαν καὶ Πήδασον ἀμπελόεσσαν.
295 πᾶσαι δ' ἐγγὺς ἁλός, νέαται Πύλου ἠμαθόεντος·
ἐν δ' ἄνδρες ναίουσι πολύρρηνες πολυβοῦται,
οἵ κέ σε δωτίνῃσι θεὸν ὣς τιμήσουσι
καί τοι ὑπὸ σκήπτρῳ λιπαρὰς τελέουσι θέμιστας.
ταῦτά κέ τοι τελέσειε μεταλλήξαντι χόλοιο.
300 εἰ δέ τοι Ἀτρεΐδης μὲν ἀπήχθετο κηρόθι μᾶλλον,
αὐτὸς καὶ τοῦ δῶρα, σὺ δ' ἄλλους περ Παναχαιοὺς
τειρομένους ἐλέαιρε κατὰ στρατόν, οἵ σε θεὸν ὣς
τείσουσ'· ἦ γάρ κέ σφι μάλα μέγα κῦδος ἄροιο,
νῦν γάρ χ' Ἕκτορ' ἕλοις, ἐπεὶ ἂν μάλα τοι σχεδὸν ἔλθοι
305 λύσσαν ἔχων ὀλοήν, ἐπεὶ οὔ τινά φησιν ὁμοῖον
οἷ ἔμεναι Δαναῶν, οὓς ἐνθάδε νῆες ἔνεικαν."

Ablehnende Antwort Achills

Τὸν δ' ἀπαμειβόμενος προσέφη πόδας ὠκὺς Ἀχιλλεύς·
"διογενὲς Λαερτιάδη, πολυμήχαν' Ὀδυσσεῦ,
χρὴ μὲν δὴ τὸν μῦθον ἀπηλεγέως ἀποειπεῖν,
310 ᾗ περ δὴ φρονέω τε καὶ ὡς τετελεσμένον ἔσται,

ὡς μή μοι τρύζητε παρήμενοι ἄλλοθεν ἄλλος.
ἐχθρὸς γάρ μοι κεῖνος ὁμῶς Ἀΐδαο πύλῃσιν,
ὅς χ' ἕτερον μὲν κεύθῃ ἐνὶ φρεσίν, ἄλλο δὲ εἴπῃ.
αὐτὰρ ἐγὼν ἐρέω, ὥς μοι δοκεῖ εἶναι ἄριστα·
315 οὔτ' ἔμεγ' Ἀτρεΐδην Ἀγαμέμνονα πεισέμεν οἴω
οὔτ' ἄλλους Δαναούς, ἐπεὶ οὐκ ἄρα τις χάρις ἦεν
μάρνασθαι δηΐοισιν ἐπ' ἀνδράσι νωλεμὲς αἰεί.
ἴση μοῖρα μένοντι, καὶ εἰ μάλα τις πολεμίζοι·
ἐν δὲ ἰῇ τιμῇ ἠμὲν κακὸς ἠδὲ καὶ ἐσθλός·
320 κάτθαν' ὁμῶς ὅ τ' ἀεργὸς ἀνὴρ ὅ τε πολλὰ ἐοργώς.
οὐδέ τί μοι περίκειται, ἐπεὶ πάθον ἄλγεα θυμῷ,
αἰεὶ ἐμὴν ψυχὴν παραβαλλόμενος πολεμίζειν.
ὡς δ' ὄρνις ἀπτῆσι νεοσσοῖσι προφέρῃσι
μάστακ', ἐπεί κε λάβῃσι, κακῶς δ' ἄρα οἱ πέλει αὐτῇ,
325 ὣς καὶ ἐγὼ πολλὰς μὲν ἀΰπνους νύκτας ἴαυον,
ἤματα δ' αἱματόεντα διέπρησσον πολεμίζων,
ἀνδράσι μαρνάμενος ὀάρων ἕνεκα σφετεράων.
δώδεκα δὴ σὺν νηυσὶ πόλεις ἀλάπαξ' ἀνθρώπων,
πεζὸς δ' ἕνδεκά φημι κατὰ Τροίην ἐρίβωλον·
330 τάων ἐκ πασέων κειμήλια πολλὰ καὶ ἐσθλὰ
ἐξελόμην, καὶ πάντα φέρων Ἀγαμέμνονι δόσκον
Ἀτρεΐδῃ· ὁ δ' ὄπισθε μένων παρὰ νηυσὶ θοῇσι
δεξάμενος διὰ παῦρα δασάσκετο, πολλὰ δ' ἔχεσκεν.
ἄλλα δ' ἀριστήεσσι δίδου γέρα καὶ βασιλεῦσι,
335 τοῖσι μὲν ἔμπεδα κεῖται, ἐμεῦ δ' ἀπὸ μούνου Ἀχαιῶν
εἴλετ', ἔχει δ' ἄλοχον θυμαρέα· τῇ παριαύων
τερπέσθω. τί δὲ δεῖ πολεμιζέμεναι Τρώεσσιν
Ἀργείους; τί δὲ λαὸν ἀνήγαγεν ἐνθάδ' ἀγείρας
Ἀτρεΐδης; ἢ οὐχ Ἑλένης ἕνεκ' ἠϋκόμοιο;
340 ἦ μοῦνοι φιλέουσ' ἀλόχους μερόπων ἀνθρώπων
Ἀτρεΐδαι; ἐπεὶ ὅς τις ἀνὴρ ἀγαθὸς καὶ ἐχέφρων
τὴν αὐτοῦ φιλέει καὶ κήδεται, ὡς καὶ ἐγὼ τὴν
ἐκ θυμοῦ φίλεον, δουρικτητήν περ ἐοῦσαν.
νῦν δ' ἐπεὶ ἐκ χειρῶν γέρας εἵλετο καί μ' ἀπάτησε,
345 μή μευ πειράτω εὖ εἰδότος· οὐδέ με πείσει.

ἀλλ', Ὀδυσεῦ, σὺν σοί τε καὶ ἄλλοισιν βασιλεῦσι
φραζέσθω νήεσσιν ἀλεξέμεναι δήϊον πῦρ.
ἦ μὲν δὴ μάλα πολλὰ πονήσατο νόσφιν ἐμεῖο,
καὶ δὴ τεῖχος ἔδειμε, καὶ ἤλασε τάφρον ἐπ' αὐτῷ
350 εὐρεῖαν μεγάλην, ἐν δὲ σκόλοπας κατέπηξεν·
ἀλλ' οὐδ' ὣς δύναται σθένος Ἕκτορος ἀνδροφόνοιο
ἴσχειν· ὄφρα δ' ἐγὼ μετ' Ἀχαιοῖσιν πολέμιζον,
οὐκ ἐθέλεσκε μάχην ἀπὸ τείχεος ὀρνύμεν Ἕκτωρ,
ἀλλ' ὅσον ἐς Σκαιάς τε πύλας καὶ φηγὸν ἵκανεν·
355 ἔνθα ποτ' οἶον ἔμιμνε, μόγις δέ μευ ἔκφυγεν ὁρμήν.
νῦν δ' ἐπεὶ οὐκ ἐθέλω πολεμιζέμεν Ἕκτορι δίῳ,
αὔριον ἱρὰ Διὶ ῥέξας καὶ πᾶσι θεοῖσι,
νηήσας εὖ νῆας, ἐπὴν ἅλαδε προερύσσω,
ὄψεαι, αἴ κ' ἐθέλησθα καὶ αἴ κέν τοι τὰ μεμήλῃ,
360 ἦρι μάλ' Ἑλλήσποντον ἐπ' ἰχθυόεντα πλεούσας
νῆας ἐμάς, ἐν δ' ἄνδρας ἐρεσσέμεναι μεμαῶτας·
εἰ δέ κεν εὐπλοίην δώῃ κλυτὸς ἐννοσίγαιος,
ἤματί κε τριτάτῳ Φθίην ἐρίβωλον ἱκοίμην.
ἔστι δέ μοι μάλα πολλά, τὰ κάλλιπον ἐνθάδε ἔρρων·
365 ἄλλον δ' ἐνθένδε χρυσὸν καὶ χαλκὸν ἐρυθρὸν
ἠδὲ γυναῖκας ἐϋζώνους πολιόν τε σίδηρον
ἄξομαι, ἅσσ' ἔλαχόν γε· γέρας δέ μοι, ὅς περ ἔδωκεν,
αὖτις ἐφυβρίζων ἕλετο κρείων Ἀγαμέμνων
Ἀτρεΐδης· τῷ πάντ' ἀγορευέμεν, ὡς ἐπιτέλλω,
370 ἀμφαδόν, ὄφρα καὶ ἄλλοι ἐπισκύζωνται Ἀχαιοί,
εἴ τινά που Δαναῶν ἔτι ἔλπεται ἐξαπατήσειν,
αἰὲν ἀναιδείην ἐπιειμένος· οὐδ' ἂν ἔμοιγε
τετλαίη κύνεός περ ἐὼν εἰς ὦπα ἰδέσθαι·
οὐδέ τί οἱ βουλὰς συμφράσσομαι, οὐδὲ μὲν ἔργον·
375 ἐκ γὰρ δή μ' ἀπάτησε καὶ ἤλιτεν· οὐδ' ἂν ἔτ' αὖτις
ἐξαπάφοιτ' ἐπέεσσιν· ἅλις δέ οἱ· ἀλλὰ ἕκηλος
ἐρρέτω· ἐκ γάρ εὑ φρένας εἵλετο μητίετα Ζεύς.
ἐχθρὰ δέ μοι τοῦ δῶρα, τίω δέ μιν ἐν καρὸς αἴσῃ.
οὐδ' εἴ μοι δεκάκις τε καὶ εἰκοσάκις τόσα δοίη,
380 ὅσσα τέ οἱ νῦν ἔστι, καὶ εἴ ποθεν ἄλλα γένοιτο,

οὐδ' ὅσ' ἐς Ὀρχομενὸν ποτινίσεται, οὐδ' ὅσα Θήβας
Αἰγυπτίας, ὅθι πλεῖστα δόμοις ἐν κτήματα κεῖται,
αἵ θ' ἑκατόμπυλοί εἰσι, διηκόσιοι δ' ἀν' ἑκάστας
ἀνέρες ἐξοιχνεῦσι σὺν ἵπποισιν καὶ ὄχεσφιν·
385 οὐδ' εἴ μοι τόσα δοίη, ὅσα ψάμαθός τε κόνις τε,
οὐδέ κεν ὥς ἔτι θυμὸν ἐμὸν πείσει' Ἀγαμέμνων,
πρίν γ' ἀπὸ πᾶσαν ἐμοὶ δόμεναι θυμαλγέα λώβην.
κούρην δ' οὐ γαμέω Ἀγαμέμνονος Ἀτρεΐδαο,
οὐδ' εἰ χρυσείῃ Ἀφροδίτῃ κάλλος ἐρίζοι,
390 ἔργα δ' Ἀθηναίῃ γλαυκώπιδι ἰσοφαρίζοι·
οὐδέ μιν ὥς γαμέω· ὁ δ' Ἀχαιῶν ἄλλον ἑλέσθω,
ὅς τις οἷ τ' ἐπέοικε καὶ ὃς βασιλεύτερός ἐστιν.
ἢν γὰρ δή με σαῶσι θεοὶ καὶ οἴκαδ' ἵκωμαι,
Πηλεύς θήν μοι ἔπειτα γυναῖκά γε μάσσεται αὐτός.
395 πολλαὶ Ἀχαιΐδες εἰσὶν ἀν' Ἑλλάδα τε Φθίην τε,
κοῦραι ἀριστήων, οἵ τε πτολίεθρα ῥύονται,
τάων ἥν κ' ἐθέλωμι, φίλην ποιήσομ' ἄκοιτιν.
ἔνθα δέ μοι μάλα πολλὸν ἐπέσσυτο θυμὸς ἀγήνωρ
γήμαντα μνηστὴν ἄλοχον, ἐϊκυῖαν ἄκοιτιν,
400 κτήμασι τέρπεσθαι, τὰ γέρων ἐκτήσατο Πηλεύς·
οὐ γὰρ ἐμοὶ ψυχῆς ἀντάξιον οὐδ' ὅσα φασὶν
Ἴλιον ἐκτῆσθαι, εὖ ναιόμενον πτολίεθρον,
τὸ πρὶν ἐπ' εἰρήνης, πρὶν ἐλθεῖν υἷας Ἀχαιῶν,
οὐδ' ὅσα λάϊνος οὐδὸς ἀφήτορος ἐντὸς ἐέργει,
405 Φοίβου Ἀπόλλωνος, Πυθοῖ ἔνι πετρηέσσῃ.
ληϊστοὶ μὲν γάρ τε βόες καὶ ἴφια μῆλα,
κτητοὶ δὲ τρίποδές τε καὶ ἵππων ξανθὰ κάρηνα·
ἀνδρὸς δὲ ψυχὴ πάλιν ἐλθεῖν οὔτε λεϊστὴ
οὔθ' ἑλετή, ἐπεὶ ἄρ κεν ἀμείψεται ἕρκος ὀδόντων.
410 μήτηρ γάρ τέ μέ φησι θεά, Θέτις ἀργυρόπεζα,
διχθαδίας κῆρας φερέμεν θανάτοιο τέλοσδε.
εἰ μέν κ' αὖθι μένων Τρώων πόλιν ἀμφιμάχωμαι,
ὤλετο μέν μοι νόστος, ἀτὰρ κλέος ἄφθιτον ἔσται·
εἰ δέ κεν οἴκαδ' ἵκωμι φίλην ἐς πατρίδα γαῖαν,
415 ὤλετό μοι κλέος ἐσθλόν, ἐπὶ δηρὸν δέ μοι αἰὼν

ἔσσεται, οὐδέ κέ μ' ὦκα τέλος θανάτοιο κιχείη.
καὶ δ' ἂν τοῖς ἄλλοισιν ἐγὼ παραμυθησαίμην
οἴκαδ' ἀποπλείειν, ἐπεὶ οὐκέτι δήετε τέκμωρ
Ἰλίου αἰπεινῆς· μάλα γάρ ἑθεν εὐρύοπα Ζεὺς
420 χεῖρα ἑὴν ὑπερέσχε, τεθαρσήκασι δὲ λαοί.
ἀλλ' ὑμεῖς μὲν ἰόντες ἀριστήεσσιν Ἀχαιῶν
ἀγγελίην ἀπόφασθε – τὸ γὰρ γέρας ἐστὶ γερόντων –
ὄφρ' ἄλλην φράζωνται ἐνὶ φρεσὶ μῆτιν ἀμείνω,
ἥ κέ σφιν νῆάς τε σαῷ καὶ λαὸν Ἀχαιῶν
425 νηυσὶν ἔπι γλαφυρῇς, ἐπεὶ οὔ σφισιν ἥδε γ' ἑτοίμη,
ἣν νῦν ἐφράσσαντο, ἐμεῦ ἀπομηνίσαντος·
Φοῖνιξ δ' αὖθι παρ' ἄμμι μένων κατακοιμηθήτω,
ὄφρα μοι ἐν νήεσσι φίλην ἐς πατρίδ' ἕπηται
αὔριον, ἢν ἐθέλῃσιν· ἀνάγκῃ δ' οὔ τί μιν ἄξω."

Die Mahnrede des Phoinix

430 Ὣς ἔφαθ', οἱ δ' ἄρα πάντες ἀκὴν ἐγένοντο σιωπῇ
μῦθον ἀγασσάμενοι· μάλα γὰρ κρατερῶς ἀπέειπεν·
ὀψὲ δὲ δὴ μετέειπε γέρων ἱππηλάτα Φοῖνιξ
δάκρυ' ἀναπρήσας· περὶ γὰρ δίε νηυσὶν Ἀχαιῶν·
„εἰ μὲν δὴ νόστον γε μετὰ φρεσί, φαίδιμ' Ἀχιλλεῦ,
435 βάλλεαι, οὐδέ τι πάμπαν ἀμύνειν νηυσὶ θοῇσι
πῦρ ἐθέλεις ἀΐδηλον, ἐπεὶ χόλος ἔμπεσε θυμῷ,
πῶς ἂν ἔπειτ' ἀπὸ σεῖο, φίλον τέκος, αὖθι λιποίμην
οἶος; σοὶ δέ μ' ἔπεμπε γέρων ἱππηλάτα Πηλεὺς
ἤματι τῷ, ὅτε σ' ἐκ Φθίης Ἀγαμέμνονι πέμπε
440 νήπιον, οὔ πω εἰδόθ' ὁμοιΐου πολέμοιο,
οὐδ' ἀγορέων, ἵνα τ' ἄνδρες ἀριπρεπέες τελέθουσι.
τοὔνεκά με προέηκε διδασκέμεναι τάδε πάντα,
μύθων τε ῥητῆρ' ἔμεναι πρηκτῆρά τε ἔργων.
ὡς ἂν ἔπειτ' ἀπὸ σεῖο, φίλον τέκος, οὐκ ἐθέλοιμι
445 λείπεσθ', οὐδ' εἴ κέν μοι ὑποσταίη θεὸς αὐτὸς
γῆρας ἀποξύσας θήσειν νέον ἡβώοντα,
οἷον ὅτε πρῶτον λίπον Ἑλλάδα καλλιγύναικα,
φεύγων νείκεα πατρὸς Ἀμύντορος Ὀρμενίδαο,

ὅς μοι παλλακίδος περιχώσατο καλλικόμοιο,
450 τὴν αὐτὸς φιλέεσκεν, ἀτιμάζεσκε δ' ἄκοιτιν,
μητέρ' ἐμήν· ἡ δ' αἰὲν ἐμὲ λισσέσκετο γούνων
παλλακίδι προμιγῆναι, ἵν' ἐχθήρειε γέροντα.
τῇ πιθόμην καὶ ἔρεξα· πατὴρ δ' ἐμὸς αὐτίκ' ὀϊσθεὶς
πολλὰ κατηρᾶτο, στυγερὰς δ' ἐπεκέκλετ' Ἐρινῦς,
455 μή ποτε γούνασιν οἷσιν ἐφέσσεσθαι φίλον υἱὸν
ἐξ ἐμέθεν γεγαῶτα· θεοὶ δ' ἐτέλειον ἐπαράς,
457 Ζεύς τε καταχθόνιος καὶ ἐπαινὴ Περσεφόνεια.
462 ἔνθ' ἐμοὶ οὐκέτι πάμπαν ἐρητύετ' ἐν φρεσὶ θυμὸς
πατρὸς χωομένοιο κατὰ μέγαρα στρωφᾶσθαι.
ἦ μὲν πολλὰ ἔται καὶ ἀνεψιοὶ ἀμφὶς ἐόντες
465 αὐτοῦ λισσόμενοι κατερήτυον ἐν μεγάροισι,
πολλὰ δὲ ἴφια μῆλα καὶ εἰλίποδας ἕλικας βοῦς
ἔσφαζον, πολλοὶ δὲ σύες θαλέθοντες ἀλοιφῇ
εὑόμενοι τανύοντο διὰ φλογὸς Ἡφαίστοιο,
πολλὸν δ' ἐκ κεράμων μέθυ πίνετο τοῖο γέροντος.
470 εἰνάνυχες δέ μοι ἀμφ' αὐτῷ παρὰ νύκτας ἴαυον·
οἱ μὲν ἀμειβόμενοι φυλακὰς ἔχον, οὐδέ ποτ' ἔσβη
πῦρ, ἕτερον μὲν ὑπ' αἰθούσῃ εὐερκέος αὐλῆς,
ἄλλο δ' ἐνὶ προδόμῳ, πρόσθεν θαλάμοιο θυράων.
ἀλλ' ὅτε δὴ δεκάτη μοι ἐπήλυθε νὺξ ἐρεβεννή,
475 καὶ τότ' ἐγὼ θαλάμοιο θύρας πυκινῶς ἀραρυίας
ῥήξας ἐξῆλθον, καὶ ὑπέρθορον ἑρκίον αὐλῆς
ῥεῖα, λαθὼν φύλακάς τ' ἄνδρας δμῳάς τε γυναῖκας.
φεῦγον ἔπειτ' ἀπάνευθε δι' Ἑλλάδος εὐρυχόροιο,
Φθίην δ' ἐξικόμην ἐριβώλακα, μητέρα μήλων,
480 ἐς Πηλῆα ἄναχθ'· ὁ δέ με πρόφρων ὑπέδεκτο,
καί μ' ἐφίλησ', ὡς εἴ τε πατὴρ ὃν παῖδα φιλήσῃ
μοῦνον τηλύγετον πολλοῖσιν ἐπὶ κτεάτεσσι,
καί μ' ἀφνειὸν ἔθηκε, πολὺν δέ μοι ὤπασε λαόν·
ναῖον δ' ἐσχατιὴν Φθίης, Δολόπεσσιν ἀνάσσων.
485 καί σε τοσοῦτον ἔθηκα, θεοῖς ἐπιείκελ' Ἀχιλλεῦ,
ἐκ θυμοῦ φιλέων, ἐπεὶ οὐκ ἐθέλεσκες ἅμ' ἄλλῳ
οὔτ' ἐς δαῖτ' ἰέναι οὔτ' ἐν μεγάροισι πάσασθαι,

πρίν γ' ὅτε δή σ' ἐπ' ἐμοῖσιν ἐγὼ γούνεσσι καθίσσας
ὄψου τ' ἄσαιμι προταμὼν καὶ οἶνον ἐπισχών.
490 πολλάκι μοι κατέδευσας ἐπὶ στήθεσσι χιτῶνα
οἴνου ἀποβλύζων ἐν νηπιέῃ ἀλεγεινῇ.
ὣς ἐπὶ σοὶ μάλα πόλλ' ἔπαθον καὶ πόλλ' ἐμόγησα,
τὰ φρονέων, ὅ μοι οὔ τι θεοὶ γόνον ἐξετέλειον
ἐξ ἐμεῦ· ἀλλὰ σὲ παῖδα, θεοῖς ἐπιείκελ', Ἀχιλλεῦ,
495 ποιεύμην, ἵνα μοί ποτ' ἀεικέα λοιγὸν ἀμύνῃς.
ἀλλ', Ἀχιλεῦ, δάμασον θυμὸν μέγαν· οὐδέ τί σε χρὴ
νηλεὲς ἦτορ ἔχειν· στρεπτοὶ δέ τε καὶ θεοὶ αὐτοί,
τῶν περ καὶ μείζων ἀρετὴ τιμή τε βίη τε.
καὶ μὲν τοὺς θυέεσσι καὶ εὐχωλῇς ἀγανῇσι
500 λοιβῇ τε κνίσῃ τε παρατρωπῶσ' ἄνθρωποι
λισσόμενοι, ὅτε κέν τις ὑπερβήῃ καὶ ἁμάρτῃ.
καὶ γάρ τε Λιταί εἰσι Διὸς κοῦραι μεγάλοιο,
χωλαί τε ῥυσαί τε παραβλῶπές τ' ὀφθαλμώ,
αἵ ῥά τε καὶ μετόπισθ' Ἄτης ἀλέγουσι κιοῦσαι.
505 ἡ δ' Ἄτη σθεναρή τε καὶ ἀρτίπος, οὕνεκα πάσας
πολλὸν ὑπεκπροθέει, φθάνει δέ τε πᾶσαν ἐπ' αἶαν
βλάπτουσ' ἀνθρώπους· αἱ δ' ἐξακέονται ὀπίσσω.
ὃς μέν τ' αἰδέσεται κούρας Διὸς ἆσσον ἰούσας,
τὸν δὲ μέγ' ὤνησαν καί τ' ἔκλυον εὐχομένοιο·
510 ὃς δέ κ' ἀνήνηται καί τε στερεῶς ἀποείπῃ,
λίσσονται δ' ἄρα ταί γε Δία Κρονίωνα κιοῦσαι
τῷ Ἄτην ἅμ' ἕπεσθαι, ἵνα βλαφθεὶς ἀποτείσῃ.
ἀλλ', Ἀχιλεῦ, πόρε καὶ σὺ Διὸς κούρῃσιν ἕπεσθαι
τιμήν, ἥ τ' ἄλλων περ ἐπιγνάμπτει νόον ἐσθλῶν.
515 εἰ μὲν γὰρ μὴ δῶρα φέροι, τὰ δ' ὄπισθ' ὀνομάζοι
Ἀτρεΐδης, ἀλλ' αἰὲν ἐπιζαφελῶς χαλεπαίνοι,
οὐκ ἂν ἔγωγέ σε μῆνιν ἀπορρίψαντα κελοίμην
Ἀργείοισιν ἀμυνέμεναι χατέουσί περ ἔμπης·
νῦν δ' ἅμα τ' αὐτίκα πολλὰ διδοῖ, τὰ δ' ὄπισθεν ὑπέστη,
520 ἄνδρας δὲ λίσσεσθαι ἐπιπροέηκεν ἀρίστους
κρινάμενος κατὰ λαὸν Ἀχαιϊκόν, οἵ τε σοὶ αὐτῷ
φίλτατοι Ἀργείων· τῶν μὴ σύ γε μῦθον ἐλέγξῃς

μηδὲ πόδας· πρὶν δ' οὔ τι νεμεσσητὸν κεχολῶσθαι.
οὕτω καὶ τῶν πρόσθεν ἐπευθόμεθα κλέα ἀνδρῶν
ἡρώων, ὅτε κέν τιν' ἐπιζάφελος χόλος ἵκοι·
δωρητοί τε πέλοντο παράρρητοί τ' ἐπέεσσι.
μέμνημαι τόδε ἔργον ἐγὼ πάλαι, οὔ τι νέον γε,
ὡς ἦν· ἐν δ' ὑμῖν ἐρέω πάντεσσι φίλοισι.
Κουρῆτές τε μάχοντο καὶ Αἰτωλοὶ μενεχάρμαι
ἀμφὶ πόλιν Καλυδῶνα καὶ ἀλλήλους ἐνάριζον,
Αἰτωλοὶ μὲν ἀμυνόμενοι Καλυδῶνος ἐραννῆς,
Κουρῆτες δὲ διαπραθέειν μεμαῶτες Ἄρηϊ.
καὶ γὰρ τοῖσι κακὸν χρυσόθρονος Ἄρτεμις ὦρσε,
χωσαμένη, ὅ οἱ οὔ τι θαλύσια γουνῷ ἀλωῆς
Οἰνεὺς ῥέξ'· ἄλλοι δὲ θεοὶ δαίνυνθ' ἑκατόμβας,
οἴῃ δ' οὐκ ἔρρεξε Διὸς κούρῃ μεγάλοιο.
ἢ λάθετ' ἢ οὐκ ἐνόησεν· ἀάσατο δὲ μέγα θυμῷ.
ἡ δὲ χολωσαμένη δῖον γένος ἰοχέαιρα
ὦρσεν ἔπι χλούνην σῦν ἄγριον ἀργιόδοντα,
ὃς κακὰ πόλλ' ἔρδεσκεν ἔθων Οἰνῆος ἀλωήν·
πολλὰ δ' ὅ γε προθέλυμνα χαμαὶ βάλε δένδρεα μακρὰ
αὐτῇσιν ῥίζῃσι καὶ αὐτοῖς ἄνθεσι μήλων.
τὸν δ' υἱὸς Οἰνῆος ἀπέκτεινεν Μελέαγρος,
πολλέων ἐκ πολίων θηρήτορας ἄνδρας ἀγείρας
καὶ κύνας· οὐ μὲν γάρ κε δάμη παύροισι βροτοῖσι·
τόσσος ἔην, πολλοὺς δὲ πυρῆς ἐπέβησ' ἀλεγεινῆς.
ἡ δ' ἀμφ' αὐτῷ θῆκε πολὺν κέλαδον καὶ ἀϋτήν,
ἀμφὶ συὸς κεφαλῇ καὶ δέρματι λαχνήεντι,
Κουρήτων τε μεσηγὺ καὶ Αἰτωλῶν μεγαθύμων.
ὄφρα μὲν οὖν Μελέαγρος ἀρηΐφιλος πολέμιζε,
τόφρα δὲ Κουρήτεσσι κακῶς ἦν, οὐδ' ἐδύναντο
τείχεος ἔκτοσθεν μίμνειν πολέες περ ἐόντες·
ἀλλ' ὅτε δὴ Μελέαγρον ἔδυ χόλος, ὅς τε καὶ ἄλλων
οἰδάνει ἐν στήθεσσι νόον πύκα περ φρονεόντων,
ἤτοι ὁ μητρὶ φίλῃ Ἀλθαίῃ χωόμενος κῆρ
κεῖτο παρὰ μνηστῇ ἀλόχῳ, καλῇ Κλεοπάτρῃ,
κούρῃ Μαρπήσσης καλλισφύρου Εὐηνίνης

Ἰδεώ θ', ὃς κάρτιστος ἐπιχθονίων γένετ' ἀνδρῶν
τῶν τότε - καί ῥα ἄνακτος ἐναντίον εἵλετο τόξον
560 Φοίβου Ἀπόλλωνος καλλισφύρου εἵνεκα νύμφης·
τὴν δὲ τότ' ἐν μεγάροισι πατὴρ καὶ πότνια μήτηρ
Ἀλκυόνην καλέεσκον ἐπώνυμον, οὕνεκ' ἄρ' αὐτῆς
μήτηρ ἀλκυόνος πολυπενθέος οἶτον ἔχουσα
κλαῖεν, ὅ μιν ἑκάεργος ἀνήρπασε Φοῖβος Ἀπόλλων -
565 τῇ ὅ γε παρκατέλεκτο χόλον θυμαλγέα πέσσων,
ἐξ ἀρέων μητρὸς κεχολωμένος, ἥ ῥα θεοῖσι
πόλλ' ἀχέουσ' ἠρᾶτο κασιγνήτοιο φόνοιο,
πολλὰ δὲ καὶ γαῖαν πολυφόρβην χερσὶν ἀλοία
κικλήσκουσ' Ἀΐδην καὶ ἐπαινὴν Περσεφόνειαν,
570 πρόχνυ καθεζομένη, δεύοντο δὲ δάκρυσι κόλποι,
παιδὶ δόμεν θάνατον· τῆς δ' ἠεροφοῖτις Ἐρινὺς
ἔκλυεν ἐξ Ἐρέβεσφιν, ἀμείλιχον ἦτορ ἔχουσα.
τῶν δὲ τάχ' ἀμφὶ πύλας ὅμαδος καὶ δοῦπος ὀρώρει
πύργων βαλλομένων· τὸν δὲ λίσσοντο γέροντες
575 Αἰτωλῶν, πέμπον δὲ θεῶν ἱερῆας ἀρίστους,
ἐξελθεῖν καὶ ἀμῦναι, ὑποσχόμενοι μέγα δῶρον·
ὁππόθι πιότατον πεδίον Καλυδῶνος ἐραννῆς,
ἔνθα μιν ἤνωγον τέμενος περικαλλὲς ἑλέσθαι
πεντηκοντόγυον, τὸ μὲν ἥμισυ οἰνοπέδοιο,
580 ἥμισυ δὲ ψιλὴν ἄροσιν πεδίοιο ταμέσθαι.
πολλὰ δέ μιν λιτάνευε γέρων ἱππηλάτα Οἰνεὺς
οὐδοῦ ἐπεμβεβαὼς ὑψηρεφέος θαλάμοιο,
σείων κολλητὰς σανίδας, γουνούμενος υἱόν·
πολλὰ δὲ τόν γε κασίγνηται καὶ πότνια μήτηρ
585 ἐλλίσσονθ'· ὁ δὲ μᾶλλον ἀναίνετο. πολλὰ δ' ἑταῖροι,
οἵ οἱ κεδνότατοι καὶ φίλτατοι ἦσαν ἁπάντων·
ἀλλ' οὐδ' ὣς τοῦ θυμὸν ἐνὶ στήθεσσιν ἔπειθον,
πρίν γ' ὅτε δὴ θάλαμος πύκ' ἐβάλλετο, τοὶ δ' ἐπὶ πύργων
βαῖνον Κουρῆτες καὶ ἐνέπρηθον μέγα ἄστυ.
590 καὶ τότε δὴ Μελέαγρον ἐΰζωνος παράκοιτις
λίσσετ' ὀδυρομένη, καί οἱ κατέλεξεν ἅπαντα
κήδε', ὅσ' ἀνθρώποισι πέλει, τῶν ἄστυ ἁλώῃ·

ἄνδρας μὲν κτείνουσι, πόλιν δέ τε πῦρ ἀμαθύνει,
τέκνα δέ τ' ἄλλοι ἄγουσι βαθυζώνους τε γυναῖκας.
595 τοῦ δ' ὠρίνετο θυμὸς ἀκούοντος κακὰ ἔργα,
βῆ δ' ἰέναι, χροΐ δ' ἔντε' ἐδύσετο παμφανόωντα.
ὣς ὁ μὲν Αἰτωλοῖσιν ἀπήμυνεν κακὸν ἦμαρ
εἴξας ᾧ θυμῷ· τῷ δ' οὐκέτι δῶρ' ἐτέλεσσαν
πολλά τε καὶ χαρίεντα, κακὸν δ' ἤμυνε καὶ αὔτως.
600 ἀλλὰ σὺ μή μοι ταῦτα νόει φρεσί, μηδέ σε δαίμων
ἐνταῦθα τρέψειε, φίλος· κάκιον δέ κεν εἴη
νηυσὶν καιομένῃσιν ἀμυνέμεν· ἀλλ' ἐπὶ δώρων
ἔρχεο· ἶσον γάρ σε θεῷ τείσουσιν Ἀχαιοί.
εἰ δέ κ' ἄτερ δώρων πόλεμον φθισήνορα δύῃς,
605 οὐκέθ' ὁμῶς τιμῆς ἔσεαι πόλεμόν περ ἀλαλκών."

Antwort Achills und letzter Versöhnungsversuch durch Aias

Τὸν δ' ἀπαμειβόμενος προσέφη πόδας ὠκὺς Ἀχιλλεύς·
„Φοῖνιξ, ἄττα γεραιέ, διοτρεφές, οὔ τί με ταύτης
χρεὼ τιμῆς· φρονέω δὲ τετιμῆσθαι Διὸς αἴσῃ,
ἥ μ' ἕξει παρὰ νηυσὶ κορωνίσιν, εἰς ὅ κ' ἀϋτμὴ
610 ἐν στήθεσσι μένῃ καί μοι φίλα γούνατ' ὀρώρῃ.
ἄλλο δέ τοι ἐρέω, σὺ δ' ἐνὶ φρεσὶ βάλλεο σῇσι·
μή μοι σύγχει θυμὸν ὀδυρόμενος καὶ ἀχεύων,
Ἀτρεΐδῃ ἥρωϊ φέρων χάριν· οὐδέ τί σε χρὴ
τὸν φιλέειν, ἵνα μή μοι ἀπέχθηαι φιλέοντι.
615 καλόν τοι σὺν ἐμοὶ τὸν κήδειν, ὅς κ' ἐμὲ κήδῃ.
617 οὗτοι δ' ἀγγελέουσι, σὺ δ' αὐτόθι λέξεο μίμνων
εὐνῇ ἔνι μαλακῇ· ἅμα δ' ἠοῖ φαινομένηφι
φρασσόμεθ', ἤ κε νεώμεθ' ἐφ' ἡμέτερ' ἦ κε μένωμεν."
620 Ἦ, καὶ Πατρόκλῳ ὅ γ' ἐπ' ὀφρύσι νεῦσε σιωπῇ
Φοίνικι στορέσαι πυκινὸν λέχος, ὄφρα τάχιστα
ἐκ κλισίης νόστοιο μεδοίατο· τοῖσι δ' ἄρ' Αἴας
ἀντίθεος Τελαμωνιάδης μετὰ μῦθον ἔειπε·
„διογενὲς Λαερτιάδη, πολυμήχαν' Ὀδυσσεῦ,
625 ἴομεν· οὐ γάρ μοι δοκέει μύθοιο τελευτὴ
τῇδέ γ' ὁδῷ κρανέεσθαι· ἀπαγγεῖλαι δὲ τάχιστα

χρὴ μῦθον Δαναοῖσι καὶ οὐκ ἀγαθόν περ ἐόντα,
οἵ που νῦν ἕαται ποτιδέγμενοι. αὐτὰρ Ἀχιλλεὺς
ἄγριον ἐν στήθεσσι θέτο μεγαλήτορα θυμόν,
630 σχέτλιος, οὐδὲ μετατρέπεται φιλότητος ἑταίρων
τῆς, ᾗ μιν παρὰ νηυσὶν ἐτίομεν ἔξοχον ἄλλων,
νηλής· καὶ μέν τίς τε κασιγνήτοιο φονῆος
ποινὴν ἢ οὗ παιδὸς ἐδέξατο τεθνηῶτος·
καί ῥ' ὁ μὲν ἐν δήμῳ μένει αὐτοῦ πόλλ' ἀποτείσας,
635 τοῦ δέ τ' ἐρητύεται κραδίη καὶ θυμὸς ἀγήνωρ
ποινὴν δεξαμένῳ· σοὶ δ' ἄλληκτόν τε κακόν τε
θυμὸν ἐνὶ στήθεσσι θεοὶ θέσαν εἵνεκα κούρης
οἴης· νῦν δέ τοι ἑπτὰ παρίσχομεν ἔξοχ' ἀρίστας,
ἄλλα τε πόλλ' ἐπὶ τῇσι· σὺ δ' ἵλαον ἔνθεο θυμόν,
640 αἴδεσσαι δὲ μέλαθρον· ὑπωρόφιοι δέ τοί εἰμεν
πληθύος ἐκ Δαναῶν, μέμαμεν δέ τοι ἔξοχον ἄλλων
κήδιστοί τ' ἔμεναι καὶ φίλτατοι, ὅσσοι Ἀχαιοί."

Τὸν δ' ἀπαμειβόμενος προσέφη πόδας ὠκὺς Ἀχιλλεύς·
„Αἶαν διογενὲς Τελαμώνιε, κοίρανε λαῶν,
645 πάντα τί μοι κατὰ θυμὸν ἐείσαο μυθήσασθαι·
ἀλλά μοι οἰδάνεται κραδίη χόλῳ, ὁππότε κείνων
μνήσομαι, ὥς μ' ἀσύφηλον ἐν Ἀργείοισιν ἔρεξεν
Ἀτρεΐδης, ὡς εἴ τιν' ἀτίμητον μετανάστην.
ἀλλ' ὑμεῖς ἔρχεσθε καὶ ἀγγελίην ἀπόφασθε·
650 οὐ γὰρ πρὶν πολέμοιο μεδήσομαι αἱματόεντος,
πρίν γ' υἱὸν Πριάμοιο δαΐφρονος, Ἕκτορα δῖον,
Μυρμιδόνων ἐπί τε κλισίας καὶ νῆας ἱκέσθαι
κτείνοντ' Ἀργείους, κατά τε σμῦξαι πυρὶ νῆας.
ἀμφὶ δέ τοι τῇ ἐμῇ κλισίῃ καὶ νηΐ μελαίνῃ
655 Ἕκτορα καὶ μεμαῶτα μάχης σχήσεσθαι ὀΐω."

Rückkehr der Gesandten und Bericht des Odysseus

Ὣς ἔφαθ', οἱ δὲ ἕκαστος ἑλὼν δέπας ἀμφικύπελλον
σπείσαντες παρὰ νῆας ἴσαν πάλιν· ἦρχε δ' Ὀδυσσεύς.
Πάτροκλος δ' ἑτάροισιν ἰδὲ δμῳῇσι κέλευσε
Φοίνικι στορέσαι πυκινὸν λέχος ὅττι τάχιστα.

αἱ δ' ἐπιπειθόμεναι στόρεσαν λέχος, ὡς ἐκέλευσε,
κώεά τε ῥῆγός τε λίνοιό τε λεπτὸν ἄωτον.
ἔνθ' ὁ γέρων κατέλεκτο καὶ Ἠῶ δῖαν ἔμιμνεν.
αὐτὰρ Ἀχιλλεὺς εὗδε μυχῷ κλισίης ἐϋπήκτου·
τῷ δ' ἄρα παρκατέλεκτο γυνή, τὴν Λεσβόθεν ἦγε,
Φόρβαντος θυγάτηρ, Διομήδη καλλιπάρῃος.
Πάτροκλος δ' ἑτέρωθεν ἐλέξατο· πὰρ δ' ἄρα καὶ τῷ
Ἶφις ἐΰζωνος, τήν οἱ πόρε δῖος Ἀχιλλεὺς
Σκῦρον ἑλὼν αἰπεῖαν, Ἐνυῆος πτολίεθρον.
   Οἱ δ' ὅτε δὴ κλισίῃσιν ἐν Ἀτρεΐδαο γένοντο,
τοὺς μὲν ἄρα χρυσέοισι κυπέλλοις υἷες Ἀχαιῶν
δειδέχατ' ἄλλοθεν ἄλλος ἀνασταδόν, ἔκ τ' ἐρέοντο·
πρῶτος δ' ἐξερέεινεν ἄναξ ἀνδρῶν Ἀγαμέμνων·
„εἴπ' ἄγε μ', ὦ πολύαιν' Ὀδυσεῦ, μέγα κῦδος Ἀχαιῶν,
ἤ ῥ' ἐθέλει νήεσσιν ἀλεξέμεναι δήϊον πῦρ,
ἦ ἀπέειπε, χόλος δ' ἔτ' ἔχει μεγαλήτορα θυμόν;"
   Τὸν δ' αὖτε προσέειπε πολύτλας δῖος Ὀδυσσεύς·
„Ἀτρεΐδη κύδιστε, ἄναξ ἀνδρῶν Ἀγάμεμνον,
κεῖνός γ' οὐκ ἐθέλει σβέσσαι χόλον, ἀλλ' ἔτι μᾶλλον
πιμπλάνεται μένεος, σὲ δ' ἀναίνεται ἠδὲ σὰ δῶρα.
αὐτόν σε φράζεσθαι ἐν Ἀργείοισιν ἄνωγεν,
ὅππως κεν νῆάς τε σαῷς καὶ λαὸν Ἀχαιῶν·
αὐτὸς δ' ἠπείλησεν ἅμ' ἠοῖ φαινομένηφι
νῆας ἐϋσσέλμους ἅλαδ' ἑλκέμεν ἀμφιελίσσας.
καὶ δ' ἂν τοῖς ἄλλοισιν ἔφη παραμυθήσασθαι
οἴκαδ' ἀποπλείειν, ἐπεὶ οὐκέτι δήετε τέκμωρ
Ἰλίου αἰπεινῆς· μάλα γάρ ἑθεν εὐρύοπα Ζεὺς
χεῖρα ἑὴν ὑπερέσχε, τεθαρσήκασι δὲ λαοί.
ὣς ἔφατ'· εἰσὶ καὶ οἵδε τάδ' εἰπέμεν, οἵ μοι ἕποντο,
Αἴας καὶ κήρυκε δύω, πεπνυμένω ἄμφω.
Φοῖνιξ δ' αὖθ' ὁ γέρων κατελέξατο, ὣς γὰρ ἀνώγει,
ὄφρα οἱ ἐν νήεσσι φίλην ἐς πατρίδ' ἕπηται
αὔριον, ἢν ἐθέλησιν· ἀνάγκη δ' οὔ τί μιν ἄξει."
   Ὣς ἔφαθ', οἱ δ' ἄρα πάντες ἀκὴν ἐγένοντο σιωπῇ
μῦθον ἀγασσάμενοι· μάλα γὰρ κρατερῶς ἀγόρευσε.

695 δὴν δ' ἄνεῳ ἦσαν τετιηότες υἷες Ἀχαιῶν·
ὀψὲ δὲ δὴ μετέειπε βοὴν ἀγαθὸς Διομήδης·
„Ἀτρεΐδη κύδιστε, ἄναξ ἀνδρῶν Ἀγάμεμνον,
μὴ ὄφελες λίσσεσθαι ἀμύμονα Πηλεΐωνα,
μυρία δῶρα διδούς· ὁ δ' ἀγήνωρ ἐστὶ καὶ ἄλλως·
700 νῦν αὖ μιν πολὺ μᾶλλον ἀγηνορίῃσιν ἐνῆκας.
ἀλλ' ἤτοι κεῖνον μὲν ἐάσομεν, ἤ κεν ἴῃσιν,
ἤ κε μένῃ· τότε δ' αὖτε μαχήσεται, ὁππότε κέν μιν
θυμὸς ἐνὶ στήθεσσιν ἀνώγῃ καὶ θεὸς ὄρσῃ.
ἀλλ' ἄγεθ', ὡς ἂν ἐγὼ εἴπω, πειθώμεθα πάντες·
705 νῦν μὲν κοιμήσασθε τεταρπόμενοι φίλον ἦτορ
σίτου καὶ οἴνοιο· τὸ γὰρ μένος ἐστὶ καὶ ἀλκή·
αὐτὰρ ἐπεί κε φανῇ καλὴ ῥοδοδάκτυλος Ἠώς,
καρπαλίμως πρὸ νεῶν ἐχέμεν λαόν τε καὶ ἵππους
ὀτρύνων, καὶ δ' αὐτὸς ἐνὶ πρώτοισι μάχεσθαι."
710 Ὣς ἔφαθ', οἱ δ' ἄρα πάντες ἐπῄνησαν βασιλῆες,
μῦθον ἀγασσάμενοι Διομήδεος ἱπποδάμοιο.
καὶ τότε δὴ σπείσαντες ἔβαν κλισίηνδε ἕκαστος,
ἔνθα δὲ κοιμήσαντο καὶ ὕπνου δῶρον ἕλοντο.

Gesang K

ΔΟΛΩΝΕΙΑ

Gesang Λ

ΑΓΑΜΕΜΝΟΝΟΣ ΑΡΙΣΤΕΙΑ

Gesang M

ΤΕΙΧΟΜΑΧΙΑ

Gesang N

ΜΑΧΗ ΕΠΙ ΤΑΙΣ ΝΑΥΣΙΝ

Gesang Ξ

ΔΙΟΣ ΑΠΑΤΗ

Gesang Ο

ΠΑΛΙΩΞΙΣ ΠΑΡΑ ΤΩΝ ΝΕΩΝ

Zum Inhalt der Gesänge K bis O siehe Einleitung S. 42-48.

Gesang Π

ΠΑΤΡΟΚΛΕΙΑ

Patroklos erhält von Achill die Erlaubnis, mit den Myrmidonen den hart bedrängten Griechen zur Hilfe zu eilen.

Ὣς οἱ μὲν περὶ νηὸς ἐϋσσέλμοιο μάχοντο·
Πάτροκλος δ' Ἀχιλῆϊ παρίστατο, ποιμένι λαῶν,
δάκρυα θερμὰ χέων ὥς τε κρήνη μελάνυδρος,
ἥ τε κατ' αἰγίλιπος πέτρης δνοφερὸν χέει ὕδωρ.
5 τὸν δὲ ἰδὼν ᾤκτιρε ποδάρκης δῖος Ἀχιλλεύς,
καί μιν φωνήσας ἔπεα πτερόεντα προσηύδα·
„τίπτε δεδάκρυσαι, Πατρόκλεες, ἠΰτε κούρη
νηπίη, ἥ θ' ἅμα μητρὶ θέουσ' ἀνελέσθαι ἀνώγει,
εἱανοῦ ἁπτομένη, καί τ' ἐσσυμένην κατερύκει,
10 δακρυόεσσα δέ μιν ποτιδέρκεται, ὄφρ' ἀνέληται·
τῇ ἴκελος, Πάτροκλε, τέρεν κατὰ δάκρυον εἴβεις.

ἠέ τι Μυρμιδόνεσσι πιφαύσκεαι, ἦ ἐμοὶ αὐτῷ,
ἦέ τιν' ἀγγελίην Φθίης ἐξ ἔκλυες οἶος;
ζώειν μὰν ἔτι φασὶ Μενοίτιον, Ἄκτορος υἱόν,
15 ζώει δ' Αἰακίδης Πηλεὺς μετὰ Μυρμιδόνεσσι,
τῶν κε μάλ' ἀμφοτέρων ἀκαχοίμεθα τεθνηώτων.
ἦε σύ γ' Ἀργείων ὀλοφύρεαι, ὡς ὀλέκονται
νηυσὶν ἔπι γλαφυρῇσιν ὑπερβασίης ἕνεκα σφῆς;
ἐξαύδα, μὴ κεῦθε νόῳ, ἵνα εἴδομεν ἄμφω."
20 Τὸν δὲ βαρὺ στενάχων προσέφης, Πατρόκλεες ἱππεῦ·
„ὦ Ἀχιλεῦ, Πηλῆος υἱέ, μέγα φέρτατ' Ἀχαιῶν,
μὴ νεμέσα· τοῖον γὰρ ἄχος βεβίηκεν Ἀχαιούς.
οἱ μὲν γὰρ δὴ πάντες, ὅσοι πάρος ἦσαν ἄριστοι,
ἐν νηυσὶν κέαται βεβλημένοι οὐτάμενοί τε.
25 βέβληται μὲν ὁ Τυδεΐδης κρατερὸς Διομήδης,
οὔτασται δ' Ὀδυσεὺς δουρικλυτὸς ἠδ' Ἀγαμέμνων,
βέβληται δὲ καὶ Εὐρύπυλος κατὰ μηρὸν ὀϊστῷ.
τοὺς μέν τ' ἰητροὶ πολυφάρμακοι ἀμφιπένονται,
ἕλκε' ἀκειόμενοι· σὺ δ' ἀμήχανος ἔπλευ, Ἀχιλλεῦ.
30 μὴ ἐμέ γ' οὖν οὗτός γε λάβοι χόλος, ὃν σὺ φυλάσσεις,
αἰναρέτη· τί σευ ἄλλος ὀνήσεται ὀψίγονός περ,
αἴ κε μὴ Ἀργείοισιν ἀεικέα λοιγὸν ἀμύνῃς;
νηλεές, οὐκ ἄρα σοί γε πατὴρ ἦν ἱππότα Πηλεύς,
οὐδὲ Θέτις μήτηρ· γλαυκὴ δέ σε τίκτε θάλασσα
35 πέτραι τ' ἠλίβατοι, ὅτι τοι νόος ἐστὶν ἀπηνής.
εἰ δέ τινα φρεσὶ σῇσι θεοπροπίην ἀλεείνεις
καί τινά τοι πὰρ Ζηνὸς ἐπέφραδε πότνια μήτηρ,
ἀλλ' ἐμέ περ πρόες ὦχ', ἅμα δ' ἄλλον λαὸν ὄπασσον
Μυρμιδόνων, ἤν πού τι φόως Δαναοῖσι γένωμαι.
40 δὸς δέ μοι ὤμοιϊν τὰ σὰ τεύχεα θωρηχθῆναι,
αἴ κ' ἐμὲ σοὶ ἴσκοντες ἀπόσχωνται πολέμοιο
Τρῶες, ἀναπνεύσωσι δ' ἀρήϊοι υἷες Ἀχαιῶν
τειρόμενοι· ὀλίγη δέ τ' ἀνάπνευσις πολέμοιο.
ῥεῖα δέ κ' ἀκμῆτες κεκμηότας ἄνδρας ἀϋτῇ
45 ὤσαιμεν προτὶ ἄστυ νεῶν ἄπο καὶ κλισιάων."
  Ὣς φάτο λισσόμενος μέγα νήπιος· ἦ γὰρ ἔμελλεν

οἷ αὐτῷ θάνατόν τε κακὸν καὶ κῆρα λιτέσθαι.
τὸν δὲ μέγ' ὀχθήσας προσέφη πόδας ὠκὺς Ἀχιλλεύς·
„ὤ μοι, διογενὲς Πατρόκλεες, οἷον ἔειπες·
50 οὔτε θεοπροπίης ἐμπάζομαι, ἥν τινα οἶδα,
οὔτε τί μοι πὰρ Ζηνὸς ἐπέφραδε πότνια μήτηρ·
ἀλλὰ τόδ' αἰνὸν ἄχος κραδίην καὶ θυμὸν ἱκάνει,
ὁππότε δὴ τὸν ὁμοῖον ἀνὴρ ἐθέλῃσιν ἀμέρσαι
καὶ γέρας ἂψ ἀφελέσθαι, ὅ τε κράτεϊ προβεβήκῃ·
55 αἰνὸν ἄχος τό μοί ἐστιν, ἐπεὶ πάθον ἄλγεα θυμῷ.
κούρην, ἣν ἄρα μοι γέρας ἔξελον υἷες Ἀχαιῶν,
δουρὶ δ' ἐμῷ κτεάτισσα, πόλιν εὐτείχεα πέρσας,
τὴν ἂψ ἐκ χειρῶν ἕλετο κρείων Ἀγαμέμνων
Ἀτρεΐδης ὡς εἴ τιν' ἀτίμητον μετανάστην.
60 ἀλλὰ τὰ μὲν προτετύχθαι ἐάσομεν· οὐδ' ἄρα πως ἦν
ἀσπερχὲς κεχολῶσθαι ἐνὶ φρεσίν· ἤτοι ἔφην γε
οὐ πρὶν μηνιθμὸν καταπαυσέμεν, ἀλλ' ὁπότ' ἂν δὴ
νῆας ἐμὰς ἀφίκηται ἀϋτή τε πτόλεμός τε.
τύνη δ' ὤμοιϊν μὲν ἐμὰ κλυτὰ τεύχεα δῦθι,
65 ἄρχε δὲ Μυρμιδόνεσσι φιλοπτολέμοισι μάχεσθαι,
εἰ δὴ κυάνεον Τρώων νέφος ἀμφιβέβηκε
νηυσὶν ἐπικρατέως, οἱ δὲ ῥηγμῖνι θαλάσσης
κεκλίαται, χώρης ὀλίγην ἔτι μοῖραν ἔχοντες,
Ἀργεῖοι· Τρώων δὲ πόλις ἐπὶ πᾶσα βέβηκε
70 θάρσυνος· οὐ γὰρ ἐμῆς κόρυθος λεύσσουσι μέτωπον
ἐγγύθι λαμπομένης· τάχα κεν φεύγοντες ἐναύλους
πλήσειαν νεκύων, εἴ μοι κρείων Ἀγαμέμνων
ἤπια εἰδείη· νῦν δὲ στρατὸν ἀμφιμάχονται.
οὐ γὰρ Τυδεΐδεω Διομήδεος ἐν παλάμῃσι
75 μαίνεται ἐγχείη Δαναῶν ἀπὸ λοιγὸν ἀμῦναι·
οὐδέ πω Ἀτρεΐδεω ὀπὸς ἔκλυον αὐδήσαντος
ἐχθρῆς ἐκ κεφαλῆς· ἀλλ' Ἕκτορος ἀνδροφόνοιο
Τρωσὶ κελεύοντος περιάγνυται, οἱ δ' ἀλαλητῷ
πᾶν πεδίον κατέχουσι, μάχῃ νικῶντες Ἀχαιούς.
80 ἀλλὰ καὶ ὧς, Πάτροκλε, νεῶν ἀπὸ λοιγὸν ἀμύνων
ἔμπεσ' ἐπικρατέως, μὴ δὴ πυρὸς αἰθομένοιο

νῆας ἐνιπρήσωσι, φίλον δ' ἀπὸ νόστον ἕλωνται.
πείθεο δ', ὥς τοι ἐγὼ μύθου τέλος ἐν φρεσὶ θείω,
ὡς ἄν μοι τιμὴν μεγάλην καὶ κῦδος ἄρηαι
85 πρὸς πάντων Δαναῶν, ἀτὰρ οἱ περικαλλέα κούρην
ἂψ ἀπονάσσωσιν, ποτὶ δ' ἀγλαὰ δῶρα πόρωσιν.
ἐκ νηῶν ἐλάσας ἰέναι πάλιν· εἰ δέ κεν αὖ τοι
δώῃ κῦδος ἀρέσθαι ἐρίγδουπος πόσις Ἥρης,
μὴ σύ γ' ἄνευθεν ἐμεῖο λιλαίεσθαι πολεμίζειν
90 Τρωσὶ φιλοπτολέμοισιν· ἀτιμότερον δέ με θήσεις·
μηδ' ἐπαγαλλόμενος πολέμῳ καὶ δηϊοτῆτι,
Τρῶας ἐναιρόμενος, προτὶ Ἴλιον ἡγεμονεύειν,
μή τις ἀπ' Οὐλύμποιο θεῶν αἰειγενετάων
ἐμβήῃ· μάλα τούς γε φιλεῖ ἑκάεργος Ἀπόλλων·
95 ἀλλὰ πάλιν τρωπᾶσθαι, ἐπὴν φάος ἐν νήεσσι
96 θήῃς, τοὺς δ' ἔτ' ἐᾶν πεδίον κάτα δηριάασθαι."

*Aias muss sich aus dem Kampf zurückziehen,
die Troer stecken das Schiff des Protesilaos in Brand.*

101 Ὣς οἱ μὲν τοιαῦτα πρὸς ἀλλήλους ἀγόρευον,
Αἴας δ' οὐκέτ' ἔμιμνε· βιάζετο γὰρ βελέεσσι·
δάμνα μιν Ζηνός τε νόος καὶ Τρῶες ἀγαυοὶ
βάλλοντες· δεινὴν δὲ περὶ κροτάφοισι φαεινὴ
105 πήληξ βαλλομένη καναχὴν ἔχε, βάλλετο δ' αἰεὶ
κὰπ φάλαρ' εὐποίηθ'· ὁ δ' ἀριστερὸν ὦμον ἔκαμνεν,
ἔμπεδον αἰὲν ἔχων σάκος αἰόλον· οὐδ' ἐδύναντο
ἀμφ' αὐτῷ πελεμίξαι ἐρείδοντες βελέεσσιν.
αἰεὶ δ' ἀργαλέῳ ἔχετ' ἄσθματι, κὰδ δέ οἱ ἱδρὼς
110 πάντοθεν ἐκ μελέων πολὺς ἔρρεεν, οὐδέ πῃ εἶχεν
ἀμπνεῦσαι· πάντῃ δὲ κακὸν κακῷ ἐστήρικτο.

Ἔσπετε νῦν μοι, Μοῦσαι Ὀλύμπια δώματ' ἔχουσαι,
ὅππως δὴ πρῶτον πῦρ ἔμπεσε νηυσὶν Ἀχαιῶν.

Ἕκτωρ Αἴαντος δόρυ μείλινον ἄγχι παραστὰς
115 πλῆξ' ἄορι μεγάλῳ, αἰχμῆς παρὰ καυλὸν ὄπισθεν,
ἀντικρὺ δ' ἀπάραξε· τὸ μὲν Τελαμώνιος Αἴας
πῆλ' αὕτως ἐν χειρὶ κόλον δόρυ, τῆλε δ' ἀπ' αὐτοῦ
αἰχμὴ χαλκείη χαμάδις βόμβησε πεσοῦσα.

γνῶ δ' Αἴας κατὰ θυμὸν ἀμύμονα, ῥίγησέν τε,
120 ἔργα θεῶν, ὅ ῥα πάγχυ μάχης ἐπὶ μήδεα κεῖρε
Ζεὺς ὑψιβρεμέτης, Τρώεσσι δὲ βούλετο νίκην·
χάζετο δ' ἐκ βελέων. τοὶ δ' ἔμβαλον ἀκάματον πῦρ
νηΐ θοῇ· τῆς δ' αἶψα κατ' ἀσβέστη κέχυτο φλόξ.

Patroklos legt Achills Rüstung an.

Ὣς τὴν μὲν πρύμνην πῦρ ἄμφεπεν· αὐτὰρ Ἀχιλλεὺς
125 μηρὼ πληξάμενος Πατροκλῆα προσέειπεν·
„ὄρσεο, διογενὲς Πατρόκλεες, ἱπποκέλευθε·
λεύσσω δὴ παρὰ νηυσὶ πυρὸς δηΐοιο ἰωήν·
μὴ δὴ νῆας ἕλωσι καὶ οὐκέτι φυκτὰ πέλωνται·
δύσεο τεύχεα θᾶσσον, ἐγὼ δέ κε λαὸν ἀγείρω."
130 Ὣς φάτο, Πάτροκλος δὲ κορύσσετο νώροπι χαλκῷ.
κνημῖδας μὲν πρῶτα περὶ κνήμῃσιν ἔθηκε
καλάς, ἀργυρέοισιν ἐπισφυρίοις ἀραρυίας·
δεύτερον αὖ θώρηκα περὶ στήθεσσιν ἔδυνε
ποικίλον ἀστερόεντα ποδώκεος Αἰακίδαο.
135 ἀμφὶ δ' ἄρ' ὤμοισιν βάλετο ξίφος ἀργυρόηλον
χάλκεον, αὐτὰρ ἔπειτα σάκος μέγα τε στιβαρόν τε·
κρατὶ δ' ἐπ' ἰφθίμῳ κυνέην εὔτυκτον ἔθηκεν
ἵππουριν· δεινὸν δὲ λόφος καθύπερθεν ἔνευεν.
εἵλετο δ' ἄλκιμα δοῦρε, τά οἱ παλάμηφιν ἀρήρει.
140 ἔγχος δ' οὐχ ἕλετ' οἶον ἀμύμονος Αἰακίδαο,
βριθὺ μέγα στιβαρόν· τὸ μὲν οὐ δύνατ' ἄλλος Ἀχαιῶν
πάλλειν, ἀλλά μιν οἶος ἐπίστατο πῆλαι Ἀχιλλεύς,
Πηλιάδα μελίην, τὴν πατρὶ φίλῳ πόρε Χείρων
Πηλίου ἐκ κορυφῆς, φόνον ἔμμεναι ἡρώεσσιν.
145 ἵππους δ' Αὐτομέδοντα θοῶς ζευγνῦμεν ἄνωγε,
τὸν μετ' Ἀχιλλῆα ῥηξήνορα τῖε μάλιστα,
πιστότατος δέ οἱ ἔσκε μάχῃ ἔνι μεῖναι ὁμοκλήν.
τῷ δὲ καὶ Αὐτομέδων ὕπαγε ζυγὸν ὠκέας ἵππους,
Ξάνθον καὶ Βαλίον, τὼ ἅμα πνοιῇσι πετέσθην,
150 τοὺς ἔτεκε Ζεφύρῳ ἀνέμῳ Ἅρπυια Ποδάργη,

βοσκομένη λειμῶνι παρὰ ῥόον Ὠκεανοῖο.
ἐν δὲ παρηορίῃσιν ἀμύμονα Πήδασον ἵει,
τόν ῥά ποτ' Ἠετίωνος ἑλὼν πόλιν ἤγαγ' Ἀχιλλεύς,
ὃς καὶ ὑνητὸς ἐὼν ἕπευ' ἵπποις ἀθανάτοισι.

Bewaffnung der Myrmidonen

155 Μυρμιδόνας δ' ἄρ' ἐποιχόμενος ὑώρηξεν Ἀχιλλεὺς
πάντας ἀνὰ κλισίας σὺν τεύχεσιν· οἱ δὲ λύκοι ὣς
ὠμοφάγοι, τοῖσίν τε περὶ φρεσὶν ἄσπετος ἀλκή,
οἵ τ' ἔλαφον κεραὸν μέγαν οὔρεσι δηώσαντες
δάπτουσιν· πᾶσιν δὲ παρήϊον αἵματι φοινόν·
160 καί τ' ἀγεληδὸν ἴασιν ἀπὸ κρήνης μελανύδρου
λάψοντες γλώσσῃσιν ἀραιῇσιν μέλαν ὕδωρ
ἄκρον, ἐρευγόμενοι φόνον αἵματος· ἐν δέ τε ὑυμὸς
στήθεσιν ἄτρομός ἐστι, περιστένεται δέ τε γαστήρ·
τοῖοι Μυρμιδόνων ἡγήτορες ἠδὲ μέδοντες
165 ἀμφ' ἀγαθὸν θεράποντα ποδώκεος Αἰακίδαο
ῥώοντ'· ἐν δ' ἄρα τοῖσιν ἀρήϊος ἵστατ' Ἀχιλλεύς,
ὀτρύνων ἵππους τε καὶ ἀνέρας ἀσπιδιώτας.

Zum Inhalt von 168 bis 209 siehe Einleitung S. 48.

*Als Patroklos und die Myrmidonen kampfbereit sind,
betet Achill zu Zeus für die glückliche Heimkehr
des Freundes.*

210 Ὣς εἰπὼν ὄτρυνε μένος καὶ ὑυμὸν ἑκάστου.
μᾶλλον δὲ στίχες ἄρθεν, ἐπεὶ βασιλῆος ἄκουσαν.
ὡς δ' ὅτε τοῖχον ἀνὴρ ἀράρῃ πυκινοῖσι λίθοισι
δώματος ὑψηλοῖο, βίας ἀνέμων ἀλεείνων,
ὣς ἄραρον κόρυθές τε καὶ ἀσπίδες ὀμφαλόεσσαι.
215 ἀσπὶς ἄρ' ἀσπίδ' ἔρειδε, κόρυς κόρυν, ἀνέρα δ' ἀνήρ·
ψαῦον δ' ἱππόκομοι κόρυθες λαμπροῖσι φάλοισι
νευόντων, ὡς πυκνοὶ ἐφέστασαν ἀλλήλοισι.
πάντων δὲ προπάροιθε δύ' ἀνέρε ὑωρήσσοντο,
Πάτροκλός τε καὶ Αὐτομέδων, ἕνα ὑυμὸν ἔχοντες,

220 πρόσϑεν Μυρμιδόνων πολεμιζέμεν. αὐτὰρ Ἀχιλλεὺς
βῆ ῥ᾽ ἴμεν ἐς κλισίην, χηλοῦ δ᾽ ἀπὸ πῶμ᾽ ἀνέῳγε
καλῆς δαιδαλέης, τὴν οἱ Θέτις ἀργυρόπεζα
ϑῆκ᾽ ἐπὶ νηὸς ἄγεσϑαι, ἐῢ πλήσασα χιτώνων
χλαινάων τ᾽ ἀνεμοσκεπέων οὔλων τε ταπήτων.
225 ἔνϑα δέ οἱ δέπας ἔσκε τετυγμένον, οὐδέ τις ἄλλος
οὔτ᾽ ἀνδρῶν πίνεσκεν ἀπ᾽ αὐτοῦ αἴϑοπα οἶνον,
οὔτε τεῳ σπένδεσκε ϑεῶν, ὅτε μὴ Διὶ πατρί.
τό ῥα τότ᾽ ἐκ χηλοῖο λαβὼν ἐκάϑηρε ϑεείῳ
πρῶτον, ἔπειτα δ᾽ ἔνιψ᾽ ὕδατος καλῇσι ῥοῇσι,
230 νίψατο δ᾽ αὐτὸς χεῖρας, ἀφύσσατο δ᾽ αἴϑοπα οἶνον.
εὔχετ᾽ ἔπειτα στὰς μέσῳ ἕρκεϊ, λεῖβε δὲ οἶνον
οὐρανὸν εἰσανιδών· Δία δ᾽ οὐ λάϑε τερπικέραυνον·
„Ζεῦ ἄνα, Δωδωναῖε, Πελασγικέ, τηλόϑι ναίων,
Δωδώνης μεδέων δυσχειμέρου· ἀμφὶ δὲ Σελλοὶ
235 σοὶ ναίουσ᾽ ὑποφῆται ἀνιπτόποδες χαμαιεῦναι.
ἠμὲν δή ποτ᾽ ἐμὸν ἔπος ἔκλυες εὐξαμένοιο,
τίμησας μὲν ἐμέ, μέγα δ᾽ ἴψαο λαὸν Ἀχαιῶν,
ἠδ᾽ ἔτι καὶ νῦν μοι τόδ᾽ ἐπικρήηνον ἐέλδωρ·
αὐτὸς μὲν γὰρ ἐγὼ μενέω νηῶν ἐν ἀγῶνι,
240 ἀλλ᾽ ἕταρον πέμπω πολέσιν μετὰ Μυρμιδόνεσσι
μάρνασϑαι· τῷ κῦδος ἅμα πρόες, εὐρύοπα Ζεῦ,
ϑάρσυνον δέ οἱ ἦτορ ἐνὶ φρεσίν, ὄφρα καὶ Ἕκτωρ
εἴσεται ἤ ῥα καὶ οἶος ἐπίστηται πολεμίζειν
ἡμέτερος ϑεράπων, ἦ οἱ τότε χεῖρες ἄαπτοι
245 μαίνονϑ᾽, ὁππότ᾽ ἐγώ περ ἴω μετὰ μῶλον Ἄρηος.
αὐτὰρ ἐπεί κ᾽ ἀπὸ ναῦφι μάχην ἐνοπήν τε δίηται,
ἀσκηϑής μοι ἔπειτα ϑοὰς ἐπὶ νῆας ἵκοιτο
τεύχεσί τε ξὺν πᾶσι καὶ ἀγχεμάχοις ἑτάροισιν."
Ὣς ἔφατ᾽ εὐχόμενος, τοῦ δ᾽ ἔκλυε μητίετα Ζεύς.
250 τῷ δ᾽ ἕτερον μὲν δῶκε πατήρ, ἕτερον δ᾽ ἀνένευσε·
νηῶν μέν οἱ ἀπώσασϑαι πόλεμόν τε μάχην τε
δῶκε, σόον δ᾽ ἀνένευσε μάχης ἒξ ἀπονέεσϑαι.
ἤτοι ὁ μὲν σπείσας τε καὶ εὐξάμενος Διὶ πατρὶ
ἂψ κλισίην εἰσῆλϑε, δέπας δ᾽ ἀπέϑηκ᾽ ἐνὶ χηλῷ,

στῆ δὲ πάροιϑ' ἐλϑὼν κλισίης, ἔτι δ' ἤϑελε ϑυμῷ
εἰσιδέειν Τρώων καὶ Ἀχαιῶν φύλοπιν αἰνήν.

Auszug des Patroklos und Angriff auf die Troer

Οἱ δ' ἅμα Πατρόκλῳ μεγαλήτορι ϑωρηχϑέντες
ἔστιχον, ὄφρ' ἐν Τρωσὶ μέγα φρονέοντες ὄρουσαν.
αὐτίκα δὲ σφήκεσσιν ἐοικότες ἐξεχέοντο
εἰνοδίοις, οὓς παῖδες ἐριδμαίνωσιν ἔϑοντες,
νηπίαχοι· ξυνὸν δὲ κακὸν πολέεσσι τιϑεῖσι.
τοὺς δ' εἴ περ παρά τίς τε κιὼν ἄνϑρωπος ὁδίτης
κινήσῃ ἀέκων, οἱ δ' ἄλκιμον ἦτορ ἔχοντες
πρόσσω πᾶς πέτεται καὶ ἀμύνει οἷσι τέκεσσι.
τῶν τότε Μυρμιδόνες κραδίην καὶ ϑυμὸν ἔχοντες
ἐκ νηῶν ἐχέοντο· βοὴ δ' ἄσβεστος ὀρώρει.
Πάτροκλος δ' ἑτάροισιν ἐκέκλετο μακρὸν ἀΰσας·
„Μυρμιδόνες, ἕταροι Πηληϊάδεω Ἀχιλῆος,
ἀνέρες ἔστε, φίλοι, μνήσασϑε δὲ ϑούριδος ἀλκῆς,
ὡς ἂν Πηλεΐδην τιμήσομεν, ὃς μέγ' ἄριστος
Ἀργείων παρὰ νηυσὶ καὶ ἀγχέμαχοι ϑεράποντες,
γνῷ δὲ καὶ Ἀτρεΐδης εὐρὺ κρείων Ἀγαμέμνων
ἣν ἄτην, ὅ τ' ἄριστον Ἀχαιῶν οὐδὲν ἔτεισεν."
Ὣς εἰπὼν ὄτρυνε μένος καὶ ϑυμὸν ἑκάστου,
ἐν δὲ πέσον Τρώεσσιν ἀολλέες· ἀμφὶ δὲ νῆες
σμερδαλέον κονάβησαν ἀϋσάντων ὑπ' Ἀχαιῶν.
Τρῶες δ' ὡς εἴδοντο Μενοιτίου ἄλκιμον υἱόν,
αὐτὸν καὶ ϑεράποντα, σὺν ἔντεσι μαρμαίροντας,
πᾶσιν ὀρίνϑη ϑυμός, ἐκίνηϑεν δὲ φάλαγγες,
ἐλπόμενοι παρὰ ναῦφι ποδώκεα Πηλεΐωνα
μηνιϑμὸν μὲν ἀπορρῖψαι, φιλότητα δ' ἑλέσϑαι·
πάπτηνεν δὲ ἕκαστος, ὅπῃ φύγοι αἰπὺν ὄλεϑρον.

Patroklos erlegt Pyraichmes und vertreibt die Troer
von den Schiffen.

Πάτροκλος δὲ πρῶτος ἀκόντισε δουρὶ φαεινῷ
ἀντικρὺ κατὰ μέσσον, ὅϑι πλεῖστοι κλονέοντο,

νηΐ πάρα πρύμνῃ μεγαθύμου Πρωτεσιλάου,
καὶ βάλε Πυραίχμην, ὃς Παίονας ἱπποκορυστὰς
ἤγαγεν ἐξ Ἀμυδῶνος ἀπ' Ἀξιοῦ εὐρὺ ῥέοντος·
τὸν βάλε δεξιὸν ὦμον· ὁ δ' ὕπτιος ἐν κονίῃσι
290 κάππεσεν οἰμώξας, ἕταροι δέ μιν ἀμφὶ φόβηθεν
Παίονες· ἐν γὰρ Πάτροκλος φόβον ἧκεν ἅπασιν
ἡγεμόνα κτείνας, ὃς ἀριστεύεσκε μάχεσθαι.
ἐκ νηῶν δ' ἔλασεν, κατὰ δ' ἔσβεσεν αἰθόμενον πῦρ.
ἡμιδαὴς δ' ἄρα νηῦς λίπετ' αὐτόθι· τοὶ δὲ φόβηθεν
295 Τρῶες θεσπεσίῳ ὁμάδῳ· Δαναοὶ δ' ἐπέχυντο
νῆας ἀνὰ γλαφυράς· ὅμαδος δ' ἀλίαστος ἐτύχθη.
ὡς δ' ὅτ' ἀφ' ὑψηλῆς κορυφῆς ὄρεος μεγάλοιο
κινήσῃ πυκινὴν νεφέλην στεροπηγερέτα Ζεύς,
ἔκ τ' ἔφανεν πᾶσαι σκοπιαὶ καὶ πρώονες ἄκροι
300 καὶ νάπαι, οὐρανόθεν δ' ἄρ' ὑπερράγη ἄσπετος αἰθήρ,
ὣς Δαναοὶ νηῶν μὲν ἀπωσάμενοι δήϊον πῦρ
τυτθὸν ἀνέπνευσαν, πολέμου δ' οὐ γίγνετ' ἐρωή·
οὐ γάρ πώ τι Τρῶες ἀρηϊφίλων ὑπ' Ἀχαιῶν
προτροπάδην φοβέοντο μελαινάων ἀπὸ νηῶν,
305 ἀλλ' ἔτ' ἄρ' ἀνθίσταντο, νεῶν δ' ὑπόεικον ἀνάγκῃ.

Zum Inhalt von 306 bis 418 siehe Einleitung S. 48.

*Als dem Patroklos Sarpedon entgegentritt,
kommt es zwischen Zeus und Hera zu einer
Unterredung über dessen Schicksal.*

Σαρπηδὼν δ' ὡς οὖν ἴδ' ἀμιτροχίτωνας ἑταίρους
420 χέρσ' ὕπο Πατρόκλοιο Μενοιτιάδαο δαμέντας,
κέκλετ' ἄρ' ἀντιθέοισι καθαπτόμενος Λυκίοισιν·
„αἰδώς, ὦ Λύκιοι· πόσε φεύγετε; νῦν θοοὶ ἔστε.
ἀντήσω γὰρ ἐγὼ τοῦδ' ἀνέρος, ὄφρα δαείω,
ὅς τις ὅδε κρατέει καὶ δὴ κακὰ πολλὰ ἔοργε
425 Τρῶας, ἐπεὶ πολλῶν τε καὶ ἐσθλῶν γούνατ' ἔλυσεν."
Ἦ ῥα, καὶ ἐξ ὀχέων σὺν τεύχεσιν ἆλτο χαμᾶζε.

Πάτροκλος δ' ἑτέρωθεν, ἐπεὶ ἴδεν, ἔκθορε δίφρου.
οἱ δ' ὥς τ' αἰγυπιοὶ γαμψώνυχες ἀγκυλοχεῖλαι
πέτρῃ ἐφ' ὑψηλῇ μεγάλα κλάζοντε μάχωνται,
430 ὣς οἱ κεκλήγοντες ἐπ' ἀλλήλοισιν ὄρουσαν.
τοὺς δὲ ἰδὼν ἐλέησε Κρόνου πάϊς ἀγκυλομήτεω,
Ἥρην δὲ προσέειπε κασιγνήτην ἄλοχόν τε·
„ὤ μοι ἐγών, ὅ τέ μοι Σαρπηδόνα, φίλτατον ἀνδρῶν,
μοῖρ' ὑπὸ Πατρόκλοιο Μενοιτιάδαο δαμῆναι.
435 διχθὰ δέ μοι κραδίη μέμονε φρεσὶν ὁρμαίνοντι,
ἤ μιν ζωὸν ἐόντα μάχης ἄπο δακρυοέσσης
θείω ἀναρπάξας Λυκίης ἐν πίονι δήμῳ,
ἦ ἤδη ὑπὸ χερσὶ Μενοιτιάδαο δαμάσσω."
Τὸν δ' ἠμείβετ' ἔπειτα βοῶπις πότνια Ἥρη·
440 „αἰνότατε Κρονίδη, ποῖον τὸν μῦθον ἔειπες.
ἄνδρα θνητὸν ἐόντα, πάλαι πεπρωμένον αἴσῃ,
ἂψ ἐθέλεις θανάτοιο δυσηχέος ἐξαναλῦσαι;
ἔρδ'· ἀτὰρ οὔ τοι πάντες ἐπαινέομεν θεοὶ ἄλλοι.
ἄλλο δέ τοι ἐρέω, σὺ δ' ἐνὶ φρεσὶ βάλλεο σῇσιν·
445 αἴ κε ζῶν πέμψῃς Σαρπηδόνα ὅνδε δόμονδε,
φράζεο, μή τις ἔπειτα θεῶν ἐθέλῃσι καὶ ἄλλος
πέμπειν ὃν φίλον υἱὸν ἀπὸ κρατερῆς ὑσμίνης·
πολλοὶ γὰρ περὶ ἄστυ μέγα Πριάμοιο μάχονται
υἱέες ἀθανάτων, τοῖσιν κότον αἰνὸν ἐνήσεις.
450 ἀλλ' εἴ τοι φίλος ἐστί, τεὸν δ' ὀλοφύρεται ἦτορ,
ἤτοι μέν μιν ἔασον ἐνὶ κρατερῇ ὑσμίνῃ
χέρσ' ὕπο Πατρόκλοιο Μενοιτιάδαο δαμῆναι·
αὐτὰρ ἐπὴν δὴ τόν γε λίπῃ ψυχή τε καὶ αἰών,
πέμπειν μιν Θάνατόν τε φέρειν καὶ νήδυμον Ὕπνον,
455 εἰς ὅ κε δὴ Λυκίης εὐρείης δῆμον ἵκωνται,
ἔνθα ἑ ταρχύσουσι κασίγνητοί τε ἔται τε
τύμβῳ τε στήλῃ τε· τὸ γὰρ γέρας ἐστὶ θανόντων."
Ὣς ἔφατ', οὐδ' ἀπίθησε πατὴρ ἀνδρῶν τε θεῶν τε·
αἱματοέσσας δὲ ψιάδας κατέχευεν ἔραζε
460 παῖδα φίλον τιμῶν, τόν οἱ Πάτροκλος ἔμελλε
φθίσειν ἐν Τροίῃ ἐριβώλακι, τηλόθι πάτρης.

16. ΙΛΙΑΔΟΣ Π

Sarpedon fällt im Kampf mit Patroklos.

Οἱ δ' ὅτε δὴ σχεδὸν ἦσαν ἐπ' ἀλλήλοισιν ἰόντες,
ἔνθ' ἤτοι Πάτροκλος ἀγακλειτὸν Θρασύμηλον,
ὅς ῥ' ἠῢς θεράπων Σαρπηδόνος ἦεν ἄνακτος,
465 τὸν βάλε νείαιραν κατὰ γαστέρα, λῦσε δὲ γυῖα.
Σαρπηδὼν δ' αὐτοῦ μὲν ἀπήμβροτε δουρὶ φαεινῷ
δεύτερον ὁρμηθείς, ὁ δὲ Πήδασον οὔτασεν ἵππον
ἔγχεϊ δεξιὸν ὦμον· ὁ δ' ἔβραχε θυμὸν ἀΐσθων,
κὰδ δὲ πέσ' ἐν κονίῃσι μακών, ἀπὸ δ' ἔπτατο θυμός.
470 τὼ δὲ διαστήτην, κρίκε δὲ ζυγόν, ἡνία δέ σφι
σύγχυτ', ἐπεὶ δὴ κεῖτο παρήορος ἐν κονίῃσι.
τοῖο μὲν Αὐτομέδων δουρικλυτὸς εὕρετο τέκμωρ·
σπασσάμενος τανύηκες ἄορ παχέος παρὰ μηροῦ,
ἀΐξας ἀπέκοψε παρήορον οὐδὲ μάτησε·
475 τὼ δ' ἰθυνθήτην, ἐν δὲ ῥυτῆρσι τάνυσθεν·
τὼ δ' αὖτις συνίτην ἔριδος πέρι θυμοβόροιο.

Ἔνθ' αὖ Σαρπηδὼν μὲν ἀπήμβροτε δουρὶ φαεινῷ,
Πατρόκλου δ' ὑπὲρ ὦμον ἀριστερὸν ἤλυθ' ἀκωκὴ
ἔγχεος, οὐδ' ἔβαλ' αὐτόν· ὁ δ' ὕστερος ὄρνυτο χαλκῷ
480 Πάτροκλος· τοῦ δ' οὐχ ἅλιον βέλος ἔκφυγε χειρός,
ἀλλ' ἔβαλ', ἔνθ' ἄρα τε φρένες ἔρχαται ἀμφ' ἁδινὸν κῆρ.
ἤριπε δ', ὡς ὅτε τις δρῦς ἤριπεν ἢ ἀχερωΐς,
ἠὲ πίτυς βλωθρή, τήν τ' οὔρεσι τέκτονες ἄνδρες
ἐξέταμον πελέκεσσι νεήκεσι νήϊον εἶναι·
485 ὣς ὁ πρόσθ' ἵππων καὶ δίφρου κεῖτο τανυσθείς,
βεβρυχώς, κόνιος δεδραγμένος αἱματοέσσης.
ἠΰτε ταῦρον ἔπεφνε λέων ἀγέληφι μετελθών,
αἴθωνα μεγάθυμον, ἐν εἰλιπόδεσσι βόεσσι,
ὤλετό τε στενάχων ὑπὸ γαμφηλῇσι λέοντος,
490 ὣς ὑπὸ Πατρόκλῳ Λυκίων ἀγὸς ἀσπιστάων
κτεινόμενος μενέαινε, φίλον δ' ὀνόμηνεν ἑταῖρον·
„Γλαῦκε πέπον, πολεμιστὰ μετ' ἀνδράσι, νῦν σε μάλα χρὴ
αἰχμητήν τ' ἔμεναι καὶ θαρσαλέον πολεμιστήν·
νῦν τοι ἐελδέσθω πόλεμος κακός, εἰ θοός ἐσσι.

495 πρῶτα μὲν ὄτρυνον Λυκίων ἡγήτορας ἄνδρας,
πάντη ἐποιχόμενος, Σαρπηδόνος ἀμφιμάχεσθαι·
αὐτὰρ ἔπειτα καὶ αὐτὸς ἐμεῦ πέρι μάρναο χαλκῷ.
σοὶ γὰρ ἐγὼ καὶ ἔπειτα κατηφείη καὶ ὄνειδος
ἔσσομαι ἤματα πάντα διαμπερές, εἴ κέ μ' Ἀχαιοὶ
500 τεύχεα συλήσωσι νεῶν ἐν ἀγῶνι πεσόντα.
ἀλλ' ἔχεο κρατερῶς, ὄτρυνε δὲ λαὸν ἅπαντα."

Ὣς ἄρα μιν εἰπόντα τέλος θανάτοιο κάλυψεν
ὀφθαλμοὺς ῥῖνάς θ'· ὁ δὲ λὰξ ἐν στήθεσι βαίνων
ἐκ χροὸς ἕλκε δόρυ, προτὶ δὲ φρένες αὐτῷ ἕποντο·
505 τοῖο δ' ἅμα ψυχήν τε καὶ ἔγχεος ἐξέρυσ' αἰχμήν.
Μυρμιδόνες δ' αὐτοῦ σχέθον ἵππους φυσιόωντας,
ἱεμένους φοβέεσθαι, ἐπεὶ λίπον ἅρματ' ἀνάκτων.

Zum Inhalt von 508 bis 683 siehe Einleitung S. 48f.

*Patroklos will Troja erstürmen, wird
jedoch von Apollon zurückgestoßen.*

Πάτροκλος δ' ἵπποισι καὶ Αὐτομέδοντι κελεύσας
685 Τρῶας καὶ Λυκίους μετεκίαθε, καὶ μέγ' ἀάσθη
νήπιος· εἰ δὲ ἔπος Πηληϊάδαο φύλαξεν,
ἦ τ' ἂν ὑπέκφυγε κῆρα κακὴν μέλανος θανάτοιο.
688 ἀλλ' αἰεί τε Διὸς κρείσσων νόος ἠέ περ ἀνδρῶν·
691 ὅς οἱ καὶ τότε θυμὸν ἐνὶ στήθεσσιν ἀνῆκεν.

Ἔνθα τίνα πρῶτον, τίνα δ' ὕστατον ἐξενάριξας,
Πατρόκλεις, ὅτε δή σε θεοὶ θανατόνδε κάλεσσαν;
Ἄδρηστον μὲν πρῶτα καὶ Αὐτόνοον καὶ Ἔχεκλον
695 καὶ Πέριμον Μεγάδην καὶ Ἐπίστορα καὶ Μελάνιππον,
αὐτὰρ ἔπειτ' Ἔλασον καὶ Μούλιον ἠδὲ Πυλάρτην·
τοὺς ἕλεν· οἱ δ' ἄλλοι φύγαδε μνώοντο ἕκαστος.

Ἔνθα κεν ὑψίπυλον Τροίην ἕλον υἷες Ἀχαιῶν
Πατρόκλου ὑπὸ χερσί· περιπρὸ γὰρ ἔγχεϊ θῦεν·
700 εἰ μὴ Ἀπόλλων Φοῖβος ἐϋδμήτου ἐπὶ πύργου
ἔστη, τῷ ὀλοὰ φρονέων, Τρώεσσι δ' ἀρήγων.
τρὶς μὲν ἐπ' ἀγκῶνος βῆ τείχεος ὑψηλοῖο

Πάτροκλος, τρὶς δ' αὐτὸν ἀπεστυφέλιξεν Ἀπόλλων,
χείρεσσ' ἀθανάτῃσι φαεινὴν ἀσπίδα νύσσων.
705 ἀλλ' ὅτε δὴ τὸ τέταρτον ἐπέσσυτο δαίμονι ἶσος,
δεινὰ δ' ὁμοκλήσας ἔπεα πτερόεντα προσηύδα·
„χάζεο, διογενὲς Πατρόκλεες· οὔ νύ τοι αἶσα
σῷ ὑπὸ δουρὶ πόλιν πέρθαι Τρώων ἀγερώχων,
οὐδ' ὑπ' Ἀχιλλῆος, ὅς περ σέο πολλὸν ἀμείνων."
710 Ὣς φάτο, Πάτροκλος δ' ἀνεχάζετο πολλὸν ὀπίσσω,
μῆνιν ἀλευάμενος ἑκατηβόλου Ἀπόλλωνος.

Apollon ermuntert Hektor zum Kampf gegen Patroklos.

Ἕκτωρ δ' ἐν Σκαιῇσι πύλης ἔχε μώνυχας ἵππους·
δίζε γάρ, ἠὲ μάχοιτο κατὰ κλόνον αὖτις ἐλάσσας,
ἦ λαοὺς ἐς τεῖχος ὁμοκλήσειεν ἀλῆναι.
715 ταῦτ' ἄρα οἱ φρονέοντι παρίστατο Φοῖβος Ἀπόλλων,
ἀνέρι εἰσάμενος αἰζηῷ τε κρατερῷ τε,
Ἀσίῳ, ὃς μήτρως ἦν Ἕκτορος ἱπποδάμοιο,
αὐτοκασίγνητος Ἑκάβης, υἱὸς δὲ Δύμαντος,
ὃς Φρυγίῃ ναίεσκε ῥοῇς ἔπι Σαγγαρίοιο·
720 τῷ μιν ἐεισάμενος προσέφη Διὸς υἱὸς Ἀπόλλων·
„Ἕκτορ, τίπτε μάχης ἀποπαύεαι; οὐδέ τί σε χρή.
αἴθ', ὅσον ἥσσων εἰμί, τόσον σέο φέρτερος εἴην·
τῶ κε τάχα στυγερῶς πολέμου ἀπερωήσειας.
ἀλλ' ἄγε, Πατρόκλῳ ἔφεπε κρατερώνυχας ἵππους,
725 αἴ κέν πώς μιν ἕλῃς, δώῃ δέ τοι εὖχος Ἀπόλλων."

Kampf zwischen Hektor und Patroklos, Tod des Kebriones

Ὣς εἰπὼν ὁ μὲν αὖτις ἔβη θεὸς ἂμ πόνον ἀνδρῶν,
Κεβριόνῃ δ' ἐκέλευσε δαΐφρονι φαίδιμος Ἕκτωρ
ἵππους ἐς πόλεμον πεπληγέμεν. αὐτὰρ Ἀπόλλων
δύσεθ' ὅμιλον ἰών, ἐν δὲ κλόνον Ἀργείοισιν
730 ἧκε κακόν, Τρωσὶν δὲ καὶ Ἕκτορι κῦδος ὄπαζεν.
Ἕκτωρ δ' ἄλλους μὲν Δαναοὺς ἔα οὐδ' ἐνάριζεν·
αὐτὰρ ὁ Πατρόκλῳ ἔφεπε κρατερώνυχας ἵππους.
Πάτροκλος δ' ἑτέρωθεν ἀφ' ἵππων ἆλτο χαμᾶζε

σκαιῇ ἔγχος ἔχων· ἑτέρηφι δὲ λάζετο πέτρον
735 μάρμαρον ὀκριόεντα, τόν οἱ περὶ χεὶρ ἐκάλυψεν,
ἧκε δ' ἐρεισάμενος, οὐδὲ δὴν χάζετο φωτός,
οὐδ' ἁλίωσε βέλος, βάλε δ' Ἕκτορος ἡνιοχῆα,
Κεβριόνην, νόθον υἱὸν ἀγακλῆος Πριάμοιο,
ἵππων ἡνί' ἔχοντα, μετώπιον ὀξέϊ λᾶϊ.
740 ἀμφοτέρας δ' ὀφρῦς σύνελεν λίθος, οὐδέ οἱ ἔσχεν
ὀστέον, ὀφθαλμοὶ δὲ χαμαὶ πέσον ἐν κονίῃσιν
αὐτοῦ πρόσθε ποδῶν· ὁ δ' ἄρ' ἀρνευτῆρι ἐοικὼς
κάππεσ' ἀπ' εὐεργέος δίφρου, λίπε δ' ὀστέα θυμός.
τὸν δ' ἐπικερτομέων προσέφης, Πατρόκλεες ἱππεῦ·
745 „ὢ πόποι, ἦ μάλ' ἐλαφρὸς ἀνήρ, ὡς ῥεῖα κυβιστᾷ.
εἰ δή που καὶ πόντῳ ἐν ἰχθυόεντι γένοιτο,
πολλοὺς ἂν κορέσειεν ἀνὴρ ὅδε τήθεα διφῶν,
νηὸς ἀποθρῴσκων, εἰ καὶ δυσπέμφελος εἴη,
ὡς νῦν ἐν πεδίῳ ἐξ ἵππων ῥεῖα κυβιστᾷ.
750 ἦ ῥα καὶ ἐν Τρώεσσι κυβιστητῆρες ἔασιν."
    Ὣς εἰπὼν ἐπὶ Κεβριόνῃ ἥρωϊ βεβήκει
οἶμα λέοντος ἔχων, ὅς τε σταθμοὺς κεραΐζων
ἔβλητο πρὸς στῆθος, ἑή τέ μιν ὤλεσεν ἀλκή·
ὣς ἐπὶ Κεβριόνῃ, Πατρόκλεες, ἆλσο μεμαώς.
755 Ἕκτωρ δ' αὖθ' ἑτέρωθεν ἀφ' ἵππων ἆλτο χαμᾶζε.
τὼ περὶ Κεβριόναο λέονθ' ὣς δηρινθήτην,
ὥ τ' ὄρεος κορυφῇσι περὶ κταμένης ἐλάφοιο,
ἄμφω πεινάοντε, μέγα φρονέοντε μάχεσθον·
ὣς περὶ Κεβριόναο δύω μήστωρες ἀϋτῆς,
760 Πάτροκλός τε Μενοιτιάδης καὶ φαίδιμος Ἕκτωρ,
ἵεντ' ἀλλήλων ταμέειν χρόα νηλέϊ χαλκῷ.
Ἕκτωρ μὲν κεφαλῆφιν ἐπεὶ λάβεν, οὐχὶ μεθίει·
Πάτροκλος δ' ἑτέρωθεν ἔχεν ποδός· οἱ δὲ δὴ ἄλλοι
Τρῶες καὶ Δαναοὶ σύναγον κρατερὴν ὑσμίνην.
765   Ὡς δ' Εὖρός τε Νότος τ' ἐριδαίνετον ἀλλήλοιϊν
οὔρεος ἐν βήσσῃς βαθέην πελεμιζέμεν ὕλην,
φηγόν τε μελίην τε τανύφλοιόν τε κράνειαν,
αἵ τε πρὸς ἀλλήλας ἔβαλον τανυήκεας ὄζους

ἠχῇ θεσπεσίῃ, πάταγος δέ τε ἀγνυμενάων,
770 ὣς Τρῶες καὶ Ἀχαιοὶ ἐπ' ἀλλήλοισι θορόντες
δῄουν, οὐδ' ἕτεροι μνώοντ' ὀλοοῖο φόβοιο.
πολλὰ δὲ Κεβριόνην ἀμφ' ὀξέα δοῦρα πεπήγει
ἰοί τε πτερόεντες ἀπὸ νευρῆφι θορόντες,
πολλὰ δὲ χερμάδια μεγάλ' ἀσπίδας ἐστυφέλιξαν
775 μαρναμένων ἀμφ' αὐτόν· ὁ δ' ἐν στροφάλιγγι κονίης
κεῖτο μέγας μεγαλωστί, λελασμένος ἱπποσυνάων.

*Patroklos dringt von neuem zur Stadtmauer vor
und fällt durch Euphorbos und Hektor.*

Ὄφρα μὲν Ἠέλιος μέσον οὐρανὸν ἀμφιβεβήκει,
τόφρα μάλ' ἀμφοτέρων βέλε' ἥπτετο, πῖπτε δὲ λαός·
ἦμος δ' Ἠέλιος μετενίσετο βουλυτόνδε,
780 καὶ τότε δή ῥ' ὑπὲρ αἶσαν Ἀχαιοὶ φέρτεροι ἦσαν.
ἐκ μὲν Κεβριόνην βελέων ἥρωα ἔρυσσαν
Τρώων ἐξ ἐνοπῆς, καὶ ἀπ' ὤμων τεύχε' ἕλοντο,
Πάτροκλος δὲ Τρωσὶ κακὰ φρονέων ἐνόρουσε.
τρὶς μὲν ἔπειτ' ἐπόρουσε θοῷ ἀτάλαντος Ἄρηϊ,
785 σμερδαλέα ἰάχων, τρὶς δ' ἐννέα φῶτας ἔπεφνεν.
ἀλλ' ὅτε δὴ τὸ τέταρτον ἐπέσσυτο δαίμονι ἶσος,
ἔνθ' ἄρα τοι, Πάτροκλε, φάνη βιότοιο τελευτή·
ἤντετο γάρ τοι Φοῖβος ἐνὶ κρατερῇ ὑσμίνῃ
δεινός· ὁ μὲν τὸν ἰόντα κατὰ κλόνον οὐκ ἐνόησεν·
790 ἠέρι γὰρ πολλῇ κεκαλυμμένος ἀντεβόλησε·
στῆ δ' ὄπιθεν, πλῆξεν δὲ μετάφρενον εὐρέε τ' ὤμω
792 χειρὶ καταπρηνεῖ, στρεφεδίνηθεν δέ οἱ ὄσσε.
805 τὸν δ' ἄτη φρένας εἷλε, λύθεν δ' ὑπὸ φαίδιμα γυῖα,
στῆ δὲ ταφών· ὄπιθεν δὲ μετάφρενον ὀξέϊ δουρὶ
ὤμων μεσσηγὺς σχεδόθεν βάλε Δάρδανος ἀνήρ,
Πανθοΐδης Εὔφορβος, ὃς ἡλικίην ἐκέκαστο
ἔγχεΐ θ' ἱπποσύνῃ τε πόδεσσί τε καρπαλίμοισι·
810 καὶ γὰρ δὴ τότε φῶτας ἐείκοσι βῆσεν ἀφ' ἵππων,
πρῶτ' ἐλθὼν σὺν ὄχεσφι, διδασκόμενος πολέμοιο·
ὅς τοι πρῶτος ἐφῆκε βέλος, Πατρόκλεες ἱππεῦ,
813 οὐδὲ δάμασσ'· ὁ μὲν αὖτις ἀνέδραμε, μίκτο δ' ὁμίλῳ,

816 Πάτροκλος δὲ θεοῦ πληγῇ καὶ δουρὶ δαμασθεὶς
ἂψ ἑτάρων εἰς ἔθνος ἐχάζετο κῆρ' ἀλεείνων.
Ἕκτωρ δ' ὡς εἶδεν Πατροκλῆα μεγάθυμον
ἂψ ἀναχαζόμενον, βεβλημένον ὀξέϊ χαλκῷ,
820 ἀγχίμολόν ῥά οἱ ἦλθε κατὰ στίχας, οὖτα δὲ δουρὶ
νείατον ἐς κενεῶνα, διαπρὸ δὲ χαλκὸν ἔλασσε·
δούπησεν δὲ πεσών, μέγα δ' ἤκαχε λαὸν Ἀχαιῶν·
ὡς δ' ὅτε σῦν ἀκάμαντα λέων ἐβιήσατο χάρμῃ,
ὥ τ' ὄρεος κορυφῇσι μέγα φρονέοντε μάχεσθον
825 πίδακος ἀμφ' ὀλίγης· ἐθέλουσι δὲ πιέμεν ἄμφω·
πολλὰ δέ τ' ἀσθμαίνοντα λέων ἐδάμασσε βίηφιν·
ὣς πολέας πεφνόντα Μενοιτίου ἄλκιμον υἱὸν
Ἕκτωρ Πριαμίδης σχεδὸν ἔγχεϊ θυμὸν ἀπηύρα.

Zwiegespräch zwischen Hektor und dem sterbenden Patroklos

Καί οἱ ἐπευχόμενος ἔπεα πτερόεντα προσηύδα·
830 „Πάτροκλ', ἦ που ἔφησθα πόλιν κεραϊξέμεν ἁμήν,
Τρωϊάδας δὲ γυναῖκας ἐλεύθερον ἦμαρ ἀπούρας
ἄξειν ἐν νήεσσι φίλην ἐς πατρίδα γαῖαν,
νήπιε· τάων δὲ πρόσθ' Ἕκτορος ὠκέες ἵπποι
ποσσὶν ὀρωρέχαται πολεμίζειν· ἔγχεϊ δ' αὐτὸς
835 Τρωσὶ φιλοπτολέμοισι μεταπρέπω, ὅ σφιν ἀμύνω
ἦμαρ ἀναγκαῖον· σὲ δέ τ' ἐνθάδε γῦπες ἔδονται.
ἆ δείλ', οὐδέ τοι ἐσθλὸς ἐὼν χραίσμησεν Ἀχιλλεύς,
ὅς πού τοι μάλα πολλὰ μένων ἐπετέλλετ' ἰόντι·
,μή μοι πρὶν ἰέναι, Πατρόκλεες ἱπποκέλευθε,
840 νῆας ἔπι γλαφυράς, πρὶν Ἕκτορος ἀνδροφόνοιο
αἱματόεντα χιτῶνα περὶ στήθεσσι δαΐξαι.'
ὥς πού σε προσέφη, σοὶ δὲ φρένας ἄφρονι πεῖθε."

Τὸν δ' ὀλιγοδρανέων προσέφης, Πατρόκλεες ἱππεῦ·
„ἤδη νῦν, Ἕκτορ, μεγάλ' εὔχεο· σοὶ γὰρ ἔδωκε
845 νίκην Ζεὺς Κρονίδης καὶ Ἀπόλλων, οἵ με δάμασσαν.
847 τοιοῦτοι δ' εἴ πέρ μοι ἐείκοσιν ἀντεβόλησαν,
πάντες κ' αὐτόθ' ὄλοντο ἐμῷ ὑπὸ δουρὶ δαμέντες.

ἀλλά με μοῖρ' ὀλοὴ καὶ Λητοῦς ἔκτανεν υἱός,
850 ἀνδρῶν δ' Εὔφορβος· σὺ δέ με τρίτος ἐξεναρίζεις.
ἄλλο δέ τοι ἐρέω, σὺ δ' ἐνὶ φρεσὶ βάλλεο σῇσιν·
οὔ θην οὐδ' αὐτὸς δηρὸν βέῃ, ἀλλά τοι ἤδη
ἄγχι παρέστηκεν θάνατος καὶ μοῖρα κραταιή,
χερσὶ δαμέντ' Ἀχιλῆος ἀμύμονος Αἰακίδαο."
855 Ὣς ἄρα μιν εἰπόντα τέλος θανάτοιο κάλυψε·
ψυχὴ δ' ἐκ ῥεθέων πταμένη Ἄϊδόσδε βεβήκει,
ὃν πότμον γοόωσα, λιποῦσ' ἀνδροτῆτα καὶ ἥβην.
τὸν καὶ τεθνηῶτα προσηύδα φαίδιμος Ἕκτωρ·
„Πατρόκλεις, τί νύ μοι μαντεύεαι αἰπὺν ὄλεθρον;
860 τίς δ' οἶδ', εἴ κ' Ἀχιλεύς, Θέτιδος πάϊς ἠϋκόμοιο,
φθήῃ ἐμῷ ὑπὸ δουρὶ τυπεὶς ἀπὸ θυμὸν ὀλέσσαι;"
Ὣς ἄρα φωνήσας δόρυ χάλκεον ἐξ ὠτειλῆς
εἴρυσε λὰξ προσβάς, τὸν δ' ὕπτιον ὦσ' ἀπὸ δουρός.
αὐτίκα δὲ ξὺν δουρὶ μετ' Αὐτομέδοντα βεβήκει,
865 ἀντίθεον θεράποντα ποδώκεος Αἰακίδαο·
ἵετο γὰρ βαλέειν· τὸν δ' ἔκφερον ὠκέες ἵπποι
ἄμβροτοι, οὓς Πηλῆϊ θεοὶ δόσαν ἀγλαὰ δῶρα.

Gesang P

ΜΕΝΕΛΑΟΥ ΑΡΙΣΤΕΙΑ

Zum Inhalt siehe Einleitung S. 49f.

Gesang Σ

ΟΠΛΟΠΟΙΙΑ

Achill erfährt vom Tod des Patroklos.

Ὣς οἱ μὲν μάρναντο δέμας πυρὸς αἰθομένοιο,
Ἀντίλοχος δ' Ἀχιλῆϊ πόδας ταχὺς ἄγγελος ἦλθε.

18. ΙΛΙΑΔΟΣ Σ

τὸν δ᾽ εὗρε προπάροιϑε νεῶν ὀρϑοκραιράων
τὰ φρονέοντ᾽ ἀνὰ ϑυμόν, ἃ δὴ τετελεσμένα ἦεν·
ὀχϑήσας δ᾽ ἄρα εἶπε πρὸς ὃν μεγαλήτορα ϑυμόν·
„ὤ μοι ἐγώ, τί τ᾽ ἄρ᾽ αὖτε κάρη κομόωντες Ἀχαιοὶ
νηυσὶν ἔπι κλονέονται ἀτυζόμενοι πεδίοιο;
μὴ δή μοι τελέσωσι ϑεοὶ κακὰ κήδεα ϑυμῷ,
ὥς ποτέ μοι μήτηρ διεπέφραδε, καί μοι ἔειπε
Μυρμιδόνων τὸν ἄριστον ἔτι ζώοντος ἐμεῖο
χερσὶν ὕπο Τρώων λείψειν φάος ἠελίοιο.
ἦ μάλα δὴ τέϑνηκε Μενοιτίου ἄλκιμος υἱός,
σχέτλιος· ἦ τ᾽ ἐκέλευον ἀπωσάμενον δήϊον πῦρ
ἂψ ἐπὶ νῆας ἴμεν, μηδ᾽ Ἕκτορι ἶφι μάχεσϑαι."
Ἧος ὁ ταῦϑ᾽ ὥρμαινε κατὰ φρένα καὶ κατὰ ϑυμόν,
τόφρα οἱ ἐγγύϑεν ἦλϑεν ἀγαυοῦ Νέστορος υἱός,
δάκρυα ϑερμὰ χέων, φάτο δ᾽ ἀγγελίην ἀλεγεινήν·
„ὤ μοι, Πηλέος υἱὲ δαΐφρονος, ἦ μάλα λυγρῆς
πεύσεαι ἀγγελίης, ἣ μὴ ὤφελλε γενέσϑαι.
κεῖται Πάτροκλος, νέκυος δὲ δὴ ἀμφιμάχονται
γυμνοῦ· ἀτὰρ τά γε τεύχε᾽ ἔχει κορυϑαίολος Ἕκτωρ."
Ὥς φάτο, τὸν δ᾽ ἄχεος νεφέλη ἐκάλυψε μέλαινα·
ἀμφοτέρῃσι δὲ χερσὶν ἑλὼν κόνιν αἰϑαλόεσσαν
χεύατο κὰκ κεφαλῆς, χαρίεν δ᾽ ᾔσχυνε πρόσωπον·
νεκταρέῳ δὲ χιτῶνι μέλαιν᾽ ἀμφίζανε τέφρη.
αὐτὸς δ᾽ ἐν κονίῃσι μέγας μεγαλωστὶ τανυσϑεὶς
κεῖτο, φίλῃσι δὲ χερσὶ κόμην ᾔσχυνε δαΐζων.
δμῳαὶ δ᾽, ἃς Ἀχιλεὺς ληΐσσατο Πάτροκλός τε,
ϑυμὸν ἀκηχέμεναι μεγάλ᾽ ἴαχον, ἐκ δὲ ϑύραζε
ἔδραμον ἀμφ᾽ Ἀχιλῆα δαΐφρονα, χερσὶ δὲ πᾶσαι
στήϑεα πεπλήγοντο, λύϑεν δ᾽ ὑπὸ γυῖα ἑκάστης.
Ἀντίλοχος δ᾽ ἑτέρωϑεν ὀδύρετο δάκρυα λείβων,
χεῖρας ἔχων Ἀχιλῆος· ὁ δ᾽ ἔστενε κυδάλιμον κῆρ·
δείδιε γάρ, μὴ λαιμὸν ἀπαμήσειε σιδήρῳ.

18. ΙΛΙΑΔΟΣ Σ

Wehklage der Thetis um ihren Sohn

35 Σμερδαλέον δ' ᾤμωξεν· ἄκουσε δὲ πότνια μήτηρ
ἡμένη ἐν βένθεσσιν ἁλὸς παρὰ πατρὶ γέροντι,
κώκυσέν τ' ἄρ' ἔπειτα· θεαὶ δέ μιν ἀμφαγέροντο,
πᾶσαι, ὅσαι κατὰ βένθος ἁλὸς Νηρηΐδες ἦσαν.
ἔνθ' ἄρ' ἔην Γλαύκη τε Θάλειά τε Κυμοδόκη τε,
40 Νησαίη Σπειώ τε Θόη θ' Ἁλίη τε βοῶπις,
Κυμοθόη τε καὶ Ἀκταίη καὶ Λιμνώρεια
καὶ Μελίτη καὶ Ἴαιρα καὶ Ἀμφιθόη καὶ Ἀγαύη,
Δωτώ τε Πρωτώ τε Φέρουσά τε Δυναμένη τε,
Δεξαμένη τε καὶ Ἀμφινόμη καὶ Καλλιάνειρα,
45 Δωρὶς καὶ Πανόπη καὶ ἀγακλειτὴ Γαλάτεια,
Νημερτής τε καὶ Ἀψευδὴς καὶ Καλλιάνασσα·
ἔνθα δ' ἔην Κλυμένη Ἰάνειρά τε καὶ Ἰάνασσα,
Μαῖρα καὶ Ὠρείθυια ἐϋπλόκαμός τ' Ἀμάθεια,
ἄλλαι θ', αἳ κατὰ βένθος ἁλὸς Νηρηΐδες ἦσαν.
50 τῶν δὲ καὶ ἀργύφεον πλῆτο σπέος· αἱ δ' ἅμα πᾶσαι
στήθεα πεπλήγοντο, Θέτις δ' ἐξῆρχε γόοιο·
„κλῦτε, κασίγνηται Νηρηΐδες, ὄφρ' ἐῢ πᾶσαι
εἴδετ' ἀκούουσαι, ὅσ' ἐμῷ ἔνι κήδεα θυμῷ.
ὤ μοι ἐγὼ δειλή, ὤ μοι δυσαριστοτόκεια,
55 ἥ τ' ἐπεὶ ἂρ τέκον υἱὸν ἀμύμονά τε κρατερόν τε,
ἔξοχον ἡρώων· ὁ δ' ἀνέδραμεν ἔρνεϊ ἶσος·
τὸν μὲν ἐγὼ θρέψασα, φυτὸν ὣς γουνῷ ἀλωῆς,
νηυσὶν ἐπιπροέηκα κορωνίσιν Ἴλιον εἴσω
Τρωσὶ μαχησόμενον· τὸν δ' οὐχ ὑποδέξομαι αὖτις
60 οἴκαδε νοστήσαντα δόμον Πηλήϊον εἴσω.
ὄφρα δέ μοι ζώει καὶ ὁρᾷ φάος ἠελίοιο
ἄχνυται, οὐδέ τί οἱ δύναμαι χραισμῆσαι ἰοῦσα.
ἀλλ' εἶμ', ὄφρα ἴδωμι φίλον τέκος, ἠδ' ἐπακούσω,
ὅττι μιν ἵκετο πένθος ἀπὸ πτολέμοιο μένοντα."

Gespräch zwischen Thetis und Achill

65 Ὣς ἄρα φωνήσασα λίπε σπέος· αἱ δὲ σὺν αὐτῇ
δακρυόεσσαι ἴσαν, περὶ δέ σφισι κῦμα θαλάσσης
ῥήγνυτο· ταὶ δ' ὅτε δὴ Τροίην ἐρίβωλον ἵκοντο,

ἀκτὴν εἰσανέβαινον ἐπισχερώ, ἔνϑα ϑαμειαὶ
Μυρμιδόνων εἴρυντο νέες ταχὺν ἀμφ' Ἀχιλῆα.
70 τῷ δὲ βαρὺ στενάχοντι παρίστατο πότνια μήτηρ,
ὀξὺ δὲ κωκύσασα κάρη λάβε παιδὸς ἑοῖο,
καί ῥ' ὀλοφυρομένη ἔπεα πτερόεντα προσηύδα·
„τέκνον, τί κλαίεις; τί δέ σε φρένας ἵκετο πένϑος;
ἐξαύδα, μὴ κεῦϑε· τὰ μὲν δή τοι τετέλεσται
75 ἐκ Διός, ὡς ἄρα δὴ πρίν γ' εὔχεο χεῖρας ἀνασχών,
πάντας ἐπὶ πρύμνῃσιν ἀλήμεναι υἷας Ἀχαιῶν
σεῦ ἐπιδευομένους, παϑέειν τ' ἀεκήλια ἔργα."
Τὴν δὲ βαρὺ στενάχων προσέφη πόδας ὠκὺς Ἀχιλλεύς·
„μῆτερ ἐμή, τὰ μὲν ἄρ μοι Ὀλύμπιος ἐξετέλεσσεν·
80 ἀλλὰ τί μοι τῶν ἦδος, ἐπεὶ φίλος ὤλεϑ' ἑταῖρος,
Πάτροκλος, τὸν ἐγὼ περὶ πάντων τῖον ἑταίρων,
ἶσον ἐμῇ κεφαλῇ· τὸν ἀπώλεσα, τεύχεα δ' Ἕκτωρ
δῃώσας ἀπέδυσε πελώρια, ϑαῦμα ἰδέσϑαι,
καλά· τὰ μὲν Πηλῆϊ ϑεοὶ δόσαν ἀγλαὰ δῶρα
85 ἤματι τῷ, ὅτε σε βροτοῦ ἀνέρος ἔμβαλον εὐνῇ.
αἴϑ' ὄφελες σὺ μὲν αὖϑι μετ' ἀϑανάτῃς ἁλίῃσι
ναίειν, Πηλεὺς δὲ ϑνητὴν ἀγαγέσϑαι ἄκοιτιν.
νῦν δ' ἵνα καὶ σοὶ πένϑος ἐνὶ φρεσὶ μυρίον εἴη
παιδὸς ἀποφϑιμένοιο, τὸν οὐχ ὑποδέξεαι αὖτις
90 οἴκαδε νοστήσαντ', ἐπεὶ οὐδ' ἐμὲ ϑυμὸς ἄνωγε
ζώειν οὐδ' ἄνδρεσσι μετέμμεναι, αἴ κε μὴ Ἕκτωρ
πρῶτος ἐμῷ ὑπὸ δουρὶ τυπεὶς ἀπὸ ϑυμὸν ὀλέσσῃ,
Πατρόκλοιο δ' ἕλωρα Μενοιτιάδεω ἀποτείσῃ."
Τὸν δ' αὖτε προσέειπε Θέτις κατὰ δάκρυ χέουσα·
95 „ὠκύμορος δή μοι, τέκος, ἔσσεαι, οἷ' ἀγορεύεις·
αὐτίκα γάρ τοι ἔπειτα μεϑ' Ἕκτορα πότμος ἑτοῖμος."
Τὴν δὲ μέγ' ὀχϑήσας προσέφη πόδας ὠκὺς Ἀχιλλεύς·
„αὐτίκα τεϑναίην, ἐπεὶ οὐκ ἄρ' ἔμελλον ἑταίρῳ
κτεινομένῳ ἐπαμῦναι· ὁ μὲν μάλα τηλόϑι πάτρης
100 ἔφϑιτ', ἐμεῖο δὲ δῆσεν ἀρῆς ἀλκτῆρα γενέσϑαι.
νῦν δ', ἐπεὶ οὐ νέομαί γε φίλην ἐς πατρίδα γαῖαν,
οὐδέ τι Πατρόκλῳ γενόμην φάος οὐδ' ἑτάροισι

τοῖς ἄλλοις, οἳ δὴ πολέες δάμεν Ἕκτορι δίῳ,
ἀλλ' ἧμαι παρὰ νηυσὶν ἐτώσιον ἄχθος ἀρούρης,
τοῖος ἐών, οἷος οὔ τις Ἀχαιῶν χαλκοχιτώνων
ἐν πολέμῳ· ἀγορῇ δέ τ' ἀμείνονές εἰσι καὶ ἄλλοι.
ὡς ἔρις ἔκ τε θεῶν ἔκ τ' ἀνθρώπων ἀπόλοιτο,
καὶ χόλος, ὅς τ' ἐφέηκε πολύφρονά περ χαλεπῆναι,
ὅς τε πολὺ γλυκίων μέλιτος καταλειβομένοιο
ἀνδρῶν ἐν στήθεσσιν ἀέξεται ἠΰτε καπνός·
ὡς ἐμὲ νῦν ἐχόλωσεν ἄναξ ἀνδρῶν Ἀγαμέμνων.
ἀλλὰ τὰ μὲν προτετύχθαι ἐάσομεν ἀχνύμενοί περ,
θυμὸν ἐνὶ στήθεσσι φίλον δαμάσαντες ἀνάγκῃ·
νῦν δ' εἶμ', ὄφρα φίλης κεφαλῆς ὀλετῆρα κιχείω,
Ἕκτορα· κῆρα δ' ἐγὼ τότε δέξομαι, ὁππότε κεν δὴ
Ζεὺς ἐθέλῃ τελέσαι ἠδ' ἀθάνατοι θεοὶ ἄλλοι.
οὐδὲ γὰρ οὐδὲ βίη Ἡρακλῆος φύγε κῆρα,
ὅς περ φίλτατος ἔσκε Διὶ Κρονίωνι ἄνακτι·
ἀλλά ἑ μοῖρα δάμασσε καὶ ἀργαλέος χόλος Ἥρης.
ὣς καὶ ἐγών, εἰ δή μοι ὁμοίη μοῖρα τέτυκται,
κείσομ' ἐπεί κε θάνω· νῦν δὲ κλέος ἐσθλὸν ἀροίμην,
καί τινα Τρωϊάδων καὶ Δαρδανίδων βαθυκόλπων
ἀμφοτέρῃσιν χερσὶ παρειάων ἁπαλάων
δάκρυ' ὀμορξαμένην ἁδινὸν στοναχῆσαι ἐφείην,
γνοῖεν δ', ὡς δὴ δηρὸν ἐγὼ πολέμοιο πέπαυμαι·
μηδέ μ' ἔρυκε μάχης φιλέουσά περ· οὐδέ με πείσεις."

Τὸν δ' ἠμείβετ' ἔπειτα θεά, Θέτις ἀργυρόπεζα·
„ναὶ δὴ ταῦτά γε, τέκνον, ἐτήτυμον· οὐ κακόν ἐστι
τειρομένοις ἑτάροισιν ἀμυνέμεν αἰπὺν ὄλεθρον.
ἀλλά τοι ἔντεα καλὰ μετὰ Τρώεσσιν ἔχονται,
χάλκεα μαρμαίροντα· τὰ μὲν κορυθαίολος Ἕκτωρ
αὐτὸς ἔχων ὤμοισιν ἀγάλλεται· οὐδέ ἕ φημι
δηρὸν ἐπαγλαϊεῖσθαι, ἐπεὶ φόνος ἐγγύθεν αὐτῷ.
ἀλλὰ σὺ μὲν μή πω καταδύσεο μῶλον Ἄρηος,
πρίν γ' ἐμὲ δεῦρ' ἐλθοῦσαν ἐν ὀφθαλμοῖσιν ἴδηαι·
ἠῶθεν γὰρ νεῦμαι ἅμ' ἠελίῳ ἀνιόντι
τεύχεα καλὰ φέρουσα παρ' Ἡφαίστοιο ἄνακτος."

Ὣς ἄρα φωνήσασα πάλιν τράπεϑ' υἷος ἑοῖο,
καὶ στρεφϑεῖσ' ἁλίῃσι κασιγνήτῃσι μετηύδα·
140 „ὑμεῖς μὲν νῦν δῦτε ϑαλάσσης εὐρέα κόλπον,
ὀψόμεναί τε γέρονϑ' ἅλιον καὶ δώματα πατρός,
καί οἱ πάντ' ἀγορεύσατ'· ἐγὼ δ' ἐς μακρὸν Ὄλυμπον
εἶμι παρ' Ἥφαιστον κλυτοτέχνην, αἴ κ' ἐϑέλῃσιν
υἱεῖ ἐμῷ δόμεναι κλυτὰ τεύχεα παμφανόωντα."
145 Ὣς ἔφαϑ', αἱ δ' ὑπὸ κῦμα ϑαλάσσης αὐτίκ' ἔδυσαν·
ἡ δ' αὖτ' Οὔλυμπόνδε ϑεά, Θέτις ἀργυρόπεζα,
ἤϊεν, ὄφρα φίλῳ παιδὶ κλυτὰ τεύχε' ἐνείκαι.

Zum Inhalt von 148 bis 314 siehe Einleitung S. 50f.

Achills Klage um Patroklos, Aufbahrung der Leiche

Αὐτὰρ Ἀχαιοὶ
315 παννύχιοι Πάτροκλον ἀνεστενάχοντο γοῶντες.
τοῖσι δὲ Πηλεΐδης ἁδινοῦ ἐξῆρχε γόοιο,
χεῖρας ἐπ' ἀνδροφόνους ϑέμενος στήϑεσσιν ἑταίρου,
πυκνὰ μάλα στενάχων ὥς τε λὶς ἠϋγένειος,
ᾧ ῥά ϑ' ὑπὸ σκύμνους ἐλαφηβόλος ἁρπάσῃ ἀνὴρ
320 ὕλης ἐκ πυκινῆς· ὁ δέ τ' ἄχνυται ὕστερος ἐλϑών,
πολλὰ δέ τ' ἄγκε' ἐπῆλϑε μετ' ἀνέρος ἴχνι' ἐρευνῶν,
εἴ ποϑεν ἐξεύροι· μάλα γὰρ δριμὺς χόλος αἱρεῖ·
ὣς ὁ βαρὺ στενάχων μετεφώνεε Μυρμιδόνεσσιν·
„ὢ πόποι, ἦ ῥ' ἅλιον ἔπος ἔκβαλον ἤματι κείνῳ,
325 ϑαρσύνων ἥρωα Μενοίτιον ἐν μεγάροισι·
φῆν δέ οἱ εἰς Ὀπόεντα περικλυτὸν υἱὸν ἀπάξειν
Ἴλιον ἐκπέρσαντα, λαχόντα τε ληΐδος αἶσαν.
ἀλλ' οὐ Ζεὺς ἄνδρεσσι νοήματα πάντα τελευτᾷ·
ἄμφω γὰρ πέπρωται ὁμοίην γαῖαν ἐρεῦσαι
330 αὐτοῦ ἐνὶ Τροίῃ, ἐπεὶ οὐδ' ἐμὲ νοστήσαντα
δέξεται ἐν μεγάροισι γέρων ἱππηλάτα Πηλεύς
οὐδὲ Θέτις μήτηρ, ἀλλ' αὐτοῦ γαῖα καϑέξει.
νῦν δ', ἐπεὶ οὖν, Πάτροκλε, σεῦ ὕστερος εἶμ' ὑπὸ γαῖαν,
οὔ σε πρὶν κτεριῶ, πρίν γ' Ἕκτορος ἐνϑάδ' ἐνεῖκαι

18. ΙΛΙΑΔΟΣ Σ

335 τεύχεα καὶ κεφαλήν, μεγαθύμου σοῖο φονῆος·
δώδεκα δὲ προπάροιθε πυρῆς ἀποδειροτομήσω
Τρώων ἀγλαὰ τέκνα, σέθεν κταμένοιο χολωθείς.
τόφρα δέ μοι παρὰ νηυσὶ κορωνίσι κείσεαι αὔτως,
ἀμφὶ δὲ σὲ Τρῳαὶ καὶ Δαρδανίδες βαθύκολποι
340 κλαύσονται νύκτας τε καὶ ἤματα δάκρυ χέουσαι,
τὰς αὐτοὶ καμόμεσθα βίηφί τε δουρί τε μακρῷ,
πιείρας πέρθοντε πόλεις μερόπων ἀνθρώπων."
    Ὣς εἰπὼν ἑτάροισιν ἐκέκλετο δῖος Ἀχιλλεὺς
ἀμφὶ πυρὶ στῆσαι τρίποδα μέγαν, ὄφρα τάχιστα
345 Πάτροκλον λούσειαν ἄπο βρότον αἱματόεντα.
οἱ δὲ λοετροχόον τρίποδ' ἵστασαν ἐν πυρὶ κηλέῳ,
ἐν δ' ἄρ' ὕδωρ ἔχεαν, ὑπὸ δὲ ξύλα δαῖον ἑλόντες.
γάστρην μὲν τρίποδος πῦρ ἄμφεπε, θέρμετο δ' ὕδωρ·
αὐτὰρ ἐπεὶ δὴ ζέσσεν ὕδωρ ἐνὶ ἤνοπι χαλκῷ,
350 καὶ τότε δὴ λοῦσάν τε καὶ ἤλειψαν λίπ' ἐλαίῳ,
ἐν δ' ὠτειλὰς πλῆσαν ἀλείφατος ἐννεώροιο·
ἐν λεχέεσσι δὲ θέντες ἑανῷ λιτὶ κάλυψαν
ἐς πόδας ἐκ κεφαλῆς, καθύπερθε δὲ φάρεϊ λευκῷ.
παννύχιοι μὲν ἔπειτα πόδας ταχὺν ἀμφ' Ἀχιλῆα
355 Μυρμιδόνες Πάτροκλον ἀνεστενάχοντο γοῶντες.

Zum Inhalt von 356 bis 368 siehe Einleitung S. 51.

*Thetis wird im Palast des Hephaistos
von Charis empfangen.*

    Ἡφαίστου δ' ἵκανε δόμον Θέτις ἀργυρόπεζα
370 ἄφθιτον ἀστερόεντα, μεταπρεπέ' ἀθανάτοισι,
χάλκεον, ὅν ῥ' αὐτὸς ποιήσατο κυλλοποδίων.
τὸν δ' εὗρ' ἱδρώοντα ἑλισσόμενον περὶ φύσας,
σπεύδοντα· τρίποδας γὰρ ἐείκοσι πάντας ἔτευχεν
ἑστάμεναι περὶ τοῖχον ἐϋσταθέος μεγάροιο,
375 χρύσεα δέ σφ' ὑπὸ κύκλα ἑκάστῳ πυθμένι θῆκεν,
ὄφρα οἱ αὐτόματοι θεῖον δυσαίατ' ἀγῶνα
ἠδ' αὖτις πρὸς δῶμα νεοίατο, θαῦμα ἰδέσθαι.

οἱ δ' ἤτοι τόσσον μὲν ἔχον τέλος, οὔατα δ' οὔ πω
δαιδάλεα προσέκειτο· τά ῥ' ἤρτυε, κόπτε δὲ δεσμούς.
380 ὄφρ' ὅ γε ταῦτα πονεῖτο ἰδυίῃσι πραπίδεσσι,
τόφρα οἱ ἐγγύθεν ἦλθε θεά, Θέτις ἀργυρόπεζα.
τὴν δὲ ἴδε προμολοῦσα Χάρις λιπαροκρήδεμνος
καλή, τὴν ὤπυιε περικλυτὸς ἀμφιγυήεις·
ἔν τ' ἄρα οἱ φῦ χειρὶ ἔπος τ' ἔφατ' ἔκ τ' ὀνόμαζε·
385 „τίπτε, Θέτι τανύπεπλε, ἱκάνεις ἡμέτερον δῶ
αἰδοίη τε φίλη τε; πάρος γε μὲν οὔ τι θαμίζεις.
ἀλλ' ἕπεο προτέρω, ἵνα τοι πὰρ ξείνια θείω."
Ὣς ἄρα φωνήσασα πρόσω ἄγε δῖα θεάων.
τὴν μὲν ἔπειτα καθεῖσεν ἐπὶ θρόνου ἀργυροήλου
390 καλοῦ δαιδαλέου· ὑπὸ δὲ θρῆνυς ποσὶν ἦεν·
κέκλετο δ' Ἥφαιστον κλυτοτέχνην εἶπέ τε μῦθον·
„Ἥφαιστε, πρόμολ' ὧδε· Θέτις νύ τι σεῖο χατίζει."
Τὴν δ' ἠμείβετ' ἔπειτα περικλυτὸς ἀμφιγυήεις·
„ἦ ῥά νύ μοι δεινή τε καὶ αἰδοίη θεὸς ἔνδον,
395 ἥ μ' ἐσάωσ', ὅτε μ' ἄλγος ἀφίκετο τῆλε πεσόντα
μητρὸς ἐμῆς ἰότητι κυνώπιδος, ἥ μ' ἐθέλησε
κρύψαι χωλὸν ἐόντα· τότ' ἂν πάθον ἄλγεα θυμῷ,
εἰ μή μ' Εὐρυνόμη τε Θέτις θ' ὑπεδέξατο κόλπῳ,
Εὐρυνόμη, θυγάτηρ ἀψορρόου Ὠκεανοῖο.
400 τῇσι παρ' εἰνάετες χάλκευον δαίδαλα πολλά,
πόρπας τε γναμπτάς θ' ἕλικας κάλυκάς τε καὶ ὅρμους
ἐν σπῆϊ γλαφυρῷ· περὶ δὲ ῥόος Ὠκεανοῖο
ἀφρῷ μορμύρων ῥέεν ἄσπετος· οὐδέ τις ἄλλος
ᾔδεεν οὔτε θεῶν οὔτε θνητῶν ἀνθρώπων,
405 ἀλλὰ Θέτις τε καὶ Εὐρυνόμη ἴσαν, αἵ μ' ἐσάωσαν.
ἣ νῦν ἡμέτερον δόμον ἵκει· τῷ με μάλα χρεὼ
πάντα Θέτι καλλιπλοκάμῳ ζῳάγρια τίνειν.
ἀλλὰ σὺ μὲν νῦν οἱ παράθες ξεινήϊα καλά,
ὄφρ' ἂν ἐγὼ φύσας ἀποθείομαι ὅπλα τε πάντα."
410 Ἦ, καὶ ἀπ' ἀκμοθέτοιο πέλωρ αἴητον ἀνέστη
χωλεύων· ὑπὸ δὲ κνῆμαι ῥώοντο ἀραιαί.
φύσας μέν ῥ' ἀπάνευθε τίθει πυρός, ὅπλα τε πάντα

λάρνακ' ἐς ἀργυρέην συλλέξατο, τοῖς ἐπονεῖτο·
σπόγγῳ δ' ἀμφὶ πρόσωπα καὶ ἄμφω χεῖρ' ἀπομόργνυ
415 αὐχένα τε στιβαρὸν καὶ στήθεα λαχνήεντα,
δῦ δὲ χιτῶν', ἕλε δὲ σκῆπτρον παχύ, βῆ δὲ θύραζε
χωλεύων· ὑπὸ δ' ἀμφίπολοι ῥώοντο ἄνακτι
χρύσειαι, ζωῇσι νεήνισιν εἰοικυῖαι.
τῇς ἐν μὲν νόος ἐστὶ μετὰ φρεσίν, ἐν δὲ καὶ αὐδὴ
420 καὶ σθένος, ἀθανάτων δὲ θεῶν ἄπο ἔργα ἴσασιν.
αἱ μὲν ὕπαιθα ἄνακτος ἐποίπνυον· αὐτὰρ ὁ ἔρρων
πλησίον, ἔνθα Θέτις περ, ἐπὶ θρόνου ἷζε φαεινοῦ,
ἔν τ' ἄρα οἱ φῦ χειρὶ ἔπος τ' ἔφατ' ἔκ τ' ὀνόμαζε·
„τίπτε, Θέτι τανύπεπλε, ἱκάνεις ἡμέτερον δῶ
425 αἰδοίη τε φίλη τε; πάρος γε μὲν οὔ τι θαμίζεις.
αὔδα, ὅ τι φρονέεις· τελέσαι δέ με θυμὸς ἄνωγεν,
εἰ δύναμαι τελέσαι γε καὶ εἰ τετελεσμένον ἐστίν."

*Thetis bittet Hephaistos um eine neue Rüstung
für Achill und erhält eine Zusage.*

Τὸν δ' ἠμείβετ' ἔπειτα Θέτις κατὰ δάκρυ χέουσα·
„Ἥφαιστ', ἦ ἄρα δή τις, ὅσαι θεαί εἰσ' ἐν Ὀλύμπῳ,
430 τοσσάδ' ἐνὶ φρεσὶν ᾗσιν ἀνέσχετο κήδεα λυγρά,
ὅσσ' ἐμοὶ ἐκ πασέων Κρονίδης Ζεὺς ἄλγε' ἔδωκεν;
ἐκ μέν μ' ἀλλάων ἁλιάων ἀνδρὶ δάμασσεν,
Αἰακίδῃ Πηλῆϊ, καὶ ἔτλην ἀνέρος εὐνὴν
πολλὰ μάλ' οὐκ ἐθέλουσα. ὁ μὲν δὴ γήραϊ λυγρῷ
435 κεῖται ἐνὶ μεγάροις ἀρημένος, ἄλλα δέ μοι νῦν·
υἱὸν ἐπεί μοι δῶκε γενέσθαι τε τραφέμεν τε,
ἔξοχον ἡρώων· ὁ δ' ἀνέδραμεν ἔρνεϊ ἶσος·
τὸν μὲν ἐγὼ θρέψασα φυτὸν ὣς γουνῷ ἀλωῆς,
νηυσὶν ἐπιπροέηκα κορωνίσιν Ἴλιον εἴσω
440 Τρωσὶ μαχησόμενον· τὸν δ' οὐχ ὑποδέξομαι αὖτις
οἴκαδε νοστήσαντα δόμον Πηλήϊον εἴσω.
ὄφρα δέ μοι ζώει καὶ ὁρᾷ φάος ἠελίοιο,
ἄχνυται, οὐδέ τί οἱ δύναμαι χραισμῆσαι ἰοῦσα.
κούρην, ἣν ἄρα οἱ γέρας ἔξελον υἷες Ἀχαιῶν,

445 τὴν ἂψ ἐκ χειρῶν ἕλετο κρείων Ἀγαμέμνων.
ἤτοι ὁ τῆς ἀχέων φρένας ἔφθιεν· αὐτὰρ Ἀχαιοὺς
Τρῶες ἐπὶ πρύμνησιν ἐείλεον, οὐδὲ θύραζε
εἴων ἐξιέναι· τὸν δὲ λίσσοντο γέροντες
Ἀργείων, καὶ πολλὰ περικλυτὰ δῶρ' ὀνόμαζον.
450 ἔνθ' αὐτὸς μὲν ἔπειτ' ἠναίνετο λοιγὸν ἀμῦναι,
αὐτὰρ ὁ Πάτροκλον περὶ μὲν τὰ ἃ τεύχεα ἕσσε,
πέμπε δέ μιν πόλεμόνδε, πολὺν δ' ἅμα λαὸν ὄπασσε.
πᾶν δ' ἦμαρ μάρναντο περὶ Σκαιῇσι πύλῃσι·
καί νύ κεν αὐτῆμαρ πόλιν ἔπραθον, εἰ μὴ Ἀπόλλων
455 πολλὰ κακὰ ῥέξαντα Μενοιτίου ἄλκιμον υἱὸν
ἔκταν' ἐνὶ προμάχοισι καὶ Ἕκτορι κῦδος ἔδωκε.
τοὔνεκα νῦν τὰ σὰ γούναθ' ἱκάνομαι, αἴ κ' ἐθέλῃσθα
υἱεῖ ἐμῷ ὠκυμόρῳ δόμεν ἀσπίδα καὶ τρυφάλειαν
καὶ καλὰς κνημῖδας ἐπισφυρίοις ἀραρυίας,
460 καὶ θώρηχ'· ὃ γὰρ ἦν οἱ, ἀπώλεσε πιστὸς ἑταῖρος
Τρωσὶ δαμείς· ὁ δὲ κεῖται ἐπὶ χθονὶ θυμὸν ἀχεύων."

Τὴν δ' ἠμείβετ' ἔπειτα περικλυτὸς ἀμφιγυήεις·
„θάρσει· μή τοι ταῦτα μετὰ φρεσὶ σῇσι μελόντων.
αἲ γάρ μιν θανάτοιο δυσηχέος ὧδε δυναίμην
465 νόσφιν ἀποκρύψαι, ὅτε μιν μόρος αἰνὸς ἱκάνοι,
ὥς οἱ τεύχεα καλὰ παρέσσεται, οἷά τις αὖτε
ἀνθρώπων πολέων θαυμάσσεται, ὅς κεν ἴδηται."

Ὣς εἰπὼν τὴν μὲν λίπεν αὐτοῦ, βῆ δ' ἐπὶ φύσας·
τὰς δ' ἐς πῦρ ἔτρεψε κέλευσέ τε ἐργάζεσθαι.

Zum Inhalt von 470 bis 608 siehe Einleitung S. 51.

Anfertigung der übrigen Teile der Rüstung

Αὐτὰρ ἐπεὶ δὴ τεῦξε σάκος μέγα τε στιβαρόν τε,
610 τεῦξ' ἄρα οἱ θώρηκα φαεινότερον πυρὸς αὐγῆς,
τεῦξε δέ οἱ κόρυθα βριαρὴν κροτάφοις ἀραρυῖαν,
καλὴν δαιδαλέην, ἐπὶ δὲ χρύσεον λόφον ἧκε,
τεῦξε δέ οἱ κνημῖδας ἑανοῦ κασσιτέροιο.

Αὐτὰρ ἐπεὶ πάνθ' ὅπλα κάμε κλυτὸς ἀμφιγυήεις,
615 μητρὸς Ἀχιλλῆος θῆκε προπάροιθεν ἀείρας.

ἡ δ' ἴρηξ ὣς ἆλτο κατ' Οὐλύμπου νιφόεντος,
τεύχεα μαρμαίροντα παρ' Ἡφαίστοιο φέρουσα.

Gesang Τ

ΜΗΝΙΔΟΣ ΑΠΟΡΡΗΣΙΣ

Achill erhält die neuen Waffen.

Ἠὼς μὲν κροκόπεπλος ἀπ' Ὠκεανοῖο ῥοάων
ὄρνυθ', ἵν' ἀθανάτοισι φόως φέροι ἠδὲ βροτοῖσιν·
ἡ δ' ἐς νῆας ἵκανε θεοῦ πάρα δῶρα φέρουσα.
εὗρε δὲ Πατρόκλῳ περικείμενον ὃν φίλον υἱόν,
5 κλαίοντα λιγέως· πολέες δ' ἀμφ' αὐτὸν ἑταῖροι
μύρονθ'· ἡ δ' ἐν τοῖσι παρίστατο δῖα θεάων,
ἔν τ' ἄρα οἱ φῦ χειρὶ ἔπος τ' ἔφατ' ἔκ τ' ὀνόμαζε·
„τέκνον ἐμόν, τοῦτον μὲν ἐάσομεν ἀχνύμενοί περ
κεῖσθαι, ἐπεὶ δὴ πρῶτα θεῶν ἰότητι δαμάσθη·
10 τύνη δ' Ἡφαίστοιο πάρα κλυτὰ τεύχεα δέξο,
καλὰ μάλ', οἷ' οὔ πώ τις ἀνὴρ ὤμοισι φόρησεν."

Ὣς ἄρα φωνήσασα θεὰ κατὰ τεύχε' ἔθηκε
πρόσθεν Ἀχιλλῆος· τὰ δ' ἀνέβραχε δαίδαλα πάντα.
Μυρμιδόνας δ' ἄρα πάντας ἕλε τρόμος, οὐδέ τις ἔτλη
15 ἄντην εἰσιδέειν, ἀλλ' ἔτρεσαν. αὐτὰρ Ἀχιλλεὺς
ὡς εἶδ', ὥς μιν μᾶλλον ἔδυ χόλος, ἐν δέ οἱ ὄσσε
δεινὸν ὑπὸ βλεφάρων ὡς εἰ σέλας ἐξεφάανθεν·
τέρπετο δ' ἐν χείρεσσιν ἔχων θεοῦ ἀγλαὰ δῶρα.
αὐτὰρ ἐπεὶ φρεσὶν ᾗσι τετάρπετο δαίδαλα λεύσσων,
20 αὐτίκα μητέρα ἣν ἔπεα πτερόεντα προσηύδα·
„μῆτερ ἐμή, τὰ μὲν ὅπλα θεὸς πόρεν, οἷ' ἐπιεικὲς
ἔργ' ἔμεν ἀθανάτων, μηδὲ βροτὸν ἄνδρα τελέσσαι.
νῦν δ' ἤτοι μὲν ἐγὼ θωρήξομαι· ἀλλὰ μάλ' αἰνῶς
δείδω, μή μοι τόφρα Μενοιτίου ἄλκιμον υἱὸν

₂₅ μυῖαι καδδῦσαι κατὰ χαλκοτύπους ὠτειλὰς
εὐλὰς ἐγγείνωνται, ἀεικίσσωσι δὲ νεκρόν –
ἐκ δ' αἰὼν πέφαται –, κατὰ δὲ χρόα πάντα σαπήῃ."
   Τὸν δ' ἠμείβετ' ἔπειτα θεά, Θέτις ἀργυρόπεζα·
„τέκνον, μή τοι ταῦτα μετὰ φρεσὶ σῇσι μελόντων.
₃₀ τῷ μὲν ἐγὼ πειρήσω ἀλαλκεῖν ἄγρια φῦλα,
μυίας, αἵ ῥά τε φῶτας ἀρηϊφάτους κατέδουσιν·
ἤν περ γὰρ κεῖταί γε τελεσφόρον εἰς ἐνιαυτόν,
αἰεὶ τῷ γ' ἔσται χρὼς ἔμπεδος, ἢ καὶ ἀρείων.
ἀλλὰ σύ γ' εἰς ἀγορὴν καλέσας ἥρωας Ἀχαιούς,
₃₅ μῆνιν ἀποειπὼν Ἀγαμέμνονι, ποιμένι λαῶν,
αἶψα μάλ' ἐς πόλεμον θωρήσσεο, δύσεο δ' ἀλκήν."
   Ὣς ἄρα φωνήσασα μένος πολυθαρσὲς ἐνῆκε,
Πατρόκλῳ δ' αὖτ' ἀμβροσίην καὶ νέκταρ ἐρυθρὸν
στάξε κατὰ ρινῶν, ἵνα οἱ χρὼς ἔμπεδος εἴη.

In einer Heeresversammlung entsagt Achill seinem Groll.

₄₀   Αὐτὰρ ὁ βῆ παρὰ θῖνα θαλάσσης δῖος Ἀχιλλεὺς
σμερδαλέα ἰάχων, ὦρσεν δ' ἥρωας Ἀχαιούς.
καί ῥ' οἵ περ τὸ πάρος γε νεῶν ἐν ἀγῶνι μένεσκον,
οἵ τε κυβερνῆται καὶ ἔχον οἰήϊα νηῶν
καὶ ταμίαι παρὰ νηυσὶν ἔσαν, σίτοιο δοτῆρες,
₄₅ καὶ μὴν οἱ τότε γ' εἰς ἀγορὴν ἴσαν, οὕνεκ' Ἀχιλλεὺς
ἐξεφάνη, δηρὸν δὲ μάχης ἐπέπαυτ' ἀλεγεινῆς.
τὼ δὲ δύω σκάζοντε βάτην Ἄρεος θεράποντε,
Τυδεΐδης τε μενεπτόλεμος καὶ δῖος Ὀδυσσεύς,
ἔγχει ἐρειδομένω· ἔτι γὰρ ἔχον ἕλκεα λυγρά·
₅₀ κὰδ δὲ μετὰ πρώτῃ ἀγορῇ ἵζοντο κιόντες.
αὐτὰρ ὁ δεύτατος ἦλθεν ἄναξ ἀνδρῶν Ἀγαμέμνων,
ἕλκος ἔχων· καὶ γὰρ τὸν ἐνὶ κρατερῇ ὑσμίνῃ
οὖτα Κόων Ἀντηνορίδης χαλκήρεϊ δουρί.
αὐτὰρ ἐπεὶ δὴ πάντες ἀολλίσθησαν Ἀχαιοί,
₅₅ τοῖσι δ' ἀνιστάμενος μετέφη πόδας ὠκὺς Ἀχιλλεύς·
„Ἀτρεΐδη, ἦ ἄρ τι τόδ' ἀμφοτέροισιν ἄρειον
ἔπλετο, σοὶ καὶ ἐμοί, ὅ τε νῶΐ περ ἀχνυμένω κῆρ

θυμοβόρῳ ἔριδι μενεήναμεν εἵνεκα κούρης;
τὴν ὄφελ᾽ ἐν νήεσσι κατακτάμεν Ἄρτεμις ἰῷ,
60 ἤματι τῷ, ὅτ᾽ ἐγὼν ἑλόμην Λυρνησσὸν ὀλέσσας·
τῶ κ᾽ οὐ τόσσοι Ἀχαιοὶ ὀδὰξ ἕλον ἄσπετον οὖδας
δυσμενέων ὑπὸ χερσίν, ἐμεῦ ἀπομηνίσαντος.
Ἕκτορι μὲν καὶ Τρωσὶ τὸ κέρδιον· αὐτὰρ Ἀχαιοὺς
δηρὸν ἐμῆς καὶ σῆς ἔριδος μνήσεσθαι ὀΐω.
65 ἀλλὰ τὰ μὲν προτετύχθαι ἐάσομεν ἀχνύμενοί περ,
θυμὸν ἐνὶ στήθεσσι φίλον δαμάσαντες ἀνάγκῃ·
νῦν δ᾽ ἤτοι μὲν ἐγὼ παύω χόλον, οὐδέ τί με χρὴ
ἀσκελέως αἰεὶ μενεαινέμεν· ἀλλ᾽ ἄγε θᾶσσον
ὄτρυνον πόλεμόνδε κάρη κομόωντας Ἀχαιούς,
70 ὄφρ᾽ ἔτι καὶ Τρώων πειρήσομαι ἀντίον ἐλθών,
αἴ κ᾽ ἐθέλωσ᾽ ἐπὶ νηυσὶν ἰαύειν· ἀλλά τιν᾽ οἴω
ἀσπασίως αὐτῶν γόνυ κάμψειν, ὅς κε φύγῃσι
δηΐου ἐκ πολέμοιο ὑπ᾽ ἔγχεος ἡμετέροιο."

*Agamemnon erklärt sich zur Versöhnung
und Wiedergutmachung bereit.*

Ὣς ἔφαθ᾽, οἱ δ᾽ ἐχάρησαν ἐϋκνήμιδες Ἀχαιοὶ
75 μῆνιν ἀπειπόντος μεγαθύμου Πηλεΐωνος.
τοῖσι δὲ καὶ μετέειπεν ἄναξ ἀνδρῶν Ἀγαμέμνων
αὐτόθεν ἐξ ἕδρης, οὐδ᾽ ἐν μέσσοισιν ἀναστάς·
„ὦ φίλοι ἥρωες Δαναοί, θεράποντες Ἄρηος,
ἑσταότος μὲν καλὸν ἀκούειν, οὐδὲ ἔοικεν
80 ὑββάλλειν· χαλεπὸν γὰρ ἐπισταμένῳ περ ἐόντι.
ἀνδρῶν δ᾽ ἐν πολλῷ ὁμάδῳ πῶς κέν τις ἀκούσαι
ἢ εἴποι; βλάβεται δὲ λιγύς περ ἐὼν ἀγορητής.
Πηλεΐδῃ μὲν ἐγὼν ἐνδείξομαι· αὐτὰρ οἱ ἄλλοι
σύνθεσθ᾽ Ἀργεῖοι, μῦθόν τ᾽ εὖ γνῶτε ἕκαστος.
85 πολλάκι δή μοι τοῦτον Ἀχαιοὶ μῦθον ἔειπον,
καί τέ με νεικείεσκον· ἐγὼ δ᾽ οὐκ αἴτιός εἰμι,
ἀλλὰ Ζεὺς καὶ Μοῖρα καὶ ἠεροφοῖτις Ἐρινύς,
οἵ τέ μοι εἰν ἀγορῇ φρεσὶν ἔμβαλον ἄγριον ἄτην,
ἤματι τῷ, ὅτ᾽ Ἀχιλλῆος γέρας αὐτὸς ἀπηύρων.

ἀλλὰ τί κεν ῥέξαιμι; θεὸς διὰ πάντα τελευτᾷ. 90
πρέσβα Διὸς θυγάτηρ Ἄτη, ἣ πάντας ἀᾶται,
οὐλομένη· τῇ μέν θ᾽ ἁπαλοὶ πόδες· οὐ γὰρ ἐπ᾽ οὔδει
πίλναται, ἀλλ᾽ ἄρα ἥ γε κατ᾽ ἀνδρῶν κράατα βαίνει
βλάπτουσ᾽ ἀνθρώπους· κατὰ δ᾽ οὖν ἕτερόν γε πέδησε.
καὶ γὰρ δή νύ ποτε Ζεὺς ἄσατο, τόν περ ἄριστον 95
ἀνδρῶν ἠδὲ θεῶν φασ᾽ ἔμμεναι· ἀλλ᾽ ἄρα καὶ τὸν
Ἥρη θῆλυς ἐοῦσα δολοφροσύνης ἀπάτησεν,
ἤματι τῷ, ὅτ᾽ ἔμελλε βίην Ἡρακληείην
Ἀλκμήνη τέξεσθαι ἐϋστεφάνῳ ἐνὶ Θήβῃ.
ἤτοι ὅ γ᾽ εὐχόμενος μετέφη πάντεσσι θεοῖσι· 100
‚κέκλυτέ μευ, πάντες τε θεοὶ πᾶσαί τε θέαιναι,
ὄφρ᾽ εἴπω, τά με θυμὸς ἐνὶ στήθεσσιν ἀνώγει.
σήμερον ἄνδρα φόωσδε μογοστόκος Εἰλείθυια
ἐκφανεῖ, ὃς πάντεσσι περικτιόνεσσιν ἀνάξει,
τῶν ἀνδρῶν γενεῆς, οἵ θ᾽ αἵματος ἐξ ἐμεῦ εἰσι.‘ 105
τὸν δὲ δολοφρονέουσα προσηύδα πότνια Ἥρη·
‚ψευστήσεις, οὐδ᾽ αὖτε τέλος μύθῳ ἐπιθήσεις.
εἰ δ᾽ ἄγε νῦν μοι ὄμοσσον, Ὀλύμπιε, καρτερὸν ὅρκον,
ἦ μὲν τὸν πάντεσσι περικτιόνεσσιν ἀνάξειν,
ὅς κεν ἐπ᾽ ἤματι τῷδε πέσῃ μετὰ ποσσὶ γυναικὸς 110
τῶν ἀνδρῶν, οἳ σῆς ἐξ αἵματός εἰσι γενέθλης.‘
ὣς ἔφατο· Ζεὺς δ᾽ οὔ τι δολοφροσύνην ἐνόησεν,
ἀλλ᾽ ὄμοσεν μέγαν ὅρκον, ἔπειτα δὲ πολλὸν ἀάσθη.
Ἥρη δ᾽ ἀΐξασα λίπεν ῥίον Οὐλύμποιο,
καρπαλίμως δ᾽ ἵκετ᾽ Ἄργος Ἀχαιικόν, ἔνθ᾽ ἄρα ᾔδη 115
ἰφθίμην ἄλοχον Σθενέλου Περσηϊάδαο.
ἡ δ᾽ ἐκύει φίλον υἱόν, ὁ δ᾽ ἕβδομος ἑστήκει μείς·
ἐκ δ᾽ ἄγαγε πρὸ φόωσδε καὶ ἠλιτόμηνον ἐόντα,
Ἀλκμήνης δ᾽ ἀπέπαυσε τόκον, σχέθε δ᾽ Εἰλειθυίας.
αὐτὴ δ᾽ ἀγγελέουσα Δία Κρονίωνα προσηύδα· 120
‚Ζεῦ πάτερ ἀργικέραυνε, ἔπος τί τοι ἐν φρεσὶ θήσω·
ἤδη ἀνὴρ γέγον᾽ ἐσθλός, ὃς Ἀργείοισιν ἀνάξει,
Εὐρυσθεύς, Σθενέλοιο πάϊς Περσηϊάδαο,
σὸν γένος· οὔ οἱ ἀεικὲς ἀνασσέμεν Ἀργείοισιν.‘

ὣς φάτο, τὸν δ' ἄχος ὀξὺ κατὰ φρένα τύψε βαθεῖαν·
αὐτίκα δ' εἷλ' Ἄτην κεφαλῆς λιπαροπλοκάμοιο
χωόμενος φρεσὶν ᾗσι, καὶ ὤμοσε καρτερὸν ὅρκον
μή ποτ' ἐς Οὔλυμπόν τε καὶ οὐρανὸν ἀστερόεντα
αὖτις ἐλεύσεσθαι Ἄτην, ἣ πάντας ἀᾶται.
130 ὣς εἰπὼν ἔρριψεν ἀπ' οὐρανοῦ ἀστερόεντος
χειρὶ περιστρέψας· τάχα δ' ἵκετο ἔργ' ἀνθρώπων.
τὴν αἰεὶ στενάχεσχ', ὅθ' ἑὸν φίλον υἱὸν ὁρῷτο
ἔργον ἀεικὲς ἔχοντα ὑπ' Εὐρυσθῆος ἀέθλων.
ὣς καὶ ἐγών, ὅτε δὴ αὖτε μέγας κορυθαίολος Ἕκτωρ
135 Ἀργείους ὀλέκεσκεν ἐπὶ πρύμνῃσι νέεσσιν,
οὐ δυνάμην λελαθέσθ' Ἄτης, ᾗ πρῶτον ἀάσθην.
ἀλλ' ἐπεὶ ἀασάμην καί μευ φρένας ἐξέλετο Ζεύς,
ἂψ ἐθέλω ἀρέσαι, δόμεναί τ' ἀπερείσι' ἄποινα·
ἀλλ' ὄρσευ πόλεμόνδε, καὶ ἄλλους ὄρνυθι λαούς.
140 δῶρα δ' ἐγὼν ὅδε πάντα παρασχέμεν, ὅσσα τοι ἐλθὼν
χθιζὸς ἐνὶ κλισίῃσιν ὑπέσχετο δῖος Ὀδυσσεύς.
εἰ δ' ἐθέλεις, ἐπίμεινον ἐπειγόμενός περ Ἄρηος,
δῶρα δέ τοι θεράποντες ἐμῆς παρὰ νηὸς ἑλόντες
οἴσουσ', ὄφρα ἴδηαι, ὅ τοι μενοεικέα δώσω."
145 Τὸν δ' ἀπαμειβόμενος προσέφη πόδας ὠκὺς Ἀχιλλεύς·
„Ἀτρεΐδη κύδιστε, ἄναξ ἀνδρῶν Ἀγάμεμνον,
δῶρα μέν, αἴ κ' ἐθέλῃσθα, παρασχέμεν, ὡς ἐπιεικές,
ἤ τ' ἐχέμεν· πάρα σοί· νῦν δὲ μνησώμεθα χάρμης
αἶψα μάλ'· οὐ γὰρ χρὴ κλοτοπεύειν ἐνθάδ' ἐόντας
150 οὐδὲ διατρίβειν· ἔτι γὰρ μέγα ἔργον ἄρεκτον."

Gesang Υ

ΘΕΟΜΑΧΙΑ

Gesang Φ

ΜΑΧΗ ΠΑΡΑΠΟΤΑΜΙΟΣ

Zum Inhalt von Τ 151 bis Φ 611 siehe Einleitung S. 51–53.

Gesang X

ΕΚΤΟΡΟΣ ΑΝΑΙΡΕΣΙΣ

*Als Apollon sich Achill zu erkennen gibt,
wendet sich dieser wieder gegen Troja.*

Ὣς οἱ μὲν κατὰ ἄστυ πεφυζότες ἠΰτε νεβροὶ
ἱδρῶ ἀπεψύχοντο πίον τ' ἀκέοντό τε δίψαν,
κεκλιμένοι καλῇσιν ἐπάλξεσιν· αὐτὰρ Ἀχαιοὶ
τείχεος ἆσσον ἴσαν, σάκε' ὤμοισι κλίναντες.
5 Ἕκτορα δ' αὐτοῦ μεῖναι ὀλοιὴ μοῖρα πέδησεν
Ἰλίοο προπάροιϑε πυλάων τε Σκαιάων.
αὐτὰρ Πηλεΐωνα προσηύδα Φοῖβος Ἀπόλλων·
„τίπτε με, Πηλέος υἱέ, ποσὶν ταχέεσσι διώκεις,
αὐτὸς ϑνητὸς ἐὼν ϑεὸν ἄμβροτον; οὐδέ νύ πώ με
10 ἔγνως, ὡς ϑεός εἰμι, σὺ δ' ἀσπερχὲς μενεαίνεις.
ἦ νύ τοι οὔ τι μέλει Τρώων πόνος, οὓς ἐφόβησας,
οἳ δή τοι εἰς ἄστυ ἄλεν, σὺ δὲ δεῦρο λιάσϑης.
οὐ μέν με κτενέεις, ἐπεὶ οὔ τοι μόρσιμός εἰμι."
Τὸν δὲ μέγ' ὀχϑήσας προσέφη πόδας ὠκὺς Ἀχιλλεύς·
15 „ἔβλαψάς μ', ἑκάεργε, ϑεῶν ὀλοώτατε πάντων,
ἐνϑάδε νῦν τρέψας ἀπὸ τείχεος· ἦ κ' ἔτι πολλοὶ
γαῖαν ὀδὰξ εἷλον πρὶν Ἴλιον εἰσαφικέσϑαι.
νῦν δ' ἐμὲ μὲν μέγα κῦδος ἀφείλεο, τοὺς δὲ σάωσας
ῥηϊδίως, ἐπεὶ οὔ τι τίσιν γ' ἔδεισας ὀπίσσω.
20 ἦ σ' ἂν τεισαίμην, εἴ μοι δύναμίς γε παρείη."
Ὣς εἰπὼν προτὶ ἄστυ μέγα φρονέων ἐβεβήκει,
σευάμενος ὥς ϑ' ἵππος ἀεϑλοφόρος σὺν ὄχεσφιν,
ὅς ῥά τε ῥεῖα ϑέῃσι τιταινόμενος πεδίοιο·
ὣς Ἀχιλεὺς λαιψηρὰ πόδας καὶ γούνατ' ἐνώμα.

*Priamos und Hekabe versuchen vergeblich,
Hektor vom Kampf mit Achill abzubringen.*

25 Τὸν δ' ὁ γέρων Πρίαμος πρῶτος ἴδεν ὀφθαλμοῖσι
παμφαίνονθ' ὥς τ' ἀστέρ' ἐπεσσύμενον πεδίοιο,
ὅς ῥά τ' ὀπώρης εἶσιν, ἀρίζηλοι δέ οἱ αὐγαὶ
φαίνονται πολλοῖσι μετ' ἀστράσι νυκτὸς ἀμολγῷ·
ὅν τε κύν' Ὠρίωνος ἐπίκλησιν καλέουσι.
30 λαμπρότατος μὲν ὅ γ' ἐστί, κακὸν δέ τε σῆμα τέτυκται,
καί τε φέρει πολλὸν πυρετὸν δειλοῖσι βροτοῖσιν·
ὣς τοῦ χαλκὸς ἔλαμπε περὶ στήθεσσι θέοντος.
ᾤμωξεν δ' ὁ γέρων, κεφαλὴν δ' ὅ γε κόψατο χερσὶν
ὑψόσ' ἀνασχόμενος, μέγα δ' οἰμώξας ἐγεγώνει
35 λισσόμενος φίλον υἱόν· ὁ δὲ προπάροιθε πυλάων
ἑστήκει, ἄμοτον μεμαὼς Ἀχιλῆϊ μάχεσθαι·
τὸν δ' ὁ γέρων ἐλεεινὰ προσηύδα χεῖρας ὀρεγνύς·
„Ἕκτορ, μή μοι μίμνε, φίλον τέκος, ἀνέρα τοῦτον
οἶος ἄνευθ' ἄλλων, ἵνα μὴ τάχα πότμον ἐπίσπῃς
40 Πηλεΐωνι δαμείς, ἐπεὶ ἦ πολὺ φέρτερός ἐστι,
σχέτλιος· αἴθε θεοῖσι φίλος τοσσόνδε γένοιτο,
ὅσσον ἐμοί· τάχα κέν ἑ κύνες καὶ γῦπες ἔδοιεν
κείμενον· ἦ κέ μοι αἰνὸν ἀπὸ πραπίδων ἄχος ἔλθοι·
ὅς μ' υἱῶν πολλῶν τε καὶ ἐσθλῶν εὖνιν ἔθηκε,
45 κτείνων καὶ περνὰς νήσων ἔπι τηλεδαπάων.
καὶ γὰρ νῦν δύο παῖδε, Λυκάονα καὶ Πολύδωρον,
οὐ δύναμαι ἰδέειν Τρώων εἰς ἄστυ ἀλέντων,
τούς μοι Λαοθόη τέκετο, κρείουσα γυναικῶν.
ἀλλ' εἰ μὲν ζώουσι μετὰ στρατῷ, ἦ τ' ἂν ἔπειτα
50 χαλκοῦ τε χρυσοῦ τ' ἀπολυσόμεθ'· ἔστι γὰρ ἔνδον·
πολλὰ γὰρ ὤπασε παιδὶ γέρων ὀνομάκλυτος Ἄλτης.
εἰ δ' ἤδη τεθνᾶσι καὶ εἰν Ἀΐδαο δόμοισιν,
ἄλγος ἐμῷ θυμῷ καὶ μητέρι, τοὶ τεκόμεσθα·
λαοῖσιν δ' ἄλλοισι μινυνθαδιώτερον ἄλγος
55 ἔσσεται, ἢν μὴ καὶ σὺ θάνῃς Ἀχιλῆϊ δαμασθείς.
ἀλλ' εἰσέρχεο τεῖχος, ἐμὸν τέκος, ὄφρα σαώσῃς

Τρῶας καὶ Τρῳάς, μηδὲ μέγα κῦδος ὀρέξῃς
Πηλεΐδῃ, αὐτὸς δὲ φίλης αἰῶνος ἀμερϑῇς.
πρὸς δ' ἐμὲ τὸν δύστηνον ἔτι φρονέοντ' ἐλέησον,
60 δύσμορον, ὅν ῥα πατὴρ Κρονίδης ἐπὶ γήραος οὐδῷ
αἴσῃ ἐν ἀργαλέῃ φϑίσει, κακὰ πόλλ' ἐπιδόντα,
υἷάς τ' ὀλλυμένους ἑλκηϑείσας τε ϑύγατρας,
καὶ ϑαλάμους κεραϊζομένους, καὶ νήπια τέκνα
βαλλόμενα προτὶ γαίῃ ἐν αἰνῇ δηϊοτῆτι,
65 ἑλκομένας τε νυοὺς ὀλοῇς ὑπὸ χερσὶν Ἀχαιῶν.
αὐτὸν δ' ἂν πύματόν με κύνες πρώτῃσι ϑύρῃσιν
ὠμησταὶ ἐρύουσιν, ἐπεί κέ τις ὀξέϊ χαλκῷ
τύψας ἠὲ βαλὼν ῥεϑέων ἐκ ϑυμὸν ἕληται,
οὓς τρέφον ἐν μεγάροισι τραπεζῆας ϑυραωρούς,
70 οἵ κ' ἐμὸν αἷμα πιόντες ἀλύσσοντες περὶ ϑυμῷ
κείσοντ' ἐν προϑύροισι. νέῳ δέ τε πάντ' ἐπέοικεν
ἀρηϊκταμένῳ, δεδαϊγμένῳ ὀξέϊ χαλκῷ,
κεῖσϑαι· πάντα δὲ καλὰ ϑανόντι περ, ὅττι φανήῃ·
ἀλλ' ὅτε δὴ πολιόν τε κάρη πολιόν τε γένειον
75 αἰδῶ τ' αἰσχύνωσι κύνες κταμένοιο γέροντος,
τοῦτο δὴ οἴκτιστον πέλεται δειλοῖσι βροτοῖσιν."

Ἦ ῥ' ὁ γέρων, πολιὰς δ' ἄρ' ἀνὰ τρίχας ἕλκετο χερσὶ
τίλλων ἐκ κεφαλῆς· οὐδ' Ἕκτορι ϑυμὸν ἔπειϑε.
μήτηρ δ' αὖϑ' ἑτέρωϑεν ὀδύρετο δάκρυ χέουσα,
80 κόλπον ἀνιεμένη, ἑτέρηφι δὲ μαζὸν ἀνέσχε·
καί μιν δάκρυ χέουσ' ἔπεα πτερόεντα προσηύδα·
„Ἕκτορ, τέκνον ἐμόν, τάδε τ' αἴδεο καί μ' ἐλέησον
αὐτήν, εἴ ποτέ τοι λαϑικηδέα μαζὸν ἐπέσχον·
τῶν μνῆσαι, φίλε τέκνον, ἄμυνε δὲ δήϊον ἄνδρα
85 τείχεος ἐντὸς ἐών, μηδὲ πρόμος ἵστασο τούτῳ,
σχέτλιος· εἴ περ γάρ σε κατακτάνῃ, οὔ σ' ἔτ' ἔγωγε
κλαύσομαι ἐν λεχέεσσι, φίλον ϑάλος, ὃν τέκον αὐτή,
οὐδ' ἄλοχος πολύδωρος· ἄνευϑε δέ σε μέγα νῶϊν
Ἀργείων παρὰ νηυσὶ κύνες ταχέες κατέδονται."

Hektors Selbstgespräch

90 Ὣς τώ γε κλαίοντε προσαυδήτην φίλον υἱόν,
πολλὰ λισσομένω· οὐδ' Ἕκτορι θυμὸν ἔπειθον,
ἀλλ' ὅ γε μίμν' Ἀχιλῆα πελώριον ἆσσον ἰόντα.
ὡς δὲ δράκων ἐπὶ χειῇ ὀρέστερος ἄνδρα μένῃσι,
βεβρωκὼς κακὰ φάρμακ', ἔδυ δέ τέ μιν χόλος αἰνός,
95 σμερδαλέον δὲ δέδορκεν ἑλισσόμενος περὶ χειῇ·
ὣς Ἕκτωρ ἄσβεστον ἔχων μένος οὐχ ὑπεχώρει,
πύργῳ ἔπι προὔχοντι φαεινὴν ἀσπίδ' ἐρείσας·
ὀχθήσας δ' ἄρα εἶπε πρὸς ὃν μεγαλήτορα θυμόν·
„ὤ μοι ἐγών, εἰ μέν κε πύλας καὶ τείχεα δύω,
100 Πουλυδάμας μοι πρῶτος ἐλεγχείην ἀναθήσει,
ὅς μ' ἐκέλευε Τρωσὶ ποτὶ πτόλιν ἡγήσασθαι
νύχθ' ὕπο τήνδ' ὀλοήν, ὅτε τ' ὤρετο δῖος Ἀχιλλεύς.
ἀλλ' ἐγὼ οὐ πιθόμην· ἦ τ' ἂν πολὺ κέρδιον ἦεν.
νῦν δ' ἐπεὶ ὤλεσα λαὸν ἀτασθαλίῃσιν ἐμῇσιν,
105 αἰδέομαι Τρῶας καὶ Τρῳάδας ἑλκεσιπέπλους,
μή ποτέ τις εἴπῃσι κακώτερος ἄλλος ἐμεῖο·
‚Ἕκτωρ ἧφι βίηφι πιθήσας ὤλεσε λαόν.'
ὣς ἐρέουσιν· ἐμοὶ δὲ τότ' ἂν πολὺ κέρδιον εἴη
ἄντην ἢ Ἀχιλῆα κατακτείναντα νέεσθαι,
110 ἠέ κεν αὐτῷ ὀλέσθαι ἐϋκλειῶς πρὸ πόληος.
εἰ δέ κεν ἀσπίδα μὲν καταθείομαι ὀμφαλόεσσαν
καὶ κόρυθα βριαρήν, δόρυ δὲ πρὸς τεῖχος ἐρείσας
αὐτὸς ἰὼν Ἀχιλῆος ἀμύμονος ἀντίος ἔλθω
καί οἱ ὑπόσχωμαι Ἑλένην καὶ κτήμαθ' ἅμ' αὐτῇ,
115 πάντα μάλ', ὅσσα τ' Ἀλέξανδρος κοίλῃς ἐνὶ νηυσὶν
ἠγάγετο Τροίηνδ', ἥ τ' ἔπλετο νείκεος ἀρχή,
δωσέμεν Ἀτρεΐδῃσιν ἄγειν, ἅμα δ' ἀμφὶς Ἀχαιοῖς
ἄλλ' ἀποδάσσεσθαι, ὅσα τε πτόλις ἥδε κέκευθε·
Τρωσὶν δ' αὖ μετόπισθε γερούσιον ὅρκον ἕλωμαι
120 μή τι κατακρύψειν, ἀλλ' ἄνδιχα πάντα δάσασθαι,
κτῆσιν, ὅσην πτολίεθρον ἐπήρατον ἐντὸς ἐέργει·
ἀλλὰ τίη μοι ταῦτα φίλος διελέξατο θυμός;

μή μιν ἐγὼ μὲν ἵκωμαι ἰών, ὁ δέ μ' οὐκ ἐλεήσει
οὐδέ τί μ' αἰδέσεται, κτενέει δέ με γυμνὸν ἐόντα
125 αὔτως ὥς τε γυναῖκα, ἐπεί κ' ἀπὸ τεύχεα δύω.
οὐ μέν πως νῦν ἔστιν ἀπὸ δρυὸς οὐδ' ἀπὸ πέτρης
τῷ ὀαριζέμεναι, ἅ τε παρθένος ἠΐθεός τε,
παρθένος ἠΐθεός τ' ὀαρίζετον ἀλλήλοιϊν.
βέλτερον αὖτ' ἔριδι ξυνελαυνέμεν ὅττι τάχιστα·
130 εἴδομεν, ὁπποτέρῳ κεν Ὀλύμπιος εὖχος ὀρέξῃ."

Hektor flieht vor Achill dreimal um die Stadt.

Ὣς ὅρμαινε μένων, ὁ δέ οἱ σχεδὸν ἦλθεν Ἀχιλλεὺς
ἶσος Ἐνυαλίῳ, κορυθάϊκι πτολεμιστῇ,
σείων Πηλιάδα μελίην κατὰ δεξιὸν ὦμον
δεινήν· ἀμφὶ δὲ χαλκὸς ἐλάμπετο εἴκελος αὐγῇ
135 ἢ πυρὸς αἰθομένου ἢ ἠελίου ἀνιόντος.
Ἕκτορα δ', ὡς ἐνόησεν, ἕλε τρόμος· οὐδ' ἄρ' ἔτ' ἔτλη
αὖθι μένειν, ὀπίσω δὲ πύλας λίπε, βῆ δὲ φοβηθείς·
Πηλεΐδης δ' ἐπόρουσε ποσὶ κραιπνοῖσι πεποιθώς.
ἠΰτε κίρκος ὄρεσφιν, ἐλαφρότατος πετεηνῶν,
140 ῥηϊδίως οἴμησε μετὰ τρήρωνα πέλειαν,
ἡ δέ θ' ὕπαιθα φοβεῖται, ὁ δ' ἐγγύθεν ὀξὺ λεληκὼς
ταρφέ' ἐπαΐσσει, ἑλέειν τέ ἑ θυμὸς ἀνώγει·
ὣς ἄρ' ὅ γ' ἐμμεμαὼς ἰθὺς πέτετο, τρέσε δ' Ἕκτωρ
τεῖχος ὕπο Τρώων, λαιψηρὰ δὲ γούνατ' ἐνώμα.
145 οἱ δὲ παρὰ σκοπιὴν καὶ ἐρινεὸν ἠνεμόεντα
τείχεος αἰὲν ὑπὲκ κατ' ἀμαξιτὸν ἐσσεύοντο,
κρουνὼ δ' ἵκανον καλλιρρόω· ἔνθα δὲ πηγαὶ
δοιαὶ ἀναΐσσουσι Σκαμάνδρου δινήεντος.
ἡ μὲν γάρ θ' ὕδατι λιαρῷ ῥέει, ἀμφὶ δὲ καπνὸς
150 γίγνεται ἐξ αὐτῆς ὡς εἰ πυρὸς αἰθομένοιο·
ἡ δ' ἑτέρη θέρεϊ προρέει ἐϊκυῖα χαλάζῃ,
ἢ χιόνι ψυχρῇ, ἢ ἐξ ὕδατος κρυστάλλῳ.
ἔνθα δ' ἐπ' αὐτάων πλυνοὶ εὐρέες ἐγγὺς ἔασι
καλοὶ λαΐνεοι, ὅθι εἵματα σιγαλόεντα
155 πλύνεσκον Τρώων ἄλοχοι καλαί τε θύγατρες

τὸ πρὶν ἐπ' εἰρήνης, πρὶν ἐλθεῖν υἷας Ἀχαιῶν.
τῇ ῥα παραδραμέτην, φεύγων, ὁ δ' ὄπισθε διώκων·
πρόσθε μὲν ἐσθλὸς ἔφευγε, δίωκε δέ μιν μέγ' ἀμείνων
καρπαλίμως, ἐπεὶ οὐχ ἱερήϊον οὐδὲ βοείην
160 ἀρνύσθην, ἅ τε ποσσὶν ἀέθλια γίγνεται ἀνδρῶν,
ἀλλὰ περὶ ψυχῆς θέον Ἕκτορος ἱπποδάμοιο.
ὡς δ' ὅτ' ἀεθλοφόροι περὶ τέρματα μώνυχες ἵπποι
ῥίμφα μάλα τρωχῶσι· τὸ δὲ μέγα κεῖται ἄεθλον,
ἢ τρίπος ἠὲ γυνή, ἀνδρὸς κατατεθνηῶτος·
165 ὣς τὼ τρὶς Πριάμοιο πόλιν πέρι δινηθήτην
καρπαλίμοισι πόδεσσι· θεοὶ δ' ἐς πάντες ὁρῶντο.

Götterrat über Hektors Schicksal

Τοῖσι δὲ μύθων ἦρχε πατὴρ ἀνδρῶν τε θεῶν τε·
„ὢ πόποι, ἦ φίλον ἄνδρα διωκόμενον περὶ τεῖχος
ὀφθαλμοῖσιν ὁρῶμαι· ἐμὸν δ' ὀλοφύρεται ἦτορ
170 Ἕκτορος, ὅς μοι πολλὰ βοῶν ἐπὶ μηρί' ἔκηεν
Ἴδης ἐν κορυφῇσι πολυπτύχου, ἄλλοτε δ' αὖτε
ἐν πόλει ἀκροτάτῃ· νῦν αὖτέ ἑ δῖος Ἀχιλλεὺς
ἄστυ πέρι Πριάμοιο ποσὶν ταχέεσσι διώκει.
ἀλλ' ἄγετε φράζεσθε, θεοί, καὶ μητιάασθε,
175 ἠέ μιν ἐκ θανάτοιο σαώσομεν, ἦέ μιν ἤδη
Πηλεΐδῃ Ἀχιλῆϊ δαμάσσομεν ἐσθλὸν ἐόντα."

Τὸν δ' αὖτε προσέειπε θεά, γλαυκῶπις Ἀθήνη·
„ὢ πάτερ ἀργικέραυνε, κελαινεφές, οἷον ἔειπες·
ἄνδρα θνητὸν ἐόντα, πάλαι πεπρωμένον αἴσῃ,
180 ἂψ ἐθέλεις θανάτοιο δυσηχέος ἐξαναλῦσαι;
ἔρδ'· ἀτὰρ οὔ τοι πάντες ἐπαινέομεν θεοὶ ἄλλοι."

Τὴν δ' ἀπαμειβόμενος προσέφη νεφεληγερέτα Ζεύς·
„θάρσει, Τριτογένεια, φίλον τέκος· οὔ νύ τι θυμῷ
πρόφρονι μυθέομαι, ἐθέλω δέ τοι ἤπιος εἶναι·
185 ἔρξον, ὅπη δή τοι νόος ἔπλετο, μηδ' ἔτ' ἐρώει."

Ὣς εἰπὼν ὄτρυνε πάρος μεμαυῖαν Ἀθήνην·
βῆ δὲ κατ' Οὐλύμποιο καρήνων ἀΐξασα.

Weitere Verfolgung – Schicksalswägung durch Zeus

Έκτορα δ' ἀσπερχὲς κλονέων ἔφεπ' ὠκὺς Ἀχιλλεύς.
ὡς δ' ὅτε νεβρὸν ὄρεσφι κύων ἐλάφοιο δίηται,
190 ὄρσας ἐξ εὐνῆς, διά τ' ἄγκεα καὶ διὰ βήσσας·
τὸν δ' εἴ πέρ τε λάθῃσι καταπτήξας ὑπὸ θάμνῳ,
ἀλλά τ' ἀνιχνεύων θέει ἔμπεδον, ὄφρα κεν εὕρῃ·
ὣς Ἕκτωρ οὐ λῆθε ποδώκεα Πηλεΐωνα.
ὁσσάκι δ' ὁρμήσειε πυλάων Δαρδανιάων
195 ἀντίον ἀΐξασθαι ἐϋδμήτους ὑπὸ πύργους,
εἴ πώς οἱ καθύπερθεν ἀλάλκοιεν βελέεσσι,
τοσσάκι μιν προπάροιθεν ἀποστρέψασκε παραφθὰς
πρὸς πεδίον· αὐτὸς δὲ ποτὶ πτόλιος πέτετ' αἰεί.
ὡς δ' ἐν ὀνείρῳ οὐ δύναται φεύγοντα διώκειν·
200 οὔτ' ἄρ' ὁ τὸν δύναται ὑποφεύγειν οὔθ' ὁ διώκειν·
ὣς ὁ τὸν οὐ δύνατο μάρψαι ποσίν, οὐδ' ὃς ἀλύξαι.
πῶς δέ κεν Ἕκτωρ κῆρας ὑπεξέφυγεν θανάτοιο,
εἰ μή οἱ πύματόν τε καὶ ὕστατον ἤντετ' Ἀπόλλων
ἐγγύθεν, ὅς οἱ ἐπῶρσε μένος λαιψηρά τε γοῦνα;
205 λαοῖσιν δ' ἀνένευε καρήατι δῖος Ἀχιλλεύς,
οὐδ' ἔα ἱέμεναι ἐπὶ Ἕκτορι πικρὰ βέλεμνα,
μή τις κῦδος ἄροιτο βαλών, ὁ δὲ δεύτερος ἔλθοι.
ἀλλ' ὅτε δὴ τὸ τέταρτον ἐπὶ κρουνοὺς ἀφίκοντο,
καὶ τότε δὴ χρύσεια πατὴρ ἐτίταινε τάλαντα,
210 ἐν δὲ τίθει δύο κῆρε τανηλεγέος θανάτοιο,
τὴν μὲν Ἀχιλλῆος, τὴν δ' Ἕκτορος ἱπποδάμοιο,
ἕλκε δὲ μέσσα λαβών· ῥέπε δ' Ἕκτορος αἴσιμον ἦμαρ,
ᾤχετο δ' εἰς Ἀΐδαο, λίπεν δέ ἑ Φοῖβος Ἀπόλλων.

*Athene, die sich in die Gestalt des Troers Deïphobos
verwandelt hat, lockt Hektor zum Kampf mit Achill.*

Πηλεΐωνα δ' ἵκανε θεά, γλαυκῶπις Ἀθήνη,
215 ἀγχοῦ δ' ἱσταμένη ἔπεα πτερόεντα προσηύδα·
„νῦν δὴ νῶϊ ἔολπα, Διΐ φίλε φαίδιμ' Ἀχιλλεῦ,

οἴσεσθαι μέγα κῦδος Ἀχαιοῖσι προτὶ νῆας,
Ἕκτορα δῃώσαντε μάχης ἄατόν περ ἐόντα.
οὔ οἱ νῦν ἔτι γ' ἔστι πεφυγμένον ἄμμε γενέσθαι,
220 οὐδ' εἴ κεν μάλα πολλὰ πάθοι ἑκάεργος Ἀπόλλων
προπροκυλινδόμενος πατρὸς Διὸς αἰγιόχοιο.
ἀλλὰ σὺ μὲν νῦν στῆθι καὶ ἄμπνυε, τόνδε δ' ἐγώ τοι
οἰχομένη πεπιθήσω ἐναντίβιον μαχέσασθαι."
Ὣς φάτ' Ἀθηναίη, ὁ δ' ἐπείθετο, χαῖρε δὲ θυμῷ,
225 στῆ δ' ἄρ' ἐπὶ μελίης χαλκογλώχινος ἐρεισθείς.
ἡ δ' ἄρα τὸν μὲν ἔλειπε, κιχήσατο δ' Ἕκτορα δῖον
Δηϊφόβῳ εἰκυῖα δέμας καὶ ἀτειρέα φωνήν·
ἀγχοῦ δ' ἱσταμένη ἔπεα πτερόεντα προσηύδα·
„ἠθεῖ', ἦ μάλα δή σε βιάζεται ὠκὺς Ἀχιλλεύς,
230 ἄστυ πέρι Πριάμοιο ποσὶν ταχέεσσι διώκων·
ἀλλ' ἄγε δὴ στέωμεν καὶ ἀλεξώμεσθα μένοντες."

Τὴν δ' αὖτε προσέειπε μέγας κορυθαίολος Ἕκτωρ·
„Δηΐφοβ', ἦ μέν μοι τὸ πάρος πολὺ φίλτατος ἦσθα
γνωτῶν, οὓς Ἑκάβη ἠδὲ Πρίαμος τέκε παῖδας·
235 νῦν δ' ἔτι καὶ μᾶλλον νοέω φρεσὶ τιμήσασθαι,
ὃς ἔτλης ἐμεῦ εἵνεκ', ἐπεὶ ἴδες ὀφθαλμοῖσι,
τείχεος ἐξελθεῖν, ἄλλοι δ' ἔντοσθε μένουσι."

Τὸν δ' αὖτε προσέειπε θεά, γλαυκῶπις Ἀθήνη·
„ἠθεῖ', ἦ μὲν πολλὰ πατὴρ καὶ πότνια μήτηρ
240 λίσσονθ' ἑξείης γουνούμενοι, ἀμφὶ δ' ἑταῖροι,
αὖθι μένειν· τοῖον γὰρ ὑποτρομέουσιν ἅπαντες·
ἀλλ' ἐμὸς ἔνδοθι θυμὸς ἐτείρετο πένθεϊ λυγρῷ.
νῦν δ' ἰθὺς μεμαῶτε μαχώμεθα, μηδέ τι δούρων
ἔστω φειδωλή, ἵνα εἴδομεν, εἴ κεν Ἀχιλλεὺς
245 νῶϊ κατακτείνας ἔναρα βροτόεντα φέρηται
νῆας ἔπι γλαφυράς, ἦ κεν σῷ δουρὶ δαμήῃ."

Hektors Vorschlag an Achill

Ὣς φαμένη καὶ κερδοσύνῃ ἡγήσατ' Ἀθήνη·
οἱ δ' ὅτε δὴ σχεδὸν ἦσαν ἐπ' ἀλλήλοισιν ἰόντες,
τὸν πρότερος προσέειπε μέγας κορυθαίολος Ἕκτωρ·
250 „οὔ σ' ἔτι, Πηλέος υἱέ, φοβήσομαι, ὡς τὸ πάρος περ

τρὶς περὶ ἄστυ μέγα Πριάμου δίον, οὐδέ ποτ' ἔτλην
μεῖναι ἐπερχόμενον· νῦν αὖτέ με θυμὸς ἀνῆκε
στήμεναι ἀντία σεῖο· ἕλοιμί κεν, ἤ κεν ἁλοίην.
ἀλλ' ἄγε δεῦρο θεοὺς ἐπιδώμεθα· τοὶ γὰρ ἄριστοι
255 μάρτυροι ἔσσονται καὶ ἐπίσκοποι ἁρμονιάων·
οὐ γὰρ ἐγώ σ' ἔκπαγλον ἀεικιῶ, αἴ κεν ἐμοὶ Ζεὺς
δώῃ καμμονίην, σὴν δὲ ψυχὴν ἀφέλωμαι·
ἀλλ' ἐπεὶ ἄρ κέ σε συλήσω κλυτὰ τεύχε', Ἀχιλλεῦ,
νεκρὸν Ἀχαιοῖσιν δώσω πάλιν· ὣς δὲ σὺ ῥέζειν."
260 Τὸν δ' ἄρ' ὑπόδρα ἰδὼν προσέφη πόδας ὠκὺς Ἀχιλλεύς·
"Ἕκτορ, μή μοι, ἄλαστε, συνημοσύνας ἀγόρευε·
ὡς οὐκ ἔστι λέουσι καὶ ἀνδράσιν ὅρκια πιστά,
οὐδὲ λύκοι τε καὶ ἄρνες ὁμόφρονα θυμὸν ἔχουσιν,
ἀλλὰ κακὰ φρονέουσι διαμπερὲς ἀλλήλοισιν,
265 ὣς οὐκ ἔστ' ἐμὲ καὶ σὲ φιλήμεναι, οὐδέ τι νῶϊν
ὅρκια ἔσσονται, πρίν γ' ἢ ἕτερόν γε πεσόντα
αἵματος ἆσαι Ἄρηα, ταλαύρινον πολεμιστήν.
παντοίης ἀρετῆς μιμνήσκεο· νῦν σε μάλα χρὴ
αἰχμητήν τ' ἔμεναι καὶ θαρσαλέον πολεμιστήν.
270 οὔ τοι ἔτ' ἔσθ' ὑπάλυξις, ἄφαρ δέ σε Παλλὰς Ἀθήνη
ἔγχει ἐμῷ δαμάᾳ· νῦν δ' ἁθρόα πάντ' ἀποτείσεις
κήδε' ἐμῶν ἑτάρων, οὓς ἔκτανες ἔγχεϊ θύων."

Achill verwundet Hektor tödlich.

Ἦ ῥα, καὶ ἀμπεπαλὼν προΐει δολιχόσκιον ἔγχος·
καὶ τὸ μὲν ἄντα ἰδὼν ἠλεύατο φαίδιμος Ἕκτωρ·
275 ἕζετο γὰρ προϊδών, τὸ δ' ὑπέρπτατο χάλκεον ἔγχος,
ἐν γαίῃ δ' ἐπάγη· ἀνὰ δ' ἥρπασε Παλλὰς Ἀθήνη,
ἂψ δ' Ἀχιλῆϊ δίδου, λάθε δ' Ἕκτορα, ποιμένα λαῶν.
Ἕκτωρ δὲ προσέειπεν ἀμύμονα Πηλεΐωνα·
"ἤμβροτες, οὐδ' ἄρα πώ τι, θεοῖς ἐπιείκελ' Ἀχιλλεῦ,
280 ἐκ Διὸς ἠείδης τὸν ἐμὸν μόρον· ἦ τοι ἔφης γε·
ἀλλά τις ἀρτιεπὴς καὶ ἐπίκλοπος ἔπλεο μύθων,
ὄφρα σ' ὑποδείσας μένεος ἀλκῆς τε λάθωμαι.
οὐ μέν μοι φεύγοντι μεταφρένῳ ἐν δόρυ πήξεις,

ἀλλ' ἰθὺς μεμαῶτι διὰ στήθεσφιν ἔλασσον,
285 εἴ τοι ἔδωκε θεός· νῦν αὖτ' ἐμὸν ἔγχος ἄλευαι
χάλκεον· ὡς δή μιν σῷ ἐν χροῒ πᾶν κομίσαιο.
καί κεν ἐλαφρότερος πόλεμος Τρώεσσι γένοιτο
σεῖο καταφθιμένοιο· σὺ γάρ σφισι πῆμα μέγιστον."
    Ἦ ῥα, καὶ ἀμπεπαλὼν προΐει δολιχόσκιον ἔγχος,
290 καὶ βάλε Πηλεΐδαο μέσον σάκος οὐδ' ἀφάμαρτε·
τῆλε δ' ἀπεπλάγχθη σάκεος δόρυ· χώσατο δ' Ἕκτωρ,
ὅττι ῥά οἱ βέλος ὠκὺ ἐτώσιον ἔκφυγε χειρός,
στῆ δὲ κατηφήσας, οὐδ' ἄλλ' ἔχε μείλινον ἔγχος.
Δηΐφοβον δὲ κάλει λευκάσπιδα μακρὸν ἀΰσας·
295 ᾔτεέ μιν δόρυ μακρόν· ὁ δ' οὔ τί οἱ ἐγγύθεν ἦεν·
Ἕκτωρ δ' ἔγνω ᾗσιν ἐνὶ φρεσὶ φώνησέν τε·
„ὢ πόποι, ἦ μάλα δή με θεοὶ θανατόνδε κάλεσσαν·
Δηΐφοβον γὰρ ἔγωγ' ἐφάμην ἥρωα παρεῖναι·
ἀλλ' ὁ μὲν ἐν τείχει, ἐμὲ δ' ἐξαπάτησεν Ἀθήνη.
300 νῦν δὲ δὴ ἐγγύθι μοι θάνατος κακός, οὐδ' ἔτ' ἄνευθεν,
οὐδ' ἀλέη· ἦ γάρ ῥα πάλαι τό γε φίλτερον ἦεν
Ζηνί τε καὶ Διὸς υἷι ἑκηβόλῳ, οἵ με πάρος γε
πρόφρονες εἰρύατο· νῦν αὖτέ με μοῖρα κιχάνει.
μὴ μὰν ἀσπουδί γε καὶ ἀκλειῶς ἀπολοίμην,
305 ἀλλὰ μέγα ῥέξας τι καὶ ἐσσομένοισι πυθέσθαι."
    Ὣς ἄρα φωνήσας εἰρύσσατο φάσγανον ὀξύ,
τό οἱ ὑπὸ λαπάρην τέτατο μέγα τε στιβαρόν τε,
οἴμησεν δὲ ἀλεὶς ὥς τ' αἰετὸς ὑψιπετήεις,
ὅς τ' εἶσιν πεδίονδε διὰ νεφέων ἐρεβεννῶν
310 ἁρπάξων ἢ ἄρν' ἀμαλὴν ἢ πτῶκα λαγωόν·
ὣς Ἕκτωρ οἴμησε τινάσσων φάσγανον ὀξύ.
ὁρμήθη δ' Ἀχιλεύς, μένεος δ' ἐμπλήσατο θυμὸν
ἀγρίου, πρόσθεν δὲ σάκος στέρνοιο κάλυψε
καλὸν δαιδάλεον, κόρυθι δ' ἐπένευε φαεινῇ
315 τετραφάλῳ· καλαὶ δὲ περισσείοντο ἔθειραι
χρύσεαι, ἃς Ἥφαιστος ἵει λόφον ἀμφὶ θαμειάς.
οἷος δ' ἀστὴρ εἶσι μετ' ἀστράσι νυκτὸς ἀμολγῷ

ἕσπερος, ὃς κάλλιστος ἐν οὐρανῷ ἵσταται ἀστήρ,
ὣς αἰχμῆς ἀπέλαμπ' εὐήκεος, ἣν ἄρ' Ἀχιλλεὺς
320 πάλλεν δεξιτερῇ φρονέων κακὸν Ἕκτορι δίῳ,
εἰσορόων χρόα καλόν, ὅπῃ εἴξειε μάλιστα.
τοῦ δὲ καὶ ἄλλο τόσον μὲν ἔχε χρόα χάλκεα τεύχεα,
καλά, τὰ Πατρόκλοιο βίην ἐνάριξε κατακτάς·
φαίνετο δ', ᾗ κληῗδες ἀπ' ὤμων αὐχέν' ἔχουσι,
325 λαυκανίην, ἵνα τε ψυχῆς ὤκιστος ὄλεθρος·
τῇ ῥ' ἐπὶ οἷ μεμαῶτ' ἔλασ' ἔγχεϊ δῖος Ἀχιλλεύς,
ἀντικρὺ δ' ἁπαλοῖο δι' αὐχένος ἤλυθ' ἀκωκή·
οὐδ' ἄρ' ἀπ' ἀσφάραγον μελίη τάμε χαλκοβάρεια,
ὄφρα τί μιν προτιείποι ἀμειβόμενος ἐπέεσσιν.
330 ἤριπε δ' ἐν κονίῃς· ὁ δ' ἐπεύξατο δῖος Ἀχιλλεύς·
„Ἕκτορ, ἀτάρ που ἔφης Πατροκλῆ' ἐξεναρίζων
σῶς ἔσσεσθ', ἐμὲ δ' οὐδὲν ὀπίζεο νόσφιν ἐόντα,
νήπιε· τοῖο δ' ἄνευθεν ἀοσσητὴρ μέγ' ἀμείνων
νηυσὶν ἔπι γλαφυρῇσιν ἐγὼ μετόπισθε λελείμμην,
335 ὅς τοι γούνατ' ἔλυσα· σὲ μὲν κύνες ἠδ' οἰωνοὶ
ἑλκήσουσ' ἀϊκῶς, τὸν δὲ κτεριοῦσιν Ἀχαιοί."

*Achill lehnt die Bitte des Sterbenden ab,
seine Leiche nicht zu misshandeln.*

Τὸν δ' ὀλιγοδρανέων προσέφη κορυθαίολος Ἕκτωρ·
„λίσσομ' ὑπὲρ ψυχῆς καὶ γούνων σῶν τε τοκήων,
μή με ἔα παρὰ νηυσὶ κύνας καταδάψαι Ἀχαιῶν,
340 ἀλλὰ σὺ μὲν χαλκόν τε ἅλις χρυσόν τε δέδεξο,
δῶρα, τά τοι δώσουσι πατὴρ καὶ πότνια μήτηρ,
σῶμα δὲ οἴκαδ' ἐμὸν δόμεναι πάλιν, ὄφρα πυρός με
Τρῶες καὶ Τρώων ἄλοχοι λελάχωσι θανόντα."

Τὸν δ' ἄρ' ὑπόδρα ἰδὼν προσέφη πόδας ὠκὺς Ἀχιλλεύς·
345 „μή με, κύον, γούνων γουνάζεο μηδὲ τοκήων·
αἲ γάρ πως αὐτόν με μένος καὶ θυμὸς ἀνείη
ὤμ' ἀποταμνόμενον κρέα ἔδμεναι, οἷα ἔοργας,
ὡς οὐκ ἔσθ', ὅς σῆς γε κύνας κεφαλῆς ἀπαλάλκοι,
οὐδ' εἴ κεν δεκάκις τε καὶ εἰκοσινήριτ' ἄποινα
350 στήσωσ' ἐνθάδ' ἄγοντες, ὑπόσχωνται δὲ καὶ ἄλλα,

οὐδ' εἴ κέν σ' αὐτὸν χρυσῷ ἐρύσασθαι ἀνώγοι
Δαρδανίδης Πρίαμος· οὐδ' ὣς σέ γε πότνια μήτηρ
ἐνθεμένη λεχέεσσι γοήσεται, ὃν τέκεν αὐτή,
ἀλλὰ κύνες τε καὶ οἰωνοὶ κατὰ πάντα δάσονται."
355 Τὸν δὲ καταθνῄσκων προσέφη κορυθαίολος Ἕκτωρ·
„ἦ σ' εὖ γιγνώσκων προτιόσσομαι, οὐδ' ἄρ' ἔμελλον
πείσειν· ἦ γὰρ σοί γε σιδήρεος ἐν φρεσὶ θυμός.
φράζεο νῦν, μή τοί τι θεῶν μήνιμα γένωμαι
ἤματι τῷ, ὅτε κέν σε Πάρις καὶ Φοῖβος Ἀπόλλων
360 ἐσθλὸν ἐόντ' ὀλέσωσιν ἐνὶ Σκαιῇσι πύλῃσιν."

Ὣς ἄρα μιν εἰπόντα τέλος θανάτοιο κάλυψε,
ψυχὴ δ' ἐκ ῥεθέων πταμένη Ἄϊδόσδε βεβήκει,
ὃν πότμον γοόωσα, λιποῦσ' ἀνδροτῆτα καὶ ἥβην.
τὸν καὶ τεθνηῶτα προσηύδα δῖος Ἀχιλλεύς·
365 „τέθναθι· κῆρα δ' ἐγὼ τότε δέξομαι, ὁππότε κεν δὴ
Ζεὺς ἐθέλῃ τελέσαι ἠδ' ἀθάνατοι θεοὶ ἄλλοι."

*Achill nimmt dem Toten die Rüstung ab
und schleift ihn in das Lager.*

Ἦ ῥα, καὶ ἐκ νεκροῖο ἐρύσσατο χάλκεον ἔγχος,
καὶ τό γ' ἄνευθεν ἔθηχ', ὁ δ' ἀπ' ὤμων τεύχε' ἐσύλα
αἱματόεντ'· ἄλλοι δὲ περίδραμον υἷες Ἀχαιῶν,
370 οἳ καὶ θηήσαντο φυὴν καὶ εἶδος ἀγητὸν
Ἕκτορος· οὐδ' ἄρα οἵ τις ἀνουτητί γε παρέστη.
ὧδε δέ τις εἴπεσκεν ἰδὼν ἐς πλησίον ἄλλον·
„ὢ πόποι, ἦ μάλα δὴ μαλακώτερος ἀμφαφάασθαι
Ἕκτωρ ἢ ὅτε νῆας ἐνέπρησεν πυρὶ κηλέῳ."
375 Ὣς ἄρα τις εἴπεσκε καὶ οὐτήσασκε παραστάς.
τὸν δ' ἐπεὶ ἐξενάριξε ποδάρκης δῖος Ἀχιλλεύς,
στὰς ἐν Ἀχαιοῖσιν ἔπεα πτερόεντ' ἀγόρευεν·
„ὦ φίλοι, Ἀργείων ἡγήτορες ἠδὲ μέδοντες,
ἐπεὶ δὴ τόνδ' ἄνδρα θεοὶ δαμάσασθαι ἔδωκαν,
380 ὃς κακὰ πόλλ' ἔρρεξεν, ὅσ' οὐ σύμπαντες οἱ ἄλλοι,
εἰ δ' ἄγετ' ἀμφὶ πόλιν σὺν τεύχεσι πειρηθῶμεν,
ὄφρα κ' ἔτι γνῶμεν Τρώων νόον, ὅν τιν' ἔχουσιν,

ἢ καταλείψουσιν πόλιν ἄκρην τοῦδε πεσόντος,
ἦε μένειν μεμάασι καὶ Ἕκτορος οὐκέτ' ἐόντος.
385 ἀλλὰ τίη μοι ταῦτα φίλος διελέξατο θυμός;
κεῖται πὰρ νήεσσι νέκυς ἄκλαυτος ἄθαπτος
Πάτροκλος· τοῦ δ' οὐκ ἐπιλήσομαι, ὄφρ' ἂν ἔγωγε
ζωοῖσιν μετέω καί μοι φίλα γούνατ' ὀρώρῃ·
εἰ δὲ θανόντων περ καταλήθοντ' εἰν Ἀΐδαο,
390 αὐτὰρ ἐγὼ καὶ κεῖθι φίλου μεμνήσομ' ἑταίρου.
νῦν δ' ἄγ' ἀείδοντες παιήονα, κοῦροι Ἀχαιῶν,
νηυσὶν ἔπι γλαφυρῇσι νεώμεθα, τόνδε δ' ἄγωμεν.
ἠράμεθα μέγα κῦδος· ἐπέφνομεν Ἕκτορα δῖον,
ᾧ Τρῶες κατὰ ἄστυ θεῷ ὣς εὐχετόωντο."
395 Ἦ ῥα, καὶ Ἕκτορα δῖον ἀεικέα μήδετο ἔργα.
ἀμφοτέρων μετόπισθε ποδῶν τέτρηνε τένοντε
ἐς σφυρὸν ἐκ πτέρνης, βοέους δ' ἐξῆπτεν ἱμάντας,
ἐκ δίφροιο δ' ἔδησε, κάρη δ' ἕλκεσθαι ἔασεν·
ἐς δίφρον δ' ἀναβὰς ἀνά τε κλυτὰ τεύχε' ἀείρας
400 μάστιξέν ῥ' ἐλάαν, τὼ δ' οὐκ ἀέκοντε πετέσθην.
τοῦ δ' ἦν ἑλκομένοιο κονίσαλος, ἀμφὶ δὲ χαῖται
κυάνεαι πίτναντο, κάρη δ' ἅπαν ἐν κονίῃσι
κεῖτο πάρος χαρίεν· τότε δὲ Ζεὺς δυσμενέεσσι
δῶκεν ἀεικίσσασθαι ἑῇ ἐν πατρίδι γαίῃ.

Priamos und Hekabe klagen um ihren Sohn.

405 Ὣς τοῦ μὲν κεκόνιτο κάρη ἅπαν· ἡ δέ νυ μήτηρ
τίλλε κόμην, ἀπὸ δὲ λιπαρὴν ἔρριψε καλύπτρην
τηλόσε, κώκυσεν δὲ μάλα μέγα παῖδ' ἐσιδοῦσα·
ᾤμωξεν δ' ἐλεεινὰ πατὴρ φίλος, ἀμφὶ δὲ λαοὶ
κωκυτῷ τ' εἴχοντο καὶ οἰμωγῇ κατὰ ἄστυ.
410 τῷ δὲ μάλιστ' ἄρ' ἔην ἐναλίγκιον, ὡς εἰ ἅπασα
Ἴλιος ὀφρυόεσσα πυρὶ σμύχοιτο κατ' ἄκρης.
λαοὶ μέν ῥα γέροντα μόγις ἔχον ἀσχαλόωντα,
ἐξελθεῖν μεμαῶτα πυλάων Δαρδανιάων.
πάντας δὲ λιτάνευε κυλινδόμενος κατὰ κόπρον,
415 ἐξ ὀνομακλήδην ὀνομάζων ἄνδρα ἕκαστον·

„σχέσϑε, φίλοι, καί μ' οἷον ἐάσατε κηδόμενοί περ
ἐξελϑόντα πόληος ἱκέσϑ' ἐπὶ νῆας Ἀχαιῶν,
λίσσωμ' ἀνέρα τοῦτον ἀτάσϑαλον ὀβριμοεργόν,
ἤν πως ἡλικίην αἰδέσσεται ἠδ' ἐλεήσῃ
420 γῆρας· καὶ δέ νυ τῷ γε πατὴρ τοιόσδε τέτυκται,
Πηλεύς, ὅς μιν ἔτικτε καὶ ἔτρεφε πῆμα γενέσϑαι
Τρωσί· μάλιστα δ' ἐμοὶ περὶ πάντων ἄλγε' ἔϑηκε.
τόσσους γάρ μοι παῖδας ἀπέκτανε τηλεϑάοντας·
τῶν πάντων οὐ τόσσον ὀδύρομαι ἀχνύμενός περ
425 ὡς ἑνός, οὗ μ' ἄχος ὀξὺ κατοίσεται Ἄϊδος εἴσω,
Ἕκτορος· ὡς ὄφελεν ϑανέειν ἐν χερσὶν ἐμῇσι·
τῶ κε κορεσσάμεϑα κλαίοντέ τε μυρομένω τε,
μήτηρ ϑ', ἥ μιν ἔτικτε δυσάμμορος, ἠδ' ἐγὼ αὐτός."
Ὥς ἔφατο κλαίων, ἐπὶ δὲ στενάχοντο πολῖται·
430 Τρῳῇσιν δ' Ἑκάβη ἁδινοῦ ἐξῆρχε γόοιο·
„τέκνον, ἐγὼ δειλή· τί νυ βείομαι αἰνὰ παϑοῦσα,
σεῦ ἀποτεϑνηῶτος; ὅ μοι νύκτας τε καὶ ἦμαρ
εὐχωλὴ κατὰ ἄστυ πελέσκεο, πᾶσί τ' ὄνειαρ
Τρωσί τε καὶ Τρῳῇσι κατὰ πτόλιν, οἵ σε ϑεὸν ὥς
435 δειδέχατ'· ἦ γὰρ καί σφι μάλα μέγα κῦδος ἔησϑα
ζωὸς ἐών· νῦν αὖ ϑάνατος καὶ μοῖρα κιχάνει."

Andromaches Klage um Hektor

Ὥς ἔφατο κλαίουσ', ἄλοχος δ' οὔ πώ τι πέπυστο
Ἕκτορος· οὐ γάρ οἵ τις ἐτήτυμος ἄγγελος ἐλϑὼν
ἤγγειλ', ὅττι ῥά οἱ πόσις ἔκτοϑι μίμνε πυλάων,
440 ἀλλ' ἥ γ' ἱστὸν ὕφαινε μυχῷ δόμου ὑψηλοῖο
δίπλακα πορφυρέην, ἐν δὲ ϑρόνα ποικίλ' ἔπασσε.
κέκλετο δ' ἀμφιπόλοισιν ἐϋπλοκάμοις κατὰ δῶμα
ἀμφὶ πυρὶ στῆσαι τρίποδα μέγαν, ὄφρα πέλοιτο
Ἕκτορι ϑερμὰ λοετρὰ μάχης ἐκ νοστήσαντι,
445 νηπίη, οὐδ' ἐνόησεν, ὅ μιν μάλα τῆλε λοετρῶν
χερσὶν Ἀχιλλῆος δάμασε γλαυκῶπις Ἀϑήνη.
κωκυτοῦ δ' ἤκουσε καὶ οἰμωγῆς ἀπὸ πύργου·
τῆς δ' ἐλελίχϑη γυῖα, χαμαὶ δέ οἱ ἔκπεσε κερκίς·

ἣ δ' αὖτις δμῳῇσιν ἐϋπλοκάμοισι μετηύδα·
450 „δεῦτε, δύω μοι ἕπεσϑον, ἴδωμ' ὅτιν' ἔργα τέτυκται.
αἰδοίης ἑκυρῆς ὀπὸς ἔκλυον, ἐν δ' ἐμοὶ αὐτῇ
στήϑεσι πάλλεται ἦτορ ἀνὰ στόμα, νέρϑε δὲ γοῦνα
πήγνυται. ἐγγὺς δή τι κακὸν Πριάμοιο τέκεσσιν.
αἲ γὰρ ἀπ' οὔατος εἴη ἐμεῦ ἔπος· ἀλλὰ μάλ' αἰνῶς
455 δείδω, μὴ δή μοι ϑρασὺν Ἕκτορα δῖος Ἀχιλλεὺς
μοῦνον ἀποτμήξας πόλιος πεδίονδε δίηται,
καὶ δή μιν καταπαύσῃ ἀγηνορίης ἀλεγεινῆς,
ἥ μιν ἔχεσκ', ἐπεὶ οὔ ποτ' ἐνὶ πληϑυῖ μένεν ἀνδρῶν,
ἀλλὰ πολὺ προϑέεσκε, τὸ ὃν μένος οὐδενὶ εἴκων."
460 Ὣς φαμένη μεγάροιο διέσσυτο μαινάδι ἴση,
παλλομένη κραδίην· ἅμα δ' ἀμφίπολοι κίον αὐτῇ.
αὐτὰρ ἐπεὶ πύργον τε καὶ ἀνδρῶν ἷξεν ὅμιλον,
ἔστη παπτήνασ' ἐπὶ τείχεϊ, τὸν δὲ νόησεν
ἑλκόμενον πρόσϑεν πόλιος· ταχέες δέ μιν ἵπποι
465 ἕλκον ἀκηδέστως κοίλας ἐπὶ νῆας Ἀχαιῶν.
τὴν δὲ κατ' ὀφϑαλμῶν ἐρεβεννὴ νὺξ ἐκάλυψεν,
ἤριπε δ' ἐξοπίσω, ἀπὸ δὲ ψυχὴν ἐκάπυσσε.
τῆλε δ' ἀπὸ κρατὸς βάλε δέσματα σιγαλόεντα,
ἄμπυκα κεκρύφαλόν τε ἰδὲ πλεκτὴν ἀναδέσμην
470 κρήδεμνόν ϑ', ὅ ῥά οἱ δῶκε χρυσέη Ἀφροδίτη
ἤματι τῷ, ὅτε μιν κορυϑαίολος ἠγάγεϑ' Ἕκτωρ
ἐκ δόμου Ἠετίωνος, ἐπεὶ πόρε μυρία ἕδνα.
ἀμφὶ δέ μιν γαλόῳ τε καὶ εἰνατέρες ἅλις ἔσταν,
αἵ ἑ μετὰ σφίσιν εἶχον ἀτυζομένην ἀπολέσϑαι.
475 ἣ δ' ἐπεὶ οὖν ἔμπνυτο καὶ ἐς φρένα ϑυμὸς ἀγέρϑη,
ἀμβλήδην γοόωσα μετὰ Τρῳῇσιν ἔειπεν·
„Ἕκτορ, ἐγὼ δύστηνος· ἰῇ ἄρα γιγνόμεϑ' αἴσῃ
ἀμφότεροι, σὺ μὲν ἐν Τροίῃ Πριάμου κατὰ δῶμα,
αὐτὰρ ἐγὼ Θήβῃσιν ὑπὸ Πλάκῳ ὑληέσσῃ
480 ἐν δόμῳ Ἠετίωνος, ὅ μ' ἔτρεφε τυτϑὸν ἐοῦσαν,
δύσμορος αἰνόμορον· ὡς μὴ ὤφελλε τεκέσϑαι.

νῦν δὲ σὺ μὲν Ἀΐδαο δόμους ὑπὸ κεύθεσι γαίης
ἔρχεαι, αὐτὰρ ἐμὲ στυγερῷ ἐνὶ πένθεϊ λείπεις
χήρην ἐν μεγάροισι· πάϊς δ' ἔτι νήπιος αὔτως,
ὃν τέκομεν σύ τ' ἐγώ τε δυσάμμοροι· οὔτε σὺ τούτῳ
ἔσσεαι, Ἕκτορ, ὄνειαρ, ἐπεὶ θάνες, οὔτε σοὶ οὗτος.
ἤν περ γὰρ πόλεμόν γε φύγῃ πολύδακρυν Ἀχαιῶν,
αἰεί τοι τούτῳ γε πόνος καὶ κήδε' ὀπίσσω
ἔσσοντ'· ἄλλοι γάρ οἱ ἀπουρίσσουσιν ἀρούρας.
ἦμαρ δ' ὀρφανικὸν παναφήλικα παῖδα τίθησι·
πάντα δ' ὑπεμνήμυκε, δεδάκρυνται δὲ παρειαί,
δευόμενος δέ τ' ἄνεισι πάϊς ἐς πατρὸς ἑταίρους,
ἄλλον μὲν χλαίνης ἐρύων, ἄλλον δὲ χιτῶνος·
τῶν δ' ἐλεησάντων κοτύλην τις τυτθὸν ἐπέσχε,
χείλεα μέν τ' ἐδίην', ὑπερῴην δ' οὐκ ἐδίηνε.
τὸν δὲ καὶ ἀμφιθαλὴς ἐκ δαιτύος ἐστυφέλιξε,
χερσὶν πεπληγὼς καὶ ὀνειδείοισιν ἐνίσσων·
‚ἔρρ' οὕτως· οὐ σός γε πατὴρ μεταδαίνυται ἡμῖν.'
δακρυόεις δέ τ' ἄνεισι πάϊς ἐς μητέρα χήρην,
Ἀστυάναξ, ὃς πρὶν μὲν ἑοῦ ἐπὶ γούνασι πατρὸς
μυελὸν οἶον ἔδεσκε καὶ οἰῶν πίονα δημόν·
αὐτὰρ ὅθ' ὕπνος ἕλοι, παύσαιτό τε νηπιαχεύων,
εὕδεσκ' ἐν λέκτροισιν, ἐν ἀγκαλίδεσσι τιθήνης,
εὐνῇ ἔνι μαλακῇ, θαλέων ἐμπλησάμενος κῆρ·
νῦν δ' ἂν πολλὰ πάθῃσι, φίλου ἀπὸ πατρὸς ἁμαρτών,
Ἀστυάναξ, ὃν Τρῶες ἐπίκλησιν καλέουσιν·
οἶος γάρ σφιν ἔρυσο πύλας καὶ τείχεα μακρά.
νῦν δὲ σὲ μὲν παρὰ νηυσὶ κορωνίσι νόσφι τοκήων
αἰόλαι εὐλαὶ ἔδονται, ἐπεί κε κύνες κορέσωνται,
γυμνόν· ἀτάρ τοι εἵματ' ἐνὶ μεγάροισι κέονται
λεπτά τε καὶ χαρίεντα, τετυγμένα χερσὶ γυναικῶν.
ἀλλ' ἤτοι τάδε πάντα καταφλέξω πυρὶ κηλέῳ,
οὐδὲν σοί γ' ὄφελος, ἐπεὶ οὐκ ἐγκείσεαι αὐτοῖς,
ἀλλὰ πρὸς Τρώων καὶ Τρωϊάδων κλέος εἶναι."
Ὣς ἔφατο κλαίουσ', ἐπὶ δὲ στενάχοντο γυναῖκες.

Gesang Ψ

ΑΘΛΑ ΕΠΙ ΠΑΤΡΟΚΛΩΙ

Klage um Patroklos und Leichenmahl

Ὣς οἱ μὲν στενάχοντο κατὰ πτόλιν· αὐτὰρ Ἀχαιοὶ
ἐπεὶ δὴ νῆάς τε καὶ Ἑλλήσποντον ἵκοντο,
οἱ μὲν ἄρ' ἐσκίδναντο ἑὴν ἐπὶ νῆα ἕκαστος,
Μυρμιδόνας δ' οὐκ εἴα ἀποσκίδνασθαι Ἀχιλλεύς,
5 ἀλλ' ὅ γε οἷς ἑτάροισι φιλοπτολέμοισι μετηύδα·
„Μυρμιδόνες ταχύπωλοι, ἐμοὶ ἐρίηρες ἑταῖροι,
μὴ δή πω ὑπ' ὄχεσφι λυώμεθα μώνυχας ἵππους,
ἀλλ' αὐτοῖς ἵπποισι καὶ ἅρμασιν ἆσσον ἰόντες
Πάτροκλον κλαίωμεν· ὃ γὰρ γέρας ἐστὶ θανόντων.
10 αὐτὰρ ἐπεί κ' ὀλοοῖο τεταρπώμεσθα γόοιο,
ἵππους λυσάμενοι δορπήσομεν ἐνθάδε πάντες."
Ὣς ἔφαθ', οἱ δ' ᾤμωξαν ἀολλέες, ἦρχε δ' Ἀχιλλεύς.
οἱ δὲ τρὶς περὶ νεκρὸν ἐΰτριχας ἤλασαν ἵππους
μυρόμενοι· μετὰ δέ σφι Θέτις γόου ἵμερον ὦρσε.
15 δεύοντο ψάμαθοι, δεύοντο δὲ τεύχεα φωτῶν
δάκρυσι· τοῖον γὰρ πόθεον μήστωρα φόβοιο.
τοῖσι δὲ Πηλεΐδης ἁδινοῦ ἐξῆρχε γόοιο,
χεῖρας ἐπ' ἀνδροφόνους θέμενος στήθεσσιν ἑταίρου·
„χαῖρέ μοι, ὦ Πάτροκλε, καὶ εἰν Ἀΐδαο δόμοισι·
20 πάντα γὰρ ἤδη τοι τελέω, τὰ πάροιθεν ὑπέστην,
Ἕκτορα δεῦρ' ἐρύσας δώσειν κυσὶν ὠμὰ δάσασθαι,
δώδεκα δὲ προπάροιθε πυρῆς ἀποδειροτομήσειν
Τρώων ἀγλαὰ τέκνα, σέθεν κταμένοιο χολωθείς."
Ἦ ῥα, καὶ Ἕκτορα δῖον ἀεικέα μήδετο ἔργα,
25 πρηνέα πὰρ λεχέεσσι Μενοιτιάδαο τανύσσας
ἐν κονίῃς· οἱ δ' ἔντε' ἀφοπλίζοντο ἕκαστος,
χάλκεα μαρμαίροντα, λύον δ' ὑψηχέας ἵππους,
κὰδ δ' ἷζον παρὰ νηΐ ποδώκεος Αἰακίδαο
μυρίοι· αὐτὰρ ὁ τοῖσι τάφον μενοεικέα δαίνυ.
30 πολλοὶ μὲν βόες ἀργοὶ ὀρέχθεον ἀμφὶ σιδήρῳ

σφαζόμενοι, πολλοὶ δ' ὄϊες καὶ μηκάδες αἶγες·
πολλοὶ δ' ἀργιόδοντες ὕες, θαλέθοντες ἀλοιφῇ,
εὑόμενοι τανύοντο διὰ φλογὸς Ἡφαίστοιο·
πάντη δ' ἀμφὶ νέκυν κοτυλήρυτον ἔρρεεν αἷμα.
35 Αὐτὰρ τόν γε ἄνακτα ποδώκεα Πηλεΐωνα
εἰς Ἀγαμέμνονα δῖον ἄγον βασιλῆες Ἀχαιῶν,
σπουδῇ παρπεπιθόντες ἑταίρου χωόμενον κῆρ.
οἱ δ' ὅτε δὴ κλισίην Ἀγαμέμνονος ἷξον ἰόντες,
αὐτίκα κηρύκεσσι λιγυφθόγγοισι κέλευσαν
40 ἀμφὶ πυρὶ στῆσαι τρίποδα μέγαν, εἰ πεπίθοιεν
Πηλεΐδην λούσασθαι ἄπο βρότον αἱματόεντα.
αὐτὰρ ὅ γ' ἠρνεῖτο στερεῶς, ἐπὶ δ' ὅρκον ὄμοσσεν·
„οὐ μὰ Ζῆν', ὅς τίς τε θεῶν ὕπατος καὶ ἄριστος,
οὐ θέμις ἐστὶ λοετρὰ καρήατος ἆσσον ἱκέσθαι,
45 πρίν γ' ἐνὶ Πάτροκλον θέμεναι πυρὶ σῆμά τε χεῦαι
κείρασθαί τε κόμην, ἐπεὶ οὔ μ' ἔτι δεύτερον ὧδε
ἵξετ' ἄχος κραδίην, ὄφρα ζωοῖσι μετείω.
ἀλλ' ἤτοι νῦν μὲν στυγερῇ πειθώμεθα δαιτί·
ἠῶθεν δ' ὄτρυνε, ἄναξ ἀνδρῶν Ἀγάμεμνον,
50 ὕλην τ' ἀξέμεναι παρά τε σχεῖν, ὅσσ' ἐπιεικὲς
νεκρὸν ἔχοντα νέεσθαι ὑπὸ ζόφον ἠερόεντα,
ὄφρ' ἤτοι τοῦτον μὲν ἐπιφλέγῃ ἀκάματον πῦρ
θᾶσσον ἀπ' ὀφθαλμῶν, λαοὶ δ' ἐπὶ ἔργα τράπωνται."
Ὣς ἔφαθ', οἱ δ' ἄρα τοῦ μάλα μὲν κλύον ἠδὲ πίθοντο.
55 ἐσσυμένως δ' ἄρα δόρπον ἐφοπλίσσαντες ἕκαστοι
δαίνυντ', οὐδέ τι θυμὸς ἐδεύετο δαιτὸς ἐΐσης.

*Patroklos erscheint dem Achill im Schlaf
und bittet ihn um baldige Bestattung.*

Αὐτὰρ ἐπεὶ πόσιος καὶ ἐδητύος ἐξ ἔρον ἕντο,
οἱ μὲν κακκείοντες ἔβαν κλισίηνδε ἕκαστος,
Πηλεΐδης δ' ἐπὶ θινὶ πολυφλοίσβοιο θαλάσσης
60 κεῖτο βαρὺ στενάχων, πολέσιν μετὰ Μυρμιδόνεσσιν,
ἐν καθαρῷ, ὅθι κύματ' ἐπ' ἠϊόνος κλύζεσκον·
εὖτε τὸν ὕπνος ἔμαρπτε, λύων μελεδήματα θυμοῦ,

νήδυμος ἀμφιχυθείς - μάλα γὰρ κάμε φαίδιμα γυῖα
Ἕκτορ' ἐπαΐσσων προτὶ Ἴλιον ἠνεμόεσσαν -,
65 ἦλθε δ' ἐπὶ ψυχὴ Πατροκλῆος δειλοῖο,
πάντ' αὐτῷ μέγεθός τε καὶ ὄμματα κάλ' ἐϊκυῖα,
καὶ φωνήν, καὶ τοῖα περὶ χροῒ εἵματα ἕστο·
στῆ δ' ἄρ' ὑπὲρ κεφαλῆς καί μιν πρὸς μῦθον ἔειπεν·
„εὕδεις, αὐτὰρ ἐμεῖο λελασμένος ἔπλευ, Ἀχιλλεῦ.
70 οὐ μέν μευ ζώοντος ἀκήδεις, ἀλλὰ θανόντος·
θάπτε με ὅττι τάχιστα, πύλας Ἀΐδαο περήσω.
τῆλέ με εἴργουσι ψυχαί, εἴδωλα καμόντων,
οὐδέ μέ πω μίσγεσθαι ὑπὲρ ποταμοῖο ἐῶσιν,
ἀλλ' αὔτως ἀλάλημαι ἀν' εὐρυπυλὲς Ἄϊδος δῶ.
75 καί μοι δὸς τὴν χεῖρ', ὀλοφύρομαι· οὐ γὰρ ἔτ' αὖτις
νίσομαι ἐξ Ἀΐδαο, ἐπήν με πυρὸς λελάχητε.
οὐ μὲν γὰρ ζωοί γε φίλων ἀπάνευθεν ἑταίρων
βουλὰς ἑζόμενοι βουλεύσομεν, ἀλλ' ἐμὲ μὲν κὴρ
ἀμφέχανε στυγερή, ἥ περ λάχε γιγνόμενόν περ·
80 καὶ δὲ σοὶ αὐτῷ μοῖρα, θεοῖς ἐπιείκελ' Ἀχιλλεῦ,
τείχει ὕπο Τρώων εὐηφενέων ἀπολέσθαι.
ἄλλο δέ τοι ἐρέω καὶ ἐφήσομαι, αἴ κε πίθηαι·
μὴ ἐμὰ σῶν ἀπάνευθε τιθήμεναι ὀστέ', Ἀχιλλεῦ,
ἀλλ' ὁμοῦ, ὡς τράφομέν περ ἐν ὑμετέροισι δόμοισιν,
85 εὖτέ με τυτθὸν ἐόντα Μενοίτιος ἐξ Ὀπόεντος
ἤγαγεν ὑμέτερόνδ' ἀνδροκτασίης ὕπο λυγρῆς,
ἤματι τῷ, ὅτε παῖδα κατέκτανον Ἀμφιδάμαντος,
νήπιος, οὐκ ἐθέλων, ἀμφ' ἀστραγάλοισι χολωθείς·
ἔνθα με δεξάμενος ἐν δώμασιν ἱππότα Πηλεὺς
90 ἔτραφέ τ' ἐνδυκέως καὶ σὸν θεράποντ' ὀνόμηνεν·
91 ὣς δὲ καὶ ὀστέα νῶϊν ὁμὴ σορὸς ἀμφικαλύπτοι."
93 Τὸν δ' ἀπαμειβόμενος προσέφη πόδας ὠκὺς Ἀχιλλεύς·
„τίπτε μοι, ἠθείη κεφαλή, δεῦρ' εἰλήλουθας,
95 καί μοι ταῦτα ἕκαστ' ἐπιτέλλεαι; αὐτὰρ ἐγώ τοι
πάντα μάλ' ἐκτελέω καὶ πείσομαι, ὡς σὺ κελεύεις.
ἀλλά μοι ἆσσον στῆθι· μίνυνθά περ ἀμφιβαλόντε
ἀλλήλους ὀλοοῖο τεταρπώμεσθα γόοιο."

Ὣς ἄρα φωνήσας ὠρέξατο χερσὶ φίλῃσιν,
100 οὐδ' ἔλαβε· ψυχὴ δὲ κατὰ χθονὸς ἠΰτε καπνὸς
ᾤχετο τετριγυῖα· ταφὼν δ' ἀνόρουσεν Ἀχιλλεὺς
χερσί τε συμπλατάγησεν, ἔπος δ' ὀλοφυδνὸν ἔειπεν·
„ὢ πόποι, ἦ ῥά τίς ἐστι καὶ εἰν Ἀΐδαο δόμοισι
ψυχὴ καὶ εἴδωλον, ἀτὰρ φρένες οὐκ ἔνι πάμπαν·
105 παννυχίη γάρ μοι Πατροκλῆος δειλοῖο
ψυχὴ ἐφεστήκει γοόωσά τε μυρομένη τε,
καί μοι ἔκαστ' ἐπέτελλεν, ἔϊκτο δὲ θέσκελον αὐτῷ."

Das Holz für den Scheiterhaufen wird vom Ida herbeigeholt.

Ὣς φάτο, τοῖσι δὲ πᾶσιν ὑφ' ἵμερον ὦρσε γόοιο·
μυρομένοισι δὲ τοῖσι φάνη ῥοδοδάκτυλος Ἠὼς
110 ἀμφὶ νέκυν ἐλεεινόν. ἀτὰρ κρείων Ἀγαμέμνων
οὐρῆάς τ' ὄτρυνε καὶ ἀνέρας ἀξέμεν ὕλην
πάντοθεν ἐκ κλισιῶν· ἐπὶ δ' ἀνὴρ ἐσθλὸς ὀρώρει,
Μηριόνης, θεράπων ἀγαπήνορος Ἰδομενῆος.
οἱ δ' ἴσαν ὑλοτόμους πελέκεας ἐν χερσὶν ἔχοντες
115 σειράς τ' εὐπλέκτους· πρὸ δ' ἄρ' οὐρῆες κίον αὐτῶν.
πολλὰ δ' ἄναντα κάταντα πάραντά τε δόχμιά τ' ἤλυθον·
ἀλλ' ὅτε δὴ κνημοὺς προσέβαν πολυπίδακος Ἴδης,
αὐτίκ' ἄρα δρῦς ὑψικόμους ταναήκεϊ χαλκῷ
τάμνον ἐπειγόμενοι· ταὶ δὲ μεγάλα κτυπέουσαι
120 πῖπτον· τὰς μὲν ἔπειτα διαπλήσσοντες Ἀχαιοὶ
ἔκδεον ἡμιόνων· ταὶ δὲ χθόνα ποσσὶ δατεῦντο
ἐλδόμεναι πεδίοιο διὰ ῥωπήϊα πυκνά.
πάντες δ' ὑλοτόμοι φιτροὺς φέρον· ὣς γὰρ ἀνώγει
Μηριόνης, θεράπων ἀγαπήνορος Ἰδομενῆος.
125 κὰδ δ' ἄρ' ἐπ' ἀκτῆς βάλλον ἐπισχερώ, ἔνθ' ἄρ' Ἀχιλλεὺς
φράσσατο Πατρόκλῳ μέγα ἠρίον ἠδὲ οἷ αὐτῷ.

Nachdem der Leichnam des Patroklos von den Myrmidonen feierlich herbeigebracht ist, opfert ihm Achill sein Haupthaar.

Αὐτὰρ ἐπεὶ πάντῃ παρακάββαλον ἄσπετον ὕλην,
ἧατ' ἄρ' αὖθι μένοντες ἀολλέες. αὐτὰρ Ἀχιλλεὺς

αὐτίκα Μυρμιδόνεσσι φιλοπτολέμοισι κέλευσε
130 χαλκὸν ζώννυσϑαι, ζεῦξαι δ᾽ ὑπ᾽ ὄχεσφιν ἕκαστον
ἵππους· οἱ δ᾽ ὄρνυντο καὶ ἐν τεύχεσσιν ἔδυνον,
ἂν δ᾽ ἔβαν ἐν δίφροισι παραιβάται ἡνίοχοί τε,
πρόσϑε μὲν ἱππῆες, μετὰ δὲ νέφος εἵπετο πεζῶν,
μυρίοι· ἐν δὲ μέσοισι φέρον Πάτροκλον ἑταῖροι.
135 ϑριξὶ δὲ πάντα νέκυν καταείνυσαν, ἃς ἐπέβαλλον
κειρόμενοι· ὄπιϑεν δὲ κάρη ἔχε δῖος Ἀχιλλεὺς
ἀχνύμενος· ἕταρον γὰρ ἀμύμονα πέμπ᾽ Ἄϊδόσδε.

Οἱ δ᾽ ὅτε χῶρον ἵκανον, ὅϑι σφίσι πέφραδ᾽ Ἀχιλλεύς,
κάτϑεσαν, αἶψα δέ οἱ μενοεικέα νήεον ὕλην.
140 ἔνϑ᾽ αὖτ᾽ ἄλλ᾽ ἐνόησε ποδάρκης δῖος Ἀχιλλεύς·
στὰς ἀπάνευϑε πυρῆς ξανϑὴν ἀπεκείρατο χαίτην,
τήν ῥα Σπερχειῷ ποταμῷ τρέφε τηλεϑόωσαν·
ὀχϑήσας δ᾽ ἄρα εἶπεν ἰδὼν ἐπὶ οἴνοπα πόντον·
„Σπερχεῖ᾽, ἄλλως σοί γε πατὴρ ἠρήσατο Πηλεύς,
145 κεῖσέ με νοστήσαντα φίλην ἐς πατρίδα γαῖαν
σοί τε κόμην κερέειν ῥέξειν ϑ᾽ ἱερὴν ἑκατόμβην,
πεντήκοντα δ᾽ ἔνορχα παρ᾽ αὐτόϑι μῆλ᾽ ἱερεύσειν
ἐς πηγάς, ὅϑι τοι τέμενος βωμός τε ϑυήεις.
ὣς ἠρᾶϑ᾽ ὁ γέρων, σὺ δέ οἱ νόον οὐκ ἐτέλεσσας.
150 νῦν δ᾽ ἐπεὶ οὐ νέομαί γε φίλην ἐς πατρίδα γαῖαν,
Πατρόκλῳ ἥρωϊ κόμην ὀπάσαιμι φέρεσϑαι."

Ὣς εἰπὼν ἐν χερσὶ κόμην ἑτάροιο φίλοιο
ϑῆκεν, τοῖσι δὲ πᾶσιν ὑφ᾽ ἵμερον ὦρσε γόοιο.

Der Scheiterhaufen wird errichtet und angezündet.

Καί νύ κ᾽ ὀδυρομένοισιν ἔδυ φάος ἠελίοιο,
155 εἰ μὴ Ἀχιλλεὺς αἶψ᾽ Ἀγαμέμνονι εἶπε παραστάς·
„Ἀτρεΐδη, σοὶ γάρ τε μάλιστά γε λαὸς Ἀχαιῶν
πείσονται μύϑοισι, γόοιο μὲν ἔστι καὶ ἆσαι,
νῦν δ᾽ ἀπὸ πυρκαϊῆς σκέδασον καὶ δεῖπνον ἄνωχϑι
ὅπλεσϑαι· τάδε δ᾽ ἀμφὶ πονησόμεϑ᾽, οἷσι μάλιστα
160 κήδεός ἐστι νέκυς· παρὰ δ᾽, οἵ τ᾽ ἀγοί, ἄμμι μενόντων."

Αὐτὰρ ἐπεὶ τό γ᾽ ἄκουσεν ἄναξ ἀνδρῶν Ἀγαμέμνων,

αὐτίκα λαὸν μὲν σκέδασεν κατὰ νῆας ἐΐσας,
κηδεμόνες δὲ παρ' αὖθι μένον καὶ νήεον ὕλην,
ποίησαν δὲ πυρὴν ἑκατόμπεδον ἔνθα καὶ ἔνθα,
165 ἐν δὲ πυρῇ ὑπάτῃ νεκρὸν θέσαν ἀχνύμενοι κῆρ.
πολλὰ δὲ ἴφια μῆλα καὶ εἰλίποδας ἕλικας βοῦς
πρόσθε πυρῆς ἔδερόν τε καὶ ἄμφεπον· ἐκ δ' ἄρα πάντων
δημὸν ἑλὼν ἐκάλυψε νέκυν μεγάθυμος Ἀχιλλεὺς
ἐς πόδας ἐκ κεφαλῆς, περὶ δὲ δρατὰ σώματα νήει.
170 ἐν δ' ἐτίθει μέλιτος καὶ ἀλείφατος ἀμφιφορῆας,
πρὸς λέχεα κλίνων· πίσυρας δ' ἐριαύχενας ἵππους
ἐσσυμένως ἐνέβαλλε πυρῇ μεγάλα στεναχίζων.
ἐννέα τῷ γε ἄνακτι τραπεζῆες κύνες ἦσαν,
καὶ μὲν τῶν ἐνέβαλλε πυρῇ δύο δειροτομήσας,
175 δώδεκα δὲ Τρώων μεγαθύμων υἱέας ἐσθλοὺς
χαλκῷ δηϊόων· κακὰ δὲ φρεσὶ μήδετο ἔργα·
ἐν δὲ πυρὸς μένος ἧκε σιδήρεον, ὄφρα νέμοιτο.
ᾤμωξέν τ' ἄρ' ἔπειτα, φίλον δ' ὀνόμηνεν ἑταῖρον·
„χαῖρέ μοι, ὦ Πάτροκλε, καὶ εἰν Ἀΐδαο δόμοισι·
180 πάντα γὰρ ἤδη τοι τελέω, τὰ πάροιθεν ὑπέστην.
δώδεκα μὲν Τρώων μεγαθύμων υἱέας ἐσθλοὺς
τοὺς ἅμα σοὶ πάντας πῦρ ἐσθίει· Ἕκτορα δ' οὔ τι
δώσω Πριαμίδην πυρὶ δαπτέμεν, ἀλλὰ κύνεσσιν."

Ὣς φάτ' ἀπειλήσας· τὸν δ' οὐ κύνες ἀμφεπένοντο,
185 ἀλλὰ κύνας μὲν ἄλαλκε Διὸς θυγάτηρ Ἀφροδίτη
ἤματα καὶ νύκτας, ῥοδόεντι δὲ χρῖεν ἐλαίῳ
ἀμβροσίῳ, ἵνα μή μιν ἀποδρύφοι ἑλκυστάζων.
τῷ δ' ἐπὶ κυάνεον νέφος ἤγαγε Φοῖβος Ἀπόλλων
οὐρανόθεν πεδίονδε, κάλυψε δὲ χῶρον ἅπαντα,
190 ὅσσον ἐπεῖχε νέκυς, μὴ πρὶν μένος ἠελίοιο
σκήλει' ἀμφὶ περὶ χρόα ἴνεσιν ἠδὲ μέλεσσιν.

*Auf Achills Bitten hin fachen die Winde
Boreas und Zephyros den Scheiterhaufen an.*

Οὐδὲ πυρὴ Πατρόκλου ἐκαίετο τεθνηῶτος·
ἔνθ' αὖτ' ἄλλ' ἐνόησε ποδάρκης δῖος Ἀχιλλεύς·

στὰς ἀπάνευθε πυρῆς δοιοῖς ἠρᾶτ' ἀνέμοισι,
195 Βορέῃ καὶ Ζεφύρῳ, καὶ ὑπίσχετο ἱερὰ καλά·
πολλὰ δὲ καὶ σπένδων χρυσέῳ δέπαϊ λιτάνευεν
ἐλθέμεν, ὄφρα τάχιστα πυρὶ φλεγεθοίατο νεκροί,
ὕλη τε σεύαιτο καήμεναι. ὦκα δὲ Ἶρις
ἀράων ἀΐουσα μετάγγελος ἦλυ᾽ ἀνέμοισιν.
200 οἱ μὲν ἄρα Ζεφύροιο δυσαέος ἀθρόοι ἔνδον
εἰλαπίνην δαίνυντο· θέουσα δὲ Ἶρις ἐπέστη
βηλῷ ἔπι λιθέῳ· τοὶ δ᾽ ὡς ἴδον ὀφθαλμοῖσι,
πάντες ἀνήϊξαν, κάλεόν τέ μιν εἰς ἓ ἕκαστος·
ἡ δ᾽ αὖθ᾽ ἕζεσθαι μὲν ἀνήνατο, εἶπε δὲ μῦθον·
205 „οὐχ ἕδος· εἶμι γὰρ αὖτις ἐπ᾽ Ὠκεανοῖο ῥέεθρα,
Αἰθιόπων ἐς γαῖαν, ὅθι ῥέζουσ᾽ ἑκατόμβας
ἀθανάτοις, ἵνα δὴ καὶ ἐγὼ μεταδαίσομαι ἱρῶν.
ἀλλ᾽ Ἀχιλεὺς Βορέην ἠδὲ Ζέφυρον κελαδεινὸν
ἐλθεῖν ἀρᾶται, καὶ ὑπίσχεται ἱερὰ καλά,
210 ὄφρα πυρὴν ὄρσητε καήμεναι, ᾗ ἔνι κεῖται
Πάτροκλος, τὸν πάντες ἀναστενάχουσιν Ἀχαιοί."
Ἡ μὲν ἄρ᾽ ὣς εἰποῦσ᾽ ἀπεβήσετο, τοὶ δ᾽ ὀρέοντο
ἠχῇ θεσπεσίῃ, νέφεα κλονέοντε πάροιθεν.
αἶψα δὲ πόντον ἵκανον ἀήμεναι, ὦρτο δὲ κῦμα
215 πνοιῇ ὕπο λιγυρῇ· Τροίην δ᾽ ἐρίβωλον ἵκέσθην,
ἐν δὲ πυρῇ πεσέτην, μέγα δ᾽ ἴαχε θεσπιδαὲς πῦρ.
παννύχιοι δ᾽ ἄρα τοί γε πυρῆς ἄμυδις φλόγ᾽ ἔβαλλον,
φυσῶντες λιγέως· ὁ δὲ πάννυχος ὠκὺς Ἀχιλλεὺς
χρυσέου ἐκ κρητῆρος, ἑλὼν δέπας ἀμφικύπελλον,
220 οἶνον ἀφυσσόμενος χαμάδις χέε, δεῦε δὲ γαῖαν,
ψυχὴν κικλήσκων Πατροκλῆος δειλοῖο.
ὡς δὲ πατὴρ οὗ παιδὸς ὀδύρεται ὀστέα καίων,
νυμφίου, ὅς τε θανὼν δειλοὺς ἀκάχησε τοκῆας,
ὣς Ἀχιλεὺς ἑτάροιο ὀδύρετο ὀστέα καίων,
225 ἑρπύζων παρὰ πυρκαϊήν, ἀδινὰ στεναχίζων.

Beisetzung und Errichtung des Grabhügels

Ἦμος δ' ἑωσφόρος εἶσι φόως ἐρέων ἐπὶ γαῖαν,
ὅν τε μέτα κροκόπεπλος ὑπεὶρ ἅλα κίδναται ἠώς,
τῆμος πυρκαϊὴ ἐμαραίνετο, παύσατο δὲ φλόξ.
οἱ δ' ἄνεμοι πάλιν αὖτις ἔβαν οἶκόνδε νέεσθαι
230 Θρηΐκιον κατὰ πόντον· ὁ δ' ἔστενεν οἴδματι θύων.
Πηλεΐδης δ' ἀπὸ πυρκαϊῆς ἑτέρωσε λιασθεὶς
κλίνθη κεκμηώς, ἐπὶ δὲ γλυκὺς ὕπνος ὄρουσεν·
οἱ δ' ἀμφ' Ἀτρεΐωνα ἀολλέες ἠγερέθοντο·
τῶν μιν ἐπερχομένων ὅμαδος καὶ δοῦπος ἔγειρεν,
235 ἕζετο δ' ὀρθωθεὶς καί σφεας πρὸς μῦθον ἔειπεν·
„Ἀτρεΐδη τε καὶ ἄλλοι ἀριστῆες Παναχαιῶν,
πρῶτον μὲν κατὰ πυρκαϊὴν σβέσατ' αἴθοπι οἴνῳ
πᾶσαν, ὁπόσσον ἐπέσχε πυρὸς μένος· αὐτὰρ ἔπειτα
ὀστέα Πατρόκλοιο Μενοιτιάδαο λέγωμεν
240 εὖ διαγιγνώσκοντες· ἀριφραδέα δὲ τέτυκται·
ἐν μέσσῃ γὰρ ἔκειτο πυρῇ, τοὶ δ' ἄλλοι ἄνευθεν
ἐσχατιῇ καίοντ' ἐπιμὶξ ἵπποι τε καὶ ἄνδρες.
καὶ τὰ μὲν ἐν χρυσέῃ φιάλῃ καὶ δίπλακι δημῷ
θείομεν, εἰς ὅ κεν αὐτὸς ἐγὼν Ἄϊδι κεύθωμαι.
245 τύμβον δ' οὐ μάλα πολλὸν ἐγὼ πονέεσθαι ἄνωγα,
ἀλλ' ἐπιεικέα τοῖον· ἔπειτα δὲ καὶ τὸν Ἀχαιοὶ
εὐρύν θ' ὑψηλόν τε τιθήμεναι, οἵ κεν ἐμεῖο
δεύτεροι ἐν νήεσσι πολυκλήϊσι λίπησθε."
Ὣς ἔφαθ', οἱ δ' ἐπίθοντο ποδώκεϊ Πηλεΐωνι.
250 πρῶτον μὲν κατὰ πυρκαϊὴν σβέσαν αἴθοπι οἴνῳ,
ὅσσον ἐπὶ φλὸξ ἦλθε, βαθεῖα δὲ κάππεσε τέφρη·
κλαίοντες δ' ἑτάροιο ἐνηέος ὀστέα λευκὰ
ἄλλεγον ἐς χρυσέην φιάλην καὶ δίπλακα δημόν,
ἐν κλισίῃσι δὲ θέντες ἑανῷ λιτὶ κάλυψαν·
255 τορνώσαντο δὲ σῆμα θεμείλιά τε προβάλοντο
ἀμφὶ πυρῇ· εἶθαρ δὲ χυτὴν ἐπὶ γαῖαν ἔχευαν,
χεύαντες δὲ τὸ σῆμα πάλιν κίον.

Gesang Ω

ΕΚΤΟΡΟΣ ΛΥΤΡΑ

Zum Inhalt von Ψ 257 bis Ω 442 siehe Einleitung S. 54–56.

Hermes geleitet Priamos bis vor Achills Lagerhütte.

Ἀλλ' ὅτε δὴ πύργους τε νεῶν καὶ τάφρον ἵκοντο,
οἱ δὲ νέον περὶ δόρπα φυλακτῆρες πονέοντο,
445 τοῖσι δ' ἐφ' ὕπνον ἔχευε διάκτορος ἀργεϊφόντης
πᾶσιν, ἄφαρ δ' ὤϊξε πύλας καὶ ἀπῶσεν ὀχῆας,
ἐς δ' ἄγαγε Πρίαμόν τε καὶ ἀγλαὰ δῶρ' ἐπ' ἀπήνης.
ἀλλ' ὅτε δὴ κλισίην Πηληϊάδεω ἀφίκοντο
ὑψηλήν, τὴν Μυρμιδόνες ποίησαν ἄνακτι
450 δοῦρ' ἐλάτης κέρσαντες· ἀτὰρ καθύπερθεν ἔρεψαν
λαχνήεντ' ὄροφον λειμωνόθεν ἀμήσαντες·
ἀμφὶ δέ οἱ μεγάλην αὐλὴν ποίησαν ἄνακτι
σταυροῖσιν πυκινοῖσι· θύρην δ' ἔχε μοῦνος ἐπιβλὴς
εἰλάτινος, τὸν τρεῖς μὲν ἐπιρρήσσεσκον Ἀχαιοί,
455 τρεῖς δ' ἀναοίγεσκον μεγάλην κληῖδα θυράων,
τῶν ἄλλων· Ἀχιλεὺς δ' ἄρ' ἐπιρρήσσεσκε καὶ οἶος·
δή ῥα τόθ' Ἑρμείας ἐριούνιος ὦξε γέροντι,
ἐς δ' ἄγαγε κλυτὰ δῶρα ποδώκεϊ Πηλεΐωνι,
ἐξ ἵππων δ' ἀπέβαινεν ἐπὶ χθόνα φώνησέν τε·
460 „ὦ γέρον, ἤτοι ἐγὼ θεὸς ἄμβροτος εἰλήλουθα,
Ἑρμείας· σοὶ γάρ με πατὴρ ἅμα πομπὸν ὄπασσεν.
ἀλλ' ἤτοι μὲν ἐγὼ πάλιν εἴσομαι, οὐδ' Ἀχιλῆος
ὀφθαλμοὺς εἴσειμι· νεμεσσητὸν δέ κεν εἴη
ἀθάνατον θεὸν ὧδε βροτοὺς ἀγαπαζέμεν ἄντην·
465 τύνη δ' εἰσελθὼν λαβὲ γούνατα Πηλεΐωνος,
καί μιν ὑπὲρ πατρὸς καὶ μητέρος ἠϋκόμοιο
λίσσεο καὶ τέκεος, ἵνα οἱ σὺν θυμὸν ὀρίνῃς."

Priamos bittet Achill um die Herausgabe der Leiche.

Ὣς ἄρα φωνήσας ἀπέβη πρὸς μακρὸν Ὄλυμπον
Ἑρμείας· Πρίαμος δ' ἐξ ἵππων ἆλτο χαμᾶζε,

Ἰδαῖον δὲ κατ' αὖθι λίπεν· ὁ δὲ μίμνεν ἐρύκων
ἵππους ἡμιόνους τε· γέρων δ' ἰθὺς κίεν οἴκου,
τῇ ῥ' Ἀχιλεὺς ἵζεσκε Διῒ φίλος· ἐν δέ μιν αὐτὸν
εὗρ', ἕταροι δ' ἀπάνευθε καθήατο· τὼ δὲ δύ' οἴω,
ἥρως Αὐτομέδων τε καὶ Ἄλκιμος, ὄζος Ἄρηος,
ποίπνυον παρεόντε· νέον δ' ἀπέληγεν ἐδωδῆς
ἔσθων καὶ πίνων· ἔτι καὶ παρέκειτο τράπεζα.
τοὺς δ' ἔλαθ' εἰσελθὼν Πρίαμος μέγας, ἄγχι δ' ἄρα στὰς
χερσὶν Ἀχιλλῆος λάβε γούνατα καὶ κύσε χεῖρας
δεινὰς ἀνδροφόνους, αἵ οἱ πολέας κτάνον υἷας.
ὡς δ' ὅτ' ἂν ἄνδρ' ἄτη πυκινὴ λάβῃ, ὅς τ' ἐνὶ πάτρῃ
φῶτα κατακτείνας ἄλλων ἐξίκετο δῆμον,
ἀνδρὸς ἐς ἀφνειοῦ, θάμβος δ' ἔχει εἰσορόωντας,
ὣς Ἀχιλεὺς θάμβησεν ἰδὼν Πρίαμον θεοειδέα·
θάμβησαν δὲ καὶ ἄλλοι, ἐς ἀλλήλους δὲ ἴδοντο.
τὸν καὶ λισσόμενος Πρίαμος πρὸς μῦθον ἔειπε·
„μνῆσαι πατρὸς σοῖο, θεοῖς ἐπιείκελ' Ἀχιλλεῦ,
τηλίκου ὥς περ ἐγών, ὀλοῷ ἐπὶ γήραος οὐδῷ·
καὶ μέν που κεῖνον περιναιέται ἀμφὶς ἐόντες
τείρουσ', οὐδέ τίς ἐστιν ἀρὴν καὶ λοιγὸν ἀμῦναι.
ἀλλ' ἤτοι κεῖνός γε σέθεν ζώοντος ἀκούων
χαίρει τ' ἐν θυμῷ, ἐπί τ' ἔλπεται ἤματα πάντα
ὄψεσθαι φίλον υἱὸν ἀπὸ Τροίηθεν ἰόντα·
αὐτὰρ ἐγὼ πανάποτμος, ἐπεὶ τέκον υἷας ἀρίστους
Τροίῃ ἐν εὐρείῃ, τῶν δ' οὔ τινά φημι λελεῖφθαι.
πεντήκοντά μοι ἦσαν, ὅτ' ἤλυθον υἷες Ἀχαιῶν·
ἐννεακαίδεκα μέν μοι ἰῆς ἐκ νηδύος ἦσαν,
τοὺς δ' ἄλλους μοι ἔτικτον ἐνὶ μεγάροισι γυναῖκες.
τῶν μὲν πολλῶν θοῦρος Ἄρης ὑπὸ γούνατ' ἔλυσεν·
ὃς δέ μοι οἶος ἔην, εἴρυτο δὲ ἄστυ καὶ αὐτούς,
τὸν σὺ πρῴην κτεῖνας ἀμυνόμενον περὶ πάτρης,
Ἕκτορα· τοῦ νῦν εἵνεχ' ἱκάνω νῆας Ἀχαιῶν
λυσόμενος παρὰ σεῖο, φέρω δ' ἀπερείσι' ἄποινα.

ἀλλ' αἰδεῖο θεούς, Ἀχιλεῦ, αὐτόν τ' ἐλέησον,
μνησάμενος σοῦ πατρός· ἐγὼ δ' ἐλεεινότερός περ,
505 ἔτλην δ', οἷ' οὔ πώ τις ἐπιχθόνιος βροτὸς ἄλλος,
ἀνδρὸς παιδοφόνοιο ποτὶ στόμα χεῖρ' ὀρέγεσθαι."

*Achill tröstet den Greis und verspricht ihm
die Freigabe des Leichnams.*

Ὣς φάτο, τῷ δ' ἄρα πατρὸς ὑφ' ἵμερον ὦρσε γόοιο·
ἁψάμενος δ' ἄρα χειρὸς ἀπώσατο ἦκα γέροντα.
τὼ δὲ μνησαμένω, ὁ μὲν Ἕκτορος ἀνδροφόνοιο
510 κλαῖ' ἁδινὰ προπάροιθε ποδῶν Ἀχιλῆος ἐλυσθείς,
αὐτὰρ Ἀχιλλεὺς κλαῖεν ἑὸν πατέρ', ἄλλοτε δ' αὖτε
Πάτροκλον· τῶν δὲ στοναχὴ κατὰ δώματ' ὀρώρει.
513 αὐτὰρ ἐπεί ῥα γόοιο τετάρπετο δῖος Ἀχιλλεύς,
515 αὐτίκ' ἀπὸ θρόνου ὦρτο, γέροντα δὲ χειρὸς ἀνίστη,
οἰκτίρων πολιόν τε κάρη πολιόν τε γένειον,
καί μιν φωνήσας ἔπεα πτερόεντα προσηύδα·
„ἆ δείλ', ἦ δὴ πολλὰ κάκ' ἄνσχεο σὸν κατὰ θυμόν.
πῶς ἔτλης ἐπὶ νῆας Ἀχαιῶν ἐλθέμεν οἶος,
520 ἀνδρὸς ἐς ὀφθαλμούς, ὅς τοι πολέας τε καὶ ἐσθλοὺς
υἱέας ἐξενάριξα; σιδήρειόν νύ τοι ἦτορ.
ἀλλ' ἄγε δὴ κατ' ἄρ' ἕζευ ἐπὶ θρόνου, ἄλγεα δ' ἔμπης
ἐν θυμῷ κατακεῖσθαι ἐάσομεν ἀχνύμενοί περ·
οὐ γάρ τις πρῆξις πέλεται κρυεροῖο γόοιο·
525 ὡς γὰρ ἐπεκλώσαντο θεοὶ δειλοῖσι βροτοῖσι,
ζώειν ἀχνυμένοις· αὐτοὶ δέ τ' ἀκηδέες εἰσί.
δοιοὶ γάρ τε πίθοι κατακείαται ἐν Διὸς οὔδει
δώρων, οἷα δίδωσι, κακῶν, ἕτερος δὲ ἑάων·
ᾧ μέν κ' ἀμμείξας δώῃ Ζεὺς τερπικέραυνος,
530 ἄλλοτε μέν τε κακῷ ὅ γε κύρεται, ἄλλοτε δ' ἐσθλῷ·
ᾧ δέ κε τῶν λυγρῶν δώῃ, λωβητὸν ἔθηκε,
καί ἑ κακὴ βούβρωστις ἐπὶ χθόνα δῖαν ἐλαύνει,
φοιτᾷ δ' οὔτε θεοῖσι τετιμένος οὔτε βροτοῖσιν.
ὣς μὲν καὶ Πηλῆϊ θεοὶ δόσαν ἀγλαὰ δῶρα
535 ἐκ γενετῆς· πάντας γὰρ ἐπ' ἀνθρώπους ἐκέκαστο

ὄλβῳ τε πλούτῳ τε, ἄνασσε δὲ Μυρμιδόνεσσι,
καί οἱ θνητῷ ἐόντι θεὰν ποίησαν ἄκοιτιν.
ἀλλ' ἐπὶ καὶ τῷ θῆκε θεὸς κακόν, ὅττι οἱ οὔ τι
παίδων ἐν μεγάροισι γονὴ γένετο κρειόντων,
540 ἀλλ' ἕνα παῖδα τέκεν παναώριον· οὐδέ νυ τόν γε
γηράσκοντα κομίζω, ἐπεὶ μάλα τηλόθι πάτρης
ἧμαι ἐνὶ Τροίῃ, σέ τε κήδων ἠδὲ σὰ τέκνα.
καὶ σέ, γέρον, τὸ πρὶν μὲν ἀκούομεν ὄλβιον εἶναι·
ὅσσον Λέσβος ἄνω, Μάκαρος ἕδος, ἐντὸς ἐέργει
545 καὶ Φρυγίη καθύπερθε καὶ Ἑλλήσποντος ἀπείρων,
τῶν σε, γέρον, πλούτῳ τε καὶ υἱάσι φασὶ κεκάσθαι.
αὐτὰρ ἐπεί τοι πῆμα τόδ' ἤγαγον Οὐρανίωνες,
αἰεί τοι περὶ ἄστυ μάχαι τ' ἀνδροκτασίαι τε.
ἄνσχεο, μηδ' ἀλίαστον ὀδύρεο σὸν κατὰ θυμόν·
550 οὐ γάρ τι πρήξεις ἀκαχήμενος υἷος ἑῆος,
οὐδέ μιν ἀνστήσεις, πρὶν καὶ κακὸν ἄλλο πάθῃσθα."
  Τὸν δ' ἠμείβετ' ἔπειτα γέρων Πρίαμος θεοειδής·
„μή πώ μ' ἐς θρόνον ἵζε, διοτρεφές, ὄφρα κεν Ἕκτωρ
κεῖται ἐνὶ κλισίῃσιν ἀκηδής, ἀλλὰ τάχιστα
555 λῦσον, ἵν' ὀφθαλμοῖσιν ἴδω· σὺ δὲ δέξαι ἄποινα
πολλά, τά τοι φέρομεν· σὺ δὲ τῶνδ' ἀπόναιο, καὶ ἔλθοις
σὴν ἐς πατρίδα γαῖαν, ἐπεί με πρῶτον ἔασας
αὐτόν τε ζώειν καὶ ὁρᾶν φάος ἠελίοιο."
  Τὸν δ' ἄρ' ὑπόδρα ἰδὼν προσέφη πόδας ὠκὺς Ἀχιλλεύς·
560 „μηκέτι νῦν μ' ἐρέθιζε, γέρον· νοέω δὲ καὶ αὐτὸς
Ἕκτορά τοι λῦσαι, Διόθεν δέ μοι ἄγγελος ἦλθε
μήτηρ, ἥ μ' ἔτεκεν, θυγάτηρ ἁλίοιο γέροντος.
καὶ δέ σε γιγνώσκω, Πρίαμε, φρεσίν, οὐδέ με λήθεις,
ὅττι θεῶν τίς σ' ἦγε θοὰς ἐπὶ νῆας Ἀχαιῶν.
565 οὐ γάρ κε τλαίη βροτὸς ἐλθέμεν, οὐδὲ μάλ' ἡβῶν,
ἐς στρατόν· οὐδὲ γὰρ ἂν φυλάκους λάθοι, οὐδέ κ' ὀχῆα
ῥεῖα μετοχλίσσειε θυράων ἡμετεράων.
τῶ νῦν μή μοι μᾶλλον ἐν ἄλγεσι θυμὸν ὀρίνῃς,
μή σε, γέρον, οὐδ' αὐτὸν ἐνὶ κλισίῃσιν ἐάσω
570 καὶ ἱκέτην περ ἐόντα, Διὸς δ' ἀλίτωμαι ἐφετμάς."

*Achill lässt das Lösegeld vom Wagen nehmen und den
Toten gesalbt und bekleidet auf den Wagen legen.*

Ὣς ἔφατ', ἔδεισεν δ' ὁ γέρων καὶ ἐπείθετο μύθῳ.
Πηλεΐδης δ' οἴκοιο λέων ὣς ἆλτο θύραζε,
οὐκ οἶος, ἅμα τῷ γε δύω θεράποντες ἕποντο,
ἥρως Αὐτομέδων ἠδ' Ἄλκιμος, οὕς ῥα μάλιστα
575 τῖ' Ἀχιλεὺς ἑτάρων μετὰ Πάτροκλόν γε θανόντα,
οἳ τόθ' ὑπὸ ζυγόφιν λύον ἵππους ἡμιόνους τε,
ἐς δ' ἄγαγον κήρυκα καλήτορα τοῖο γέροντος,
κὰδ δ' ἐπὶ δίφρου εἷσαν· ἐϋξέστου δ' ἀπ' ἀπήνης
ᾕρεον Ἑκτορέης κεφαλῆς ἀπερείσι' ἄποινα.
580 κὰδ δ' ἔλιπον δύο φάρε' ἐΰννητόν τε χιτῶνα,
ὄφρα νέκυν πυκάσας δοίη οἶκόνδε φέρεσθαι.
δμῳὰς δ' ἐκκαλέσας λοῦσαι κέλετ' ἀμφί τ' ἀλεῖψαι,
νόσφιν ἀειράσας, ὡς μὴ Πρίαμος ἴδοι υἱόν,
μὴ ὁ μὲν ἀχνυμένῃ κραδίῃ χόλον οὐκ ἐρύσαιτο
585 παῖδα ἰδών, Ἀχιλῆϊ δ' ὀρινθείη φίλον ἦτορ,
καί ἑ κατακτείνειε, Διὸς δ' ἀλίτηται ἐφετμάς.
τὸν δ' ἐπεὶ οὖν δμῳαὶ λοῦσαν καὶ χρῖσαν ἐλαίῳ,
ἀμφὶ δέ μιν φᾶρος καλὸν βάλον ἠδὲ χιτῶνα,
αὐτὸς τόν γ' Ἀχιλεὺς λεχέων ἐπέθηκεν ἀείρας,
590 σὺν δ' ἕταροι ἤειραν ἐϋξέστην ἐπ' ἀπήνην.
ᾤμωξέν τ' ἄρ' ἔπειτα, φίλον δ' ὀνόμηνεν ἑταῖρον·
„μή μοι, Πάτροκλε, σκυδμαινέμεν, αἴ κε πύθηαι
εἰν Ἄϊδός περ ἐών, ὅτι Ἕκτορα δῖον ἔλυσα
πατρὶ φίλῳ, ἐπεὶ οὔ μοι ἀεικέα δῶκεν ἄποινα.
595 σοὶ δ' αὖ ἐγὼ καὶ τῶνδ' ἀποδάσσομαι, ὅσσ' ἐπέοικεν."

Achill veranlasst Priamos, mit ihm das Mahl einzunehmen.

Ἦ ῥα, καὶ ἐς κλισίην πάλιν ᾔϊε δῖος Ἀχιλλεύς,
ἕζετο δ' ἐν κλισμῷ πολυδαιδάλῳ, ἔνθεν ἀνέστη,
τοίχου τοῦ ἑτέρου, ποτὶ δὲ Πρίαμον φάτο μῦθον·
„υἱὸς μὲν δή τοι λέλυται, γέρον, ὡς ἐκέλευες,
600 κεῖται δ' ἐν λεχέεσσ'· ἅμα δ' ἠοῖ φαινομένηφιν

ὄψεαι αὐτὸς ἄγων· νῦν δὲ μνησώμεθα δόρπου.
καὶ γάρ τ' ἠΰκομος Νιόβη ἐμνήσατο σίτου,
τῇ περ δώδεκα παῖδες ἐνὶ μεγάροισιν ὄλοντο,
ἓξ μὲν θυγατέρες, ἓξ δ' υἱέες ἡβώοντες.
605 τοὺς μὲν Ἀπόλλων πέφνεν ἀπ' ἀργυρέοιο βιοῖο
χωόμενος Νιόβῃ, τὰς δ' Ἄρτεμις ἰοχέαιρα,
οὕνεκ' ἄρα Λητοῖ ἰσάσκετο καλλιπαρῄῳ·
φῆ δοιὼ τεκέειν, ἡ δ' αὐτὴ γείνατο πολλούς·
τὼ δ' ἄρα καὶ δοιώ περ ἐόντ' ἀπὸ πάντας ὄλεσσαν.
610 οἱ μὲν ἄρ' ἐννῆμαρ κέατ' ἐν φόνῳ, οὐδέ τις ἦεν
κατθάψαι, λαοὺς δὲ λίθους ποίησε Κρονίων·
τοὺς δ' ἄρα τῇ δεκάτῃ θάψαν θεοὶ Οὐρανίωνες.
ἡ δ' ἄρα σίτου μνήσατ', ἐπεὶ κάμε δάκρυ χέουσα.
νῦν δέ που ἐν πέτρῃσιν, ἐν οὔρεσιν οἰοπόλοισιν,
615 ἐν Σιπύλῳ, ὅθι φασὶ θεάων ἔμμεναι εὐνὰς
νυμφάων, αἵ τ' ἀμφ' Ἀχελώϊον ἐρρώσαντο,
ἔνθα λίθος περ ἐοῦσα θεῶν ἐκ κήδεα πέσσει.
ἀλλ' ἄγε δὴ καὶ νῶϊ μεδώμεθα, δῖε γεραιέ,
σίτου· ἔπειτά κεν αὖτε φίλον παῖδα κλαίοισθα,
620 Ἴλιον εἰσαγαγών· πολυδάκρυτος δέ τοι ἔσται."

*Nach dem Mahl lässt Achill für Priamos ein Nachtlager
bereiten und sagt ihm einen Waffenstillstand zu.*

Ἦ, καὶ ἀναΐξας ὄϊν ἄργυφον ὠκὺς Ἀχιλλεὺς
σφάξ'· ἕταροι δ' ἔδερόν τε καὶ ἄμφεπον εὖ κατὰ κόσμον,
μίστυλλόν τ' ἄρ' ἐπισταμένως πεῖράν τ' ὀβελοῖσιν,
ὤπτησάν τε περιφραδέως, ἐρύσαντό τε πάντα.
625 Αὐτομέδων δ' ἄρα σῖτον ἑλὼν ἐπένειμε τραπέζῃ
καλοῖς ἐν κανέοισιν· ἀτὰρ κρέα νεῖμεν Ἀχιλλεύς.
οἱ δ' ἐπ' ὀνείαθ' ἑτοῖμα προκείμενα χεῖρας ἴαλλον.
αὐτὰρ ἐπεὶ πόσιος καὶ ἐδητύος ἐξ ἔρον ἕντο,
ἤτοι Δαρδανίδης Πρίαμος θαύμαζ' Ἀχιλῆα,
630 ὅσσος ἔην οἷός τε· θεοῖσι γὰρ ἄντα ἐῴκει·
αὐτὰρ ὁ Δαρδανίδην Πρίαμον θαύμαζεν Ἀχιλλεύς,
εἰσορόων ὄψιν τ' ἀγαθὴν καὶ μῦθον ἀκούων.

αὐτὰρ ἐπεὶ τάρπησαν ἐς ἀλλήλους ὁρόωντες,
τὸν πρότερος προσέειπε γέρων Πρίαμος θεοειδής·
635 „λέξον νῦν με τάχιστα, διοτρεφές, ὄφρα καὶ ἤδη
ὕπνῳ ὕπο γλυκερῷ ταρπώμεθα κοιμηθέντες·
οὐ γάρ πω μύσαν ὄσσε ὑπὸ βλεφάροισιν ἐμοῖσιν,
ἐξ οὗ σῆς ὑπὸ χερσὶν ἐμὸς πάϊς ὤλεσε θυμόν,
ἀλλ' αἰεὶ στενάχω καὶ κήδεα μυρία πέσσω,
640 αὐλῆς ἐν χόρτοισι κυλινδόμενος κατὰ κόπρον.
νῦν δὴ καὶ σίτου πασάμην καὶ αἴθοπα οἶνον
λαυκανίης καθέηκα· πάρος γε μὲν οὔ τι πεπάσμην."

Ἦ ῥ', Ἀχιλεὺς δ' ἑτάροισιν ἰδὲ δμῳῇσι κέλευσε
δέμνι' ὑπ' αἰθούσῃ θέμεναι καὶ ῥήγεα καλὰ
645 πορφύρε' ἐμβαλέειν, στορέσαι τ' ἐφύπερθε τάπητας,
χλαίνας τ' ἐνθέμεναι οὔλας καθύπερθεν ἕσασθαι.
αἱ δ' ἴσαν ἐκ μεγάροιο δάος μετὰ χερσὶν ἔχουσαι,
αἶψα δ' ἄρα στόρεσαν δοιὼ λέχε' ἐγκονέουσαι.
τὸν δ' ἐπικερτομέων προσέφη πόδας ὠκὺς Ἀχιλλεύς·
650 „ἐκτὸς μὲν δὴ λέξο, γέρον φίλε, μή τις Ἀχαιῶν
ἐνθάδ' ἐπέλθῃσιν βουληφόρος, οἵ τέ μοι αἰεὶ
βουλὰς βουλεύουσι παρήμενοι, ἧ θέμις ἐστί·
τῶν εἴ τίς σε ἴδοιτο θοὴν διὰ νύκτα μέλαιναν,
αὐτίκ' ἂν ἐξείποι Ἀγαμέμνονι ποιμένι λαῶν,
655 καί κεν ἀνάβλησις λύσιος νεκροῖο γένηται.
ἀλλ' ἄγε μοι τόδε εἰπὲ καὶ ἀτρεκέως κατάλεξον,
ποσσῆμαρ μέμονας κτερεϊζέμεν Ἕκτορα δῖον,
ὄφρα τέως αὐτός τε μένω καὶ λαὸν ἐρύκω."

Τὸν δ' ἠμείβετ' ἔπειτα γέρων Πρίαμος θεοειδής·
660 „εἰ μὲν δή μ' ἐθέλεις τελέσαι τάφον Ἕκτορι δίῳ,
ὧδέ κέ μοι ῥέζων, Ἀχιλεῦ, κεχαρισμένα θείης.
οἶσθα γάρ, ὡς κατὰ ἄστυ ἐέλμεθα, τηλόθι δ' ὕλη
ἀξέμεν ἐξ ὄρεος, μάλα δὲ Τρῶες δεδίασιν.
ἐννῆμαρ μέν κ' αὐτὸν ἐνὶ μεγάροις γοάοιμεν,
665 τῇ δεκάτῃ δέ κε θάπτοιμεν δαινῦτό τε λαός,
ἑνδεκάτῃ δέ κε τύμβον ἐπ' αὐτῷ ποιήσαιμεν,
τῇ δὲ δυωδεκάτῃ πολεμίξομεν, εἴ περ ἀνάγκη."

Τὸν δ' αὖτε προσέειπε ποδάρκης δῖος Ἀχιλλεύς·
„ἔσται τοι καὶ ταῦτα, γέρον Πρίαμ', ὡς σὺ κελεύεις·
670 σχήσω γὰρ πόλεμον τόσσον χρόνον, ὅσσον ἄνωγας."
Ὣς ἄρα φωνήσας ἐπὶ καρπῷ χεῖρα γέροντος
ἔλλαβε δεξιτερήν, μή πως δείσει' ἐνὶ θυμῷ.
οἱ μὲν ἄρ' ἐν προδόμῳ δόμου αὐτόθι κοιμήσαντο,
κῆρυξ καὶ Πρίαμος, πυκινὰ φρεσὶ μήδε' ἔχοντες.
675 αὐτὰρ Ἀχιλλεὺς εὗδε μυχῷ κλισίης ἐϋπήκτου·
τῷ δὲ Βρισηῒς παρελέξατο καλλιπάρῃος.

Rückfahrt des Priamos nach Ilios

Ἄλλοι μέν ῥα θεοί τε καὶ ἀνέρες ἱπποκορυσταὶ
εὗδον παννύχιοι, μαλακῷ δεδμημένοι ὕπνῳ·
ἀλλ' οὐχ Ἑρμείαν ἐριούνιον ὕπνος ἔμαρπτεν,
680 ὁρμαίνοντ' ἀνὰ θυμόν, ὅπως Πρίαμον βασιλῆα
νηῶν ἐκπέμψειε λαθὼν ἱεροὺς πυλαωρούς.
στῆ δ' ἄρ' ὑπὲρ κεφαλῆς καί μιν πρὸς μῦθον ἔειπεν·
„ὦ γέρον, οὔ νύ τι σοί γε μέλει κακόν, οἷον ἔθ' εὕδεις
ἀνδράσιν ἐν δηΐοισιν, ἐπεί σ' εἴασεν Ἀχιλλεύς.
685 καὶ νῦν μὲν φίλον υἱὸν ἐλύσαο, πολλὰ δ' ἔδωκας·
σεῖο δέ κε ζωοῦ καὶ τρὶς τόσα δοῖεν ἄποινα
παῖδες τοὶ μετόπισθε λελειμμένοι, αἴ κ' Ἀγαμέμνων
γνώῃ σ' Ἀτρεΐδης, γνώωσι δὲ πάντες Ἀχαιοί."
Ὣς ἔφατ', ἔδεισεν δ' ὁ γέρων, κήρυκα δ' ἀνίστη.
690 τοῖσιν δ' Ἑρμείας ζεῦξ' ἵππους ἡμιόνους τε,
ῥίμφα δ' ἄρ' αὐτὸς ἔλαυνε κατὰ στρατόν, οὐδέ τις ἔγνω.
Ἀλλ' ὅτε δὴ πόρον ἷξον ἐϋρρεῖος ποταμοῖο,
Ξάνθου δινήεντος, ὃν ἀθάνατος τέκετο Ζεύς,
Ἑρμείας μὲν ἔπειτ' ἀπέβη πρὸς μακρὸν Ὄλυμπον.

Zum Inhalt von 695 bis 804 siehe Einleitung S. 56.

Verzeichnis der Eigennamen

Vorbemerkungen

1. Die Eigennamen sind in ihrer epischen, d. h. ionischen Form angegeben.
2. Als Belege werden gelegentlich auch Stellen genannt, die in dieser Auswahl nicht enthalten sind.
3. Die Gesänge der Ilias werden durch die griechischen Majuskeln A, B, Γ usw., die der Odyssee durch die Minuskeln α, β, γ usw. bezeichnet.
4. Am Ende des Textbandes finden sich vier Stammbäume. Sie sollen eine bessere Übersicht über die wichtigsten Geschlechter ermöglichen. (StB bedeutet Stammbaum.)

'Αγαμέμνων (StB III), Enkel des Pelops, Sohn des Atreus (daher 'Ατρείδης und 'Ατρείων), Gemahl der Klytaimnestra, Vater der Chrysothemis, Iphigenie, Elektra (bei Homer: Laodike) und des Orestes (I 284–287), der mächtigste unter den griech. Königen und Oberbefehlshaber der Griechen vor Troja (A 7). Er beleidigt den Priester Chryses (s. d.), nimmt dem Achill widerrechtlich Briseïs (s. d.), so dass dieser sich grollend vom Kampf zurückzieht. Als er von Troja heimkehrt, wird er von Aigisthos, dem Liebhaber der Klytaimnestra, ermordet.

'Αγαύη *(die Herrliche)*, eine Nereïde.

"Αδρηστος, ein von Patroklos getöteter Troer.

'Αθήνη und 'Αθηναίη, Παλλὰς 'Αθήνη (StB I), lat. Minerva, Lieblingstochter des Zeus. Einer späteren Sage zufolge ist sie in voller Rüstung dem Haupt des Zeus entsprossen. Athene ist Friedens- und Kriegsgöttin (neben Ares) zugleich. Sie ist Schutzgöttin Athens und anderer Städte und bringt den Menschen die Kunstfertigkeiten, bes. die Weberei. Sie leitet die Schlachten und beschirmt ihre Lieblinge, Achill und vor allem Odysseus. Ihre Rüstung besteht aus Schild, Speer und Helm. Gelegentlich führt sie auch die Ägis (s. d.). Im Kampf um Troja steht sie auf der Seite der Griechen (Urteil des Paris!).

Αἰακίδης, 1. *Sohn des Aiakos*, d. h. Peleus (Π 15). 2. *Enkel des Aiakos*, d. h. Achill (I 184).

Αἴας, Gen. Αἴαντος,
1. Sohn des Oïleus, Anführer der Lokrer.
2. Sohn des Telamon (daher Τελαμωνιάδης oder Τελαμώνιος), des Königs von Salamis, Bruder des Teukros, von riesiger Gestalt, nach Achill der tapferste Achäer.

Αἰγαίων (*der Stürmende*, zu ἀΐσσειν), anderer Name für Βριάρεως (s. d.).

Αἰγεΐδης, Patronymikon des Theseus (s. d.).

Αἰγίς, ἡ, Schild des Zeus, den jedoch auch Athene und Apoll führen. Hephaistos hat ihn kunstvoll geschmiedet. Auf ihm sind u. a. die Gorgo sowie eine Sturm- und Donnerwolke abgebildet. Wenn Zeus die Ägis schüttelt, erregt er Furcht und Schrecken.

Αἰγύπτιος, *ägyptisch*.

Ἀΐδης (StB I) (<* ἀ priv. und St. Ϝιδ-, also *der Unsichtbare*), Gen. Ἀΐδαο und Ἀΐδεω, und Ἄϊς, Ἄϊδος, att. Ἅιδης, Ἅιδου, lat. Pluto, Sohn des Kronos und der Rhea, Bruder des Zeus, Gemahl der Persephone (s. d.), Beherrscher der Unterwelt. Seine Wohnung ist der Aufenthaltsort der Toten. In der Odyssee (Gesänge κ und λ) erscheint die Unterwelt als eine sich weithin vertiefende, dunkle Gegend mit Bergen, Wäldern und Gewässern. Der Eingang wird vom Hund Kerberos bewacht. Vier Flüsse durchströmen das Schattenreich: der Acheron, Periphlegeton, Kokytos und die Styx.

Αἰθίοπες *(Brandgesichter,* von αἴθειν und ἡ ὄψ), Volk, das im äußersten Südosten des die Erdscheibe umfließenden Okeanos (s. d.) wohnt. Da die Äthiopen sehr opferfreudig sind, weilen die Götter gern bei ihnen.

Αἴθρη, Tochter des Pittheus, Gemahlin des Aigeus und Mutter des Theseus. Als Theseus einmal Helena geraubt hat, befreien sie ihre Brüder Kastor und Polydeukes und nehmen Aithra gefangen. So wird sie Dienerin Helenas, erst in Sparta, später in Troja.

Αἴπεια *(Hochstadt),* nicht sicher zu lokalisierende Stadt in Messenien.

Αἰτωλοί, Bewohner der westgriech. Landschaft Aitolien zw. Akarnanien, Lokris und Epirus. Ihre Hauptstadt heißt Kalydon (s. d.).

Ἀκταίη *(die an der Küste Wohnende),* eine Nereïde.

Ἄκτωρ *(Führer),* Vater des Menoitios, Großvater des Patroklos.

Ἀλέξανδρος *(der Männerabwehrende),* anderer Name des Paris (s. d.).

Ἀλθαίη, Tochter des Thestios, Schwester der Leda, Gemahlin des Oineus (s. d.), Mutter Meleagers (s. d.).

Ἁλίη *(die im Meer Wohnende),* eine Nereïde.

Ἄλκιμος (wohl Kurzform für Ἀλκιμέδων), Sohn des Laërkes, einer der fünf Führer der Myrmidonen.

Ἀλκμήνη (StB II), Tochter des Elektryon, des Königs von Mykenai, Gemahlin des Amphitryon in Theben, Mutter des Herakles von Zeus, des Iphikles von Amphitryon.

Ἀλκυόνη, s. Κλεοπάτρη.

Ἄλτης, König der Leleger zu Pedasos (Φ 85–87), Vater der Laothoë (s. d.).

Ἀμαζόνες, αἱ, streitbares Frauenvolk der mythischen Vorzeit, als deren Heimat in der ältesten Zeit die Ebene von Themiskyra am Fluss Thermodon (zw. Sinope und Trapezunt) in Kappadokien gilt. Bei ihnen werden Männer nur zur Erhaltung des Geschlechts geduldet. Politik und Kriegführung liegen in der Hand der Frauen. Sie kämpfen zu Pferd und mit Pfeil und Bogen. Sie wurden in Griechenland gern in der Plastik und auf Vasenbildern dargestellt.

Ἀμάθεια, eine Nereïde.

Ἀμυδών, -ῶνος, Stadt in Paionien am Axios (s. Παίονες).

Ἀμύντωρ *(Abwehrer)*, Sohn des Ormenos (daher Ὁρμενίδης), Vater des Phoinix (s. d.).

Ἀμφιδάμας, Mann aus Opus (s. d.), dessen Sohn von Patroklos (s. d.) erschlagen wurde.

Ἀμφιθόη *(die sehr Schnelle)*, eine Nereïde.

Ἀμφινόμη, eine Nereïde.

Ἀνδρομάχη (StB IV) *(Manneskämpferin)*, Tochter des Eëtion (s. d.), des Königs im kilikischen Thebe (s. Karte), Gemahlin Hektors, Mutter des Astyanax. Einer späteren Sage zufolge fällt sie nach der Eroberung Trojas dem Neoptolemos zu.

Ἄνθεια, Stadt in Messenien, viell. das spätere Thuria.

Ἀντηνορίδης, Patronymikon des Helikaon (Γ 123) und Koon (Τ 53).

Ἀντήνωρ, Gemahl der Priesterin Theano, Vater des Helikaon und Koon, einer der weisesten Fürsten der Troer, der vergeblich zur Rückgabe Helenas und ihres Eigentums an die Griechen rät.

Ἀντίλοχος, ältester Sohn des Nestor und der Eurydike, ein ausgezeichneter Krieger und vertrauter Freund Achills.

Ἀξιός, Fluss in Makedonien, der in den thermäischen Meerbusen mündet. Er heißt heute Wardar.

Ἀπόλλων, auch Φοῖβος Ἀπόλλων, Sohn des Zeus und der Leto (Α 9), Bruder der Artemis. Beide sind Todesgottheiten, die mit ihren Geschossen den Menschen den Tod bringen. Apollon ist (auch) Gott des Lichtes, der Gesundheit, der Weissagung (in Delphi, bei Homer: Pytho), der Dichtung und Musik. Geboren ist er auf Delos, wird verehrt in Chryse, Kyllene und auf Tenedos (s. Karte). Er steht auf der Seite der Troer und schützt Hektor.

᾽Αργεῖοι, zunächst die Bewohner von Argos bzw. des Reiches um Argos, bei Homer stets Name für alle Griechen (vgl. ᾽Αχαιοί und Δαναοί).

᾽Αργεῖος, *argeiisch, aus Argos* (s. d.).

῎Αργος, -εος, 1. Hauptstadt der Argolis am Inachos, zur Zeit des troischen Krieges Herrschersitz des Diomedes. 2. Das von Agamemnon beherrschte Gebiet (Α 30). 3. ῎Αργος ᾽Αχαιϊκόν, die gesamte Peloponnes (Ι 283). 4. ῎Αργος Πελασγικόν, die thessalische Ebene am Peneios oder ganz Thessalien.

᾽Αρήϊος, *den Ares* (s. d.), d. h. *den Krieg betreffend, kriegerisch.*

῎Αρης, -εος und -ηος (StB I), lat. Mars, Sohn des Zeus und der Hera, Geliebter der Aphrodite, Gott des Krieges und wilden Schlachtgetümmels. Seine Heimat ist Thrakien. In Griechenland besaß er nur wenige Kulte und Kultstätten. In der Ilias steht er bald auf der Seite der Troer, bald auf der der Griechen. – Die Verehrung des Ares ist bereits für das mykenische Hellas bezeugt: auf den Linear B-Täfelchen von Knossos heißt er A-re.

῎Αρπυια, gew. Pl. ῎Αρπυιαι (*die Raffenden,* zu ἁρπάζειν), drei oder vier Sturmdämonen, die den Windgöttern Zephyros und Boreas nahestehen. Man stellte sie sich meist halb vogel-, halb menschengestaltig und hässlich vor. Ihre wechselnden Namen weisen auf den schnellen Sturmwind hin.

῎Αρτεμις, -ιδος, lat. Diana, Tochter des Zeus und der Leto, Zwillingsschwester des Apollon, eigtl. Mondgöttin (während Apollon Licht- und Sonnengott ist), doch bei Homer Göttin der Jagd und der Natur. Sie führt Pfeil und Bogen. Mit Apollon erlegt sie die Kinder der Niobe (Ω 606). Sie ist jungfräulich und schön. Ihr Lieblingsaufenthalt sind waldreiche Gebirge wie der Erymanthos in Arkadien und der Taygetos in Lakonien. Sie ist auch

Todesgöttin; denn ihr wird auch der plötzliche Tod von Frauen zugeschrieben (Z 428). – Die Verehrung der Artemis ist durch die Linear B-Täfelchen bereits für das mykenische Griechenland bezeugt: A-te-mi-to (Gen.) und A-ti-mi-te (Dat.).

Ἄσιος (StB IV), Sohn des Phrygers Dymas, Bruder der Hekabe, von Aias getötet.

Ἀστυάναξ, -κτος (StB IV), *(Stadtbeherrscher, -beschützer)*, Beiname des Skamandrios (s. d.), den die Troer ihm zu Ehren Hektors geben.

Ἄτη *(Verblendung, zu* ἀάεσθαι *betören, verblenden)*, personifizierte Unheilsgöttin, Tochter des Zeus. Sie hat zarte Füße und schreitet rasch über die Köpfe der Menschen dahin. Ihr wirken die Litai (s. d.) entgegen.

Ἀτρεΐδης, Patronymikon von Agamemnon und Menelaos.

Ἀτρεῖων, Patronymikon von Agamemnon und Menelaos.

Ἀτρεύς (StB III), Sohn des Pelops (s. d.) und der Hippodameia, Bruder des Thyestes (s. d.), König von Mykenai. Von den Gräueltaten der Brüder gegeneinander weiß Homer noch nichts. Atreus ist Vater des Agamemnon und des Menelaos (daher Atreïden).

Ἀτρυτώνη, uralter, nicht zweifelsfrei geklärter Beiname Athenes (viell. *die Unermüdliche*).

Αὐτομέδων, Sohn des Diores aus Skyros, Wagenlenker Achills.

Αὐτόνοος, ein von Patroklos getöteter Troer.

Ἀφροδίτη (StB I), lat. Venus, Tochter des Zeus und der Dione, Göttin der Liebe und Schönheit. In der Odyssee ist sie die Gemahlin des hinkenden Hephaistos (s. d.), den sie jedoch mit Ares betrügt. Infolge des Urteils des Paris (s. d.) begünstigt sie die Troer im Kampf.

Ἀχαιικός, *achäisch*, s. Ἄργος 3.

Ἀχαιΐς, -ίδος, 1. Adj. fem.: *achäisch*. 2. Subst.: *Achäerin*.

Ἀχαιοί, *Achäer* 1. Name des mächtigsten griech. Stammes zur Zeit des troischen Krieges, in Thessalien und auf der Peloponnes ansässig. 2. Bei Homer bezeichnet der Name in der Regel alle Griechen (vgl. Ἀργεῖοι und Δαναοί).

Ἀχελώϊος (viell. *Wasser*), Fluss in Phrygien, der auf dem Sipylos (s. d.) entspringt, später Ἀχέλης genannt.

Ἀχι(λ)λεύς, Enkel des Aiakos (daher Αἰακίδης), Sohn des Peleus (daher Πηλεΐδης, Πηλεΐων oder Πηληϊάδης) und der Meernymphe Thetis, Vater des Neoptolemos, der tapferste der griech. Helden vor Troja. Er wird von Cheiron und Phoinix unterrichtet. Nach einem Götterbeschluss darf er zw. einem langen, aber ruhmlosen und einem kurzen, aber ruhmvollen Leben wählen (I 410–416); er zieht das Letztere vor.

Nestor und Odysseus holen ihn aus dem Haus seines Vaters nach Troja. Er ist Führer der Myrmidonen, Hellenen und Achaier (im engeren Sinn). Während der Belagerung von Ilios zerstört er 23 Städte im troischen Land, unter diesen auch Lyrnessos (s. Karte), wo er Briseïs (s. d.) erbeutet, die ihm Agamemnon widerrechtlich entreißt. Daher zieht er sich grollend vom Kampf zurück.

Ἀψευδής *(die Truglose)*, eine Nereïde.

Βαλίος *(Schecke)*, unsterbliches Ross Achills, s. Ξάνθος.

Βορέης, Gen. Βορέαο und Βορέω, att. Βορέας, Nordwind, einer der vier Hauptwinde bei Homer. Er „wohnt" in Thrakien (Ψ 230) und ist meist stürmisch. Im Winter bringt er Kälte und Schnee.

Βριάρεως *(der Wuchtige)*, hundertarmiger Meerriese, Sohn Poseidons (?), bei den Menschen Αἰγαίων genannt.

Βρισεύς, König der Leleger in Pedasos in der Troas (s. Karte), Vater der Briseïs (s. d.).

Βρισηΐς, eigtl. Adj. fem. zu Βρῖσα, einer Stadt auf Lesbos (s. Karte), Tochter des Briseus. Nach den Scholien zu Α 392 heißt sie *Hippodameia*. Sie ist Sklavin und Geliebte Achills, nachdem er bei der Eroberung von Lyrnessos

(s. d.) ihren Gemahl Mynes und ihre Brüder erschlagen hat (T 291–296). Agamemnon raubt sie ihm (A 184), sendet sie aber nach seiner Aussöhnung wieder zurück (T 246).

Γαῖα (StB I), lat. Tellus, die Erde als Göttin.

Γαλάτεια *(die Glänzende)*, eine Nereïde.

Γῆ, s. Γαῖα.

Γλαύκη *(die Schimmernde)*, eine Nereïde.

Γλαῦκος, Sohn des Hippolochos, ein Heerführer und tapferer Held der Lykier.

Δαναοί, eigtl. die Untertanen des Königs Danaos von Argos, bei Homer stets die Einwohner des Reiches Argos, d. h. die Griechen insgesamt (vgl. ᾿Αργεῖοι und ᾿Αχαιοί).

Δαρδανίδες, *die Dardanerinnen*, s. Δάρδανοι und Δάρδανος.

Δαρδανίδης, Sohn oder *Nachkomme des Dardanos* (s. d.).

Δαρδάνιος, *dardanisch, von Dardanos* (s. d.) *herrührend* oder *nach Dardanos benannt*; πύλαι Δαρδάνιαι, s. Σκαιαὶ πύλαι.

Δάρδανοι, *Dardaner* (s. Karte), eigtl. Bewohner der von Dardanos (s. d.) am Fuß des Idagebirges (s. Karte) gegründeten (Y 216), jedoch früh untergegangenen und nicht sicher zu lokalisierenden Stadt Dardanië. Nach dem Geographen *Strabon*, einem Zeitgenossen des Kaisers Augustus, fand sich keine Spur mehr von ihr (XIII 592).

Δάρδανος, 1. (StB IV) Sohn des Zeus und einer sterblichen Frau (später gab man ihr den Namen Elektra), zieht – einer späteren Überlieferung zufolge – von Arkadien (Peloponnes) nach Samothrake (Insel vor der thrakischen Küste) und von da nach Kleinasien, wo er die Stadt Dardanië erbaut. Sie ist die Mutterstadt Trojas. Darum gilt Dardanos als der Stammvater der Troer und des troischen Königshauses. Priamos heißt als sein Ururenkel Δαρδανίδης.

2. Adj.: *dardanisch*, d. h. *troisch*.

Δεξαμένη *(die Aufnehmende)*, eine Nereïde.

Δηΐφοβος (StB IV), Sohn des Priamos und der Hekabe, einer der herausragenden troischen Helden.

Διομήδη, Tochter des Phorbas aus Lesbos (s. Karte), Sklavin und Geliebte Achills.

Διομήδης, Sohn des Tydeus (daher Τυδείδης) und der Deïpyle, Gemahl der Aigialeia, der Tochter des argeiischen Königs Adrastos. Nach dessen Tod wird er König der Stadt Argos. Er zieht mit 80 Schiffen nach Troja (B 567f.). Diomedes gehört zu den tapfersten Helden. Mit dem Lykier Glaukos (s. d.) tauscht er die Rüstung (Z 230). Nach dem Fall Trojas kehrt er glücklich nach Argos zurück.

Δόλοπες, Volksstamm in Thessalien, westlich von Phthia.

Δρύας, ein Lapithe, s. Πειρίθοος.

Δύμας, -αντος (StB IV), ein Phryger, Vater des Asios und der Hekabe.

Δυναμένη *(die Mächtige)*, eine Nereïde.

Δύσπαρις, *Unglücksparis* (s. Paris).

Δωδωναῖος, Beiname des Zeus von Dodona (s. d.).

Δωδώνη, Stadt in Epirus, uralter Orakelsitz des Zeus, dessen Mittelpunkt die heilige Eiche des Zeus bildete, an deren Fuß eine Quelle sprudelte. Die älteste Art der Weissagung bestand in der Deutung des Rauschens der Eiche, des Gemurmels der Quelle sowie des Fluges und Rufes der heiligen Tauben (*Herodot* II 55).

Δωρίς *(die Schenkende)*, eine Nereïde, Gemahlin des Nereus und Mutter der Thetis (s. d.).

Δωτώ *(die Spenderin)*, eine Nereïde.

Εἰλείθυια, gew. Pl. (StB I), die Geburtsgöttinnen, Töchter des Zeus und der Hera. Sie senden bittere Schmerzen, helfen aber andererseits den Gebärenden und beschleunigen die Geburt (T 103). Der Name ist kretisch-minoischen Ursprungs und bereits auf den Linear B-Täfelchen (s. zu A 7) von Knossos (als e-re-u-ti-ja) belegt. Nach *Pausanias* I 18, 5 „glaubten die Kreter, Eileithyia sei in Amnisos im Gebiet von Knossos geboren und eine Tochter der Hera". Das Wort Εἰλείθυια gehört etymologisch möglicherweise zum Namen Ἔλευσις, einem Ort, wo die Frauen- und Muttergöttin Demeter verehrt wurde.

Ἑκάβη (StB IV), lat. Hecuba, Tochter des Dymas, eines Königs in Phrygien (s. Karte), Gemahlin des Priamos. Nach der Eroberung Trojas fällt sie in die Hände des Odysseus.

Ἑκτορίδης, Patronymikon des Skamandrios (s. d.).

Ἕκτωρ, -ορος (StB IV) (*der Halter, Schirmer,* von ἔχειν), ältester Sohn des Königs Priamos (daher Πριαμίδης) und der Hekabe, Gemahl der Andromache und Vater des Skamandrios. Er ist der herausragende Held und Anführer der Troer. Vor den Toren Trojas tötet er Patroklos (Gesang Π). Er fällt im Kampf mit Achill, der den toten Hektor an seinen Wagen bindet und ins Lager schleift (Gesang X). Zuletzt gibt Achill den Leichnam dem greisen Priamos zurück (Gesang Ω).

Ἔλασος (*der Treiber,* zu ἐλᾶν), ein von Patroklos getöteter Troer.

Ἑλένη (StB III und IV), Tochter des Zeus und der Leda, Schwester der Dioskuren (Kastor und Polydeukes) und der Klytaimnestra, Gemahlin des Menelaos, Mutter der Hermione, die schönste Frau ihrer Zeit. Sie wird von Paris, dem Sohn des Priamos, nach Troja entführt und dadurch zum Anlass des Krieges. Nach Zerstörung Trojas kehrt sie mit Menelaos nach Sparta zurück. Ἑλικάων (StB IV), Sohn des Troers Antenor, Gemahl der Laodike.

Ἑλλάς, -άδος, ἡ, Landschaft in Südthessalien zw. dem Asopos und Enipeus, in Verbindung mit Phthia (I 395) das Herrschaftsgebiet des Peleus (s. d.). Seit etwa dem 7. Jh. v. Chr. dient der Name zur Bezeichnung ganz Griechenlands.

Ἑλλήσποντος (*Meer der Hella*, der Tochter des Athamas, die hier abstürzte und ertrank), Meerenge, die die Ägäis (im Südwesten) und die Propontis (im Nordosten) miteinander verbindet, jetzt auch Dardanellen genannt (s. Karte). Sie ist ca. 65 km lang und 5–6 km breit, die schmalste Stelle etwa 1200 m.

Ἐνόπη, Stadt im Grenzgebiet zw. Lakonien und Messenien, nach *Pausanias* (III 26,8) die gew. Γερηνία genannte Stadt.

Ἐνυάλιος (viell. *der Mörderische*), ein vorgriech. Kriegsgott, später mit Ares (s. d.) gleichgesetzt.

Ἐνυεύς, Sohn des Dionysos und der Ariadne, sagenhafter Gründer und Herrscher von Skyros (s. d.).

Ἐξάδιος, ein Lapithe, s. Πειρίθοος.

Ἐπίστωρ, ein von Patroklos getöteter Troer.

Ἔρεβος,τό, (*Finsternis, Dunkel* der) Unterwelt, die von Hades (s. d.) und Persephone (s. d.) beherrscht wird und in der die Seelen der Verstorbenen ihr wesenloses Schattendasein führen.

Ἐρινύς, -ύος,ἡ, Pl. Ἐρινύες, Akk. -ύας und -ῦς (viell. *die Zornigen*, zu ἐρινύειν). Das Wort erscheint bereits auf mehreren Linear B-Täfelchen von Knossos als e-ri-nus. Die *Erinyen* sind die Rächerinnen aller Freveltaten, die die heiligsten Pflichten des Menschen verletzen, z. B. Mord, Meineid, Vergehen gegen die Eltern und Gastfreunde. Sie hausen im Dunkel der Unterwelt (im Erebos, s. d.) und strafen den Verbrecher mit Tod, Wahnsinn oder einem anderen Unheil (hier Kinderlosigkeit). Bei *Homer* erfahren wir nichts über ihre Zahl, Gestalt und Namen. Nach *Hesiod* (Theog. 183ff.) gebar Gaia sie aus den Blutstropfen des verstümmelten Uranos. Später erscheinen sie oft in der Dreizahl. Ihre Namen lauten Tisiphone *(Mörderin),* Megaira *(Neiderin)* und Alekto *(die nie Ablassende).* Dargestellt werden sie mit furchterregenden Schlangenhaaren und Geißeln. Ihr bekanntestes Opfer ist Orestes in der Orestie des *Aischylos*. Vgl. auch *Schillers* Ballade „Die Kraniche des Ibykus".

Ἑρμείας, att. Ἑρμῆς, Gen. Ἑρμείαο, -είω oder -οῦ, Dat. -είᾳ, -ῇ, Akk. -είαν, -ῆν oder -ῃ, Vok. -εία, lat. Mercurius, Hermes, Sohn des Zeus und der Atlastochter Maia, geboren auf dem Berg Kyllene in Arkadien. Hermes ist ein sehr alter Gott, wie die zahlreichen, z. T. noch nicht geklärten Beinamen in den hom. Gedichten beweisen. Als Götterbote geleitet er die Göttinnen Hera, Athena und Aphrodite zu Paris. Er ist aber auch Wegführer und Beschützer der Wanderer (daher διάκτορος) und Schirmherr der Händler und Diebe (!) sowie der Herden und Hirten und als solcher Spender des Gedeihens. Als Seelengeleiter erscheint er in der Odyssee. – Dargestellt wird er mit breitkrempigem Hut (ὁ πέτασος), geflügelten Sandalen (τὰ πέδιλα) und mit einem vergoldeten Zauberstab. Mit ihm kann er Menschen einschläfern und wieder erwecken. Später wird aus dem Zauberstab ein Heroldstab (τὸ κηρυκεῖον).

Εὐηνίνη, *Tochter des Euenos*, d. h. Marpessa (s. d.).

Εὖρος, Südostwind, stürmisch, einer der vier Hauptwinde bei Homer.

Εὐρυβάτης, 1. Herold Agamemnons vor Troja (A 320).
2. Herold des Odysseus, aus Ithaka stammend (B 184).

Εὐρυνόμη *(die weithin Waltende)*, eine Okeanide (vgl. *Hesiod*, Theog. 907f.), die zusammen mit Thetis den vom Olymp verstoßenen Hephaistos im Meer aufnimmt.

Εὐρύπυλος, Sohn des Euaimon, Herrscher von Ormenion in Thessalien. Er zieht mit 40 Schiffen nach Troja (B 736f.). Er wird von Paris verwundet.

Εὐρυσθεύς (StB II), Sohn des Sthenelos und Enkel des Perseus, König in Mykenai. Seine Geburt beschleunigt Hera, damit er (und nicht Herakles) über die Perseïden herrschen solle. So legt er dem Herakles (s. d.) die bekannten zwölf Arbeiten auf.

Εὔφορβος, Sohn des Panthoos (daher Πανθοΐδης), einer der tapfersten Troer, verwundet Patroklos und wird von Menelaos getötet.

Ἐφύρη, nach Z 152f. „Stadt im Winkel des rossenährenden Argos, wo Sisyphos lebte", später mit Korinth gleichgesetzt.

Ἔχεκλος, ein von Patroklos getöteter Troer.

Ζεύς (StB I) < * Δjεύς zum St. διϝ- *leuchten*, Gen. Διός und Ζηνός, Sohn des Kronos (daher Κρονίδης und Κρονίων) und der Rhea, Gemahl der Hera, Vater des Ares und des Hephaistos, des Apollon und der Artemis, der Athene, der Nymphen, der Eileithyien sowie der Helena. Er ist der Mächtigste der Olympier, „der Vater der Götter und Menschen". „Der Name Zeus wird von einer indogermanischen Wurzel div- abgeleitet, die soviel wie ‚Himmel' bedeutet. Verschiedene Bezeichnungen des Himmelsgottes bei anderen indogermanischen Völkern sind mit dem Namen des griechischen Zeus in irgendeiner Form verwandt." [...]

„Den Ausgangspunkt für die Verehrung des Zeus in Hellas bildete wahrscheinlich der Berg- und Wettergott. Man stellte sich vor, dass er auf einem der höheren Berge (Olymp, Ida auf Kreta, Helikon ...) sitze und Wolken sammle, um aus ihnen Regen und Schnee, Blitz und Donner auf die Erde zu senden. Mit diesem in Griechenland mehrfach bezeugten Wettergott verband sich offenbar der von den einwandernden Hellenen mitgebrachte indogermanische Himmelsgott zu dem uns bekannten homerischen Olympier. Denn nach dem höchsten Berg Griechenlands, dem Olympos, nannte sich nun vornehmlich der höchste der griechischen Götter, und wir bezeichnen noch heute die bei Homer voll ausgebildete Religion des Zeus und seiner Götterfamilie als die olympische. Der homerische Zeus als Vater der Götterfamilie erinnert an die patriarchalischen Verhältnisse früh-indogermanischer Zeit. Der machtvoll regierende Blitzgott und Götterkönig, der Siegbringer, wie ihn ebenfalls Homer schildert, trägt Züge des mykenischen Kriegsherrn. Wir dürfen annehmen, dass sein Bild in dieser Zeit geprägt wurde." [*H. Hunger*, S. 431f., s. Literaturverzeichnis]. – Zeus lenkt die Schicksale der Menschen (I 608), stiftet das Königtum, wacht über den Eid, schützt Hof und Familie. Er ist von erhabener Gestalt (A 528–530). Äußere Zeichen seiner Macht sind der Donnerkeil und die Ägis (s. d.).

Ζέφυρος *(der aus dem Dunklen Wehende*, zu ὁ ζόφος *Dunkelheit)*, Westwind, einer der vier Hauptwinde bei Homer. Gewöhnlich ist er rauh und heftig (B 147), bringt Schnee und Regen. Dem Zephyros gebiert die Harpyie Podarge die Rosse Achills, Xanthos und Balios (s. d.).

(Ζήν), Ζηνός usw., s. Ζεύς.

Ἥλιος, att. Ἥλιος (StB I), Sohn des Titanen Hyperion, Bruder der Selene (Mondgöttin) und der Eos (s. d.), der Sonnengott. Er erhebt sich auf seinem Wagen im Osten aus dem Okeanos (s. d.) und senkt sich nach seiner Fahrt über den Himmel am Abend wieder in ihn. Bei Helios schwört man, denn er sieht und hört alles.

Ἠετίων, König von Thebe in Kilikien (s. Karte), Vater Andromaches. Er wird zusammen mit seinen sieben Söhnen von Achill nach Thebes Eroberung getötet (Z 415ff.).

Ἡρακλήειος, *den Herakles betreffend.*

Ἡρακλέης, att. Ἡρακλῆς (StB I und II), lat. Hercules, Sohn des Zeus und der Alkmene, der beliebteste Held der Griechen. – Als die Geburt des Herakles unmittelbar bevorsteht, erklärt Zeus vor den Göttern, dass der demnächst geborene Nachkomme des Perseus über Mykenai herrschen solle. Hera hemmt in ihrer Eifersucht die Geburtswehen Alkmenes und lässt Nikippe, die Gattin des Sthenelos, eines Sohnes des Perseus, ein Siebenmonatskind gebären. So wird Eurystheus Herr von Mykenai, und Herakles ist ihm später lange Jahre untertan und muss die berühmten zwölf Arbeiten vollbringen.

Ἥρη (StB I), lat. Iuno, Here oder Hera, Tochter des Kronos und der Rhea, Schwester und Gemahlin des Zeus. Ihm gebar sie Hebe, Eileithyia, Ares und Hephaistos. Seit dem Urteil des Paris ist sie eine erbitterte Feindin der Troer.

Ἥφαιστος (StB I), lat. Vulcanus, Sohn des Zeus und der Hera, Gott des Feuers, der Schmiede und Handwerker. Da er hässlich und lahm zur Welt kommt (später hat er einen mächtigen Oberkörper und verkrüppelte Beine), wirft ihn Hera vom Olymp ins Meer, wo er von den Nereïden Thetis und Eurynome gepflegt wird (Σ 394–405). Bei einer anderen Gelegenheit schleudert ihn Zeus vom Olymp hinab, weil er seiner Mutter gegen ihn (Zeus) beistehen will. Hephaistos landet auf der Insel Lemnos (Α 590–594). Jedoch kehrt er auf den Olymp zurück, wo er für sich und die übrigen Götter prächtige Paläste baut. Seine Werkstatt befindet sich auf dem Olymp (Σ 369). Später gilt der Ätna als seine Schmiede. Folgende Werke schafft der *kunstberühmte* (Α 571 κλυτοτέχνης) Gott: die Waffen, bes. den Schild Achills (Σ 478–606); Zepter (Β 101) und Ägis (s. d.) des Zeus; das Netz, in dem er Ares und Aphrodite fängt (ϑ 274f.), die in der Odyssee als seine Gemahlin gilt. In der Ilias ist Charis *(Anmut)* seine Gattin (Σ 382ff.). Im troischen Krieg steht Hephaistos auf der Seite der Griechen.

Ἠώς (StB I), Gen. Ἠοῦς, Dat. Ἠοῖ, Akk. Ἠώ, Tochter des Titanen Hyperion, Schwester des Helios und der Selene (*Hesiod,* Theog. 371ff.). Sie ist eine schöne Frau, deren Leib in den Farben Rosenrot, Safrangelb und Gold schimmert. Im Flug oder in einem Wagen legt sie ihre Himmelsbahn zurück. Jeden Morgen erhebt sie sich von dem Lager des Tithonos (s. u.) oder aus der Flut des Okeanos (s. d.), um den Göttern und Menschen das Licht zu bringen (T 1f.). – Sie raubt den sterblichen Tithonos, macht ihn zu ihrem Gemahl und erbittet für ihn Unsterblichkeit von Zeus, vergisst aber die Bitte um ewige Jugend. Daher schrumpft er mit zunehmendem Alter mehr und mehr zusammen und wird sprichwörtlich für das Beispiel höchsten Alters.

Θάλεια *(die Blühende)*, eine Nereïde.

Θάνατος, Todesgott, Zwillingsbruder des Schlafes.

Θερσίτης *(Frechling)*, der hässlichste Grieche vor Troja, hetzt in der Heeresversammlung gegen Agamemnon und wird deshalb von Odysseus gezüchtigt (B 212–277).

Θεστορίδης, Patronymikon des Kalchas.

Θέτις, -ιδος, Tochter des Nereus und der Doris, die Bekannteste der Nereïden. Zeus und Poseidon werben um sie. Als aber Themis weissagt, der Sohn der Thetis werde stärker sein als sein Vater, wird sie von den Göttern gezwungen, den sterblichen Peleus zu heiraten (Σ 84f.). Ihre Hochzeit feiern sie in Gegenwart aller olympischen Götter. Sie wird Mutter Achills. Während des trojanischen Krieges hält sie sich nicht bei ihrem Gatten auf, sondern bei ihrem Vater in den Tiefen der Ägäis (s. Nereus).

Θήβη und Θῆβαι,
1. die „siebentorige" Hauptstadt Böotiens.
2. Θῆβαι Αἰγύπτιαι (I 381f.), Hauptstadt von Oberägypten am Nil, berühmt durch ihren Reichtum.
3. Stadt in der Troas, an der Grenze von Mysien, von Kilikern bewohnt (s. Karte). Sie liegt am Fuß des Berges Plakos (daher Ὑποπλακίη) und ist Residenz des Eëtion, des Vaters von Andromache. Thebe wird von Achill erobert und zerstört.

Θησεύς, Sohn des Aigeus (daher Αἰγεΐδης) und der Aithra, König Athens und attischer Nationalheros. Bei der Hochzeit des Peirithoos (s. d.) unterstützt er diesen im Kampf gegen die Kentauren.

Θόη *(die Schnelle)*, eine Nereïde.
Θρασύμηλος, Wagenlenker des Sarpedon (s. d.), von Patroklos getötet.
Θρηΐκιος, *thrakisch*; Θρηΐκιος πόντος, *das thrakische Meer*, der nördliche Teil der Ägäis.
Θυέστης (StB III), Sohn des Pelops, Bruder des Atreus (s. d.), dem er in Mykenai als König folgt (B 106).
Θυμοίτης, ein angesehener Troer.
Ἴαιρα *(die Erfreuende)*, eine Nereïde.
Ἰάνασσα, eine Nereïde.
Ἰάνειρα, eine Nereïde.
Ἰδαῖος, Herold der Troer, Wagenlenker des Priamos.
Ἴδη, *das Idagebirge* (s. Karte), hoch und zerklüftet (Χ 171). Es beginnt in Phrygien und erstreckt sich durch Mysien. Von Troja ist es ca. 50 km entfernt. Der höchste Gipfel ist der Gargaros (1770 m), auf dem Zeus einen heiligen Bezirk mit einem Altar besitzt (Θ 48 und Χ 171). Auf dem Ida erfolgt das Urteil des Paris (s. d.).
Ἴδης, -εω, Sohn des Aphareus, Zwillingsbruder des Lynkeus, Vater der Kleopatra (s. d.), aus Messene. Idas entführt Marpessa (s. d.) gewaltsam aus Aitolien. Da auch Apollon sich in sie verliebt und sie geraubt hat, tritt ihm Idas mit dem schussbereiten Bogen entgegen und zwingt den Gott, auf das Mädchen zu verzichten.
Ἰδομενεύς, Sohn des Deukalion, Enkel des Minos, des Königs von Kreta. Als guter Freund der Atriden nimmt er mit 80 Schiffen am Feldzug gegen Troja teil (B 652). Hier zeichnet er sich durch seine Tapferkeit aus, kehrt glücklich nach Hause zurück.
Ἰθάκη, eine kleine Insel im Ionischen Meer östlich von Kephallenia oder Same, nach den alten und vielen neueren Autoren das heutige Theaki, nach W. Dörpfeld u. a. das heutige Leukas. Ithaka ist die Heimat des Odysseus.
Ἰθακήσιος, Adj. zu Ithaka (s. d.).

Ἰκάριος, *den Ikaros betreffend*. Das Ikarische Meer (πόντος Ἰκάριος, B 145), an der Südwestküste Kleinasiens gelegen, war wegen häufiger Stürme berüchtigt. Der Sage zufolge ist es (zusammen mit der nahen Insel Ikaria) nach Ikaros, dem Sohn des Daidalos, benannt, der hier tödlich abstürzte.

Ἰκετάων (StB IV), Sohn des Laomedon, Bruder des Priamos, ein angesehener Troer.

Ἴλιος, ἡ, 1. nach dem Gründer Ilos genannte uralte Stadt in der Landschaft Troas im Nordwesten Kleinasiens auf dem Hügel Hissarlik, Herrschersitz des Priamos (s. Karte). Das historische Troja wurde 1868 von *H. Schliemann* wiederentdeckt. Es beherrschte den Handelsweg vom Hellespont zum Schwarzen Meer. Homers Troja wurde etwa 1200 v. Chr. zerstört (s. Einleitung S. 26ff.).
2. Gegend um diese Stadt.

Ἰρή, Stadt in Messenien, nicht zweifelsfrei lokalisiert.

Ἶρις, -ιδος *(Regenbogen)*, geflügelte Götterbotin, die die Befehle und Botschaften der olympischen Götter, vor allem des Zeus und der Hera, überbringt. Bereits in der Odyssee ist sie durch den Götterboten Hermes (s. d.) völlig verdrängt.

Ἰφιάνασσα (StB III) *(mächtige Herrscherin)*, Tochter des Agamemnon und der Klytaimnestra, in der Tragödie heißt sie gew. Ἰφιγένεια. Von ihrer Opferung in Aulis weiß Homer noch nichts.

Ἶφις, -ιος, Tochter des Enyeus (s. d.) aus Skyros, Sklavin und Geliebte des Patroklos.

Καινεύς, ein Lapithe, s. Πειρίθοος.

Καλλιάνασσα, eine Nereïde.

Καλλιάνειρα, eine Nereïde.

Καλυδών, -ῶνος, uralte Hauptstadt der Aitoler (s. d.) am rechten Ufer des Euenos, berühmt durch die Kalydonische Jagd. – Von dänischen und griechischen Archäologen ist das sog. Laphrion, das Heiligtum von Apollon und Artemis mit drei archaischen Tempeln (um 600 v. Chr.), vor dem Westtor der Stadt ausgegraben worden. Erhalten ist auch der große hellenistische Mauerring aus dem frühen 3. Jh.

Κάλχας, -αντος, Sohn des Thestor (daher Θεστορίδης), berühmter Vogelschauer und Priester. Als Achill neun Jahre alt ist, sagt er voraus, ohne Achills und Philoktets Hilfe könne Troja nicht eingenommen werden. In Aulis prophezeit er, der Krieg werde zehn Jahre dauern (B 322–329). Als die Flotte wegen einer Windstille nicht von Aulis absegeln kann, verkündet er (einer späteren Sage zufolge), Agamemnons Tochter Iphigenie müsse aus Mykene herbeigeholt und geopfert werden, um den Zorn der Artemis zu besänftigen.

Καρδαμύλη, Stadt am Golf von Messene.

Κάστωρ, Sohn des Königs Tyndareos oder des Zeus und der Leda, sterblicher Bruder des Polydeukes (zusammen: die Dioskuren) und der Helena, berühmter Rosselenker. Die Dioskuren nehmen an der Kalydonischen Jagd und dem Argonautenzug teil. „Als die *Dioskuren* von ihren messenischen Vettern, den Aphareten Lynkeus und Idas, zur Hochzeit geladen sind, bemächtigen sie sich der beiden Bräute, Phoibe und Hilaeira, der Töchter des Leukippos. Es kommt zum Kampf, in dem Kastor von der Hand des Idas fällt, während Polydeukes den Lynkeus tötet; Zeus erschlägt den Idas mit einem Blitzstrahl. Polydeukes wird in den Olymp aufgenommen, erbittet aber von Zeus die Erlaubnis, mit seinem sterblichen Bruder beisammenbleiben zu dürfen. So verbringen die Dioskuren abwechselnd je einen Tag im Olymp und einen Tag in der Unterwelt. – Die Verehrung der Dioskuren ging von Sparta aus, wo sie beheimatet sind, verbreitete sich aber über ganz Griechenland und auch über Italien. Im alten Glauben wurden sie oft als ‚Schimmelreiter' angerufen. [...] Der Glaube an ein göttliches Zwillingspaar als Nothelfer war indogermanisches Gemeingut. So galten auch die Dioskuren als Helfer der Menschheit, als ritterliche Schirmherren im Kampf, besonders aber als Retter in Seenot. [...] Später wollte man sie in dem Tierkreiszeichen Zwillinge am Himmel erkennen." *H. Hunger,* S. 115f., s. Literaturverzeichnis.

Κεβριόνης, unehelicher Sohn des Priamos, Wagenlenker Hektors, von Patroklos getötet. Der Name erinnert an den troischen Bach- und Ortsnamen Kebren.

Κίλικες, *die Kiliker,* im nachmaligen Großphrygien sesshaft. Sie werden in zwei Reichen mit den Hauptstädten Thebe (s. d.) und Lyrnessos (s. d.) beherrscht (s. Karte). Später wandern sie in das nach ihnen benannte Land im Südosten Kleinasiens ein.

Κίλλα, kleine Stadt in der südlichen Troas (s. Karte).

Κλεοπάτρη, Tochter des Idas und der Marpessa, Gemahlin des Meleager (s. d.). In Erinnerung an das Schicksal ihrer Mutter Marpessa (s. d.) nennt man sie auch Alkyone *(Meereisvogel),* da diese (Marpessa) während ihres erzwungenen Aufenthaltes bei Apollon dem Idas so nachtrauerte, wie das Weibchen des Meereisvogels wehmütige Klagetöne ausstößt, wenn es das Männchen oder die Jungen verliert (I 561–564).

Κλυμένη, 1. eine Nereïde (Σ 47). 2. Dienerin der Helena (Γ 144).

Κλυταιμνήστρη (StB III), Tochter des Tyndareos und der Leda, Schwester der Helena, Gemahlin Agamemnons (s. d.).

Κλυτίος (StB IV), Sohn des Laomedon, Bruder des Priamos, ein troischer Geront.

Κουρῆτες, urspr. in Aitolien ansässiger Volksstamm mit der Hauptstadt Pleuron (B 639). Er wird von den Aitolern nach Akarnanien vertrieben. Deshalb greifen die Kureten diese in ihrer Hauptstadt Kalydon an (I 529ff.).

Κόων, Sohn des Antenor, ein Troer.
Κρῆτες, Einwohner der Insel Kreta (s. d.).
Κρήτη, *Kreta*, große Insel im Mittelmeer, die die Ägäis im Süden begrenzt. Im 2. Jahrtausend v. Chr. blühte hier die sog. Minoische Kultur. Zu Homers Zeit war Kreta dicht besiedelt, denn er nennt die Insel *hundertstädtig* (ἑκατόμπολις, B 649).
Κρονίδης, Patronymikon des Zeus.
Κρονίων, Patronymikon des Zeus.
Κρόνος (StB I), lat. Saturnus, Sohn des Uranos und der Gaia, Gemahl der Rhea, Vater des Zeus, Poseidon, Hades, der Hera, Demeter und Hestia. Vor Zeus beherrschte er das Weltall, bis er von seinen Söhnen entthront und mit den Titanen in den Tartaros gestürzt wurde. Die Söhne teilten das Reich des Vaters unter sich auf.
Κυμοδόκη *(die Wogenaufnehmende)*, eine Nereïde.
Κυμοθόη *(die Wogenschnelle)*, eine Nereïde.
Λαερτιάδης, Patronymikon des Odysseus.
Λακεδαίμων, später Lakonia genannte, zw. dem Parnon- und Taygetosgebirge liegende Landschaft auf der südlichen Peloponnes mit der Hauptstadt Sparta.
Λάμπος (StB IV), Sohn des Laomedon, Bruder des Priamos, ein troischer Geront.
Λαοδίκη, 1. (StB IV) die schönste Tochter des Priamos (Γ 124).
2. (StB III) Tochter des Agamemnon (I 287), bei den Tragikern heißt sie Ἠλέκτρα *die Strahlende*.
Λαοθόη (StB IV), Tochter des Lelegerkönigs Altes, neben Hekabe Gattin des Priamos, Mutter von Lykaon und Polydoros.
Λεσβίς, -ίδος, 1. Adj. fem.: *lesbisch, aus Lesbos stammend*.
2. Subst.: *Lesbierin*.
Λέσβος, ἡ, große Insel in der nordöstlichen Ägäis (s. Karte).

Λῆμνος, ἡ, Insel in der nördlichen Ägäis, wegen des Vulkans Mosychlos ein beliebter Aufenthaltsort des Schmiedegottes Hephaistos (s. d.) und ihm heilig. Als er einmal von Zeus vom Olymp geschleudert wird, fällt er auf Lemnos nieder, wo ihn die Sintier (s. d.) pflegen (A 591-594).

Λητώ, Λητοῦς, lat. Latona, Tochter des Titanen Koios und der Phoibe, von Zeus Mutter des Apollon und der Artemis.

Λιμνώρεια, eine Nereïde.

Λιταί, αἱ, *die (Reue)bitten*, personifiziert als Töchter des Zeus und Schwestern der Ate (s. d.). Der Dichter beschreibt sie als hinkende, runzlige und schielende Mädchen, die hinter der Ate hergehen und wiedergutmachen, was diese verschuldet hat (I 502–514).

Λυκάων (StB IV), Sohn des Priamos und der Laothoë.

Λυκίη, *Lykien*, gebirgige Landschaft an der Südküste Kleinasiens zw. Karien und Pamphylien.

Λύκιοι, Bewohner der Landschaft Lykien (s. d.).

Λυρνησσός, Stadt in Mysien (Troas), im Reich von Thebe 3, Sitz des sagenhaften Königs Mynes (s. Karte).

Μαῖρα *(die Schimmernde)*, eine Nereïde.

Μάκαρ *(der Glückselige)*, Sohn des Aiolos, Herrscher auf Lesbos (s. Karte).

Μάρπησσα, Tochter des Euenos, Gemahlin des Idas (s. d.).

Μεγάδης, Patronymikon des Perimos (s. d.).

Μελάνιππος, ein von Patroklos getöteter Troer.

Μελέαγρος (etwa: *Jägersmann*), Sohn des Oineus, des Königs von Aitolien, und der Althaia. Die ältere und bekanntere (bei *Aischylos, Bakchylides, Ovid* u. a. belegte) Fassung der Sage ist folgende:

Nach seiner Geburt weissagen die Moiren, Meleager werde so lange leben, bis das Holzscheit, das jetzt im Herdfeuer liege, völlig verbrannt sei. Althaia nimmt es sofort aus dem Feuer und verwahrt es sorgfältig.

Als Meleager herangewachsen ist, vergisst Oineus beim Erntefest das Dankopfer für Artemis. Zur Strafe schickt die Göttin einen gefährlichen Eber, der auf den Fluren Kalydons großen Schaden anrichtet. An der Jagd auf dieses Untier („Kalydonische Jagd") nehmen die berühmtesten Helden Griechenlands teil: neben Meleager selbst und den Brüdern seiner Mutter Plexippos und Toxeus die Dioskuren Kastor und Polydeukes, die Apharetiden Idas und Lynkeus, Theseus, Peirithoos, Admetos, Jason, Iphikles, Telamon, Peleus, Amphiaraos, die Jägerin Atalante u. a. Atalante trifft den Eber zuerst, aber seine Wut fordert noch manches Opfer, bis ihm Meleager den Todesstoß versetzt.

Er schenkt Kopf und Haut des Ebers der Atalante, in die er sich verliebt hat. Plexippos und Toxeus nehmen ihr den Siegespreis wieder ab. Darüber kommt es zum Kampf, und Meleager erschlägt die Brüder seiner Mutter. Althaia rächt die Brüder an ihrem Sohn. Sie wirft das schicksalhafte Scheit ins Feuer, worauf Meleager stirbt.

Bei *Homer* ist die Sage von der Kalydonischen Jagd mit dem Krieg zwischen Kalydon und Pleuron verbunden. Nachdem Meleager seinen Onkel erschlagen hat, kommt es zum Kampf zwischen den beiden Städten. Da Althaia ihren Sohn verflucht und Meleager sich vom Kampf zurückzieht, geraten die Kalydonier in ihrer belagerten Stadt in arge Bedrängnis. Erst durch die inständigen Bitten seiner Gattin Kleopatra lässt sich Meleager bewegen, wieder in den Kampf einzugreifen. Er unternimmt einen erfolgreichen Ausfall, kommt aber selbst auf dem Schlachtfeld um (I 529–599).

Μελίτη *(die Honigsüße)*, eine Nereïde.

Μενέλαος (StB III), Sohn des Atreus, Bruder des Agamemnon, König von Lakedaimon (Sparta), Gemahl der Helena, deren Entführung durch Paris die Veranlassung

des Krieges ist. Nach dem Fall Trojas irrt er acht Jahre
umher, ehe er seine Heimat erreicht.

Μενοιτιάδης, Patronymikon des Patroklos.

Μενοίτιος, Vater des Patroklos (s. d.).

Μεσσηΐς, -ίδος, ἡ, nach *Strabo* IX 5,6 eine Quelle bei Hellas in Thessalien, nach *Pausanias* III 20,1 bei Therapne in Lakonien.

Μηριόνης, Sohn des Molos aus Kreta, ein tapferer Held, Freund des Idomeneus (s. d.).

Μοῖρα, die Schicksalsgöttin. Das Wort ist schon durch die Linear B-Täfelchen bezeugt.

Μούλιος, ein von Patroklos getöteter Troer.

Μοῦσα(<* Μόνϑϳα, zu μανϑάνειν, vgl. lat. mens), Tochter des Zeus, Spenderin der Dichtkunst und poetischen Begeisterung. In ω 60 ist die Zahl neun zuerst erwähnt, ihre Namen nennt *Hesiod,* Theog. 76–80. In der *Ilias* (Α 604) singen sie zum Mahl der Götter, und sie werden als Bewohnerinnen des Olymp bezeichnet, die allgegenwärtig und allwissend sind, während die Dichter nichts wissen und nur „dem Gerüchte horchen" (Β 484–492). Später werden sie als Begleiterinnen des Dionysos und Töchter des Zeus und der Mnemosyne *(Erinnerung)* bezeichnet. Nach ihrem Sitz heißen sie auch „Bewohnerinnen des Helikon", eines Berges in Böotien.

Μυγδών, -όνος, Sohn des Dymas, Bruder des Otreus und (den Scholien zufolge) der Hekabe, König in Phrygien. Zu seiner Zeit überfielen die Amazonen das Land.

Μυρμιδόνες, *die Myrmidonen,* ein alter achäischer Volksstamm in Thessalien unter Achills Herrschaft. Sie saßen in Phthia (s. d.), das mit Hellas (s. d.) eine Einheit bildete. Nach einer späteren Sage waren sie unter Peleus aus Aigina eingewandert, wo sie auf das Gebet des Aiakos (des Vaters von Peleus) hin durch Zeus aus Ameisen (μύρμηκες) entstanden waren, um die menschenleere Insel zu bevölkern.

Νεστόρεος, *nestorisch, dem Nestor* (s. d.) *gehörig.*
Νέστωρ, Sohn des Neleus, König von Pylos. Als Greis zieht er noch mit 90 Schiffen in den Krieg, bei den Griechen ist er aufgrund seiner Lebenserfahrung und Redegabe hochangesehen. Sein weiser Rat wurde sprichwörtlich.
Νηλήϊος, Adj. zu Νηλεύς, dem Vater Nestors (s. d.).
Νημερτής *(die Unfehlbare),* eine Nereïde.
Νηρεύς (zum St. σνα- *Fließen, Feuchtigkeit),* Sohn des Pontos *(Meer)* und der Gaia *(Erde),* Gemahl der Doris. Vater von 33 Nereïden (Σ 39–48; dabei handelt es sich wohl um einen späteren Einschub; *Hesiod,* Theog. 240–264 zählt 50 Nereïden auf). Nereus wohnt in der Tiefe der Ägäis zw. Samothrake und Imbros (Ω 78, s. Karte). Homer nennt ihn ἅλιος γέρων (Α 538), jedoch nie mit Namen.
Νηρηΐδες, die Töchter des Nereus (s. d.) und der Doris. Die Nereïden erscheinen als freundliche Meeresnymphen. Sie bilden das Gefolge des Poseidon und der Amphitrite, die selbst den Nereïden angehört. In ihren Namen spiegeln sich die Reize, Schönheiten und Gaben des Meeres wider (Σ 39–48). Die bekannteste Nereïde ist Thetis, die Mutter Achills.
Νησαίη *(Inselbewohnerin),* eine Nereïde.
Νιόβη (StB III), Tochter des Lyderkönigs Tantalos und der Dione, Gattin des thebanischen Königs Amphion. Nach dem schrecklichen Tod ihrer Kinder, deren Zahl unterschiedlich überliefert ist, wird sie in ihrer Heimat am Berg Sipylos (s. d.) im Tmolosgebirge (an der Grenze von Lydien und Phrygien) in einen weinenden Felsen verwandelt (Ω 614–617). Vgl. *Sophokles,* Ant. 823–832; *Ovid,* Met. VI 146–312.
Νότος, Südwestwind, einer der vier Hauptwinde bei Homer. Er ist stürmisch, bringt Niederschläge und Nebel. Daher ist er ein Freund der Diebe und ein Feind der Hirten (Γ 10ff.).

Ξάνθος, 1. Die unsterblichen Rosse Xanthos *(Falbe)* und Balios (s. d.) sind das Hochzeitsgeschenk der Götter an Peleus (s. d) (Π 149).
2. *(gelber Fluss)* = Σκάμανδρος (s. d.) (Ω 693).

Ὀδυ(σ)σεύς, der (einzige) Sohn des Laërtes (daher Λαερτιάδης) und der Antikleia, Gemahl der Penelope, Vater des Telemachos, König des Kephallenierreiches mit dem Stammsitz auf Ithaka, der Held der Odyssee. Er ist wegen seiner Verschlagenheit und Ausdauer berühmt.

Οἰνεύς, Sohn des Portheus, König von Kalydon (s. d.) in Aitolien, Gemahl der Althaia, Vater des Tydeus und des Meleager. Weil er einmal bei einem Ernteopfer die Artemis vergisst, sendet sie ihm zur Strafe einen wilden Eber ins Land.

Ὀλύμπιος, 1. *olympisch*.
2. oft Ep. des Zeus, der auch allein *der Olympier* heißt.

Ὄλυμπος, ep. auch Οὔλυμπος, bis zu 2918 m hohes Gebirge an der Grenze von Thessalien und Makedonien mit mehreren schneebedeckten Gipfeln. Der Olymp ist bei Homer der Wohnsitz der Götter. Auf seiner höchsten Spitze befindet sich der Palast des Zeus, wo sich „die Olympier" zur Beratung versammeln. Auf den niedrigeren Spitzen haben die anderen Götter ihre Paläste.

Ὄνειρος, der personifizierte *Traum*.

Ὀπόεις, -εντος, att. Ὀποῦς, Hauptstadt der (Ost-)Lokrer, Vaterstadt des Patroklos (s. d.). Ihre genaue Lokalisierung an der Bucht von Atalante ist nicht zweifelsfrei erwiesen.

Ὀρέστης (StB III), Sohn von Agamemnon und Klytaimnestra.

Ὀρμενίδης, Patronymikon des Amyntor (s. d.).

Ὀρχομενός, im NW des Kopaisseebeckens in Böotien gelegen, war in der mykenischen Zeit Hauptort des Reiches der Minyer und ein bedeutender Herrschersitz. Davon zeugt das berühmte Kuppelgrab mit einem

Durchmesser von 14 m aus dem 14. Jh. v. Chr. („Schatzhaus des Minyas"). Im sog. Schiffskatalog bildet Orchomenos ein eigenes Reich (B 511–516) neben Böotien (494–510). Sein Reichtum war sprichwörtlich. Als der Kopaissee am Ende des 2. Jahrtausends v. Chr. infolge einer feuchteren Klimaperiode anstieg, verlor Orchomenos einen ansehnlichen Teil seines Bodens und damit seiner wirtschaftlichen Bedeutung und wurde von Theben überflügelt, das seitdem sein ständiger Rivale war und es 364/363 zerstörte.

Ὄσσα, als Botin des Zeus personifiziertes *Gerücht*.

Ὀτρεύς, Sohn des Dymas, Bruder des Mygdon und (den Scholien zufolge) der Hekabe, König in Phrygien (s. d.).

Οὐκαλέγων, troischer Geront.

Οὔλυμπος, s. Ὄλυμπος.

Οὐρανίων, Pl. Οὐρανίωνες, Patronymikon der Söhne des Uranos (= der Titanen), also u. a. des Okeanos und des Kronos (s. StB I). Nach anderen bedeutet das Wort Οὐρανίωνες *die Himmlischen*, d. h. *die im Himmel* (auf dem Olymp) *Wohnenden*.

Παίονες, *die Paioner*, in Makedonien und Thrakien ansässiger Stamm. Bei Homer werden die Paioner vom Axios (s. d.) in Makedonien als Bundesgenossen der Troer erwähnt.

Παλλάς *(Schwingerin des Speeres*, von πάλλειν; nach anderen: *Mädchen)*, Beiname der Athene (s. d.).

Παναχαιοί, *die Gesamtachaier*, anderer Name für den weitverbreiteten Stamm der Achaier.

Πανθοΐδης, Patronymikon des Euphorbos (s. d.).

Πάνθοος, Sohn des Othrys, Vater des Euphorbos und Pulydamas, ein Apollonpriester zu Delphi, von wo ihn Antenor seiner Schönheit wegen entführt. Priamos macht ihn in Troja zum Priester des Apollon. Er zählt zu den Geronten.

Πανόπη *(die Allsehende)*, eine Nereïde.

Πάρις, -ιος (StB IV), auch Ἀλέξανδρος genannt, Sohn des Priamos und der Hekabe. Als die Götter die Hochzeit des Peleus (s. d.) und der Thetis (s. d.) feiern, wirft Eris *(Zwietracht)* einen goldenen Apfel mit der Aufschrift „Der Schönsten" unter die Gäste. Den Streit zwischen Hera, Athene und Aphrodite soll Paris entscheiden. Von den drei Göttinnen, die von Hermes auf den Ida geführt werden, verspricht Hera dem Schiedsrichter Macht, Athene Ruhm, Aphrodite aber die schönste Frau, wenn er ihr den Apfel zuerkenne. Paris entscheidet sich für Aphrodite („Urteil des Paris"). Mit Hilfe der Göttin entführt er Helena (s. d.) aus Sparta nach Troja und verursacht so den Trojanischen Krieg. Im Kampf zeichnet er sich als Bogenschütze aus. In der Ilias erscheint er als schöner, aber feiger Mann. Zweimal bestreitet er einen Zweikampf gegen Menelaos und unterliegt, wird jedoch von Aphrodite gerettet.

Πάτροκλος, Gen. auch Πατροκλῆος, Vok. Πατρόκλεες oder Πατρόκλεις, Sohn des Menoitios(daher Μενοιτιάδης) und der Sthenele. Er flieht als Jüngling wegen Totschlags zu Peleus (Ψ 85–90). Als bester Freund begleitet er Achill in den Troischen Krieg. Zusammen mit ihm bleibt er dem Kampf fern, bis die Troer Feuer auf die Schiffe werfen. In der Rüstung Achills treibt er sie zurück und wird von Hektor getötet (Π). Nach seiner feierlichen Verbrennung und Bestattung veranstaltet Achill prächtige Wettspiele (Ψ).

Πειρίθοος, König der Lapithen in Thessalien. Zu seiner Hochzeit mit Hippodameia lädt er die benachbarten Kentauren ein, halbtierische Unholde, die man sich später mit menschlichem Oberkörper und Pferdeleib vorstellte. Diese versuchen im Rausch, die Frauen der Lapithen zu rauben. Deshalb kommt es zum Kampf (sog. Kentauromachie), in dessen Verlauf sich Peirithoos, Theseus und Nestor auszeichnen. Schließlich siegen die Lapithen. – Wir finden an dorischen Tempeln (bes. der klassischen Zeit) mehrere berühmte Darstellungen der Schlacht, wobei die Niederlage der Kentauren gern als Überwindung der Barbarei gedeutet wurde: z. B. Westgiebel des Zeustempels von Olympia (um 455), Westfries des sog. Theseions (= Hephaisteions) in Athen (um 435).

Πελασγικός, *pelasgisch*, Beiname des Zeus. Die Pelasger galten als die Ureinwohner Griechenlands, die sich von ihrer urspr. Heimat um Dodona (s. d.) über Thessalien, Böotien, Attika und Teile der Peloponnes, bes. Argos und Arkadien, ausgebreitet hatten (s. auch Ἄργος 4).

Πέλοψ, -οπος (StB III), Sohn des Tantalos. Als Pelops herangewachsen ist, kommt er von Phrygien nach Elis zu König Oinomaos und wirbt um dessen Tochter Hippodameia. Im Wagenrennen, bei dem Oinomaos sein Leben verliert, gewinnt er sie und das Reich Elis. Dieses erweitert er später über einen großen Teil der Peloponnes, so dass die Halbinsel nach ihm benannt wird. Seine Söhne sind Atreus und Thyestes.

Πέργαμος, ἡ , die Burg von Ilios.

Πέριμος, Sohn des Megas (daher Μεγάδης), von Patroklos erlegt.

Περσεφόνεια, att. Περσεφόνη(StB I) (viell. <* Φερσε-φόνη *Mordbringerin*), Tochter des Zeus und der Demeter, der Göttin des Ackerbaus. Persephone wird von Hades in die Unterwelt entführt. Demeter irrt auf der Suche nach ihrer Tochter umher, bis ihr Helios von dem Raub berichtet, der mit Wissen des Zeus ausgeführt wurde. Nun zieht sich Demeter zurück und lässt keine Saaten mehr aufgehen. Infolgedessen erhalten die Olympier keine Opfer mehr. Schließlich beugen sie sich dem Druck, und Zeus sendet Hermes in die Unterwelt, Persephone wieder ans Licht emporzuführen. Hades gibt jedoch der scheidenden Gemahlin einen Granatapfel zu essen, um sie dadurch für immer an die Unterwelt zu fesseln. Durch Vermittlung des Göttervaters kommt ein Vertrag zustande: Persephone soll ein Drittel des Jahres bei Hades, zwei Drittel bei den olympischen Göttern zubringen.

Περσηϊάδης, Patronymikon des Sthenelos (s. d.).

Πήδασος, 1. Stadt in Messenien, viell. das spätere Methone (I 294). 2. Stadt am Satnioeis in der Troas (s. Karte), Residenz des Königs Altes (s. d.), von Achill zerstört. 3. ein Ross Achills (Π 152 und 467).

Πηλεΐδης, Patronymikon Achills.

Πηλεΐων, Patronymikon Achills.

Πηλεύς, Sohn des Aiakos (daher Αἰακίδης). Wegen der Ermordung seines Bruders Phokos muss er von Aigina nach Phthia zu Eurytion fliehen. Er heiratet dessen Tochter Antigone und wird Herrscher der Myrmidonen (s. d.). Er nimmt am Argonautenzug sowie an der Kalydonischen Jagd teil. Nach dem Tod Antigones vermählt er sich mit der Nereïde Thetis (s. d.), mit der er Achill zeugt.

Πηληϊάδης, Patronymikon Achills.

Πηλήϊος, *peleïsch*, d. h. *zu Peleus* (s. d.) *gehörig*.

Πηλιάς, -άδος, *pelisch, vom Berg Pelion* (s. d.) *stammend;* Πηλιὰς μελίη, *pelische Lanze,* s. Χείρων.

Πήλιον, hohes, waldreiches Gebirge an der Küste Thessaliens, südlich vom Ossa. Berühmt war es als Heimat des Kentauren Cheiron (s. d.). Noch heute besitzt es größere Eichen-, Kastanien- und Buchenwälder.

Πιτθεύς, Sohn des Pelops, König in Troizen (nordöstliche Peloponnes), Vater der Aithra.

Πλάκος, ἡ, Berg in Mysien, an dem die Stadt Thebe 3 (s. Karte) liegt.

Ποδάργη *(die Fußschnelle),* eine Harpyie (s. d.), von Zephyros Mutter der beiden unsterblichen Rosse Achills.

Πολυδεύκης, lat. Pollux, Sohn des Königs Tyndareos oder des Zeus und der Leda, unsterblicher Zwillingsbruder des Kastor (zusammen: die Dioskuren = *Jünglinge des Zeus*), berühmter Faustkämpfer; s. Kastor.

Πολύδωρος (StB IV), jüngster und liebster Sohn des Priamos und der Laothoë.

Πολύφημος, ein Lapithe, s. Πειρίθοος.

Ποσειδάων (StB I), lat. Neptunus, Sohn des Kronos und der Rhea, Bruder des Zeus, des Hades und der Hera, Gemahl der Amphitrite. Er ist der Beherrscher des Meeres und aller Gewässer. Seine Wohnung hat er in den Tiefen des Meeres. Er besucht aber auch die Götterversammlungen auf dem Olymp. Als Herr der Meere sendet er Stürme, aber auch günstigen Wind. Er kann die Erde erschüttern (γαιήοχος, ἐννοσίγαιος) und mit seinem Dreizack Felsen spalten. Man opfert ihm schwarze Stiere, Eber und Widder. Er ist Vater des Neleus, also Großvater Nestors. In der Ilias ist er Feind der Troer.

Πουλυδάμας, Sohn des Panthoos, ein kluger und tapferer Troer.

Πριαμίδης, Patronymikon Hektors und der anderen Söhne des Priamos.

Πρίαμος (StB IV), Sohn des Laomedon, König von Ilios, Gemahl der Hekabe, mit der er 19 von seinen 50 Söhnen zeugte. Beim Anfang des Krieges steht er schon in hohem Alter und nimmt am Kampf nicht teil. Nach Hektors Tod begibt er sich zu Achill und kauft den Leichnam seines Sohnes los (Ω).

Πρωτεσίλαος, Sohn des Iphiklos aus Phylake in Thessalien, Heerführer der Thessaler aus Phylake und Parysos. Er steigt als erster in Troja an Land und wird als Erster getötet.

Πρωτώ, eine Nereïde.

Πυγμαῖοι *(Fäustlinge*, von ἡ πυγμή *Faust)*, ein fabelhaftes Zwergvolk im Süden der Erde. Der Sage nach wird es jährlich von den Kranichen überfallen.

Πυθώ, -οῦς, -οῖ, -ώ, ἡ , ältester Name der Gegend am Parnassos in Phokis, wo sich der Tempel und das Orakel des pythischen Apollon befand, später Δελφοί genannt. Hier bewachte der Drache Python das Traumorakel seiner Mutter Erde. Apollon tötete ihn. Schon zu Homers Zeit war das Orakel aufgrund der zahlreichen, kostbaren Stiftungen sprichwörtlich reich.

Πυλάρτης, ein von Patroklos getöteter Troer.

Πύλιοι, Bewohner von Pylos (s. d.).

Πυλοιγενής, *in Pylos* (s. d.) *geboren, aus Pylos stammend,* Ep. des Nestor (s. d.).

Πύλος, ἡ, Stadt an der Westküste der Peloponnes, Herrschersitz Nestors. Schon in der Antike war die Frage umstritten, wo Pylos zu lokalisieren sei. Es gibt nämlich drei Orte dieses Namens: 1. Pylos in Messenien (im NW der Bucht von Navarino), 2. Pylos in Triphylien (etwa zwischen Olympia und Messene; Lage nicht genau bekannt), 3. Pylos in Elis. Nur Nr. 1 oder 2 kommen als das hom. Pylos in Betracht. 1907 fand der Archäologe *W. Dörpfeld* beim heutigen Kakovatos in Triphylien, etwa 2 km von der Küste entfernt, Reste eines mykenischen Palastes mit drei reichen Kuppelgräbern. Seit 1939 ist der Palast von Ano Englianos in Messenien, 9 km nordöstlich der Bucht von Navarino, bekannt. Er stammt aus spätmykenischer Zeit und wurde um 1200 v. Chr. durch Brand zerstört. Dadurch wurden die Tontafeln (s. zu A 7) des Archivs gebrannt und blieben erhalten. Sie bezeugen uns den Namen Pylos für den Ort des Palastes. In seiner Nähe fand man mehrere Kuppelgräber. Auch wenn der Palast bei Kakovatos kleiner ist als der von Ano Englianos, dürfte er gleichwohl der Nestors sein. Die hom. Angaben treffen nämlich nur auf ihn zu:

1. Das ständige Epitheton *sandig* (ἠμαθόεις, z.B. B 77) passt nur für den breiten Dünensaum der triphylischen Küste, ebenso, dass der Alpheios durch Pylos fließe (E 545).

2. Die genauen Einzelangaben über Nestors Kriege mit den Arkadern (H 133ff.) und Eleern (Ψ 630ff.), bes. die sog. Nestorerzählung (Λ 670–762), passen nur für Pylos in Triphylien.
3. Auch die Details über die Fahrt Telemachs (β 388ff.) treffen am ehesten auf das triphylische Pylos zu.
4. Endlich lokalisiert auch der sog. Schiffskatalog das Reich Nestors eindeutig in Triphylien (B 591–602). (Vgl. *Der Kleine Pauly*, Bd. 4, Sp. 1249–1251, und *K. P. Kontorlis*, S. 70–72, s. Literaturverzeichnis.)

Πυραίχμης *(Feuerkämpfer)*, Heerführer der Paioner, Bundesgenosse der Troer, von Patroklos getötet.

Σαγγάριος, ca. 500 km langer Fluss, entspringt in Phrygien und mündet in Bithynien in das Schwarze Meer.

Σαρπηδών, -όνος, Sohn des Zeus und der Laodameia, Herrscher der Lykier (s. d.), Bundesgenosse der Troer, wird von Patroklos getötet.

Σελλοί(~ Ἕλλοι, verw. mit Ἕλληνες), die urspr. Bewohner der Landschaft um Dodona (s. d.), die später die Priester und Deuter des Zeusorakels stellten.

Σθένελος (StB II), Sohn des Perseus (daher Περσηϊάδης) und der Andromeda, Gemahl der Nikippe, Vater des Eurystheus, König in Argos und Mykenai.

Σίντιες *(Räuber)*, die ältesten Bewohner von Lemnos (s. d.), wahrsch. ein thrakischer Stamm.

Σίπυλος, bis zu ca. 1500 m hoher Gebirgszug des Tmolos an der Grenze von Lydien und Phrygien, s. Νιόβη.

Σκαιαὶ πύλαι, *das Skäische Tor* (X 194 Dardanisches Tor genannt), an der Westseite Trojas gelegen, ist das einzige bei Homer namentlich erwähnte Stadttor. Wir müssen es uns als einen vor der Mauer vortretenden Turm denken, von dessen flachem Dach aus die Frauen und Greise die Kämpfe beobachteten (Γ 153f.).

Σκαμάνδριος, nach dem Skamander (s. d.) benannter Sohn Hektors. Bei den Troern heißt er Astyanax (s. d.).

Σκάμανδρος, Hauptfluss der Troas, jetzt Menderes-Su. Er entspringt unter den höchsten Gipfeln des Idagebirges (s. d.). Im Sommer ist er wasserarm, in der Regenzeit schwillt er stark an und wechselt häufig sein Bett. Er vereinigt sich mit dem Simoeis und mündet nördlich von Sigeion in den Hellespont (s. Karte). Er wird auch Xanthos (s. d.) genannt.

Σκῦρος, ἡ, Kykladeninsel nordöstlich von Euböa mit gleichnamiger Stadt. Nach anderen ist I 668 eine heute nicht mehr nachzuweisende Stadt in Phrygien gemeint (so schon in den Scholien).

Σμινθεύς, viell. ~ σμινθο-φθόρος *Vertilger der Feldmäuse* (οἱ σμίνθοι), vorgriechischer, bereits auf den Linear B-Tafeln erwähnter (Pest)gott, später Beiname Apollons.

Σπειώ *(Höhlenbewohnerin)*, eine Nereïde.

Σπερχειός *(der Eilende)*, Fluss in Thessalien, mündet in den Malischen Meerbusen.

Ταλθύβιος, Herold Agmemnons vor Troja.

Τελαμωνιάδης, Patronymikon des Aias.

Τελαμώνιος, Patronymikon des Aias.

Τένεδος, Insel vor der troischen Küste (s. Karte).

Τριτογένεια (viell. *die am* Bach *Triton in Böotien Geborene*), uralter Beiname der Athene.

Τροίη, 1. das troische Land mit der Hauptstadt Ilios (s. d.). 2. = Ilios 1.

Τρωαί, *die Troerinnen*.

Τρωάς, -άδος, s. Τρωϊάς.

Τρῶες, Einwohner von Troja.

Τρωϊάς,-άδος, 1. Adj. fem.: *troisch*. 2. Subst.: *Troerin*.

Τυδείδης, Patronymikon des Diomedes (s. d.).

Τυδεύς, Sohn des Oineus, des Königs zu Kalydon (s. d.) in Aitolien, Vater des Diomedes (daher Τυδείδης).

Ὑπέρεια, Quelle in Pherai in Thessalien.

Ὕπνος, Gott des Schlafes.

Ὑποπλάκιος, *unter* oder *an dem Berg Plakos* (s. d.) *liegend*, Ep. der Stadt Thebe 3 (s. d.)

Φέρουσα *(die Bringende)*, eine Nereïde.

Φηραί, Stadt in Messenien am Fluss Nedon, das heutige Kalamata.

Φθίη, 1. uralte Stadt in Thessalien am Spercheios (s. d.), Hauptstadt der Myrmidonen (s. d.), Sitz des Peleus. Pharsalos erhob den Anspruch, das hom. Phthia zu sein.
2. Landschaft um diese Stadt, in Verbindung mit Hellas (s. d.) steht Phthia oft für das Reich des Achilleus.

Φοῖβος, *der Strahlende* oder *der Reinigende* oder *der Furchtbare*, Beiname des Apollon (s. d.).

Φοῖνιξ, -ικος, Sohn des Amyntor und der Hippodameia, Gemahl der Kleobule. Da Amyntor Phthia, eine Nebenfrau, liebt, veranlasst die Mutter den jungen Phoinix, ihre Nebenbuhlerin zu verführen, um sie so von Amyntor abzulenken. Der Vater verflucht den Sohn zu dauernder Kinderlosigkeit. Daraufhin flieht Phoinix zu Peleus nach Phthia, der ihm die Erziehung seines Sohnes Achill überträgt. Für seinen treuen Dienst wird er von Peleus mit der Herrschaft über die Doloper belehnt. Vor Troja ist Phoinix der väterliche Berater Achills.

Φόρβας, -αντος, Vater der Diomede, König von Lesbos (s. Karte).

Φρύγες, *die Phryger*, Bewohner der Landschaft Phrygien (s. d.). Nach *Herodot* VII 73 sind sie von Makedonien und Thrakien über die Meerengen nach Kleinasien gezogen.

Φρυγίη, Phrygien, Landschaft in Kleinasien, umfasste teils eine Gegend am Hellespontos(Ω 545 Φρυγίη καθύπερθε, s. Karte), teils Gebiete des späteren Bithyniens am Fluss Sangarios (s. d.) und Großphrygiens.

Χάρις *(Anmut)*, Gattin des Hephaistos. In der Odyssee (ϑ 267ff.) ist Aphrodite seine Gemahlin.

Χείρων, -ωνος, Sohn des Kronos, ein Kentaur, berühmt durch seine Weisheit, Gerechtigkeit und Menschenfreundlichkeit. Er versteht sich auf die Heil- und Seherkunst. Cheiron wohnt in einer Höhle des Peliongebirges in Thessalien. Er ist u. a. Lehrer des Achill, Theseus und Jason. Da er mit Peleus befreundet ist, schenkt er ihm anlässlich seiner Hochzeit mit Thetis die riesige pelische Lanze.

Χρύση, Stadt in der Troas mit einem Tempel des Apollon Smintheus und einem Hafen. Nach *Strabo* XIII 605 und 613 lag sie in der Ebene von Thebe (s. Karte). Sie wurde früh zerstört und ist nicht mehr sicher zu lokalisieren.

Χρυσηΐς eigtl. Adj. fem. von Χρύση (s. d.), d. h. *Mädchen aus Chryse,* oder *Tochter des Chryses* (s. d.). Ihr Name soll *Astynome* gelautet haben (Scholien zu A 392). Von Achill in Thebe erbeutet, wurde sie Agamemnon als Ehrengeschenk zugesprochen.

Χρύσης, Priester des Apollon in Chryse (s. d.). Er kommt in das Lager der Griechen, um seine in Gefangenschaft geratene Tochter Chryseïs (s. d.) loszukaufen. Agamemnon, dem sie als Beute zugefallen ist, schickt ihn mit beleidigenden Worten fort. Da rächt Apollon den Priester durch die Pest (Gesang A).

Χρυσόθεμις (StB III), Tochter des Agamemnon und der Klytaimnestra.

Ὠκεανός (StB I) (vorgriech. Wort), Titan, ältester Sohn des Uranos und der Gaia, Bruder und Gemahl der Thetys. Er verkörpert den großen, die als Scheibe gedachte Erde ringförmig umfließenden Weltstrom. Homer unterscheidet ihn stets vom *Meer* (ἡ θάλασσα, ὁ πόντος, ἡ ἅλς) und nennt ihn *Fluss* (ὁ ποταμός) oder *Strom* (ὁ ῥόος, Π 151). Seinen Palast hat er im fernen Westen.

Ὠρείθυια, eine Nereïde.

Ὠρίων, -ωνος, ein außerordentlich starker, schöner und trefflicher Jäger, Geliebter der Eos (s. d.). Er wird von

Artemis wegen seines Frevelmutes getötet. – Schon Homer kennt ihn als ein Sternbild („der Große Jäger"), das Anfang des Sommers im Morgengrauen am östlichen Himmel erscheint, aber bald vor dem Licht der aufgehenden Sonne verblasst. Der „Hund des Orion" (X 29) ist der hellglänzende Sirius (von σειρός *heiß*, vgl. *Hesiod*, Erga 417f.), der Anfang August aufgeht, in der Nähe des Orion. Er gilt als Vorbote von Fiebern und Seuchen (X 30f.).

Literaturverzeichnis

1. Bibliographien

Heubeck, A.: Fachberichte zu Homer, Gymnasium 58 (1951), 62 (1955), 63 (1956), 66 (1959), 71 (1964), 78 (1971).

Heubeck, A.: Die homerische Frage. Ein Bericht über die Forschung der letzten Jahrzehnte, Darmstadt 1974 (Erträge der Forschung, Band 27) (mit ausführlichen Literaturangaben).

Lesky, A.: Forschungsberichte zu Homer, Anzeiger für die Altertumswissenschaft 4 (1951), 5 (1952), 6 (1953), 8 (1955), 12 (1959), 13 (1960), 17 (1964), 18 (1965). Weiterführung durch E. Dönt: 21 (1968), 23 (1970).

Mette, J.: Literaturbericht Homer, Lustrum 1 (1956/57), 2 (1957/58), 4 (1959/60), 5 (1960/61), 11 (1966/67), 15 (1970/72).

2. Texte und Kommentare

Faesi, J. U.: Homers Iliade, Text und Kommentar, Berlin 1880–1887, 7. Auflage von F. R. Franke, Berlin 1888 u. ö.

Ameis, K. F., Hentze, C., Cauer, P.: Homers Ilias für den Schulgebrauch erklärt, Leipzig 1894–1913 u. ö., Neudruck Amsterdam 1965.

Cauer, P.: Homers Ilias, 2. Auflage Leipzig und Wien 1902 (mit ausführlicher Inhaltsangabe der einzelnen Gesänge, Verzeichnis der Eigennamen und Sachregister).

Leaf, W.: The Iliad, ed. with Apparatus criticus, Prolegomena, Notes and Appendices, 2 Bände, London 1900–1902, Nachdruck Amsterdam 1971.

Monro, D. B., et Allen, Th. W.: Homeri opera (Ilias), 2 Bände, 3. Auflage Oxford 1920 u. ö. (Textgrundlage dieser Schulausgabe).

Mazon, P.: Iliade, 3 Bände, Paris 1937–1948.

Kock, B.: Homers Ilias in Auswahl, Text und Erläuterungen in je 2 Bänden, Paderborn 1955.

Leaf, W., and Bayfield, M. A.: The Iliad of Homer, ed. with General and Grammatical Introductions, Notes and Appendices, in two volumes, London 1955 and 1956.

Bornemann, E.: Auswahl aus Homers Ilias, Text, Wortkunde und Erläuterungen, 8. Auflage Frankfurt am Main 1965 u. ö.

Heubeck, A.: Homer. Die schönsten Stellen aus der Ilias, Textband und Vorbereitungsheft, Bamberg 1972.

Willcock, M. M.: The Iliad of Homer, ed. with Introduction and Commentary, in two volumes, London 1978 and 1984.

Kirk, G. S. (Hg.): The Iliad, A Commentary, 6 Bände, Cambridge 1985-93.

Erbse, H.: Scholia Graeca in Homeri Iliadem (Scholia vetera), rec. H. Erbse, 7 Bände, Berlin 1969–1988.

Valk, M. van der: Eustathii commentarii ad Homeri Iliadem pertinentes, 4 Bände, Leiden, New York, Kopenhagen, Köln 1971–1987.

Bierl, A., und Latacz, J.: Text, Übersetzung und Kommentar, München und Leipzig ab 2000 (mit ausführlichen Literaturangaben; bisher die Gesänge A, B und Z erschienen).

3. Übersetzungen

Voß, J. H.: Altona 1793.
Scheffer, Th. von: 3. Auflage Berlin 1920, Wiesbaden 1947.
Schröder, R. A.: Berlin 1943.

Rupé, H.: München 1948 u. ö.

Schadewaldt, W.: Frankfurt 1975 (Übersetzung in dichterischer Prosa).

Ebener, D.: 2. Auflage Berlin und Weimar 1976 (mit ausführlicher Einleitung).

Hampe, R.: Stuttgart 1979 u. ö.

Schrott, R.: München 2008.

4. Nachschlagewerke

Seiler, E. E.: Griechisch-Deutsches Wörterbuch über die Gedichte des Homeros und der Homeriden, neu bearbeitet von C. Capelle, 8. Auflage Leipzig 1878 u. ö.

Kaegi, A. (Hg.): Autenrieths Schulwörterbuch zu den Homerischen Gedichten, 13. Auflage Leipzig und Berlin 1920.

Gehring, A.: Index Homericus, Hildesheim und New York 1970, verbesserter reprographischer Nachdruck der Ausgaben Leipzig 1891–1895.

Ranke-Graves, R. von: Griechische Mythologie, 2 Bände, Reinbek bei Hamburg 1955.

Hunger, H.: Lexikon der griechischen und römischen Mythologie, 6. Auflage Reinbek bei Hamburg 1974.

Kerenyi, K.: Die Mythologie der Griechen, 2 Bände, 4. Auflage München 1979.

Grant, M., und Hazel, J.: Lexikon der antiken Mythen und Gestalten, München 1980.

Henke, O.: Hilfsbuch zu Homer. Odyssee und Ilias, in einem Bande neu hg. von G. Siefert, 4. Auflage Leipzig und Berlin 1916.

Matz, F., und Buchholz, H.-G. (Hg.): Archaeologia Homerica. Die Denkmäler und das frühgriechische Epos, Göttingen 1967ff. (Von den vorgesehenen 26 Beiträgen sind bisher 21 erschienen.)

Snell, B. (Hg.): Lexikon des frühgriechischen Epos, Göttingen 1979ff. (bisher die Bände I–IV, Buchstabe φ, erschienen)

5. Literatur

Adkins, A. W. H.: Merit and Responsibility, Oxford 1960 (Kap. I–III).
Andreev, J. V.: Volk und Adel bei Homer, Klio 57 (1975), 281–291.
Beil, A.: Αἰδώς bei Homer, AU V 1 (1961), 51–64.
Blegen, C. W.: Troy and the Trojans, London 1963.
Bowra, C. M.: Heroic Poetry, 2. Auflage London 1961 (deutsch: Heldendichtung. Eine vergleichende Phänomenologie der heroischen Poesie aller Völker und Zeiten, Stuttgart 1964).
Bowra, C. M.: Homer, ed. by H. Lloyd-Jones, 2. Auflage New York 1979.
Chadwick, J.: The Decipherment of Linear B, Cambridge 1958 (deutsch: Linear B. Die Entzifferung der mykenischen Schrift, Göttingen 1959).
Chadwick, J.: The Mycenaean World, Cambridge 1970 (deutsch: Die mykenische Welt, Stuttgart 1979). (Interpretation der Linear B-Täfelchen von Pylos und Knossos)
Codino, F.: Introduzione a Omero, Torino 1965 (deutsch: Einführung in Homer, Berlin 1970).
Cook, J. M.: The Troad. An Archaeological and Topographical Study, Oxford 1973.
Davison, J. A.: Die homerischen Gedichte und die Literaturforschung des Abendlandes, Gymnasium 61 (1954), 28–36.
Deger, S.: Herrschaftsformen bei Homer, Diss. Wien 1970.
Dodds, E. R.: The Greeks and the Irrational, Berkley and Los Angeles 1951 (deutsch: Die Griechen und das Irrationale, Darmstadt 1970).

Dörpfeld, W.: Troja und Ilion, Ausgrabungen 1870–1894, 2 Bände, Athen 1902.

Ebert, J.: Die Gestalt des Thersites in der Ilias, Philologus 113 (1969), 159–175.

Effe, B.: Der Homerische Achilleus. Zur gesellschaftlichen Funktion eines literarischen Helden, Gymnasium 95 (1988), 1–16.

Erbse, H.: Untersuchung zur Funktion der Götter im homerischen Epos, in: Untersuchungen zur antiken Literatur und Geschichte 24, Berlin 1986.

Finley, M. I.: Early Greece. The Bronze and Archaic Ages, London 1970 (deutsch: Die frühe griechische Welt, München 1982).

Finley, M. I.: The World of Odysseus, London 1. Auflage 1956, 2. Auflage 1965 (deutsch: Die Welt des Odysseus, München 1977).

Finsler, G.: Homer in der Neuzeit von Dante bis Goethe, Leipzig und Berlin 1912.

Focke, F.: Zum I der Ilias, Hermes 82 (1954), 257–287.

Foxhall, L., and Davies, J. K.: The Trojan War. Its Historicity and Context, Bristol 1981.

Fränkel, H.: Dichtung und Philosophie des frühen Griechentums, 3. Auflage München 1969.

Glueck, G.: Hektors Abschied. Ein literarischer Vergleich, Anregung 32 (1986), 216–221.

Griffin, J.: Homer on Life and Death, Oxford 1980.

Gschnitzer, F.: Griechische Sozialgeschichte. Von der mykenischen bis zum Ausgang der klassischen Zeit, Wiesbaden 1981.

Gundert, H.: Charakter und Schicksal der homerischen Helden, NJbb 115 (1940), 225–237.

Hampe, R.: Die Homerische Welt im Lichte der neuesten Ausgrabungen, Gymnasium 63 (1956), 1–57.

Hampl, F.: Die Ilias ist kein Geschichtsbuch, Serta Philologica Aenipontana, Innsbruck 1961, 37–63.

Hasebroek, J.: Griechische Wirtschafts- und Gesellschaftsgeschichte bis zur Perserzeit, Tübingen 1931.
Heitsch, E.: Der Anfang unserer Ilias und Homer, Gymnasium 87 (1980), 38–56.
Heubeck, A.: Der Odyssee-Dichter und die Ilias, Erlangen 1954.
Heubeck, A.: Homer und Mykene, Gymnasium 91 (1984), 1–14.
Heyme, H., und Schmidt, H.-D.: Das Stück Menschheitsgeschichte. Die Ilias des Homer, Kornwestheim 1989. (Theaterfassung nach der Übertragung von W. Schadewaldt. Das Buch enthält zahlreiche Texte und Abbildungen, welche die starke Nachwirkung der homerischen Epen auf die europäische Literatur, Bildende Kunst und Malerei belegen.)
Howald, E.: Der Dichter der Ilias, Zürich 1946.
Iakovidis, S. E.: Mykene-Epidauros. Vollständiger Führer durch die Museen und archäologischen Stätten der Argolis, Athen 1985.
Katzung, P. G.: Die Diapeira in der Iliashandlung. Der Gesang von der Umstimmung des Griechenheeres, Diss. Frankfurt 1959.
Kirk, G. S.: The Songs of Homer, Cambridge 1962.
Kirk, G. S.: Homer and the Oral Tradition, Cambridge 1976.
Klinz, A.: Homerlektüre auf der Oberstufe (Z, I, X, Ω), AU V 1 (1961), 5–20.
Klinz, A.: Interpretation von Homers Ilias Buch XVIII 51–137, AU V 1 (1961), 44–50.
Kolb, F.: Tatort „Troia". Geschichte, Mythen, Politik, Paderborn 2010.
Kontorlis, K. P.: Die mykenische Kultur. Mykene, Tiryns, Pylos, Athen 1974.
Korfmann, M., u.a: Studia Troica, Grabungs- und Forschungsberichte zu den neuen Kampagnen (seit 1988 alljährlich), Verlag Philipp von Zabern, Mainz.

Korfmann, M., und Mannsperger, D.: Troia. Ein historischer Überblick und Rundgang, Stuttgart 1998.

Köstler, R.: Homerisches Recht. Zusammengefasste Aufsätze, Wien 1950.

Kost, K.: Die Ilias als Ganzschrift im Unterricht, Gymnasium 82 (1975), 74–90.

Kullmann, W.: Das Wirken der Götter in der Ilias. Untersuchungen zur Frage der Entstehung des homerischen „Götterapparats", Berlin 1956 (Diss. 1952).

Kullmann, W.: Zur Methode der Neoanalyse in der Homerforschung, Wiener Studien 15 (1981), 5–42.

Lämmli, F.: Ilias B. Meuterei und Versuchung, Museum Helveticum 5 (1948), 83–95.

Lanig, K.: Der handelnde Mensch in der Ilias, Diss. Erlangen 1953.

Latacz, J.: Kampfparänese, Kampfdarstellung und Kampfwirklichkeit in der Ilias, bei Kallinnos und Tyrtaios, München 1977 (= Zetemata, Heft 66).

Latacz, J. (Hg.): Homer. Tradition und Neuerung, Darmstadt 1979 (Wege der Forschung, Band 463).

Latacz, J.: Das Menschenbild Homers, Gymnasium 91 (1984), 15–39.

Latacz, J.: Homer. Der erste Dichter des Abendlandes, 2. Auflage München und Zürich 1989.

Latacz, J.: Neues von Troja, Gymnasium 95 (1988), 385–413.

Latacz, J.: Troja und Homer. Der Weg zur Lösung eines alten Rätsels, 3. Auflage München und Berlin 2001 (5. Auflage 2005; mit reichhaltiger Bibliographie).

Leaf, W.: Troy, a Study in Homeric Geography, New York 1912.

Leaf, W.: Strabo on the Troad, Cambridge 1923.

Lencman, J. A.: Die Sklaverei im mykenischen und homerischen Griechenland, Wiesbaden 1966.

Lesky, A.: Göttliche und menschliche Motivation im homerischen Epos, Sitzungsberichte der Heidelberger Akademie der Wissenschaften, Philosophisch-historische Klasse, 1961, 4. Abhandlung, 5–52.

Lesky, A.: Griechische Literaturgeschichte, 3. Aufage Bern und München 1963 (mit ausführlichen bibliographischen Angaben).

Lesky, A.: Gesammelte Schriften. Aufsätze und Reden zu antiker und deutscher Dichtung und Kultur, Bern 1966.

Lesky, A.: Art. „Homeros", RE Suppl.-Band XI, 1968, Sp. 687–846 (1967 auch als Sonderdruck erschienen).

Lord, A. B.: The Singer of Tales, Cambridge 1960 (deutsch: Der Sänger erzählt. Wie ein Epos entsteht, München 1965).

Lorimer, H. L.: Homer and the Monuments, London 1950.

Luce, J. V.: Homer and the Heroic Age, London 1975 (deutsch: Archäologie auf den Spuren Homers, Bergisch Gladbach 1979).

Maehler, H.: Die Auffassung des Dichterberufs im frühen Griechentum bis zur Zeit Pindars, Göttingen 1963 (Hypomnemata 3).

Marg, W.: Homer über die Dichtung, Orbis Antiquus, Heft 11 (1957, 2. Auflage 1971), 7–23.

Müller, G.: Bemerkungen zur Rolle des Hässlichen in Poesie und Poetik des klassischen Griechentums, in: Die nicht-mehr schönen Künste. Grenzphänomene der Poetik, hg. von H. R. Jauß, München 1968, unveränderter Nachdruck 1983, 13–21.

Nicolai, W.: Rezeptionssteuerung in der Ilias, Philologus 127 (1983), 1–12.

Nicolai, W.: Wirkungsabsichten des Iliasdichters, in: Gnomosyne (Festschrift W. Marg), München 1981, 81–101.

Nilsson, M. P.: Homer and Mycenae, London 1933.

Nilsson, M. P.: Der homerische Dichter in der homerischen Welt, Die Antike 14 (1938), 22–35.

Nilsson, M. P.: The Minoan-mycenaean Religion and its Survival in Greek Religion, 2. Auflage Lund 1950.

Page, D. L.: History and the Homeric Iliad, 2. Auflage London and Berkeley 1963.

Parry, M.: The Making of Homeric Verse. The collected Papers of Milman Parry, ed. by A. Parry, Oxford 1971.

Patzer, H.: ῥαψῳδός, Hermes 80 (1952), 314–324.

Pötscher, W.: Der Sinn von ἐίση in der homerischen Dichtung, Philologus 133 (1989), 3–13.

Reinhardt, K.: Von Werken und Formen. Vorträge und Aufsätze, Godesberg 1948.

Reinhardt, K.: Die Ilias und ihr Dichter, hg. von U. Hölscher, Göttingen 1961.

Reucher, Th.: Die situative Weltsicht Homers. Eine Interpretation der Ilias, Darmstadt 1983.

Roeske, K.: Franz Kafkas Erzählung „Die Verwandlung" und Homers „Ilias", AU XXI 5 (1978), 36–50 (Interpretation von Ilias A 1–16).

Romilly, Jacqueline de: Achill und die Leiche Hektors. Zur Humanität Homers, Wiener Humanistische Blätter 23 (1981), 1–14.

Saherwala, Geraldine: Heinrich Schliemann, der Entdecker Trojas, in: Troja. Heinrich Schliemanns Ausgrabungen und Funde, Berlin 1982, 9–70.

Schadewaldt, W.: Von Homers Welt und Werk, 4. Auflage Stuttgart 1965.

Schadewaldt, W.: Iliasstudien, 3. Auflage Darmstadt 1966.

Schadewaldt, W.: Hellas und Hesperien. Gesammelte Schriften zur Antike und zur neueren Literatur, 2. Auflage Zürich und Stuttgart 1970.

Schliemann, H.: Trojanische Alterthümer. Bericht über die Ausgrabungen in Troja, Leipzig 1874.

Schliemann, H.: Ilios. Stadt und Land der Trojaner, Leipzig 1881.

Schmitt, R. (Hg.): Indogermanische Dichtersprache, Darmstadt 1968 (Wege der Forschung, Band 165).

Schrott, R.: Homers Heimat. Der Kampf um Troia und seine realen Hintergründe, München 2008.
Snell, B.: Die Entdeckung des Geistes, 5. Auflage Göttingen 1980 (darin: die Auffassung des Menschen bei Homer).
Snodgrass, A. M.: Archaic Greece, London 1980.
Strasburger, H.: Der soziologische Aspekt der Homerischen Epen, Gymnasium 60 (1953), 97–114.
Thiel, H. van: Iliaden und Ilias, Basel und Stuttgart 1982.
Troja. Traum und Wirklichkeit, Katalog zur vielbesuchten Ausstellung 2001 und 2002 mit Beiträgen von M. Korfmann, J. Latacz u.a.
Ventris, M., and Chadwick, J.: Documents in Mycenaean Greek, 2. Auflage Cambridge 1973.
Vester, H.: Homer im Unterricht, in: Griechisch in der Schule, Frankfurt am Main 1972, 136–155.
Mühll, P. von der: Kritisches Hypomnema zur Ilias, Schweiz. Beitr. zur Altertumswiss. IV, Basel 1952.
Wace, A. J. B., and Stubbings, F. H.: A Companion to Homer, London and New York 1962.
Webster, T. B. L.: From Mycenae to Homer, London 1958 (deutsch: Von Mykene bis Homer, München und Wien 1960).
Wilamowitz-Moellendorff, U. von: Die Ilias und Homer, Berlin 1916.
Wöhrmann, J.: Die homerische Frage in ihrer Bedeutung für die Homerinterpretation, dargestellt am 9. Gesang der Ilias, AU VIII 3 (1965), 5–14.
Wolf, E.: Griechisches Rechtsdenken, Band I, Frankfurt am Main 1950.
Wolf, F. A.: Prolegomena ad Homerum, Halle 1795.
Wood, M.: In Search of the Trojan War, London 1985 (deutsch: Der Krieg um Troja. Geschichte der Stadt, ihrer Wiederentdeckung und der neuesten Grabungen, Frankfurt am Main 1985).

6. Kunstbetrachtung

Andreae, B., und Flashar, H.: Strukturäquivalenzen zwischen den homerischen Epen und der frühgriechischen Vasenkunst, Poetica 9 (1977), 217–265.

Boardman, J., Dörig, J., Fuchs, W., Hirmer, M.: Die griechische Kunst, München 1966.

Buschor, H.: Griechische Vasen, München 1968.

Hampe, R.: Die Gleichnisse Homers und die Bildkunst seiner Zeit, Tübingen 1952.

Hugenroth, H.: Kunstbetrachtung beim Homerunterricht, AU IV 4 (1961), 5–31.

Friis Johansen, K.: The Iliad in Early Greek Art, Kopenhagen 1967.

Jongkees, J. H., und Verdenius, W. H.: Platenatlas bij Homerus, Haarlem 1955.

Kannicht, R.: Dichtung und Bildkunst. Die Rezeption der Troja-Epik in den frühgriechischen Sagenbildern, in: Wort und Bild. Symposion Tübingen 1977, hg. von H. Brunner u. a., München 1979, 279–296.

Roton, Vte. de: Homère, L'Iliade illustrée par la céramique grecque, Bordeaux 1950.

Schadewaldt, W.: Die homerische Gleichniswelt und die kretisch-mykenische Kunst, Gymnasium 60 (1953), 193–209 (in: Von Homers Welt und Werk, 130–154).

Schefold, K.: Das homerische Epos in der antiken Kunst, in: Wort und Bild. Studien zur Gegenwart und Antike, Basel 1975, 27–42.

Wegner, M.: Meisterwerke der Griechen, Basel 1955.

Karte zur Ilias

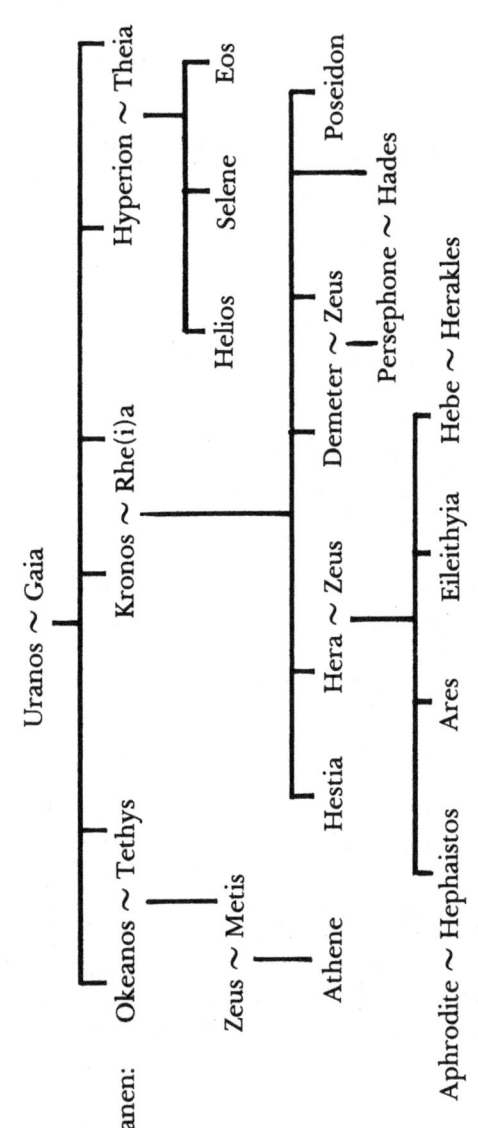

Stammbaum I
Die Nachkommen des Uranos und der Gaia

Stammbaum II
Die Perseïden

Akrisios ~ Eurydike
  Zeus ~ Danaë
    Perseus ~ Andromeda
      ├── Alkaios ~ Astydameia
      │   └── Amphitryon
      │   (~ Alkmene)
      ├── Elektryon ~ Anaxo
      │   ├── Alkmene ~ Amphitryon
      │   │   Zeus ~ Alkmene
      │   │   ├── Herakles
      │   │   └── Iphikles
      ├── Sthenelos ~ Nikippe
      │   └── Eurystheus
      └── Perses

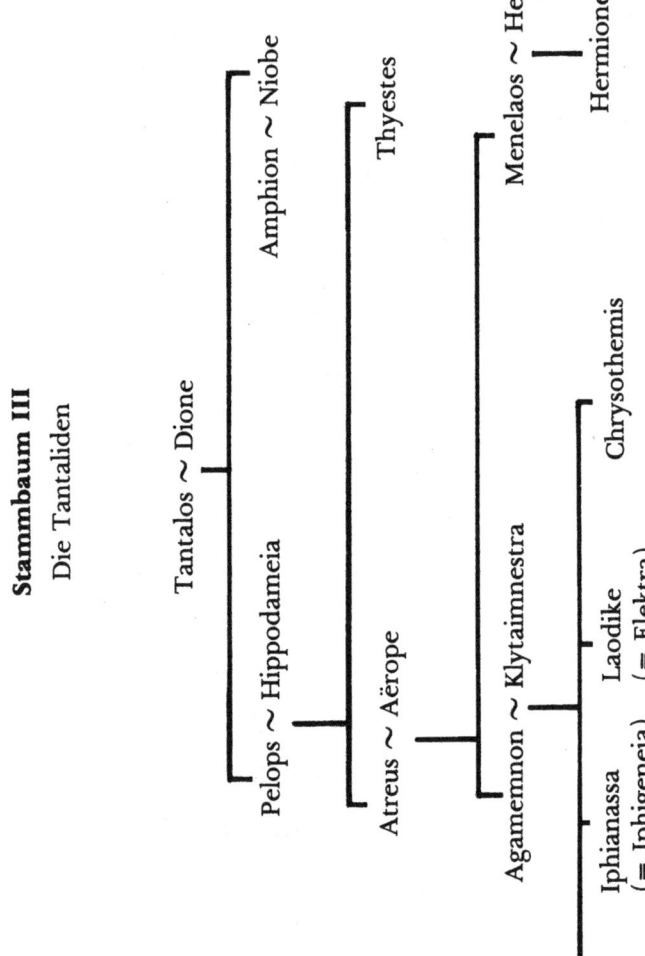

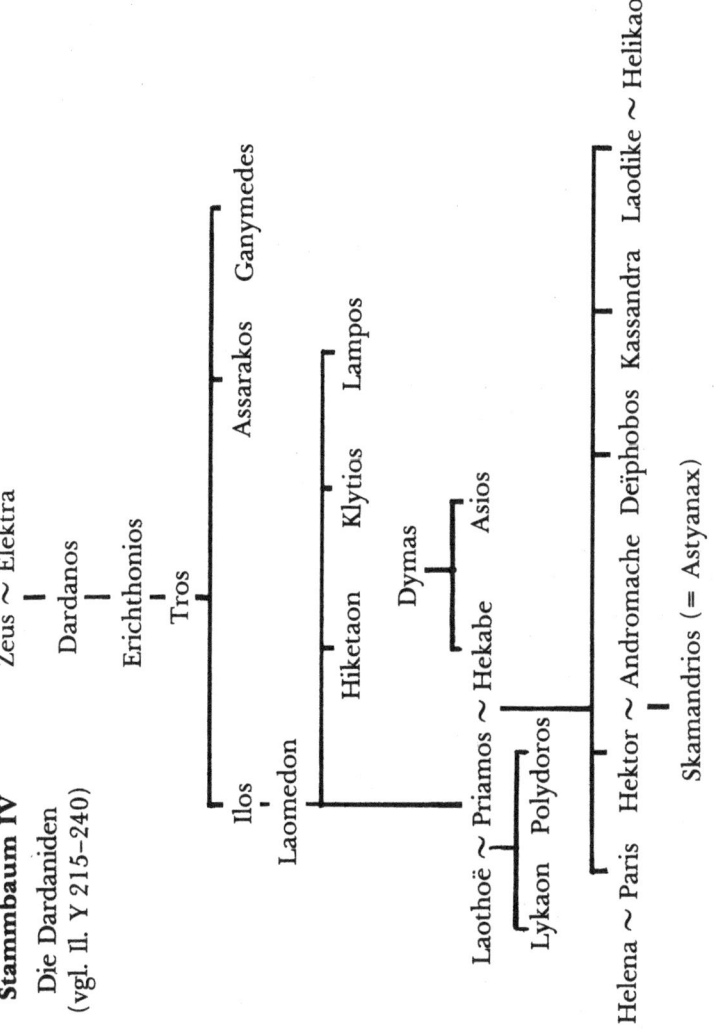

Stammbaum IV
Die Dardaniden
(vgl. Il. Y 215–240)